厚德博學
經濟匡時

“十二五”普通高等教育本科国家级规划教材

上海市普通高校优秀教材

上海市优秀输出版图书

国时 金融学系列

|第6版|

金融计量学

邹 平 编著

上海财经大学出版社
SHANGHAI UNIVERSITY OF FINANCE & ECONOMICS PRESS
上海学术·经济学出版中心

图书在版编目(CIP)数据

金融计量学/邹平编著. —6版. —上海：上海财经大学出版社，2024.8
(匡时·金融学系列)
ISBN 978-7-5642-4380-7/F·4380

Ⅰ.①金… Ⅱ.①邹… Ⅲ.①金融学-计量经济学-高等学校-教材
Ⅳ.①F830

中国国家版本馆CIP数据核字(2024)第089218号

责任编辑：江　玉
封面设计：张克瑶
版式设计：朱静怡
投稿邮箱：jiangyu@msg.sufe.edu.cn

金融计量学(第6版)

著 作 者：邹　平　编著
出版发行：上海财经大学出版社有限公司
地　　址：上海市中山北一路369号(邮编200083)
网　　址：http://www.sufep.com
经　　销：全国新华书店
印刷装订：上海华教印务有限公司
开　　本：787mm×1092mm　1/16
印　　张：23.5(插页:2)
字　　数：459千字
版　　次：2024年8月第6版
印　　次：2024年8月第1次印刷
印　　数：32 801—37 800
定　　价：58.00元

前　言

随着金融强国建设的深入和加速,国家对金融高端人才的培养提出了更高的要求。由此,金融计量学在教育领域中的重要性愈发突显,其在培养学生的批判性思维和金融思维方面发挥着不可替代的作用。

作者最初编写这本《金融计量学》教材,是基于自身在国内外学习和教学的经历,有感于欧美高校金融计量理论和方法迅速发展,而国内金融专业学生存在金融计量理论缺失和实证分析能力不足的短板,于是留学回校后开设金融计量学课程,并结合教学体会着手编写教材。

本教材的写作理念或者说预期目标就是:一方面,力求把握和展现当代金融计量学的前沿成果;另一方面,注重对学生定量分析能力和实证论文写作能力的培养。本教材是作者和同事讲授金融计量学课程十余年,结合教学和研究心得积累而成的。国内外类似的教材众多,而本教材的特色在于:秉承写作理念,在确保金融计量理论阐述完整的前提下,强调依托金融计量软件对实证能力的训练,强调对实证性论文写作能力的培养。

• 反映金融计量学的前沿性与理论完整性。本教材在保持理论阐述完整的前提下,力求反映当代金融计量学的前沿发展。教材通过系统介绍经典回归模型、时间序列分析、自回归向量模型、自回归移动平均模型和条件异方差模型等计量理论,帮助学生建立全面完整的金融计量知识体系。

• 注重思政元素的开发与运用。本教材将金融市场经典理论的实证与中国金融市场的实际数据相结合进行分析,如中国 IPO 折价现象等,从而将金融计量理论、金融计量方法和中国金融当前发展有机结合。这种结合不仅增强了教材的实用性和针对性,还有助于培养学生的爱国情怀和社会责任感。

• 体现独特的教学理念与设计。本教材针对非金融专业的专业学位硕士研究生和金融专业本科生的教学要求而设计,强调依托计量软件对学生实证能力的训练和实证性论文写作能力的培养。教材注重理论联系实际,通过案例分析和数据操作来提升学生的实证分析能力。同时,教材还提供配套的实验手册,以便学生更好地掌握相关技能。

• 系统训练学生的实证能力。本教材通过对 EViews 和 Microfit 两个软件操作的介绍，借助于每章的案例和数据，依托金融实验室的平台和网络资源，详细讲解实证分析的具体做法。例如，教材介绍了 VAR 和(G)ARCH 模型在 EViews 中的操作以及 ARDL 边限协整检验在 Microfit 中的操作等。这些训练不仅能提升学生的软件操作能力，还有助于培养他们的数据处理和模型构建能力。

• 强化实证论文撰写能力。本教材专门单列一章，系统讲解实证性论文的写作，并提供写作案例。该章节有针对性地指导学生开展实证论文的撰写工作，以期提升学生的科研论文乃至毕业论文的质量。这部分内容不仅涵盖论文的结构和写作技巧，还包括数据收集和处理、模型构建和分析等方面的具体指导。

• 采用先进的教学手段和方法。整个课程教学均在金融实验室这个平台上借助电脑、计量软件、多媒体和网络数据库实施并完成，师生之间、学生之间互动性好，教学手段和方法先进，实践性强。这种教学方式不仅能提高学生的学习兴趣和积极性，还有助于培养他们的自主学习和合作学习能力。

• 教材内容与时俱进。随着金融市场的不断发展和金融计量学理论的不断创新，本教材也将相应地更新和完善相关内容。编者将及时关注金融市场的最新动态和前沿理论研究成果，并将其融入教材中，以保证教材内容的时效性和实用性，帮助学生掌握最新的金融计量学知识和技能。

本教材是金融专业核心课程教材，也是实验实践类教材，在作为本科金融专业教材的同时，也可作为 MBA 以及相关专业硕士研究生的教材和学习参考用书。本教材难度适当，通过脚注给出大量经典文献和相关书目，可为学生进一步学习提供引导。

参与本书写作的有：张弘(第一章、第二章和第五章)、邹平(第三章、第四章和第六章)、郭建军(第七章、第八章)。感谢李枢、李艳、王鹏、郦张辉、许培、张雪、王美心和李中慧为本书所做的基础工作。感谢徐以平等朋友、同事和同行对本书提出的宝贵修改建议。

感谢上海财经大学出版社对本书出版事宜的一贯支持。感谢肖晞老师和何苏湘老师对本书第一版、第二版和第三版的顺利出版所做的工作。特别感谢江玉老师，正是由于她的鼎力支持，使得本书第四版、第五版、第六版能够顺利付印。

依据国家教材委员会办公室《关于做好党的二十大精神进教材工作的通知》(国教材办〔2022〕3 号)的要求，本次修订在保持原有特色的基础上对教材进行了升级和改进，与时俱进地增补或调整了相关内容，将专业教学与思政教育相结合，注重培养学生的定量分析能力和实证研究能力，为学生提供更加系统、全面、实用的金融计量学知识和技能培养方案，帮助他们更好地适应金融行业的发展需求并提升自身竞争力。今后，编者仍将以党的二十大精神为行动指南，持续地将育人元素和思政元素嵌入教材。本版教材拟通过新媒体动态服务窗口为读者提供更好的服务，读者可以扫描以下二维码，即时、持续获悉有关教材内容的勘误及更新信息。

为方便授课教师开展教学工作，本版教材还配备了教学课件、配套数据、思考题和练习题答案等丰富的教学配套资料，教师如有需要，可用微信扫描以下二维码，验证教师身份后获取。

邹 平

2024 年 3 月

目　录

第一章　金融计量学介绍

本章要点

金融计量学的方法论与应用步骤。

金融数据的特点和来源。

金融计量学软件的使用。

本章导读

第一节　金融计量学的含义及建模步骤

一、金融计量学的含义

理解什么是金融计量学，首先要从理解计量经济学（econometrics）的含义开始。1926 年挪威经济学家 Ragnar Frisch 首次提出了计量经济学的概念，在 1933 年《计量经济学》（*Econometrica*）第一期上，世界计量经济学会（Econometric Society）将计量经济学的研究目的确定为“促进经济学理论与数学和统计学的关系的科学研究与发展”，这一目的后来演化成为计量经济学的定义。计量经济学从建立到现在不过几十年的时间，但它却获得了极大的发展，这从 1969 年以来诺贝尔经济学奖的得奖情况就可以看出：一半以上诺贝尔经济学奖得主在获奖成果中应用了计量经济学。① 对于金融计量学的含义，在西方一般是指对金融市场的计量分析，这里的“计量分析”包括对金融市场各种交易变量（如价格、交易量、波动率等）进行相应的统计分析和计量建模，以及对实证金融中大量的实证方案的分析。而我们这里所指的金融计量学，除了包含上述内容外，还包括利用计量方法对有关宏观经济中金融领域方面的研究（如金融政策和金融机构分析等）。因此，简单地理解，金融计量学就是把计量经济学中的方法和技术应用到金融领域，即应用统计方法和统计技术解决金融问题。② 从 20 世纪 60 年代开始，诺贝尔经济学奖获得者 Franco Modiglian、Morton Miller、Harry Markowitz、William Sharpe、Robert Merton 和 Myron Scholes 将计量经济学方法应用于金融资产的定价和风险管理，开创了金融计量学的时代。进入 21 世纪，一方面，Daniel Kahneman、Robert Shiller 和 Eugene Fama 等学者由于对金融理论的创新和发展获得诺贝尔经济学奖；另一方面，Clive Granger、Robert Engle、Christopher Sims 和 Lars Hansen 等学者由于对计量技术的贡献获诺贝尔经济学奖。金融理论和计量方法紧密交融，金融计量学得到前所未有的发展。如今，金融计量学在金融领域的方方面面都发挥着不可或缺的作用，如对资本资产定价模型（Capital Asset Pricing Model, CAPM）的检验，分析经济环境变化对金融市场的影响，预测金融变量的远期价格以及其他一些金融决策等。

二、金融计量建模的主要步骤

金融计量模型的建立方法多种多样，并不拘泥于某种格式，但都包含一些主要的步骤，Chris Brooks 在其著作中用一个图形（如图 1－1 所示，略作改动）生动地描述了建立金融模型的一般步骤。③ 下面我们根据图 1－1 对建立金融模型的主要步骤作简要介绍。

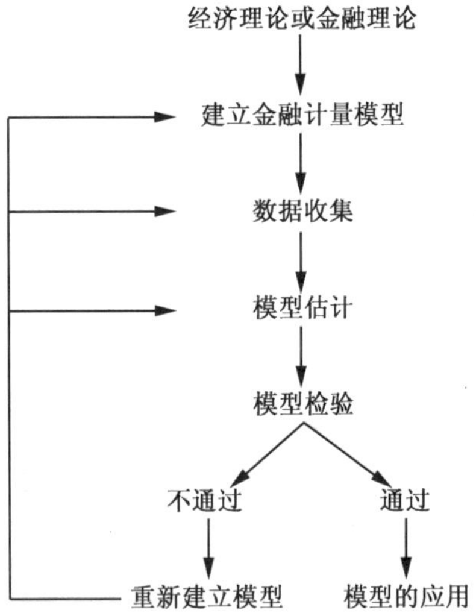

图 1－1　建立金融计量模型的基本步骤

第一步，把需要研究的金融问题模型化。这一步需要把金融经济理论、金融经济变量之间的关系用数学公式表达出来。具体来说，包含以下几方面的内容：确定模型中包含的变量，

① 参见介绍诺贝尔奖的相关网址，如 http://www.nobelprize.org。

② 参见 http://en.wikipedia.org/wiki/Financial.econometrics。

③ Brooks C. *Introductory Econometrics for Finance*[M]. Cambridge University Press, 2014.

找出变量之间的关系(即确定模型的数学形式),拟定模型中待估计参数的数值范围。需要注意的是,所建立的模型并不需要对真实世界的金融问题实现完全模拟(这也是不可能做到的),只需要满足为达到研究目的而对金融问题和现象作最大程度上的近似即可。

第二步,收集样本数据。这一步实际上是建模过程中最费时费力,但同时也是直接影响整个过程结果的一项工作,有时我们甚至会根据能否收集到所需要的数据来取舍变量。关于金融数据的类型及特点、来源,我们接下来将会予以介绍。

第三步,选择合适的估计方法来估计模型。所谓合适的估计方法,是指由于模型本身或者数据本身的特点,需要选择相应的估计方法,如单方程模型和联立方程模型的估计方法就不尽相同,再如常用的最小二乘估计方法也分为普通最小二乘法、加权最小二乘法、两阶段最小二乘法和非线性最小二乘法等,因此模型估计时需要全面考虑,加以选择。

第四步,对模型进行检验。估计完参数后,一个初步的模型已经建立起来,但所建立的模型是否合适,能否反映变量之间的关系,我们还需要对模型进行检验。通常检验应该包括统计检验和计量经济学检验以及经济意义检验三方面。统计检验的目的在于检验模型参数估计值的可靠性,包括模型的拟合优度检验、变量的显著性检验等。计量经济学检验是因计量经济学理论的要求而进行的,包括序列相关检验、异方差性检验和多重共线性检验等,这些也是计量分析中经常会遇到的问题。经济意义检验是考察参数估计值的符号与大小是否与经济理论和金融理论相符合。如果模型的估计结果不能通过上面某个方面的检验,则需要考虑前几个步骤中是否存在问题并重新建立模型;如果能通过检验,则可以对模型进行应用。

第五步,对模型进行相应的应用。在模型通过检验后,说明所建立的模型是比较令人满意的,我们就可以将模型应用于特定的目的。一般来说,所建立的模型主要有以下几方面的应用:结构分析,即研究一个变量或几个变量发生变化时对其他变量的影响;金融经济预测,这是最初人们建立计量模型的主要目的;政策评价,即研究不同的政策对经济目标所产生的影响的差异或从许多不同的政策中选择效果较好的政策。

三、金融数据的主要类型、特点和来源

(一)金融数据的主要类型

金融计量学中需要处理的数据类型主要有三种:时间序列数据、横截面数据和平行数据。下面我们分别予以介绍。

1. 时间序列数据(time series data)

时间序列数据是按照一定的时间间隔对某一变量在不同时间的取值进行观测得

到的一组数据，例如每天的股票价格、每月的货币供应量、每季度的国民总生产值（gross domestic product，GDP）、每年用于表示通货膨胀率的 GDP 平减指数等。所收集的数据既可以是定量的（如上面我们所提到的），也可以是定性的（如国有股和法人股、节假日和工作日等）。时间序列数据是分析金融问题时最常见的数据类型。在分析时间序列数据时，应注意以下几点内容。

（1）在利用时间序列数据回归模型时，各变量数据的频率应该是相同的。例如在分析影响股票价格指数的因素时，尽管股票价格指数的数值我们每天都可以得到，但影响股指的宏观经济因素我们最快只能得到月度数据，因此对股指我们应采用月度数据。

（2）不同时间的样本点之间的可比性问题。很多金融数据是以价值形态出现的（如股票成交额、货币供应量等），当数据频率较低时（如季度、年度数据），我们就需要考虑通货膨胀因素的影响，可以对原始数据进行调整，消除通货膨胀因素的影响。

（3）使用时间序列数据回归模型时，往往会导致模型随机误差项产生序列相关（关于序列相关问题我们将在第三章中介绍）。

（4）使用时间序列数据回归模型时应特别注意数据序列的平稳性问题。如果数据不平稳，就容易产生“伪回归”（spurious regression），关于平稳性问题我们将在第五章中介绍。

2. 横截面数据（cross-sectional data）

横截面数据是指对变量在某一时间点上收集的数据集合。例如，某一时间点上上海证券交易所所有股票的收益率，2010 年发展中国家的外汇储备等。在利用横截面数据进行分析时，应特别注意一点，由于单个或多个解释变量观测值的起伏变化会对被解释变量产生不同的影响，从而会导致异方差问题的产生。对于数据具有异方差性的建模问题，数据整理时必须注意消除异方差（关于异方差问题我们将在第三章中介绍）。

3. 平行数据（panel data）

平行数据，又称面板数据，是指多个个体同样变量的时间序列数据按照一定顺序排列得到的数据集合。例如 30 家蓝筹股过去 3 年每日的收盘价就构成一个平行数据。可以看到，平行数据实际上是时间序列数据和横截面数据的结合，而利用平行数据的分析使得我们既能考察变量随时间的变化，也能分析变量横向的变化，因此对金融问题的分析也就更加全面了。

（二）金融数据的特点

如前所述，金融计量学实际上是将计量经济学的主要方法应用于金融领域，然而，在应用这些方法时我们必须注意到与一般宏观经济数据相比，金融数据（这里主要指金融市场数据)在频率、准确性、周期性等方面具有自己特有的性质,下面我们将介绍这些性质以及由此带来的计量方法的发展。

(1) 一般的宏观经济数据都是季度、年度数据,频率较低,这有时会导致"小样本问题"(即数据的缺乏),从而给计量分析带来困难。但金融数据则不然,金融数据可以比宏观序列数据更频繁地观察到,资产价格或者收益率通常可以得到月数据、日数据,甚至每分钟的数据,可用于计量分析的数据观测值个数可以成千上万,数量十分巨大,这是宏观经济数据不能比拟的。一些更有效的计量方法和技术可以容易地应用于金融数据分析和金融问题研究,而且得出的研究结论也更具说服力。与此同时,数据频率的提高也给计量分析带来新的问题,从而促进了计量技术的发展,反过来,计量技术的发展又促进了对金融数据的进一步研究,以下是两个例子。①

经典资本市场理论在描述股票市场收益率变化时,所采用的计量模型一般都假定收益率方差保持不变。这一模型符合金融市场中有效市场理论,运用简便,常用来预测和估算股票价格。但对月度或日金融数据的大量实证研究表明,有些假设不甚合理。一些金融时间序列常常会出现某一特征的值成群出现的现象。如对股票收益率建模,其随机误差项往往在较大幅度波动后面伴随着较大幅度波动,在较小幅度波动后面紧接着较小幅度波动,这种性质称为波动丛集性(volatility clustering)。该现象的出现源于外部冲击对股价波动的持续性影响,在收益率的分布上则表现为出尖峰(leptokurtosis)厚尾的特征。这类序列随机误差项的无条件方差是常量,条件方差是变化的量。为了寻求对股票市场价格波动行为更为准确的描述和分析方法,许多金融学家和计量学家尝试用不同的模型与方法处理这一问题。其中,R. F. Engle 于 1982 年提出的自回归条件异方差模型(autoregressive conditional heteroscedasticity,简称 ARCH 模型,我们将在第六章中介绍)被认为是最集中反映了方差变化特点而被广泛应用于金融数据时间序列分析的模型,1986 年该模型又被 T. Bollenslev 发展成广义自回归条件异方差(GARCH, generalized ARCH)模型。② GARCH 模型被认为是过去 20 年内金融计量学发展中最重大的创新。③ 目前所有的波动率模型中,GARCH 类模型无论从理论研究的深度还是从实证运用的广泛性来说都是独一无二的。

由于数据采集频率越低,越容易丢失信息,所以有时基于低频数据的 GARCH 模

---

① 两个例子仅为说明我们前面的论断。高频数据和超高频数据分析超过了本书的介绍范围,有兴趣的同学可参阅相关文章。

② Engle R F. Autoregressive conditional heteroscedasticity with estimates of the variance of United Kingdom inflation[J]. *Econometrica*, 1982(50): 987 - 1007.

③ Bollenslev T. Generalized autoregressive conditional hetero scedasticity[J]. *Journal of Econometrics*, 1986, 31(3): 307 - 327.

常用软件中的 Microfit 就是这种类型。EViews 是建立在命令行基础上的菜单模式类软件,因而它除了拥有友好的操作界面外,在数据分析上也有很强的灵活性。表 1-2 列出了若干常用的金融(经济)计量软件的网址,读者可以方便地获取软件的相关资料。

表 1-2 常用金融(经济)计量软件网址

软件名称	网址
EViews	http://www.eviews.com
Matlab	http://www.mathworks.com
Microfit	http://global.oup.com/uk/microfit
Minitab	http://www.minitab.com
SAS	http://www.sas.com
SPSS	http://www.spss.com
Stata	http://www.stata.com

(一) EViews 软件简介

EViews 的英文全称为 Econometric Views(经济计量视图),是美国 QMS 公司开发的、运行于 Windows 环境下的经济计量分析软件。EViews 是应用较为广泛的经济计量分析软件 Micro TSP 的 Windows 版本,它引入了全面的面向对象概念,通过对象实现各种计量分析功能。EViews 提供了进行复杂数据分析、回归和预测等的强大工具,我们可以使用 EViews 快速地进行经济计量模型的设立、估计、检验和应用等。EViews 引入了流行的对象概念,操作灵活简便,可采用多种操作方式进行各种计量分析和统计分析,数据管理简单方便。它包含了一般计量软件的主要功能,如输入和修改时间序列数据或横截面数据,依据已有序列运算生成新的序列;计算描述统计量,如相关系数、协方差、自相关系数、偏自相关系数等;进行统计检验,如 t 检验、方差分析、协整检验、Granger 因果检验等;进行回归分析,如使用普通最小二乘法、两阶段最小二乘法和三阶段最小二乘法、非线性最小二乘法、ARCH 模型估计法等;对联立方程、向量自回归系统、多项式分布滞后模型等进行估计、预测和模型模拟等。

(二) Microfit 软件简介

Microfit 软件是一款为微型计算机设计的、菜单驱动、易学易用、分析时间序列数据的专业软件。不同熟练程度的研究人员都可以方便地使用 Microfit 软件进行计量经济模型分析,对于熟练程度比较高的研究人员来说,它提供了多种单方程和方程组的估计方法,并且提供了不少在其他计量软件中不提供的假设检验结果,大大方便了分析,如 ARDC 边限协整检验。因此,Microfit 是被经济学家和应用计量经济学家最广泛使用的计量软件之一。

（三）Matlab 软件简介

Matlab 是 Matrix Laboratory 的缩写，直译为矩阵实验室，是由 Math Work 公司开发的科学计算软件，目的在于给用户提供一个方便的数值计算平台。Matlab 软件是一个交互式的系统，它的基本运算单元是矩阵，按照 IEEE 的数值计算标准进行计算。Matlab 软件提供了大量的矩阵及其他运算函数，可以方便地进行一些很复杂的计算，而且运算效率极高。Matlab 软件命令和数学中的符号、公式非常接近，可读性强，容易掌握，还可利用它所提供的编程语言进行编程完成特定的工作。Matlab 软件还具备图形用户接口（GUI）工具，允许用户把 Matlab 当作一个应用开发工具来使用。Matlab 软件还为各专门领域中的特殊需要提供了许多可选的工具箱，如应用于自动控制领域的 Control System 工具箱和神经网络中的 Neural Network 工具箱等，这些由专家编写的 Matlab 程序，代表了某一领域内最先进的算法，在很多时候能够给金融计量和经济计量工作带来极大的帮助。

（四）Minitab 软件简介

Minitab 软件是由 Minitab 公司开发的一个统计软件包，其特点是简单易懂。Minitab 软件比 SAS、SPSS 等小很多，但其功能却并不弱，特别是它的试验设计及质量控制等功能。Minitab 软件提供了对存储在二维工作表中的数据进行分析的多种功能，包括基本统计分析、回归分析、方差分析、多元分析、非参数分析、时间序列分析、试验设计、质量控制、模拟、绘制高质量三维图形等。从功能来看，Minitab 软件除具有各种统计模型外，还具有许多统计软件不具备的矩阵运算功能，是一款易学易用的统计软件包。

（五）SAS 软件简介

SAS 是由美国软件研究所（SAS Institute Inc.）经多年的研制于 1976 年推出的，目前已被许多国家和地区的机构所采用。SAS 系统是大型集成应用软件系统，具有数据访问、数据管理、数据显示和数据分析四大功能，由众多应用模块组成。SAS 系统广泛应用于金融、医疗卫生、生产、运输、通信、政府、科研和教育等领域。它运用统计分析、时间序列分析、运筹决策等科学方法进行质量管理、财务管理、生产优化、风险管理、市场调查和预测等业务，并可将各种数据以灵活多样的各种报表、图形和三维透视的形式直观地表现出来。在数据处理和统计分析领域，SAS 系统一直被誉为国际上的标准软件系统。

（六）SPSS 软件简介

SPSS（Statistical Package for the Social Science，社会科学统计软件包）是世界著名的统计分析软件之一。SPSS 是一个组合式软件包，基本功能包括数据管理、统计分析、图表分析、输出管理等。SPSS 统计分析过程包括描述性统计、均值比较、一般线性模型、相关分析、回归分析、对数线性模型、聚类分析、数据简化、生存分析、时间序列分析、多重响应等几大类，每类中又分好几个统计过程，比如回归分析中又分线性回归分析、曲线估计、Logistic 回归、Probit 回归、加权估计、两阶段最小二乘法、非线性回归等多个统计过程，而且每个过程中又允许用户选择不同的方法及参数。SPSS 也有专门的绘图系统，可以根据数据绘制各种图形。SPSS 操作简单，被广泛应用于经济学、生物学、心理学、医疗卫生、体育、农业、林业、商业、金融等各个领域。

（七）Stata 软件简介

Stata 软件最初由美国计算机资源中心（Computer Resource Center）研制，现在为 Stata 公司的产品。软件操作灵活、简单，易学易用，是一款非常有特色的统计分析软件，现在已越来越受到统计分析人员的重视和欢迎。Stata 突出的特点是短小精悍、功能强大，Stata 在分析时是将数据全部读入内存，因此运算速度极快。Stata 的用户群始终定位于专业统计分析人员，因此操作方式坚持使用命令行/程序操作方式，没有推出菜单操作系统。但是，Stata 的命令语句极为简洁明快，而且在统计分析命令的设置上也十分有条理，这使得用户学习时极易上手。Stata 语句在简洁的同时又拥有高度灵活性，用户可以充分发挥自己的创造性，熟练应用各种技巧，达到所需的统计分析目的。除了操作方式简洁外，Stata 的其他方面也做得非常简洁，数据格式简单，分析结果输出简洁明快，易于阅读，这一切使得 Stata 成为非常适合于进行统计教学的统计软件。

二、本课程所用软件——Microfit 和 EViews

（一）Microfit 4.0 使用简介[①]

1. 数据输入、修改及保存

以 Microfit 4.0 版本为例，打开软件可以得到如图 1-2 所示的主界面。

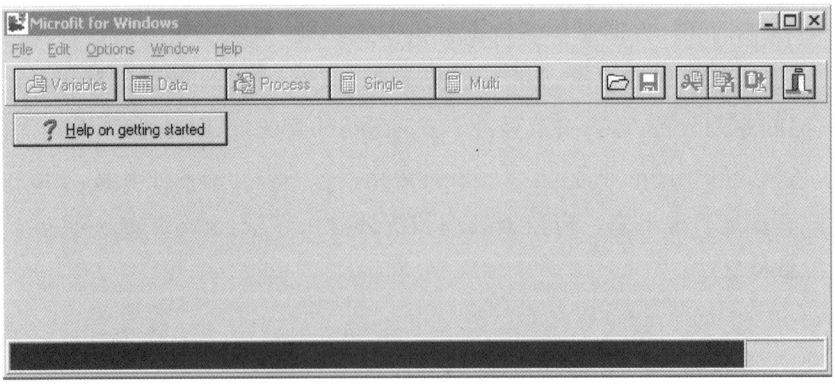

图 1-2 Microfit 4.0 主界面

---

① 读者可参阅 Microfit 4.0 自带的操作帮助文件以及 H. Pesaran & B. Pesaran 所著 *Working with Microfit* 4.0（Oxford University Press，1997）。

首先输入数据，Microfit 提供了五种输入数据的方法，包括键盘输入、载入 Microfit 数据文件、载入 CSV 文件、载入 AREMOS 文件和从 Windows 剪贴板中复制粘贴数据。这里仅用从键盘输入数据做个示例。键入新数据可以选择主菜单中“File”—“New”，打开如图 1-3 所示的对话框。

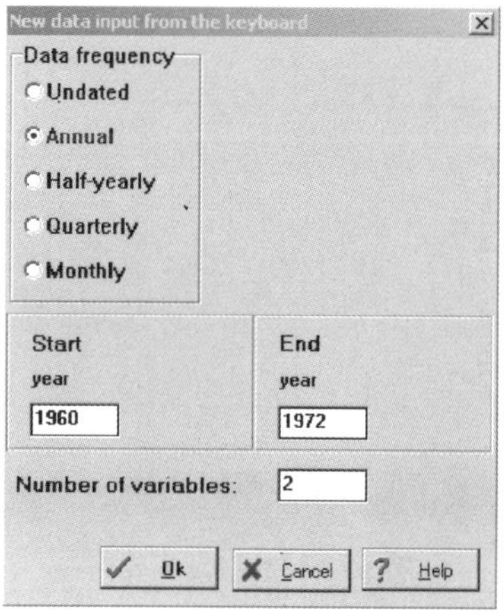

图 1-3 数据录入设定界面

从图 1-3 中可以看出软件要求定义数据的频率、起止期和变量个数。本例中数据是 1960—1972 年辞职率和失业率的数据。① 依次输入后确定，就可以打开变量窗口(如图 1-4 所示)。

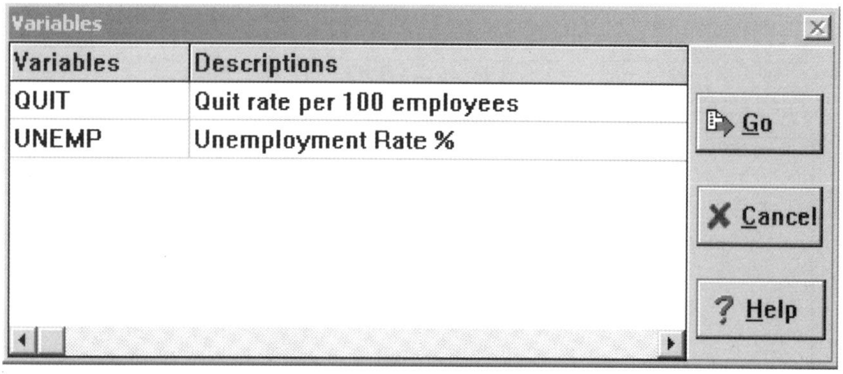

图 1-4 变量定义、修改窗口

在变量窗口中可以修改变量名并对变量进行描述，修改后确定就可以输入数据了(如图 1-5 所示)。

---

① Gujarati D N. *Essentials of Econometrics*[M]. McGraw-Hill, 1999.

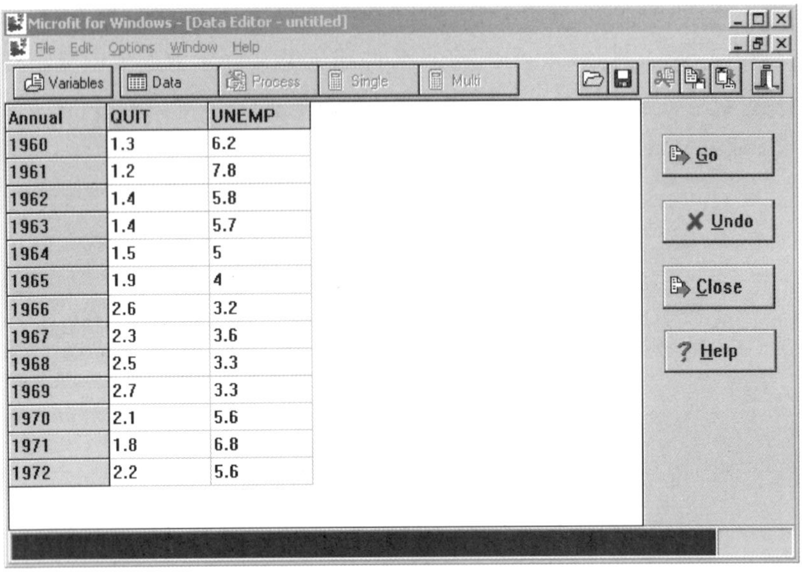

图 1－5　数据录入界面

数据输入完成后，可以选择主菜单中“File”—“Save”来保存数据文件，方便以后调用。

2. 命令窗口及绘图

在图 1－5 中点击“Close”按钮即可打开命令窗口（如图 1－6 所示）。

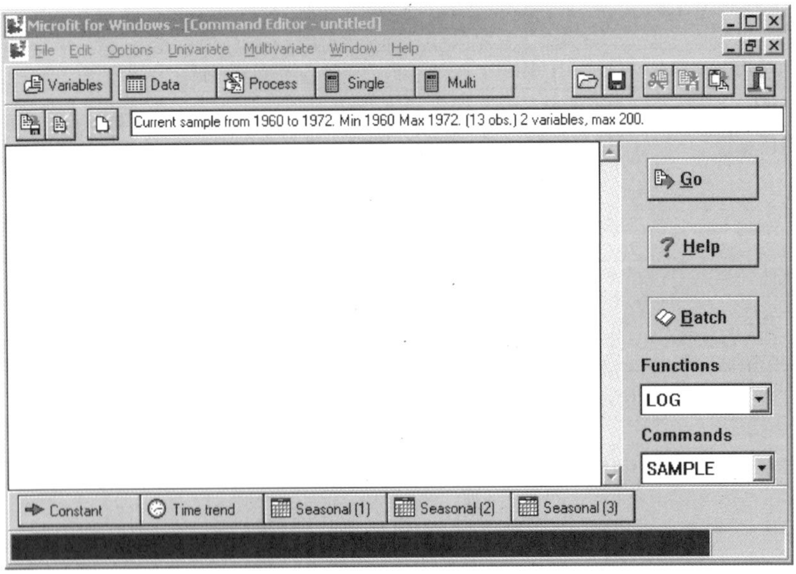

图 1－6　Microfit 命令窗口

下面简要介绍 Microfit 的命令窗口。中间空白区域是命令输入区，在这里可以方便地新建变量、运算变量，可以调用函数、调用命令等，后面介绍的绘图功能也是通过在这里调用绘图命令完成的，命令输入时，字母没有大小写区别。命令输入区上方有五个主要按钮"Variables""Data""Process""Single"和"Multi"，"Variables"按钮可以打开变量窗口，"Data"按钮可以打开数据窗口，"Process"按钮可以打开命令窗口，"Single"按钮打开的窗口可以进行单方程回归分析，而"Multi"按钮打开的窗口可以进行方程组回归分析；命令输入区下方同样也有五个按钮，"Constant"按钮表示创建一个常数序列，本例中用它创建一个变量名为 INT 的常数序列，"Time trend"按钮表示创建一个时间趋势，后面三个按钮都是用来创建虚拟变量的；命令输入区右侧列出了一些常用的函数和命令，就不一一介绍了，有兴趣的读者可以参考 Microfit 软件的帮助文件和用户手册。

Microfit 提供了多种绘图命令，包括"plot""xplot""scatter"和"hist"。现仅以"plot"和"scatter"为例介绍线形图和散点图。

输入命令"PLOT QUIT UNEMP"点击窗口右侧"Go"按钮得到线形图（如图 1－7 所示）。

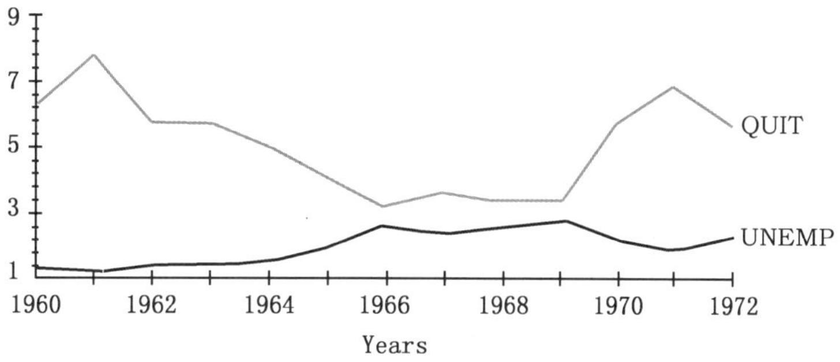

图 1－7　1962—1972 年辞职率和失业率线性图

输入命令"SCATTER QUIT UNEMP"点击"Go"按钮得到散点图（如图 1－8 所示）。

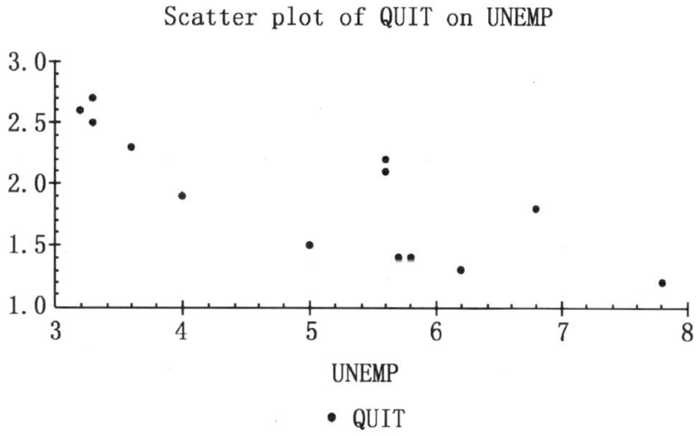

图 1－8　1962—1972 年辞职率和失业率散点图

由绘图命令得到的各种图形都可以通过剪贴板方便地粘贴到文档文件中。

3. 一个回归分析案例

继续对本例数据用 Microfit 进行回归分析并介绍输出结果。前面已经介绍“Single”按钮可以调用单方程回归分析窗口，打开后如图 1－9 所示。

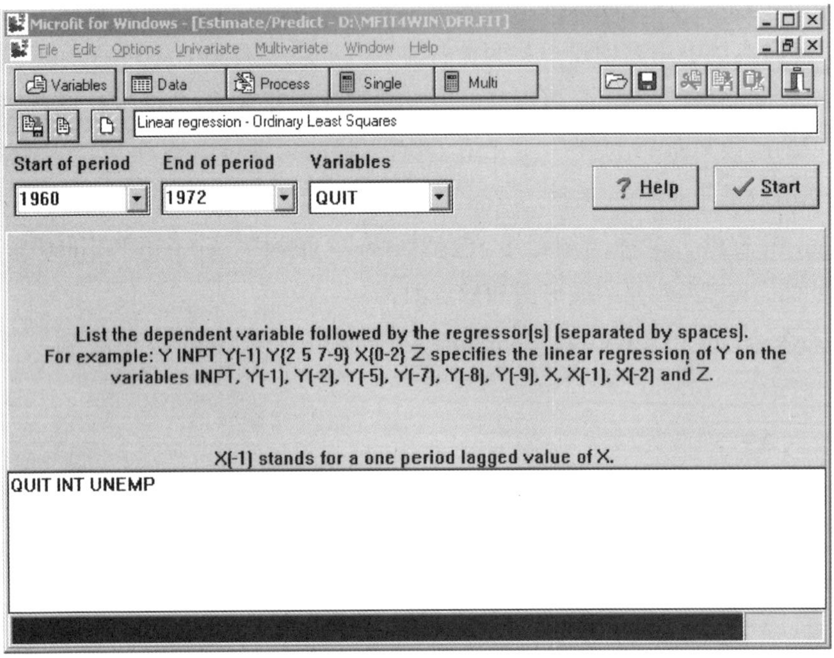

图 1－9　Microfit 单方程回归分析窗口

图 1－9 中显示线性回归的方法为最小二乘法，可以根据研究的需要选择样本的起止时间，在下方的区域中依次输入回归模型的被解释变量和解释变量，在本例中依次输入被解释变量“QUIT”、常数项“INT”和解释变量“UNEMP”，然后选择“Start”得到回归结果，结果显示在两个图表里（如图 1－10 和图 1－11 所示）。

```
                       Ordinary Least Squares Estimation
*******************************************************************************
 Dependent variable is QUIT
 13 observations used for estimation from 1960 to 1972
*******************************************************************************
 Regressor              Coefficient       Standard Error        T-Ratio[Prob]
 INT                       3.3663              .33108            10.1674[.000]
 UNEMP                    -.28621             .062885            -4.5513[.001]
*******************************************************************************
 R-Squared                    .65316   R-Bar-Squared                    .62163
 S.E. of Regression           .32242   F-stat.    F(  1,  11)   20.7148[.001]
 Mean of Dependent Variable   1.9154   S.D. of Dependent Variable       .52416
 Residual Sum of Squares      1.1435   Equation Log-likelihood         -2.6457
 Akaike Info. Criterion      -4.6457   Schwarz Bayesian Criterion      -5.2106
 DW-statistic                 .53209
*******************************************************************************
```

图 1－10　最小二乘估计结果及相关统计量

```
                         Diagnostic Tests
*******************************************************************************
*    Test Statistics  *        LM Version         *         F Version         *
*******************************************************************************
*                     *                           *                           *
* A:Serial Correlation*CHSQ(   1)=    6.1142[.013]*F(    1,  10)=    8.8794[.014]*
*                     *                           *                           *
* B:Functional Form   *CHSQ(   1)=    1.2763[.259]*F(    1,  10)=    1.0886[.321]*
*                     *                           *                           *
* C:Normality         *CHSQ(   2)=    1.2061[.547]*       Not applicable      *
*                     *                           *                           *
* D:Heteroscedasticity*CHSQ(   1)=    1.7922[.181]*F(    1,  11)=    1.7590[.212]*
*******************************************************************************
   A:Lagrange multiplier test of residual serial correlation
   B:Ramsey's RESET test using the square of the fitted values
   C:Based on a test of skewness and kurtosis of residuals
   D:Based on the regression of squared residuals on squared fitted values
```

图 1－11　四种假设检验的结果

图 1－10 显示了最小二乘估计的估计结果及一些相关的统计量。由上到下分为三部分：第一部分说明了系数估计方法、被解释变量和观察值个数；第二部分列出了系数的估计值、标准差和 t 统计值；第三部分列出了一些常用统计量，如拟合优度 R^2、调整的拟合优度 $\bar{R}^2$、F 统计值、杜宾—瓦森（Durbin-Watson）统计值和用于模型选择的 AIC 信息准则等。

图 1－11 显示了四种重要的假设检验的结果，并给出了以 χ^2 分布为基础的 LM 版和以 F 分布为基础的 F 版两种结果，便于分析人员参考。第一个检验是 Breusch Godfrey 检验，用于检验高阶自相关；第二个检验是 Ramsey 设定误差检验，用于检验模型的有效性；第三个检验是 Jarque－Bera 检验，用于检验回归残差是否满足正态分布假设；第四个检验是异方差检验，用于检验回归残差是否满足方差不变假设。这四个检验都是针对经典线性回归模型的假设条件进行检验，使研究人员可以快速地找出回归模型存在的问题并加以改进，相关内容在以后章节均有介绍。在完成最小二乘法估计的同时也给出四种重要的假设检验结果，这是 Microfit 的一大特色。Microfit 的另一大特色是 AROL 边限协整检验，我们将在第六章中介绍。

（二）EViews 8.0 使用简介①

1. 数据输入、修改及保存

EViews 提供了多种数据输入的方式，既支持直接输入数据，同样支持从 ASCII 文件（后缀名为. txt）、Excel 文件（后缀名为. xls）等类型文件中导入数据。下面以个具体的例子来逐步说明，数据来自于软件自带的数据文件 demo. xls。②

---

① EViews 版本在不断升级，请关注其官网 http://www. eviews. com。

② 亦可在上海财经大学出版社网站（http: //www. sufep. com）下载 EViews 的自带操作指导 demonstration. doc 和与之相配的 demo. xls。

首先建立工作文件(后缀名为.wf1)并导入数据。在 EViews 软件菜单中依次选择“File”—“New”—“Workfile”,可以见到窗口如图 1－12 所示。

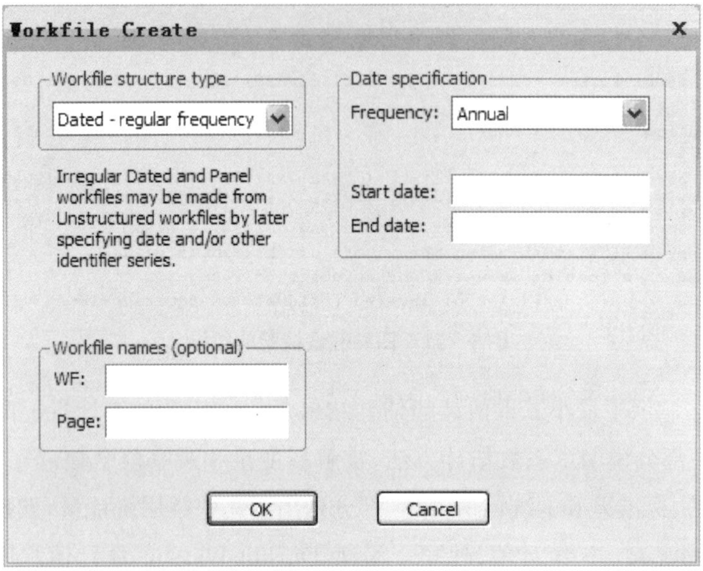

图 1－12　EViews 新工作文件数据设定窗口

可供选择的数据频率有八种,本例中使用的是季度数据;在起始期和结束期中按照需要填入,本例中分别是 1952：1 和 1996：4,表示数据从 1952 年第一季度开始,结束于 1996 年第四季度。月数据的输入与季度数据相似,如 1952：01 到 1996：04 代表从 1952 年 1 月到 1996 年 4 月,月数据和季度数据的格式需要特别注意区别。确定后可以得到如图 1－13 所示的窗口。

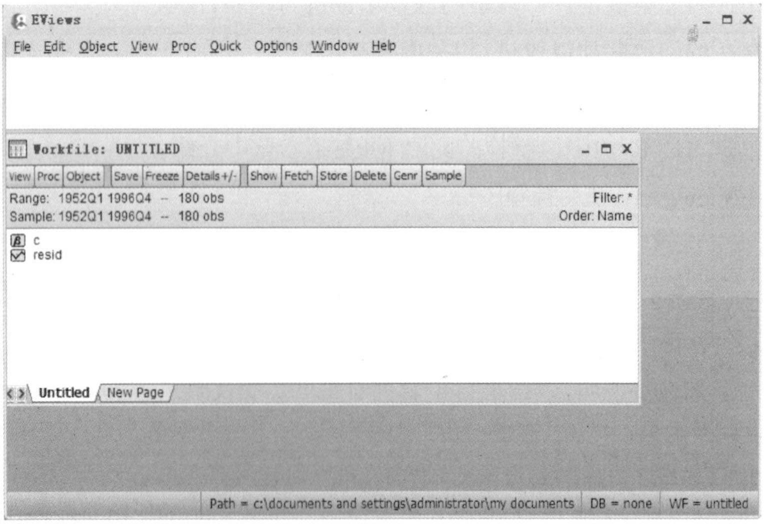

图 1－13　空白新工作文件

从图 1－13 中可以看到数据的范围和样本的范围，现在是一致的，均为初始的设定。文件中已经包含 c 和 resid 两个序列，分别存放常数数据和残差数据，这也是所有 EViews 的工作文件中均包含的序列，下面在工作文件中导入数据。在主窗口中选择“File”—“Import”—“Read Text－Lotus－Excel”打开如图 1－14 所示窗口。

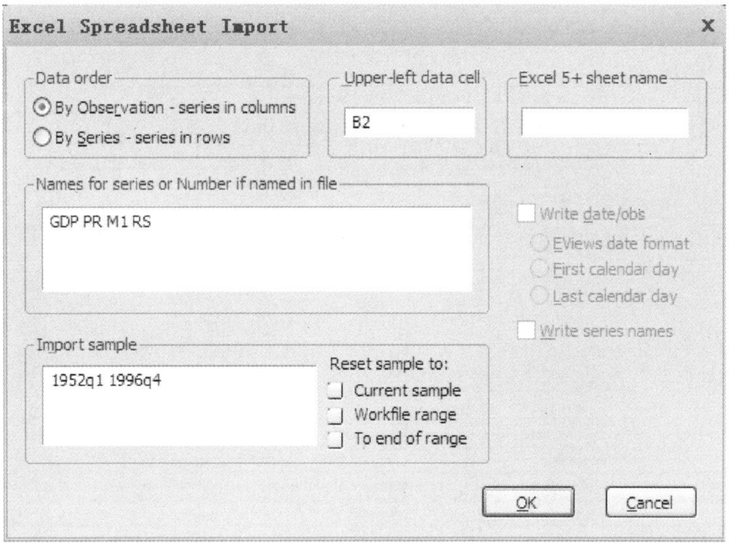

图 1－14　新工作文件数据导入窗口

在图 1－14 的窗口中可以选择数据输入的行或列顺序，本例选择列顺序；数据导入的起始位置本例根据 Excel 文件结构选择 B2；在变量名窗口中依次填入变量名；样本范围系统已经自动输入，这里不需要修改。确定后数据导入完毕（如图 1－15 所示）。

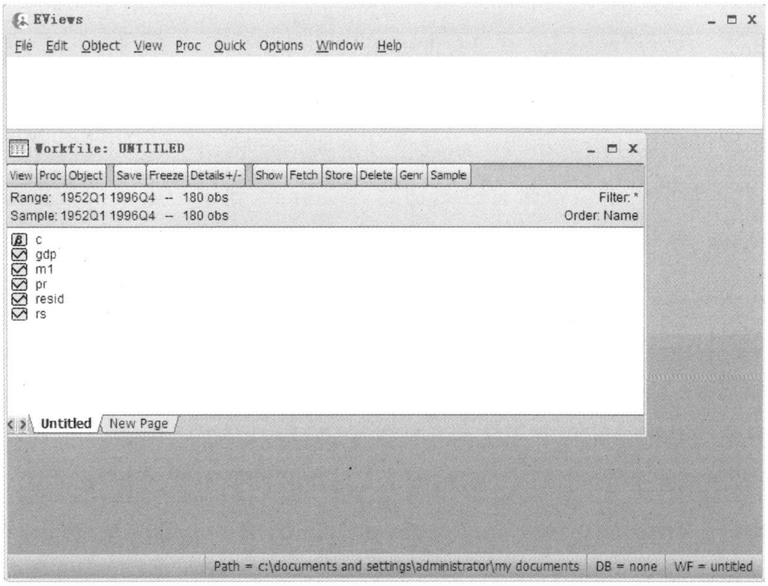

图 1－15　数据导入后工作文件

可以看到文件中已经导入了 4 个数据序列，可以通过鼠标选择这 4 个变量名，然后右键菜单中选“Open”—“As group”，打开(如图 1－16 所示)。

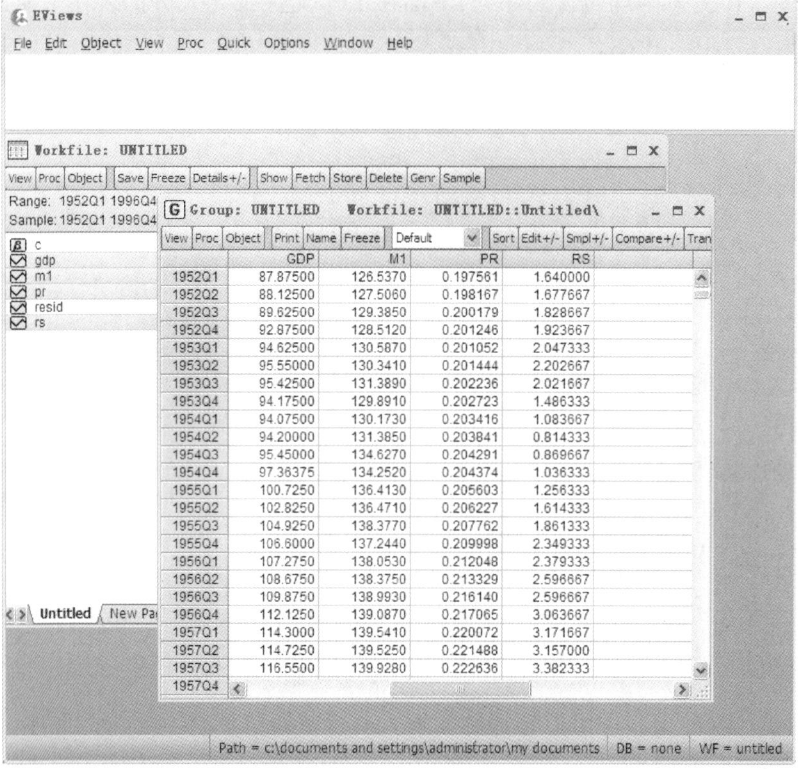

图 1－16　查看数据窗口

这时如果发现数据存在错误，可以点“Edit”进行修改，如果数据无误，可以通过主菜单中“File”—“Save”或“Save As”来保存工作文件。

2. EViews 绘图

绘图对进行统计计量分析得出结论十分重要，通过图形可以直观地说明金融及经济问题，因此计量软件通常都带有绘图功能。EViews 提供了丰富的数据图形输出方式，包括线形图、条状图、饼状图和多种散点图等，这些图形可以方便地通过剪切和粘贴输出到如 Word 等的一些文字处理软件中。继续以本例选择 GDP 和 M1 两个变量打开线形图，具体步骤是打开两个序列后依次选“View”—“Graph”—“Line”，得到如图 1－17 和图 1－18 所示的窗口。

以上只是简单地介绍了在 EViews 软件中进行数据输入和修改、工作文件的建立和保存，以及绘图等简单的操作。利用 EViews 进行回归分析等操作都可以通过这种菜单方式进行，详细的使用方法可以参考 EViews 的用户手册以及帮助文件，下面仅介绍一个简单的例子。

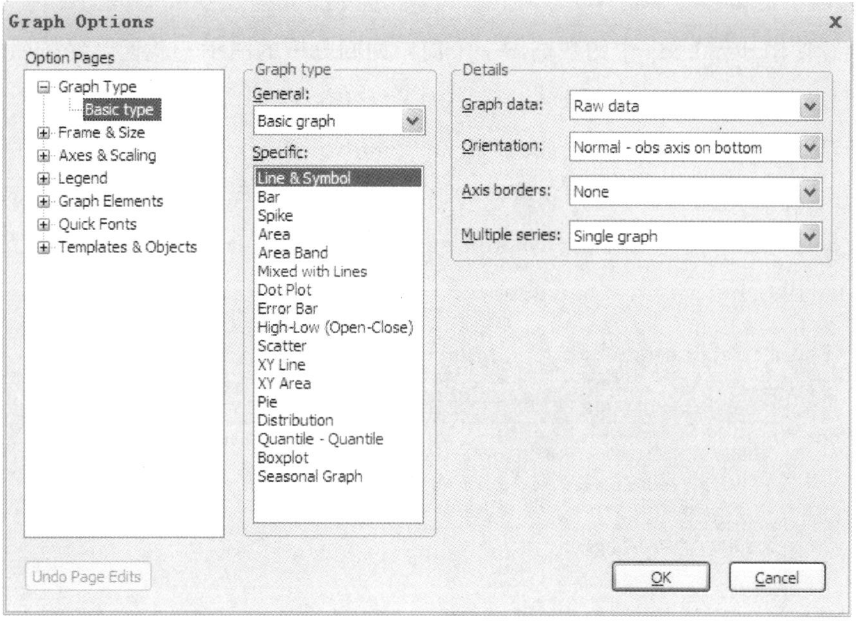

图 1-17　选择线形图

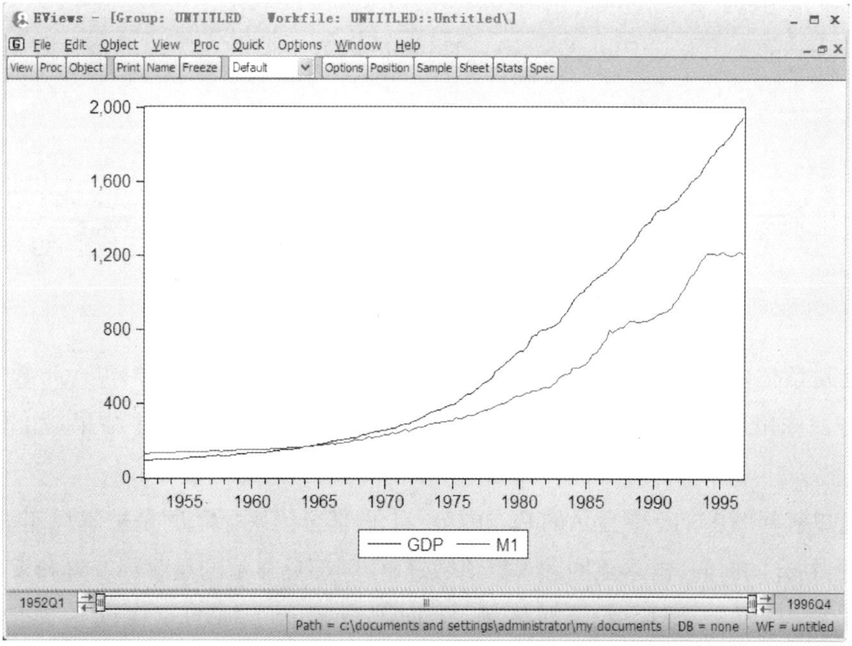

图 1-18　GDP 和 M1 线形图

3. 一个回归分析案例

继续使用 demo. xls 中的数据做一个简单回归分析的演示。我们已经按照前面的方法把数据导入工作文件，GDP 代表国民生产总值，M1 代表货币供给量，PR 代表价格水平，RS 代表利率，假设我们要分析 GDP 和 RS 对 M1 的影响，在考虑价格因素时，应建立以 M1/PR 为被解释变量，GDP/PR 和 RS 为解释变量的模型。在按组打开四个数据序列后通过“Procs”—“Make Equation”打开“Equation Specification”对话框（如图 1－19 所示）。

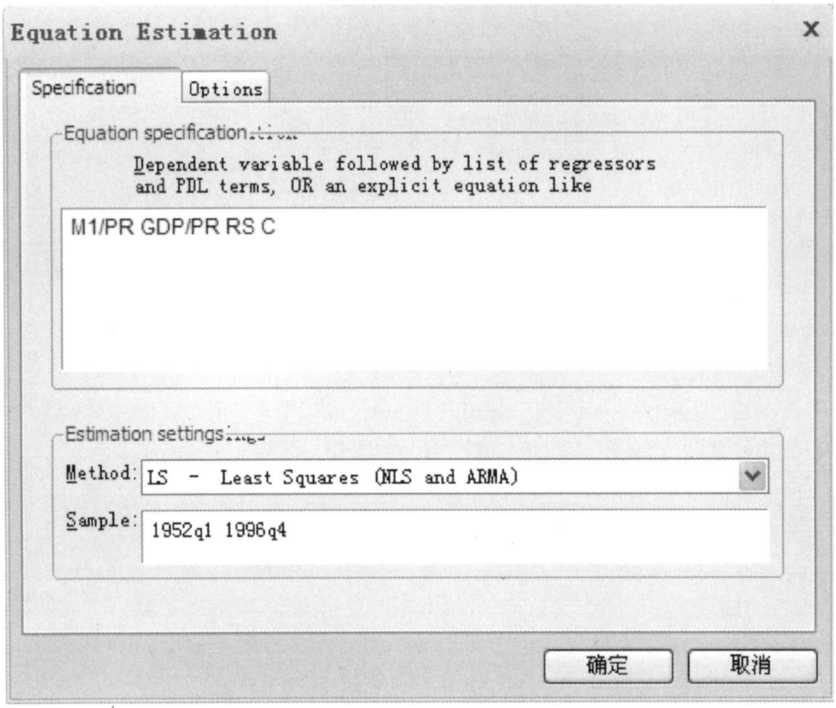

图 1－19　方程设定窗口

在对话框中填入所估计模型的被解释变量和解释变量（本例中包含常数项 C），估计方法选用最小二乘法，样本范围不变，确定后可以得到估计结果（如表 1－3 所示）。

简单解释图 1－19 中显示的基本内容：上面部分依次显示的是被解释变量、估计的方法、估计的时间、样本范围和观察值数量；中间部分显示的是解释变量和常数项的估计参数、标准差、t 检验值和 P 值；下面部分显示了模型总体的估计情况，如 R－squared 值、调整的 R－squared 值、DW 统计值、F 检验值等，这些内容在以后的章节中都将详细介绍。

表 1-3　回归结果

Dependent Variable: M1/PR
Method: Least Squares
Date: 12/20/14　　Time: 00:13
Sample: 1952Q1 1996Q4
Included observations: 180

Variable	Coefficient	Std. Error	t-Statistic	Prob.
GDP/PR	0.415617	0.008040	51.69656	0.0000
RS	-19.16710	1.082235	-17.71066	0.0000
C	472.7241	7.760542	60.91380	0.0000

R-squared	0.939651	Mean dependent var	787.4102
Adjusted R-squared	0.938969	S.D. dependent var	148.0438
S.E. of regression	36.57331	Akaike info criterion	10.05304
Sum squared resid	236756.4	Schwarz criterion	10.10626
Log likelihood	-901.7736	Hannan-Quinn criter.	10.07462
F-statistic	1377.977	Durbin-Watson stat	0.205710
Prob(F-statistic)	0.000000		

本章小结

金融计量学是金融学的一个重要分支，金融问题的数量化研究是金融计量学的目的，包括金融模型的设计、建立、估计、检验及使用模型进行预测和政策策划的系列过程。金融理论的迅速发展、金融模型的不断推出、计算机技术的日益发展和计量软件的多样化都为现代金融的数量化研究提供了有力的工具，这些条件的结合形成了金融计量分析的基础。本章简要阐述了金融计量学的方法和一般应用步骤，着重介绍了金融数据的类型和特点，简要评述了主要的计量和统计软件包，对常用的 Microfit 和 EViews 计量软件的使用方法进行了详细讲解并举例说明。本章旨在使学生理解金融计量模型思想，了解金融数据的特点与来源，掌握常用的金融计量软件。

关键术语

金融计量学　　时间序列数据　　横截面数据　　平行数据

思考题

1. 金融计量学是一门怎样的学科？金融计量学模型的建立和应用一般需要进行哪些工作？
2. 金融计量学中应用的数据是怎样进行分类的？需注意哪些问题？

练习题

1. 浏览本章所提供的常见金融机构和组织的网址。
2. 浏览本章所提供的常见计量软件的网址。
3. 熟悉 Microfit 和 EViews 的简单操作。

延伸阅读

第二章　最小二乘法和线性回归模型

本章要点

最小二乘法的基本原理和计算方法。

经典线性回归模型的基本假定。

BLUE 统计量的性质。

t 检验和置信区间检验的原理及步骤。

多变量模型的回归系数的 F 检验。

预测的类型及评判预测的标准。

好模型具有的特征。

本章导读

第一节　最小二乘法的基本属性

一、有关回归的基本介绍

金融、经济变量之间的关系，大体上可以分为两种。

(1) 函数关系：$Y=f(X_1, X_2, \cdots, X_p)$，其中 Y 的值是由 $X_i(i=1, 2, \cdots, p)$ 所唯一确定的。

(2) 相关关系：$Y=f(X_1, X_2, \cdots, X_p)$，其中 Y 的值不能由 $X_i(i=1, 2, \cdots,$

p）精确地唯一确定。

对于函数关系，如果我们知道了 X_1，X_2，…，X_p，就能够确定 Y 的值。例如，如果我们知道了销售价格和销售量，就可以确定该产品的销售额。而对于变量之间的相关关系则非如此，例如我们知道公司股票价格与公司业绩之间存在一定的关系。一般而言，公司的业绩高，股票价格就高，但股票价格不完全取决于公司业绩，它还受其他的一些因素，如宏观经济环境、其他公司收益等的影响。而研究公司股票价格与公司业绩之间的这种相关关系，就是计量经济学的主要内容。

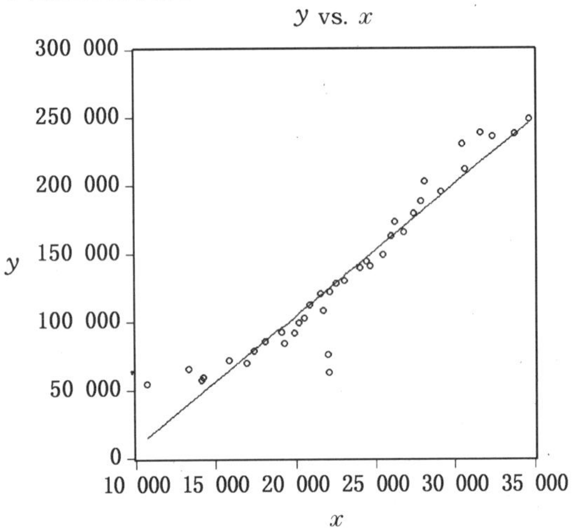

图 2－1　货币供应量和 GDP 散点图

图 2－1 表示的是我国货币供应量 M2（y）与经过季节调整的 GDP（x）之间的关系（数据为 1995 年第一季度到 2004 年第二季度的季度数据）。从图中可以看到，随着 x 的增加，y 大致也是增加的，但 x、y 之间并没有确定的关系，表现在图中的点并不完全落在同一条直线上。[①] 但有时候我们想知道当 x 变化一个单位时，y 平均变化多少。可以看到，由于图中所有的点都相对地集中在图中直线周围，因此我们可以以这条直线大致代表 x 与 y 之间的关系。如果我们能够确定这条直线，我们就可以用直线的斜率来表示当 x 变化一个单位时 y 的变化程度，由图中的点确定线的过程就是回归，用统计语言来表述就是：对于变量间的相关关系，我们可以根据大量的统计资料，找出它们在数量变化方面的规律（即"平均"的规律），这种统计规律所揭示的关系就是回归关系（regressive relationship），所表示的数学方程就是回归方程（regression equation）或回归模型（regression model）。[②]

如果我们将直线表示为：

$$y = \alpha + \beta x \tag{2.1}$$

则根据式（2.1），在确定 α、β 的情况下，给定一个 x 值，我们就能够得到一个确定的 y 值，然而这是不太现实的。根据式（2.1）得到的 y 值与实际的 y 值存在一个误差（即

---

① 当然，对于我们收集的这些数据，可能存在一种函数关系，在图中表现为存在一条曲线，能够使所有的点都落在曲线上，但随着数据（图中的点）的增多，这种函数关系将不再成立，因为 M2、GDP 都分别受其他因素的影响，同时这种曲线也超出了我们的研究范围。

② 严格来说，"回归模型"和"回归方程"还是有区别的。

图 2-1 中点到直线的距离)。如果我们以 u 表示误差,则方程(2.1)变为:

$$y=\alpha+\beta x+u \tag{2.2}$$

即:

$$y_t=\alpha+\beta x_t+u_t \tag{2.3}$$

其中,$t(=1, 2, 3, \cdots, T)$ 表示观测数。

式(2.3)即为一个简单的双变量回归模型(因其仅具有两个变量 x,y)的基本形式。其中 y_t 被称作因变量(dependent variable),或称作被解释变量(explained variable)、结果变量(effect variable);x_t 被称作自变量(independent variable),或称作解释变量(explanatory variable)、原因变量(causal variable)。在回归模型中,我们假定 x_t 是已知、确定的;α、β 为参数(parameters),或称作回归系数(regression coefficients);u_t 通常被称作随机误差项(stochastic error term),或称作随机扰动项(random disturbance term),简称误差项,顾名思义,在回归模型中它是不确定的,服从随机分布(相应地,y_t 也是不确定的,服从随机分布)。我们之所以将 u_t 包含在模型中,是基于以下原因:

(1) 有些变量是观测不到的或者是无法度量的,又或者影响因变量 y_t 的因素太多,因此不可能把 y_t 所有的决定因素以一个简单模型表述出来。

(2) 在 y_t 的度量过程中会发生偏误,这些偏误在模型中是表示不出来的。

(3) 外界随机因素对 y_t 的影响也很难模型化,比如恐怖事件、自然灾害、设备故障等。

在对回归模型进行了基本的介绍后,我们来考虑以下的问题:如何确定图 2-1 中的直线,即如何确定式(2.3)中 α、β 的值,以使得直线能够最好地接近各散点?或者换句话说,不同的 α、β 值代表了不同的直线,我们如何确定一组 α、β 值,使得该直线能够最好地代表 x、y 之间的关系?我们将在以下部分中解决这个问题。

二、参数的最小二乘估计

(一) 方法介绍

确定能够最好地代表 x、y 之间关系的直线有多种方法或原则,其中应用最广泛的是最小二乘法。如第一章提到的,最小二乘法也分为好几种,而普通最小二乘法(ordinary least squares, OLS)又是其中最基本、最常用的,因此通常情况下所说的最小二乘法即指普通最小二乘法,在下面的章节中,除非特别说明,我们将不再区分两个概念。下面我们来介绍最小二乘法的基本原则和利用其求解 α,β 的过程。

最小二乘法的基本原则是:最优拟合直线应该使各点到直线的距离之和最小。

为了方便数学表达，剔除正负号的影响，上述原则可变为距离的平方和最小。假定根据这一原理得到的 α，β 估计值为 $\hat{\alpha}$，$\hat{\beta}$，则直线可表示为 $\hat{y}_t = \hat{\alpha} + \hat{\beta}x_t$。直线上的 y_t 值记为 $\hat{y}_t$，称为拟合值（fitted value），实际值与拟合值的差记为 $\hat{u}_t$，称为残差（residual），可以看作是随机误差项 u_t 的估计值。下面我们来看 $\hat{\alpha}$，$\hat{\beta}$ 的具体求法。根据前面的定义，我们可以看到，使直线与各散点的距离的平方和最小，实际上是使残差平方和（residual sum of squares，RSS）$\sum_{t=1}^{T}\hat{u}_t^2$ 最小，即最小化

$$RSS = \sum_{t=1}^{T}(y_t - \hat{y}_t)^2 = \sum_{t=1}^{T}(y_t - \hat{\alpha} - \hat{\beta}x_t)^2 \tag{2.4}$$

根据最小化的一阶条件，将式(2.4)分别对 $\hat{\alpha}$、$\hat{\beta}$ 求偏导，并令其为零，即可求得结果如下：①

$$\hat{\beta} = \frac{\sum x_t y_t - T\overline{xy}}{\sum x_t^2 - T\bar{x}^2} \tag{2.5}$$

$$\hat{\alpha} = \bar{y} - \hat{\beta}\bar{x} \tag{2.6}$$

（二）一些基本概念

1. 总体和样本

总体（the population）是指待研究变量的所有数据集合，可以是有限的，也可以是无限的；而样本（the sample）是总体的一个子集。一般而言，总体的数据是很难得到的，或者数据太多以致对它们进行研究缺乏效率，在这种情况下，通常的做法是挑选总体的代表性子集即代表性样本进行研究，样本的选择是随机的，样本容量根据可观察数据或研究目的而定。

2. 总体回归方程和样本回归方程

总体回归方程（the population regression function，PRF）表示变量之间的真实关系，有时也被称为数据生成过程（data generating process，DGP），PRF 中的 α、β 值是真实值，方程为：

$$y_t = \alpha + \beta x_t + u_t \tag{2.7}$$

样本回归方程（the sample regression function，SRF）是根据所选样本估算的变量之间的关系函数，方程为：

$$\hat{y} = \hat{\alpha} + \hat{\beta}x_t \tag{2.8}$$

① 具体求解过程请参阅本章附录。

注意，SRF 中没有误差项，根据这一方程得到的 $\hat{y}$ 是总体因变量 y 的期望值，于是方程(2.7)可以写为：

$$y_t = \hat{\alpha} + \hat{\beta} x_t + \hat{u}_t \tag{2.9}$$

于是，总体 y 值被分解为两部分：模型拟合值($\hat{y}$)和残差项($\hat{u}_t$)。由上可以看出，SRF 是 PRF 的可能值，但研究者真正关心的是 PRF，可是 PRF 通常无法得到，因此可行的方法是以 SRF 代表 PRF。这就引出一个问题，即 SRF 正好是 PRF 的概率为多少。如果概率很大，那我们就可以用 SRF 代替 PRF；如果概率很小，就不行。但多大的概率才算大呢，这些问题都是在以后的章节中需要解决的。

3. 线性关系

由于本教材主要讨论线性模型，因此必须对线性的真正含义作出解释。对线性的第一种解释是：y 是 x 的线性函数，比如 $y=\alpha+\beta x$。从几何意义上说，这时回归曲线是一条直线。按照这种解释，诸如 $y=\alpha+\beta x^2$ 的回归函数，由于变量 x 以二次方出现，就不是线性的。对线性的第二种解释是：y 是参数 β 的一个线性函数，但它可以不是变量 x 的线性函数。按照这种解释，$y=\alpha+\beta x^2$ 就是一个线性回归模型，但 $y=\alpha+\sqrt{\beta}x$ 则不是。后者是(对参数而言)非线性回归模型，在本教材中，我们将仅仅研究对参数为线性的模型。因此，从现在起，“线性回归”一词总是对指参数 β 为线性的一种回归(即参数只以一次方出现)，对解释变量 x 则可以是也可以不是线性的。

有些模型看起来不是线性回归，但经过一些基本代数变换可以转换成线性回归模型。例如，

$$y_t = A x_t^{\beta} e^{u_t} \tag{2.10}$$

可以进行如下变换：

$$\ln y_t = \ln(A) + \beta \ln(x_t) + u_t \tag{2.11}$$

令 $Y_t=\ln y_t$，$\alpha=\ln(A)$，$X_t=\ln(x_t)$，则方程(2.11)变为：

$$Y_t = \alpha + \beta X_t + u_t \tag{2.12}$$

可以看到，模型(2.12)即为一个线性模型。

又如，

$$y_t = \alpha + \frac{\beta}{z_t} + u_t \tag{2.13}$$

可以令 $x_t=\dfrac{1}{z_t}$，则方程(2.13)变为：

$$y_t = \alpha + \beta x_t + u_t \tag{2.14}$$

但形如 $y_t = \alpha + \beta x_t^{\lambda} + u_t$ 的方程，由于不能被转换成线性回归模型，因此是不能用 OLS 来估计的。

4. 估计量和估计值

估计量(estimator)是指计算系数的方程，比如方程(2.5)和方程(2.6)；而估计值(estimate)是指估计出来的系数的数值。

三、最小二乘估计量的性质和分布

(一) 经典线性回归模型的基本假设

前面介绍的回归模型(2.3)与下面要介绍的假设条件合在一起就是所谓的经典线性回归模型(the classic linear regression model, CLRM)。y 的值不仅取决于 x 值，还取决于随机误差项 u，因此，有必要说明 u 的生成过程。下面的假设条件都是关于干扰项的限制条件，主要有以下几个：

(1) $E(u_t)=0$，即误差项具有零均值；

(2) $var(u_t)=\sigma^2<\infty$，即误差项具有常数方差，且对于所有 x 值是有限的；

(3) $cov(u_i, u_j)=0$，即误差项之间在统计意义上是相互独立的；

(4) $cov(u_t, x_t)=0$，即误差项与变量 x 无关；

(5) $u_t \sim N(0, \sigma^2)$，即误差项服从正态分布。

随机误差项满足假设条件(1)—(5)的线性回归模型即为 CLRM。

(二) 最小二乘估计量的性质

如果假设条件(1)—(4)满足的话，由最小二乘法得到的估计量 $\hat{\alpha}$、$\hat{\beta}$ 具有一些特性，即它们是最优线性无偏估计量(best linear unbiased estimator, BLUE)。具体意思如下：

估计量(estimator)：意味着 $\hat{\alpha}$、$\hat{\beta}$ 是包含着真实 α、β 值的估计量。

线性(linear)：意味着 $\hat{\alpha}$、$\hat{\beta}$ 与随机变量 y 之间是线性函数关系。

无偏(unbiased)：意味着平均而言，实际得到的 $\hat{\alpha}$、$\hat{\beta}$值与其真实值是一致的。

最优(best)：意味着在所有线性无偏估计量里，OLS 估计量 $\hat{\beta}$ 具有最小方差。高斯—马尔可夫定理(Gauss-Markov Theorem)表明：在给定经典线性回归模型的假定下，最小二乘估计量在无偏线性估计量一类中有最小方差，即它们是 BLUE。

在假设条件(1)—(4)成立的情况下，OLS 估计量具有一致性、无偏性和有效性等性质，这是对 BLUE 的另外一种表述方法，下面我们对这些性质进行讨论。

1. 一致性(consistency)

为了解释一致性，假定 $X \sim N(u_x, \sigma^2)$，从该正态总体中抽取一容量为 n 的随机样本。现考虑 X 的两个估计量：

$$\bar{X}=\sum \frac{X_i}{n} \tag{2.15}$$

$$X^*=\sum \frac{X_i}{n+1} \tag{2.16}$$

第一个估计量就是常用的样本均值。我们知道，

$$\mathrm{E}(\bar{X})=u_x \tag{2.17}$$

可以证明：

$$\mathrm{E}(X^*)=\left(\frac{n}{n+1}\right)u_x \tag{2.18}$$

既然 $\mathrm{E}(X^*)$ 不等于 u_x，显然 X^* 是一个有偏的估计量。

但是，假定我们增大样本容量，情况又会怎样呢？估计量 $\bar{X}$ 与 X^* 的差别仅仅在于前者的分母为 n 而后者的分母为 $n+1$。但是随着样本容量的增大，发现两个估计量的差别不大。也就是说，随着样本容量的增加，X^* 也将近似于真实的 u_x，在统计学中，我们称这样的估计量为一致估计量。更正规的表述是：估计量(比如 X^*)称为一致估计量，如果随着样本容量的逐渐增大，则该估计量会逐渐接近参数的真实值。在后面的章节中我们将会看到，有时候我们或许不能得到参数的无偏估计量，但却能得到一个一致估计量。

2. 无偏性(unbiasedness)

最小二乘估计量 $\hat{\alpha}$、$\hat{\beta}$是无偏的，即：

$$\mathrm{E}(\hat{\alpha})=\alpha \tag{2.19}$$

$$\mathrm{E}(\hat{\beta})=\beta \tag{2.20}$$

由此可以看出，参数估计值的均值等于其真实值。也就是说，在用最小二乘法估计参数时，相对于其真实值而言，既没有高估也没有低估。在证明这一性质的过程中同样需要用到 $\mathrm{E}(u_t)=0$ 的假设条件。显然，无偏性要强于一致性，因为无偏性不仅适用于大样本，而且适用于小样本。

3. 有效性(efficiency)

如果没有其他的 β 估计量比 $\hat{\beta}$ 具有更小的方差，则称 $\hat{\beta}$ 是有效的。

(三) OLS 估计量的方差、标准差和其概率分布

1. OLS 估计量的方差、标准差

回归估计量 $\hat{\alpha}$、$\hat{\beta}$ 的值与特定的样本有关，也就是说，从相同的总体选择不同的样本会使数据点(x_t 和 y_t)不同，从而得到不同的估计值。

如前所述，OLS 估计量($\hat{\alpha}$、$\hat{\beta}$)由方程(2.5)和方程(2.6)给定，那么这两个估计量到底在什么样的精确程度或可信度下能衡量真实的 α 和 β 呢？估计值是否会随样本的不同选定而发生较大的变化？我们只能通过可得的样本数据来计算样本变量，从而计算估计值的精确性。衡量估计量精确程度的一个标准是估计量的标准差。给定假设条件(1)—(4)，估计量的标准差计算方程如下：①

$$\mathrm{SE}(\hat{\alpha})=s\sqrt{\frac{\sum x_t^2}{T\sum(x_t-\bar{x})^2}}=s\sqrt{\frac{\sum x_t^2}{T\left[\left(\sum x_t^2\right)-T\bar{x}^2\right]}} \tag{2.21}$$

$$\mathrm{SE}(\hat{\beta})=s\sqrt{\frac{1}{\sum(x_t-\bar{x})^2}}=s\sqrt{\frac{1}{\sum x_t^2-T\bar{x}^2}} \tag{2.22}$$

其中，s 是残差的估计标准差。

在其他条件不变的情况下，参数估计量的标准差越大，说明估计量在不同样本间变化越大，因而越不精确。根据式(2.21)和式(2.22)可以看到估计量的标准差由解释变量 x 的真实观察值、样本容量 T、残差估计标准差 s 决定。这里只有 s 是未知的，若用 σ^2 表示干扰项的真实方差，下面我们将说明如何得到 s，即如何估计 σ^2。

随机变量 u_t 的方差由下式给出：

$$\mathrm{var}(u_t)=\mathrm{E}[(u_t)-\mathrm{E}(u_t)]^2 \tag{2.23}$$

根据假设条件(1)，有 $E(u_t)=0$，所以，

$$\mathrm{var}(u_t)=\mathrm{E}[u_t^2] \tag{2.24}$$

$$\mathrm{E}[u_t^2]=\frac{1}{T}\sum u_t^2 \tag{2.25}$$

即：

$$s^2=\frac{1}{T}\sum u_t^2 \tag{2.26}$$

事实上，我们不可能得到 $\sum u_t^2$ 的值，因此只能以样本值 $\sum \hat{u}_t^2$ 来代替，这样方程(2.26)就变为：

$$s^2=\frac{1}{T}\sum \hat{u}_t^2 \tag{2.27}$$

① 具体求解过程请参阅本章附录。

但是这一估计量是有偏的，σ^2 的无偏估计量应该是：

$$s^2=\frac{\sum \hat{u}_t^2}{T-2} \tag{2.28}$$

$$s=\sqrt{\frac{\sum \hat{u}_t^2}{T-2}} \tag{2.29}$$

s 通常被称为回归标准差，有时可以通过它来大致地估计回归等式的拟合程度。在其他条件不变的情况下，s 值越小，回归线越接近于真实数据。

从式(2.21)和式(2.22)中可以看出，参数估计量的标准差具有如下性质：

(1) 样本容量 T 越大，参数估计值的标准差越小。

(2) $\mathrm{SE}(\hat{\alpha})$ 和 $\mathrm{SE}(\hat{\beta})$ 都取决于 s^2。s^2 是残差的方差估计量。s^2 越大，残差的分布就越分散，这样模型的不确定性也就越大。如果 s^2 很大，则意味着估计直线不能很好地拟合散点。

(3) 参数估计值的方差与 $\sum(x_t-\bar{x})^2$ 成反比。$\sum(x_t-\bar{x})^2$ 越小，散点越集中，这样就越难准确地估计拟合直线；相反，如果 $\sum(x_t-\bar{x})^2$ 越大，散点越分散，这样就可以比较容易地估计出拟合直线，并且可信度也大得多。比较图 2-2 就可以清楚地看到这点。

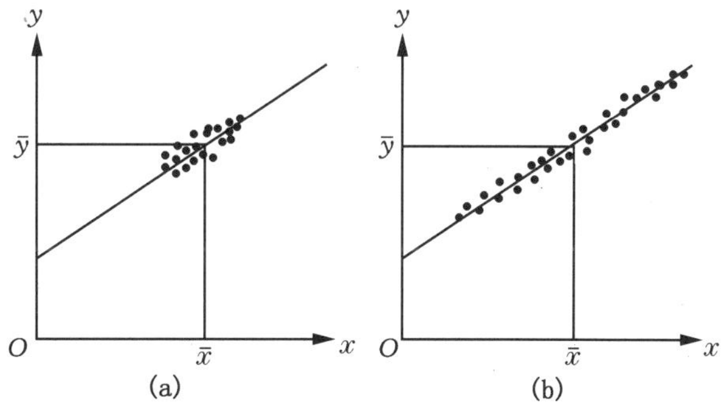

图 2-2　直线拟合和散点集中度的关系

(4) $\sum x_t^2$ 项只影响截距的标准差，不影响斜率的标准差。理由是：$\sum x_t^2$ 衡量的是散点与 y 轴的距离。$\sum x_t^2$ 越大，散点离 y 轴越远，就越难准确地估计出拟合直线与 y 轴的交点(即截距)；反之，则相反。

需要注意的是，标准差只是给定了回归参数估计量的大致精确程度，它们并没有说明参数估计值到底有多准确，要想更准确地确定，我们需要知道 OLS 估计量的概率分布，并在此基础上进行估计量的假设检验（我们将在第二节中介绍）。

2. OLS估计量的概率分布

给定假设条件(5)，即 $u_t \sim N(0, \sigma^2)$，则 y_t 也服从正态分布。由于OLS估计量是随机变量的线性组合，即 $\beta = \sum w_t y_t$（w_t 是其他项，作为权重），因为正态分布变量的加权和也服从正态分布，所以系数估计量也是服从正态分布的。

$$\hat{\alpha} \sim N(\alpha, \operatorname{var}(\alpha)) \tag{2.30}$$

$$\hat{\beta} \sim N(\beta, \operatorname{var}(\beta)) \tag{2.31}$$

需要注意的是：如果残差不服从正态分布，即假设条件(5)不成立，但只要CLRM的其他假设条件还成立，且样本容量足够大，则通常认为系数估计量还是服从正态分布的。如何检验假设条件(5)是否成立，如何处理假设条件(5)不成立的情况，这些内容将在以后的章节中加以阐述。

$\hat{\alpha}$、$\hat{\beta}$ 的标准正态分布为：

$$\frac{\hat{\alpha}-\alpha}{\sqrt{\operatorname{var}(\alpha)}} \sim N(0, 1) \tag{2.32}$$

$$\frac{\hat{\beta}-\beta}{\sqrt{\operatorname{var}(\beta)}} \sim N(0, 1) \tag{2.33}$$

但是，总体回归方程中的系数的真实标准差是得不到的，只能得到样本的系数标准差（$SE(\hat{\alpha})$、$SE(\hat{\beta})$）。用样本的标准差去替代总体标准差会产生不确定性，并且 $\frac{\hat{\alpha}-\alpha}{SE(\hat{\alpha})}$、$\frac{\hat{\beta}-\beta}{SE(\hat{\beta})}$ 将不再服从正态分布，而服从自由度为 $T-2$ 的 t 分布①（t distribution），其中 T 为样本容量，即：

$$\frac{\hat{\alpha}-\alpha}{SE(\hat{\alpha})} \sim t_{T-2} \tag{2.34}$$

$$\frac{\hat{\beta}-\beta}{SE(\hat{\beta})} \sim t_{T-2} \tag{2.35}$$

这里所谓的自由度可以看作是除必要的信息外额外所拥有的信息。例如，计算 α、β 最少需要两个观测值，但我们现在拥有 T 个观测值，因而自由度为 $T-2$。

---

① 证明过程有兴趣的同学可参阅 R. C. Hill, W. E. Griiffiths, G. G. Judge, et al. 的 *Undergraduate Econometrics* (John Wiley & Sons, 2001)一书。

3. 正态分布和 t 分布的关系

正态分布图和 t 分布图的形状如图 2－3 所示。

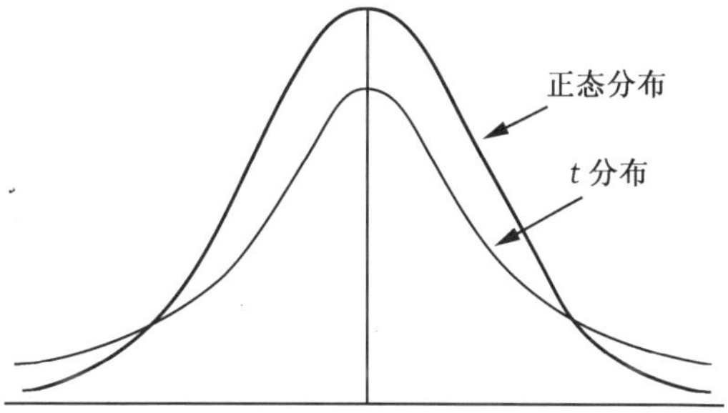

图 2－3　正态分布和 t 分布形状比较

对于正态分布我们都很熟悉，其最大的特征就是“钟形”分布图和相对其均值成对称分布，经过简单的代数代换，正态分布都可以转换成标准正态分布 $N(0, 1)$。t 分布与正态分布具有密切的联系，它的形状跟正态分布很接近，它只有唯一的一个参数，就是自由度。从图形上来看，t 分布的尾比较厚，均值处的最大值小于正态分布。随着 t 分布自由度的增大，其对应临界值显著减小，当自由度趋向于无穷时，t 分布就服从标准正态分布了。所以正态分布可以看作是 t 分布的一个特例。

例 2－1　一个简单的回归模型①

货币供应量是影响通货膨胀的一个重要因素，在我国，它们两者之间的关系可以通过以下的简单回归模型来表示：

$$y_t = \beta_1 + \beta_2 x_t + u_t$$

我们选取 1997 年 1 月—2004 年 7 月的消费物价指数（CPI）和货币供应量（$M2$）进行分析。通货膨胀（y_t）以 CPI 的对数取差分表示，即 $y_t = \ln(CPI) - \ln(CPI_{t-1})$；对货币供应量取对数，再进行一阶差分，即：$x_t = \ln(M2_t) - \ln(M2_{t-1})$。这样的技术性转换是为了消除或者减小时间序列中存在的自相关和异方差的情况，同时不会影响回归的分析结果。有关这方面的知识将在后面介绍自相关、异方差等有关章节中详细论述。利用 EViews 软件，对 y_t 和 x_t 进行回归分析，得到的估计方程为：

$$y_t = 0.006514 - 0.552589 x_t$$

对回归线解释如下：回归线上的每一点都给出与选定 x 值相对应的 y 期望值或均值的一个估计值。代表回归线斜率的 $\hat{\beta}_2 = -0.552589$，表示在这个样本范围内，货币供应量 x 每增加 1 个百分点，平均通货膨胀就减小 0.552589 个百分点。代表回归线截距的 $\hat{\beta}_1 = 0.006514$，表示当货币供应量为零时，通货膨胀为 0.006514，不过这是

① 本例题数据可在上海财经大学出版社网站（http：//www. sufep. com）下载，Excel 格式的文件名为 EX2. 1. xls；EViews 生成的 wf1 格式的文件名为 EX2. 1. wf1，我们给出的都是原始数据（第三节用到的固定资产投资数据经过季节调整）。

对截距项的一种机械式解释。在回归分析中，对截距项作出这种字面的解释也许没有意义，有时将截距项包含在模型中仅仅是为了能让回归线更好地拟合数据。需要注意的是，基础理论一般都认为，货币供应量与通货膨胀呈现正相关关系，而根据以上回归分析我们得到通货膨胀跟货币供应量存在一个负相关的关系，产生这种情况的原因是比较复杂的，有可能是货币政策存在时滞的缘故，也有可能是时间序列处理技术有缺陷的缘故。①

第二节　一元线性回归模型的统计检验

以上我们研究了统计推断的一个分支——参数估计，现在我们将研究如何对拟合直线进行检验，从而告诉我们对得到的结果在多大的程度上可以信任。

一、拟合优度检验

在我们得到对数据的回归直线时，会想到一个问题：这条直线到底在多大程度上拟合了数据，或者说模型的解释变量在多大程度上解释了被解释变量。为了回答这个问题，我们引进拟合优度（goodness of fit statistics）的概念。首先我们考察残差平方和（the residual sum of squares，RSS）。我们知道，利用最小二乘法得到的系数最小化了 RSS，所以这一值越小就说明模型越能符合数据。但是 RSS 是一个绝对数量，我们不知道 RSS 小到什么程度才能说明这个模型是好的，所以我们需要找另外一个衡量标准，这就是我们所要介绍的拟合优度（用 R^2 表示）。R^2 是一个比例值，是真实值 y 与估计值 $\hat{y}$ 的相关系数的平方。相关系数处于 -1～1 之间，因此 R^2 处于 0 到 1 之间。R^2 的另外一种定义是这样的：模型所要解释的是 y 相对于其均值的波动性，即 $\sum(y_t-\bar{y})^2$（离差平方和，the total sum of squares，TSS），这一平方和可以分成两部分：

$$\sum(y_t-\bar{y})^2=\sum(\hat{y}_t-\bar{y})^2+\sum\hat{u}_t^2 \tag{2.36}$$

其中，$\sum(\hat{y}_t-\bar{y})^2$ 是被模型所解释的部分，称为回归平方和（the explained sum of squares，ESS）；$\sum\hat{u}_t^2$ 是不能被模型所解释的残差平方和（the residual sum of

---

① 如果货币政策存在时滞的话，则当期货币供应量的变化，并不会影响当期通货膨胀；时间序列处理技术，我们将在随后的章节中详细论述。在我们学习完相关内容后，有兴趣的同学可自行对此模型（包括第三节扩展的模型）进行改进，以得到较理想的模型。

squares, RSS)，即 $\sum \hat{u}_t^2 = \sum (y_t - \hat{y}_t)^2$。

TSS、*ESS*、*RSS* 的关系可以用图 2－4 来更为直观地表示。

$$拟合优度 R^2 = \frac{ESS}{TSS} \tag{2.37}$$

因为

$$TSS = ESS + RSS \tag{2.38}$$

所以

$$R^2 = \frac{ESS}{TSS} = \frac{TSS - RSS}{TSS} = 1 - \frac{RSS}{TSS},\ R^2 \in [0,\ 1] \tag{2.39}$$

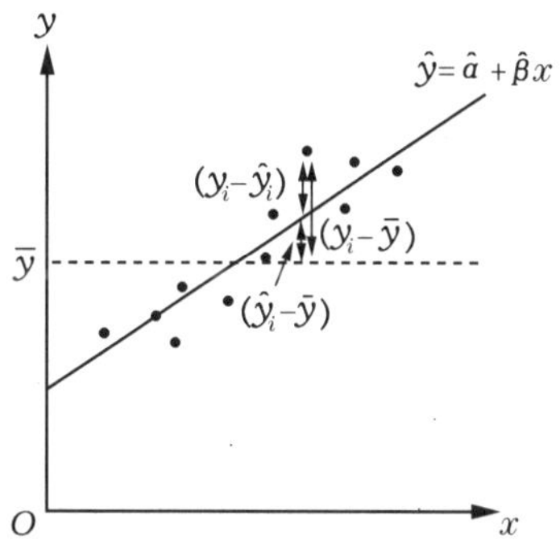

图 2－4　*TSS*、*ESS*、*RSS* 的关系

R^2 越大，说明回归线拟合程度越好；R^2 越小，说明回归线拟合程度越差。由上可知，通过考察 R^2 的大小，我们就能粗略地看出回归线的优劣。

但是，R^2 作为拟合优度的一个衡量标准也存在一些问题。

（1）如果模型被重新组合，被解释变量发生了变化，那么 R^2 也将随之改变，即使第二个模型是第一个模型的简单改变（两个模型具有相同的残差平方和 *RSS*），因此具有不同被解释变量的模型之间是无法比较 R^2 的大小的。

（2）增加了一个解释变量以后，R^2 只会增大而不会减小，除非增加的那个解释变量之前的系数为零，但在通常情况下该系数是不为零的，因此只要增加解释变量，R^2 就会不断地增大，这样我们就无法判断出这些解释变量是否应该包含在模型中。

（3）R^2 的值经常会很高，甚至能达到 0.9 或更高，所以我们无法判断模型之间到底孰优孰劣。

为了解决上面第二个问题，我们通常用调整过的 R^2 来代替未调整过的 R^2。对 R^2 进行调整主要是考虑到在引进一个解释变量时，会失去相应的自由度。调整过的 R^2 用 $\bar{R}^2$ 来表示，公式为：

$$\bar{R}^2 = 1 - \left[\frac{T-1}{T-K}(1-R^2)\right] \tag{2.40}$$

其中，T 为样本容量，K 为自变量个数。

由式(2.40)可以看出，如果解释变量的个数增加，则 K 增加，这时如果 R^2 没有增加或增加的量不够大的话，那么 $\bar{R}^2$ 将减小。因此，$\bar{R}^2$ 可以用来决定是否应该将某个解释变量包含在模型中。如果 $\bar{R}^2$ 增大，则包含该变量；如果 $\bar{R}^2$ 减小，则不包含该变量。

二、假设检验

在回归分析中，有时我们会遇到一个问题，即根据金融或经济理论，回归模型某参数值应为某一确定值或处在某一区间内，现在我们需要确定根据样本得到的系数估计值是否与理论值相符或处在理论区间内，这时就要用到我们将要介绍的假设检验。

假设检验是统计推断的一个主要内容，它的基本任务是根据样本所提供的信息，对未知总体分布某些方面的假设作出合理的判断。

假设检验的程序是，先根据实际问题的要求提出一个论断，称为零假设（null hypothesis）或原假设，记为 H_0［一般还有一个备择假设（alternative hypothesis），记为 H_1］；然后根据样本的有关信息，对 H_0 的真伪进行判断，作出拒绝 H_0 或不能拒绝 H_0 的决策。

假设检验的基本思想是概率性质的反证法。为了检验原假设 H_0 是否正确，先假定这个假设是正确的，看由此能推出什么结果。如果导致一个不合理的结果，则表明“假设 H_0 是正确的”是错误的，即原假设是错误的，因此要拒绝原假设。如果没有导致一个不合理的结果，则不能认为原假设是错误的，即不能拒绝原假设。

概率性质的反证法的根据是小概率事件原理。该原理认为：“小概率事件在一次实验中几乎是不可能发生的”。在原假设 H_0 下构造一个事件（即下面将要提到的检验统计量），这个事件在“假设 H_0 是正确的”的条件下是一个小概率事件。随机抽取一组样本观测值进行该事件的实验，如果该事件发生了，说明“假设 H_0 是正确的”是错误的，因为不应该出现的小概率事件出现了。因而应该拒绝原假设 H_0。反之，如果该小概率事件没有出现，就没有理由拒绝原假设，则不能拒绝原假设。

例如，对某一回归结果，我们有兴趣知道 β 的真实值是否等于 0.5，我们对 $\beta=0.5$ 的假设进行检验。通常假设条件的写法为：

$H_0: \beta=0.5$

$H_1: \beta\neq 0.5$

这是一个双侧检验，因为备选假设包含了 $\beta>0.5$ 和 $\beta<0.5$ 两种情况。有时，比如根据某一经济理论，$\beta>0.5$ 是不可能的或没有意义的，这样我们就可以只进行单侧检验：

$H_0: \beta=0.5$

$H_1: \beta<0.5$

这里需要注意的是，原假设通常是一个等式，是否进行单侧检验所需的信息必须是来自相应的理论基础。

假设检验有两种方法：置信区间检验法（confidence interval approach）和显著性

检验法（test of significance approach）。显著性检验法中最常用的是 t 检验和 F 检验，前者是对单个变量系数的显著性检验，后者是对多个变量系数的联合显著性检验（t 检验实际上是 F 检验的一个特例，即对单个变量进行 F 检验）。我们将 F 检验放在多变量回归模型的显著性检验中详细介绍，下面我们分别介绍 t 检验和置信区间检验。

（一）t 检验

我们以方程（2.3）为例来介绍 t 检验。t 检验之所以得名，是因为它所构造的检验统计量（即前面原理中所提到事件）$\frac{\hat{\beta}-\beta^*}{SE(\hat{\beta})}$ 是服从自由度为 $T-2$ 的 t 分布的，其中 β^* 是零假设下设定的 β 的值，T 为样本容量。

下面我们具体介绍对方程（2.3）的系数 β 进行 t 检验的主要步骤。

（1）用 OLS 方法回归方程（2.3），得到 β 的估计值 $\hat{\beta}$ 及其标准差 $SE(\hat{\beta})$。

（2）假定我们建立的零假设是 $H_0: \beta=\beta^*$，备择假设是 $H_1: \beta\neq\beta^*$（这是一个双侧检验），则我们建立的统计量 $t_{sta}=\frac{\hat{\beta}-\beta^*}{SE(\hat{\beta})}$ 服从自由度为 $T-2$ 的 t 分布。

（3）选择一个显著性水平（通常是 5%），我们就可以在 t 分布中确定拒绝区域和非拒绝区域（如图 2－5 所示）。如果选择显著性水平为 5%，则表明有 5%的分布将落在拒绝区域（注意我们设立的是双侧检验，因此两边各 2.5%）。

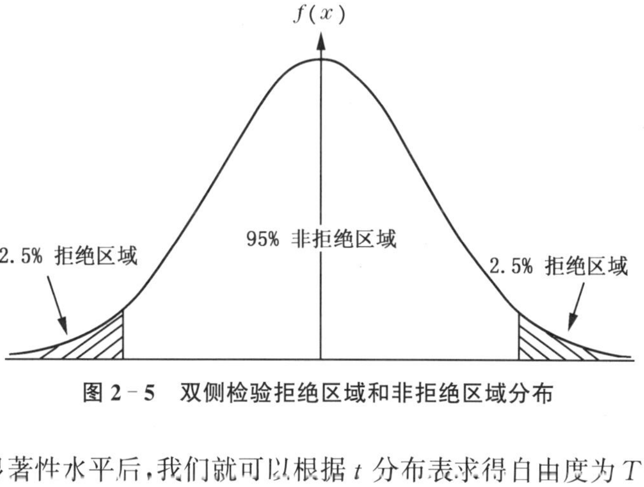

图 2－5　双侧检验拒绝区域和非拒绝区域分布

（4）选定显著性水平后，我们就可以根据 t 分布表求得自由度为 $T-2$ 的临界值，当检验统计值 t_{sta} 的绝对值大于临界值时，它就落在拒绝区域，因此我们拒绝 $H_0: \beta=\beta^*$ 的原假设，而接受备择假设。如果 t_{sta} 的绝对值小于临界值，它就落在非拒绝区域，此时我们不能拒绝 $H_0: \beta=\beta^*$ 的原假设。

可以看到，t 检验的基本原理是如果参数的假设值与估计值差别很大，就会导致小概率事件的发生，从而导致我们拒绝参数的假设值。这里需要注意的是，显著性水平的设定一般情况下设定为5%，但在样本特别大的情况下，根据$\hat{\beta}$标准差的计算公式，T很大会导致标准差变小，进而会使t检验值的绝对值增大，从而使我们倾向于拒绝原假设，这时我们可以采用1%或更低值的显著性水平的方法来解决这个问题。另外，单侧检验的拒绝区域只落在一侧(左侧或右侧)，究竟建立单侧检验还是双侧检验，一般取决于经济和金融理论。

在实际应用中，t检验经常被用于检验回归模型中是否应该包含某个变量，即在一定的显著性水平下，检验该变量的参数值是否不为零。如果拒绝参数值为零的假设，则称参数值是显著的，说明该变量对被解释变量有显著的解释作用，应包含在模型中；反之，则不应包含在模型中。

(二) 置信区间法

仍以方程(2.3)的系数β为例，置信区间法的基本思想是建立围绕估计值$\hat{\beta}$的一定的限制范围，推断总体参数β是否在一定的置信度下落在此区间范围内。这里所说的置信度(或称置信水平)与t检验中的显著性水平是相对的。例如我们选择显著性水平为5%，则置信度为95%，这意味着在重复抽样的情况下，真实总体的参数β有95%的可能性落在由样本计算的置信区间内，有5%的可能性是落在置信区间范围之外。下面我们简要介绍一下置信区间检验的主要步骤(所建立的零假设同t检验)。

(1) 用OLS法回归方程(2.3)，得到β的估计值$\hat{\beta}$及其标准差$SE(\hat{\beta})$。

(2) 选择一个显著性水平(通常为5%)，这相当于选择95%的置信度。查t分布表，获得自由度为$T-2$的临界值t_{crit}。

(3) 所建立的置信区间为：

$$(\hat{\beta}-t_{crit}SE(\hat{\beta}),\hat{\beta}+t_{crit}SE(\hat{\beta})) \tag{2.41}$$

(4) 如果零假设值β^*落在置信区间外，就拒绝H_0：$\beta=\beta^*$的原假设；反之，则不能拒绝。

需要注意的是，置信区间检验都是双侧检验，尽管在理论上建立单侧检验也是可行的。

(三) t检验与置信区间检验的关系

在显著性检验法下，当t_{sta}的绝对值小于临界值时，即：

$$-t_{crit}\leqslant\frac{\hat{\beta}-\beta^*}{SE(\hat{\beta})}\leqslant+t_{crit} \tag{2.42}$$

时，我们不能拒绝原假设。

对式(2.41)变形，我们可以得到：

$$\hat{\beta}-t_{crit}\mathrm{SE}(\hat{\beta})\leqslant\beta^{*}\leqslant\hat{\beta}+t_{crit}\mathrm{SE}(\hat{\beta}) \tag{2.43}$$

可以看到，式(2.43)恰好是置信区间法的置信区间式(2.41)，因此，实际上 t 检验法与置信区间法提供的结果是完全一样的。

（四）第一类错误和第二类错误

通过考察进行假设检验时会犯什么样的错误，可以更好地理解显著性水平的选择。显著性水平一般为1%或5%，不同的显著性水平对应不同宽度的置信区间。如果有一个零假设在5%的显著性水平下被拒绝了，则这个拒绝就有可能是不正确的，这种错误称为第一类错误，它发生的概率为5%。另外一种情况是，我们得到95%的一个置信区间，落在这个区间的零假设我们都不能拒绝，当我们接受一个零假设的时候也可能犯错误，因为回归系数的真实值可能是该区间内的另外一个值，这一错误称为第二类错误，这种错误发生的概率很大，因为置信区间包含着大量的点。

假设我们将显著性水平由5%变为1%，那么 β 置信度由95%升至99%，这说明错误地拒绝零假设(犯第一类错误)的概率由5%降至1%，但同时犯第二类错误的概率却上升了。因此，在选择显著性水平时人们面临抉择：降低犯第一类错误的概率就会增加犯第二类错误的概率。这一此消彼长的关系可以由图2-6更加明显地表示出来。

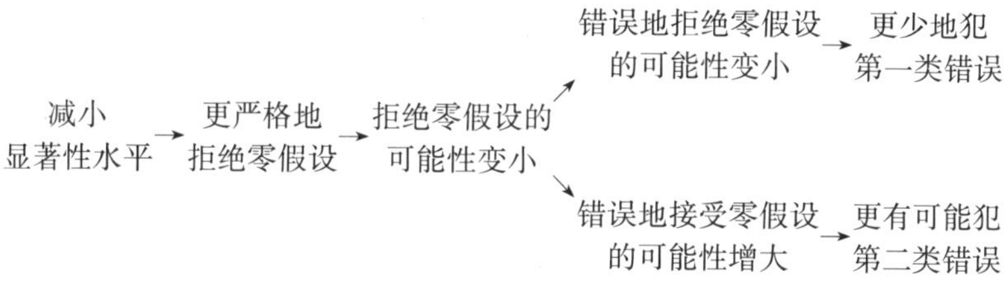

图2-6　第一类错误与第二类错误的关系

具体的选择要因问题而异，但是在计量经济学中，经常会选择相当小的显著性水平和犯第一类错误的概率。

（五）p 值和检验的势

大多数统计分析都是用指明哪些系数在1%、5%或其他适当显著性水平上显著的方式说明显著性检验的结果。但是，有的时候用 p 值(概率值)的形式提供的额外信息也是很有用的。p 值是计量经济结果对应的精确的显著性水平。因此一个0.07的 p 值说明有关系数在0.07水平统计显著。在正态分布的双侧检验中，这意味着有7%的 t 分布在均值±1.96倍标准差的区间之外。

p 值度量的是犯第一类错误的概率，即拒绝正确的零假设的概率。p 值越大，错误地拒绝零假设的可能性就越大；p 值越小，拒绝零假设时就越放心。现在统计软件都能计算各种统计量的 p 值，如 EViews、Microfit、Stata 等。

我们继续通货膨胀—货币供应量的例子，$\hat{\beta}_2=-0.552\ 589$，$SE(\hat{\beta}_2)=0.051\ 946$，自由度 $df=89$。若取 $\alpha=5\%$，则临界值 $t_{\alpha/2}=1.986\ 7$。如果建立零假设 $H_0: \beta_2=\beta_2^*=0$ 和备择假设 $H_1: \beta_2\neq 0$，因为 $t_{sta}=(-0.552\ 589)/(0.051\ 946)=-9.29$，其绝对值大于临界值，所以拒绝原假设；而利用置信区间法建立的 95%的置信区间是 $(-0.656, -0.449)$，因为零不处在这个区域内，因此拒绝原假设。可见，两种方法得到的结论是相同的。这说明当期货币供应量对当期的通货膨胀具有显著的负影响。

在 EViews 软件中，在回归时，一般是同时给出了回归系数为零的原假设下的 t 值以及相应的 p 值（当然也给出了回归系数的标准差），因此我们可以一目了然地判断回归系数是否为零。

与 p 值相对应的，我们来介绍一种帮助我们评价犯第二类错误，即当原假设为假时认为原假设为真的统计概念——检验的势。所谓检验的势，是指当原假设实际上为假时拒绝原假设的概率。因此对任一原假设，势的值等于 1 减去犯第二类错误的概率。势越大，说明犯第二类错误的概率越小；势越小，说明犯第二类错误的概率越大。

第三节　多变量线性回归模型的统计检验

迄今为止，我们所涉及的是双变量模型（$y_t=\alpha+\beta x_t+u_t$，$t=1, 2, 3, \cdots, T$），下面我们将扩展模型。扩展的模型包括多个变量（$y_t=\beta_1+\beta_2 x_{2t}+\beta_3 x_{3t}+\cdots+\beta_k x_{kt}+u_t$，$t=1, 2, 3, \cdots, T$），称为多变量模型，其参数估计方法和检验方法类似于双变量模型，当中有一些不同点，下面的内容将侧重于这些不同点。

一、多变量模型的简单介绍

考察下面这个方程：

$$y_t=\beta_1+\beta_2 x_{2t}+\beta_3 x_{3t}+\cdots+\beta_k x_{kt}+u_t,\ t=1, 2, 3, \cdots, T \tag{2.44}$$

对 y 产生影响的解释变量共有 $k-1$（$x_{2t}, x_{3t}, \cdots, x_{kt}$）个，系数（$\beta_1, \beta_2, \beta_3, \cdots, \beta_k$）分别衡量了解释变量对因变量 y 的边际影响的程度。

在方程(2.44)中，

$$x_1=\begin{bmatrix}1\\1\\\vdots\\1\end{bmatrix} \tag{2.45}$$

是一个单位向量，在方程中一般不将其写出来。

方程(2.44)的矩阵形式为：

$$Y = X\beta + \mu \tag{2.46}$$

其中，μ 是 $T\times 1$ 矩阵，X 是 $T\times k$ 矩阵，β 是 $k\times 1$ 矩阵，μ 是 $T\times 1$ 矩阵。

怎样计算多变量回归模型的参数呢？之前在双变量回归模型中我们曾经提到过，参数估计的方法是让参数取能使残差平方和最小的值。在多变量回归中，这种方法同样适用。残差向量为：

$$\hat{u} = \begin{bmatrix} \hat{u}_1 \\ \hat{u}_2 \\ \vdots \\ \hat{u}_T \end{bmatrix} \tag{2.47}$$

残差平方和为：

$$RSS = \hat{u}'\hat{u} = [\hat{u}_1 \quad \hat{u}_2 \quad \cdots \quad \hat{u}_T] \begin{bmatrix} \hat{u}_1 \\ \hat{u}_2 \\ \vdots \\ \hat{u}_T \end{bmatrix} = \hat{u}_1^2 + \hat{u}_2^2 + \cdots + \hat{u}_T^2 = \sum \hat{u}_t^2 \tag{2.48}$$

经过与前文讨论的双变量模型类似的计算过程，我们可以得到多变量回归系数的估计表达式：①

$$\hat{\beta} = \begin{bmatrix} \hat{\beta}_1 \\ \hat{\beta}_2 \\ \vdots \\ \hat{\beta}_k \end{bmatrix} = (X'X)^{-1}X'Y \tag{2.49}$$

同样我们可以得到多变量回归模型残差的样本方差：

$$s^2 = \frac{\hat{u}'\hat{u}}{T-k} \tag{2.50}$$

以及参数的协方差矩阵：

$$\mathrm{var}(\hat{\beta}) = s^2 (X'X)^{-1} \tag{2.51}$$

① 具体的求解过程请参阅本章附录。

二、拟合优度检验

在双变量线性回归模型中，我们知道 R^2 是用来度量拟合的样本回归直线的拟合优度的。也就是说，R^2 给出了单个解释变量 x 对因变量 y 变动的解释比例。R^2 的概念可以推广到包含若干个解释变量的回归模型之中。因此，在多变量模型中，我们想知道解释变量一起对因变量 y 变动的解释程度。我们将度量这个信息的量称为多元判定系数 R^2。

在多变量模型中，下面这个等式也成立：

$$TSS = ESS + RSS \tag{2.52}$$

其中，TSS 为离差平方和，ESS 为回归平方和，RSS 为残差平方和。

与双变量模型类似，R^2 定义如下：

$$R^2 = \frac{ESS}{TSS} \tag{2.53}$$

即 R^2 是回归平方和与总离差平方和的比值；与双变量模型唯一不同的是，ESS 值与多个解释变量有关。

可以证明：

$$ESS = \beta_2 \sum y_t x_{2t} + \beta_3 \sum y_t x_{3t} + \cdots + \beta_k \sum y_t x_{kt} \tag{2.54}$$

因此，

$$R^2 = \frac{\beta_2 \sum y_t x_{2t} + \beta_3 \sum y_t x_{3t} + \cdots + \beta_k \sum y_t x_{kt}}{\sum y_t^2} \tag{2.55}$$

R^2 的值在 0～1 之间，R^2 越接近于 1，说明估计的回归直线拟合得越好。R^2 的正平方根称为多元相关系数，正如 r 度量了 y 与 x 的线性相关程度一样，R 度量了 y 与所有解释变量的线性相关程度，其中 $x_i = \hat{x}_i - \bar{x}$，即小写字母表示离差形式。

三、假设检验

（一）t 检验

虽然 R^2 度量了估计的回归直线的拟合优度，但是 R^2 本身却不能告诉我们估计的回归系数在统计上是否是显著的，即是否显著不为零。有的回归系数可能是显著的，有些则可能不是。如何判断呢？在对单个假设进行检验的时候，我们可以用 t 检验法。在 t 检验法中，我们需要建立一个统计量，求其抽样分布，选择一个显著水平

α，并决定在所选显著水平下检验统计量的临界值。然后将从样本得到的统计量值与其临界值进行比较，如果统计量的值超过临界值，则拒绝原假设。我们可以将这种方法推广到多元回归模型中。

在多元回归模型中，t 统计量：

$$t_1=\frac{\hat{\beta}_1-\beta_1^*}{\mathrm{SE}(\hat{\beta}_1)}$$

$$t_2=\frac{\hat{\beta}_2-\beta_2^*}{\mathrm{SE}(\hat{\beta}_2)}$$

$$\vdots$$

$$t_k=\frac{\hat{\beta}_k-\beta_k^*}{\mathrm{SE}(\hat{\beta}_k)} \tag{2.56}$$

均服从自由度为$(n-k)$的 t 分布。后续的检验过程与双变量线性回归模型的检验过程一样。

（二）F 检验

F 检验的第一个用途是对所有的回归系数全为 0 的零假设的检验。第二个用途是用来检验有关部分回归系数的联合检验，就方法而言，两种用途是完全没有差别的，下面我们将以第二个用途为例，对 F 检验进行介绍。

为了解联合检验是如何进行的，考虑如下多元回归模型：

$$y=\beta_1+\beta_2x_2+\cdots+\beta_kx_k+u \tag{2.57}$$

这个模型称为无约束回归模型(unrestricted regression)，因为关于回归系数没有任何限制。假设我们想检验其中 q 个回归系数是否同时为零，为此改写公式(2.57)，将所有变量分为两组，第一组包含 $k-q$ 个变量(包括常数项)，第二组包含 q 个变量：

$$y=\beta_1+\beta_2x_2+\cdots+\beta_{k-q}x_{k-q}+\beta_{k-q+1}x_{k-q+1}+\cdots+\beta_kx_k+u \tag{2.58}$$

如果假定所有后 q 个系数都为零，即建立零假设 H_0：$\beta_{k-q+1}=\cdots=\beta_k=0$，则修正的模型将变为有约束回归模型(restricted regression)(零系数条件)：

$$y=\beta_1+\beta_2x_2+\cdots+\beta_{k-q}x_{k-q}+u \tag{2.59}$$

关于上述零假设的检验很简单。若从模型中去掉这 q 个变量，对有约束回归方程(2.59)进行估计的话，那得到的误差平方和 RSS_R 肯定会比相应的无约束回归方程的误差平方和 RSS_{UR} 大，这一点与给回归模型添加解释变量总会引起 R^2 增大的情况一样。如果零假设正确，则去掉这 q 个变量对方程的解释能力影响不大。当然，零假设的检验依赖于限制条件的数目，即被设定为零的系数个数，以及无约束回归模型的自由度。

检验的统计量为：

$$\frac{(RSS_R - RSS_{UR})/q}{RSS_{UR}/(N-K)} \tag{2.60}$$

其中，分子是误差平方和的增加与零假设所隐含的参数限制条件的个数之比，分母是模型的误差平方和与无条件模型的自由度之比。如果零假设为真，则式(2.60)中的统计量将服从分子自由度为 q、分母自由度为$(N-K)$的 F 分布。对回归系数的子集的 F 检验与对整个回归方程的 F 检验做法一样。选定显著性水平，比如 1%或 5%，然后将检验统计量的值与 F 分布的临界值进行比较。如果统计量的值大于临界值，我们拒绝零假设，认为这组变量在统计上是显著的。一般的原则是，必须对两个方程分别进行估计，以便正确地运用这种 F 检验。

这个 F 检验不同于对子集中的每一个变量进行 t 检验所组成的一组检验。所有的 t 检验都不显著，而联合 F 检验是显著的这种情况是可能发生的。我们所检验的是一组变量是否显著，而不是组中的单个变量是否显著。

需要注意的是，F 检验与 R^2 有密切的联系。由 $R^2 = 1 - \frac{RSS}{TSS}$，则有：

$$R_{UR}^2 = 1 - \frac{RSS_{UR}}{TSS_{UR}},\ R_R^2 = 1 - \frac{RSS_R}{TSS_R} \tag{2.61}$$

两个统计量具有相同的因变量，因此 $TSS_{UR} = TSS_R$。将式(2.61)中的两个方程代入式(2.60)，我们看到检验的统计量可以写成：

$$F_{q,\,N-k} = \frac{(R_{UR}^2 - R_R^2)/q}{(1 - R_{UR}^2)/(N-k)} \tag{2.62}$$

我们继续对例 2-1 的内容加以说明。通货膨胀不仅受货币供应量的影响，而且它还可能受固定资产投资的影响，因此我们通过下面这个模型来刻画后两者对通货膨胀的影响：

$$y_t = \beta_1 + \beta_2 x_{2t} + \beta_3 x_{3t} + u_t \tag{2.63}$$

其中，y 表示通货膨胀(p)，x_2 为货币供应量 $(\ln M2_t - \ln M2_{t-1})$，$x_3$ 为固定资产

投资。①

样本数据仍取 1997 年 1 月—2004 年 7 月的月度数据，估计结果如下：

$$y_t = 0.006\,473 - 0.551\,639x_{2,t} + 0.001\,707x_{3,t}$$
$$(0.001\,065)\ (0.052\,227)\qquad (0.003\,830)$$
$$t = (6.080\,586)\ (-10.562\,25)\qquad (0.445\,734)\qquad (2.64)$$
$$p = (0.000\,0)\qquad (0.000\,0)\qquad (0.656\,9)$$

自由度 $df = 88$，$R^2 = 0.563\,539$，$\bar{R}^2 = 0.553\,505$，$F_{2,88} = 56.165\,25$

上面的结果可以通过 EViews 软件轻易得出。

在方程(2.64)中，第一组括号内的数据是估计的标准差；第二组括号内的是在零假设 H_0：相应的真实系数为零下的 t 值；第三组是所估计的 p 值。

对方程(2.64)的解释如下：如果把 x_2 和 x_3 固定在零处，则通货膨胀均值估计约为 0.006 473。如前文中曾说明过的，在大多数情况下，截距项是没什么经济意义的。偏回归系数 $\hat{\beta}_2 = -0.551\,639$ 表示的是，在其他变量(本例中的 x_3)不变的情况下，货币供应量每增加 1%，平均通货膨胀就减小 0.551 639%；同理，若 x_2 保持不变，平均固定资产投资每增加 1%，平均通货膨胀就增加 0.001 717%。$R^2 = 0.563\,539$ 表明两个解释变量解释了 1997 年 1 月—2004 年 7 月期间我国通货膨胀变异的 56.353 9%。调整的 R^2 即 $\bar{R}^2$ 值则表明考虑到自由度的作用后，x_2 和 x_3 仍解释了 y 变异的 55.350 5%。

在假设检验中，我们可以用 t 检验对任一个别的回归系数的假设进行检验。

设零假设为 H_0：$\beta_2 = 0$，备择假设为 H_1：$\beta_2 \neq 0$。仿照前文介绍过的做法，如果计算的 t 值超过选定显著性水平的临界值就可拒绝零假设；否则就不拒绝它。在这里我们得到：$t = -0.551\,639 \div 0.052\,227 = -10.56$。

如果取 $\alpha = 0.05$，则对 $df = 89$ 有 $t_{\alpha/2} = \pm 1.986\,7$(用双侧 t 检验)。由于计算的 t 值 -10.56 远小于 $-1.986\,7$ 这个临界值，故可拒绝零假设，并说 $\hat{\beta}_2$ 是统计上显著的，即显著地异于零。事实上，算得一个小到 -10.56 或更小的 t 值的 p 值是极小的，这就可以拒绝零假设。

如果我们要检验形如下面的联合假设，则须用到 F 检验：H_0：$\beta_2 = \beta_3 = 0$。在这里，$F = 56.165\,25$。如果取 5% 显著性水平，则对 2 和 88 个自由度的临界 F 值 $F_{0.05}(2, 88)$ 为 3.07。显然计算的 F 值是显著的，从而我们可拒绝零假设。

① 这里的固定资产投资为对原始数据经过一定转换以后所得：对其进行了季节性调整、取对数、一阶差分。这样做的原因是为了尽量减少时间序列中存在的异方差、自相关等情形，对异方差、自相关可能引起的问题以及解决方法的讨论，详见后面的相关章节。

第四节 预测

一、预测的概念和类型

(一) 预测的概念

在金融计量学中,所谓预测,就是根据金融经济变量的过去和现在的发展规律,借助计量模型,对其未来的发展趋势和状况进行描述和分析,形成科学的假设和判断。正如我们前面所提到的,人们建立计量模型的最初目的就是用于预测。之所以要进行预测,是因为在金融领域中我们现在所做的决策很多要用到金融变量的未来值。例如我们在决定现时股票的理论价格时,就需要用到公司未来的收益;又如我们在购买国债前也要对未来可能的利率进行判断。由此可见,预测是十分重要的。尽管对于横截面数据我们也可以进行预测,但一般而言,预测都是针对时间序列数据的,我们下文的分析也大多基于时间序列数据。

(二) 预测原理

假定在 t 期,我们要对因变量 Y 的下一期(即 $t+1$ 期)值进行预测,则记作 $f_{t,1}$。在介绍预测原理之前,我们首先介绍一个概念:条件期望(conditional expectations),在 t 期 Y 的 $t+1$ 期的条件期望值记作 $\mathrm{E}(Y_{t+1} \mid I_t)$,它表示的是在所有已知的 t 期的信息的条件下,Y 在 $t+1$ 期的期望值。与之相对应的是我们所熟悉的 Y 的无条件期望 $\mathrm{E}(Y)$,注意到它不涉及时间的概念。我们不加证明地给出如下的结论:①

在 t 期对 Y 的下一期的所有预测值中,Y 的条件期望值 $\mathrm{E}(Y_{t+1} \mid I_t)$ 是最优的(即具有最小方差),因此我们有:

$$f_{t,1} = E(Y_{t+1} \mid I_t) \tag{2.65}$$

(三) 预测的类型

1. 无条件预测和有条件预测

所谓无条件预测,是指在预测模型中所有解释变量的值都是已知的这一条件下所进行的预测。例如对于模型 $Y_t = \alpha + \beta_1 X_{1,t-2} + \beta_2 X_{2,t-3} + u_t$,假定我们在 t 期要预测 Y 的下一期(即 $t+1$ 期)的值,则需要用到 X_1 第 $t-1$ 期的值和 X_2 第 $t-2$ 期的值,这在第 t 期都是已知的,因此该预测为一个无条件预测。

所谓有条件预测,是指预测模型中某些解释变量的值是未知的,因此想要对被解

① 对证明过程感兴趣的同学请参阅:Hamilton J D. *Time Series Analysis*[M]. Princeton University Press,1994.

释变量进行预测，必须首先预测解释变量的值。例如对于模型 $Y_t = \alpha + \beta_1 X_{1,t} + \beta_2 X_{2,t} + u_t$，如果我们在 t 期要预测 Y 的下一期的值，则需要用到 X_1 和 X_2 第 $t+1$ 期的值，而这是未知的，因此我们首先要对它们进行预测，然后利用它们的预测值对 Y_{t+1} 进行预测。

2. 样本内预测和样本外预测

所谓样本内(in-sample)预测，是指用全部观测值来估计模型，然后用估计得到的模型对其中的一部分观测值进行预测。而样本外(out-of-sample)预测是指将全部观测值分为两部分，一部分用来估计模型，然后用估计得到的模型对另一部分数据进行预测。我们可以通过一个例子来说明两者的差别。假定我们获得了某上市公司股票1997年1月—2004年12月的月收益率数据，如果我们将全部数据都用于估计模型，然后利用模型对2004年6月—2004年12月的数据进行预测，则我们进行的是样本内预测；如果我们将数据从2004年5月分为两段，1997年1月—2004年5月的数据用于预测模型，然后利用得到的模型对2004年6月—2004年12月的收益率数据进行预测，这就是样本外预测。很明显，样本内预测的效果要好于样本外预测。

3. 事前预测和事后模拟

顾名思义，事后模拟就是我们已经获得要预测的值的实际值，进行预测是为了评价预测模型的好坏，而事前预测是我们在不知道因变量真实值的情况下对其的预测。继续上面的例子，我们用1997年1月—2004年5月的数据估计模型，如果用这个模型预测2004年6月—2004年12月的月收益率，由于我们已经知道真实值，这就属于事后模拟；而如果我们用这个模型来预测2005年1月—2005年6月的月收益率，由于我们不知道其真实值，这就属于事前预测。可以看到，这里所说的事后模拟与我们前面所说的样本外预测，在例子中所指的内容是相同的。

4. 一步向前预测和多步向前预测

所谓一步向前预测(one-step-ahead)，是指仅对下一期的变量值进行预测，例如在 t 期对 $t+1$ 期的值进行预测，在 $t+1$ 期对 $t+2$ 期的值进行的预测等；而多步向前(multi-step-ahead)预测则不仅是对下一期的值进行预测，也对更下期值进行预测，例如在 t 期对 $t+1$ 期、$t+2$ 期、…、$t+r$ 期的值进行预测。更进一步，如果 $r \leqslant 5$，则我们称此时的预测为短期预测(short-term forecast)；如果 $r > 5$，我们就称此时的预测为长期预测(long-term forecast)。一般而言，对于时间序列模型(如ARIMA模型等)，我们进行的是短期预测，因为它能较好地刻画变量的短期特征；而对于结构模型(以金融、经济理论为基础建立的模型，如联立方程模型)，由于它描述的是市场处于均衡时变量之间的关系，因此利用其进行长期预测效果更佳。

二、预测的评价标准

在将模型的预测结果应用于实践前，为保持足够的信心，我们首先要对预测结果的精确性进行判断，这可以通过前面我们所介绍的事后模拟来实现，从此种意义上讲，事后模拟也通常被称为对模型的预测检验。如果模型的目的是用于预测，那么假设检验是十分重要的，有的计量学家甚至认为，如果模型的目的是用于预测，即使模型不能通过其他检验，但只要预测结果足够好，它仍是一个（用于预测的）好模型。有若干个不同的统计量可以用来对预测变量与它对应的数据序列的接近程度进行量化，下面我们分别予以介绍。

（一）平均预测误差平方和平均预测误差绝对值

变量 y_t 的平均预测误差平方和（mean squared error，MSE）定义为：

$$MSE = \frac{1}{T}\sum_{t=1}^{T}(y_t^s - y_t^a)^2 \tag{2.66}$$

其中，y_t^s 表示 y_t 的预测值，y_t^a 表示 y_t 的实际值，T 表示时段数。

与 MSE 类似的一个度量是平均预测误差绝对值（mean absolute error，MAE）。变量 y_t 的 MAE 定义如下：

$$MAE = \frac{1}{T}\sum_{t=1}^{T}|y_t^s - y_t^a| \tag{2.67}$$

可以看到，MSE 和 MAE 度量的是误差的绝对大小，只能通过与该变量平均值的比较来判断误差的大小，误差越大，说明模型的预测效果越不理想。

（二）Theil 不相等系数

Theil 不相等系数的定义为：

$$U = \frac{\sqrt{\frac{1}{T}\sum_{t=1}^{T}(y_t^s - y_t^a)^2}}{\sqrt{\frac{1}{T}\sum_{t=1}^{T}(y_t^s)^2} + \sqrt{\frac{1}{T}\sum_{t=1}^{T}(y_t^a)^2}} \tag{2.68}$$

需要注意，U 的分子就是 MSE 的平方根，而分母使得 U 总在 0 与 1 之间。如果 $U=0$，则对所有的 t，都有 $y_t^s = y_t^a$，且完全拟合；如果 $U=1$，则模型的预测能力最差。因此，Theil 不等系数度量的是误差的相对大小。

利用代数运算可以证明，Theil 不等系数可以分解成如下形式：

$$\frac{1}{T}\sum(y_t^s - y_t^a)^2 = (\bar{y}^s - \bar{y}_a)^2 + (\sigma_s - \sigma_a)^2 + 2(1-\rho)\sigma_s\sigma_a \tag{2.69}$$

其中，$\bar{y}^s$、$\bar{y}^a$、σ_s、σ_a 分别是序列 y_t^s 和 y_t^a 的平均值和标准差，ρ 是它们的相关系数，即 $\rho=(1/\sigma_s\sigma_a T)\sum(y_t^s-\bar{y}^s)(y_t^a-\bar{y}^a)$。然后定义不相等比例如下：

$$U^M=\frac{(\bar{y}^s-\bar{y}^a)^2}{(1/T)\sum(y_t^s-y_t^a)^2} \tag{2.70}$$

$$U^S=\frac{(\sigma_s-\sigma_a)^2}{(1/T)\sum(y_t^s-y_t^a)^2} \tag{2.71}$$

以及

$$U^C=\frac{2(1-\rho)\sigma_s\sigma_a}{(1/T)\sum(y_t^s-y_t^a)^2} \tag{2.72}$$

比例 U^M，U^S，U^C 分别称为 U 的偏误比例、方差比例、协方差比例。它们是将模型误差按特征来源分解的有效方法 $(U^M+U^S+U^C=1)$。

偏误比例 U^M 表示系统误差，因为它度量的是模拟序列与实际序列之间的偏离程度。无论不相等系数 U 的值等于什么，我们都希望 U^M 接近于 0。U^M 的值过大(超过 0.1 或 0.2)意味着存在系统误差，需要对模型进行修正。

方差比例 U^S 表示的是模型中的变量重复其实际变化程度的能力。如果 U^S 较大，意味着实际序列的波动较大，而模拟序列的波动较小；或者实际序列的波动较小，而模拟序列的波动较大，从而说明需要对模型进行修正。

协方差比例 U^C 度量的是非系统误差，即反映的是考虑了与平均值的离差之后剩下的误差。因为没有理由指望预测值与实际结果完全相关，因此误差的这一部分不像其他两部分那么值得担心。的确，对于任一 $U>0$，理想的不相等比例的分布是 $U^M=U^S=0$，$U^C=1$。

在本节中我们主要介绍了预测的主要类型及评判标准，在以后的章节中我们将分别介绍利用不同的模型进行预测的方法，并对预测结果作出评判。

第五节　模型选择

在前面的讨论中我们实际上有一个假定的前提，即所选择的模型正确地反映了金融、经济理论和现象。然而，在利用计量方法对金融、经济现象和理论进行分析时，可能会有多个不同形式的模型都符合要求，因此如何选择能够相对精确反映现实的模型就显得比较重要。而要选择就要有一定的标准，在这一节中，我们将首先介绍“好”模型具有的特征，然后介绍用于预测的模型选择。

一、“好”模型具有的特性

一般而言，一个“好”的模型应具有以下的特征：①

(1) 节省性(parsimony)。模型虽然是现实的反映，但永远也无法建立一个完全把握现实的模型。而且即使能够建立这样的模型，出于经济性及建立计量模型的目的考虑，也是毫无意义的。因此，一个好的模型应在相对精确反映现实的基础上尽可能地简单。

(2) 可识别性(identifiability)。所谓可识别性，是指对于给定的一组数据，估计的参数要有唯一确定值。

(3) 高拟合性(goodness of fit)。回归分析的基本思想是用模型中包含的变量来解释被解释变量的变化，因此解释能力的高低就成为衡量模型好坏的重要标准。因此，评价模型解释能力的标准，如单方程中调整的 $\bar{R}^2$，应尽可能地高。

(4) 理论一致性(theoretical consistency)。即使模型的拟合性很高，但是如果模型中某一变量系数的估计值符号与经济理论不符，那么这个模型就是失败的。例如在股票价格对一系列变量的回归中，如果利率的系数为正，即使这个模型的 $\bar{R}^2$ 很高，也是没有任何意义的，因为它与股票价格与利率反向变化的经济理论不相符。

(5) 预测能力(predictive power)。著名经济学家1976年诺贝尔经济学奖获得者弗里德曼(Milton Friedman)认为：“对假设(模型)的真实性唯一有效的检验就是将预测值与经验值相比较。”因此一个好的模型必须对未来有较强的预测能力。

在建立模型的过程中，我们应牢记以上的标准。在其他条件相同时，应选择更符合以上标准的模型。

二、用于预测的模型的选择

在判断样本内模型的拟合度以及进行被解释变量的样本内预测时，R^2 是一个有效的标准。但正如前面所提到的，建立模型进行回归分析的目的之一就是预测被解释变量的未来值，此时样本内标准如 R^2 将不再是有效的，因为 R^2 将随着模型解释变量的增多而不断增加，按照此标准我们将不会得到最佳的预测模型。因此必须对由于解释变量增多而造成自由度丢失施加一个惩罚项，其中的一个标准就是我们前面提到

---

① 这5个标准由著名计量学家 A. C. Harvey 提出，可参见 A. C. Harvey 的 *Economic Analysis of Time Series* (John Wiley & Sons, 1981)，第5—7页。

$\bar{R}^2=1-\left[\frac{T-1}{T-K}(1-R^2)\right]$。可以看出，随着解释变量的个数 K 的增大，其他不变的情况下，$\bar{R}^2$ 将减小。$\bar{R}^2$ 被证明是一个用于选择预测模型的可取的标准。

可以看到，$\bar{R}^2$ 对自由度丢失的惩罚是较弱的，一般而言，根据 $\bar{R}^2$ 标准倾向于选择解释变量较多的模型。实际应用中，还有其他具有更严格惩罚项的标准，最常用的两种是 Akaike 的信息准则（Akaike information criterion，AIC）和 Schwarz 的信息准则①（Schwarz information criterion，SC），它们的计算公式分别为：

$$AIC=\ln(\hat{\sigma}^2)+\frac{2K}{T} \tag{2.73}$$

$$SC=\ln(\hat{\sigma}^2)+\frac{K}{T}(\ln T) \tag{2.74}$$

其中，$\hat{\sigma}^2$ 是方程随机误差项方差的估计值，K 是解释变量的个数，T 是样本容量。

可以看到，AIC 和 SC 的惩罚项 $\frac{2K}{T}$ 和 $\frac{K}{T}(\ln T)$ 比 $\bar{R}^2$ 严厉，而且相对来说 SC 标准对自由度的惩罚比 AIC 更为严厉。无论是 AIC 标准还是 SC 标准，从预测的角度来看，度量值越低，模型的预测会更好。上述的三个标准中，应用较多的是后两个标准。

附录一　OLS 系数估计量的推导过程

残差平方和：

$$RSS=\sum_{t=1}^{t}(y_t-\hat{y}_t)^2=\sum_{t=1}^{t}(y_t-\hat{\alpha}-\hat{\beta}x_t)^2$$

对 $\hat{\alpha}$、$\hat{\beta}$ 取值，使得残差平方和最小，因此分别求 RSS 对 $\hat{\alpha}$、$\hat{\beta}$ 的偏导，并令其为零，这样求出的 $\hat{\alpha}$、$\hat{\beta}$即为我们所要得到的系数估计量。

$$\frac{\partial RSS}{\partial\hat{\alpha}}=-2\sum_t(y_t-\hat{\alpha}-\hat{\beta}x_t)=0 \tag{A2.1}$$

$$\frac{\partial RSS}{\partial\hat{\beta}}=-2\sum_t x_t(y_t-\hat{\alpha}-\hat{\beta}x_t)=0 \tag{A2.2}$$

将式（A2.1）展开可得：

---

① 关于信息准则我们在第六章会有更详细的介绍。

$$\sum y_t - T\hat{\alpha} - \hat{\beta}\sum x_t = 0 \tag{A2.3}$$

而 $\sum y_t = T\bar{y}$、$\sum x_t = T\bar{x}$，所以式(A2.3)即为：

$$T\bar{y} - T\bar{\alpha} - T\hat{\beta}\bar{x} = 0 \tag{A2.4}$$

即：

$$\bar{y} - \hat{\alpha} - \hat{\beta}\bar{x} = 0 \tag{A2.5}$$

所以，

$$\hat{\alpha} = \bar{y} - \hat{\beta}\bar{x} \tag{A2.6}$$

由式(A2.2)可得：

$$\sum_t x_t(y_t - \hat{\alpha} - \hat{\beta}x_t) = 0 \tag{A2.7}$$

将式(A2.6)代入式(A2.7)得：

$$\sum_t x_t(y_t - \bar{y} + \hat{\beta}\bar{x} - \hat{\beta}x_t) = 0 \tag{A2.8}$$

展开可得：

$$\sum_t x_t y_t - \bar{y}\sum x_t + \hat{\beta}\bar{x}\sum x_t - \hat{\beta}\sum x_t^2 = 0 \tag{A2.9}$$

$$\sum_t x_t y_t - T\bar{x}\bar{y} + \hat{\beta}T\bar{x}^2 - \hat{\beta}\sum x_t^2 = 0 \tag{A2.10}$$

因此，

$$\hat{\alpha} = \bar{y} - \hat{\beta}\bar{x} \quad \hat{\beta} = \frac{\sum x_t y_t - T\bar{x}\bar{y}}{\sum x_t^2 - T\bar{x}^2} \tag{A2.11}$$

附录二　单变量 OLS 系数标准差估计量的推导过程

$$\mathrm{var}(\hat{\beta}) = \mathrm{E}(\hat{\beta} - \beta)^2$$

根据前面得出的结果有：

$$\hat{\beta} = \frac{\sum x_t y_t - T\bar{x}\bar{y}}{\sum x_t^2 - T\bar{x}^2} = \frac{\sum (x_t - \bar{x})(y_t - \bar{y})}{\sum (x_t - \bar{x})^2} \tag{A2.12}$$

所以，

$$\operatorname{var}(\hat{\beta})=\mathrm{E}\left(\frac{\sum(x_t-\bar{x})(y_t-\bar{y})}{\sum(x_t-\bar{x})^2}-\beta\right)^2 \tag{A2.13}$$

将 $\bar{y}=\alpha+\beta\bar{x}$ 代入式(A2.13)可得

$$\operatorname{var}(\hat{\beta})=\mathrm{E}\left(\frac{\sum(x_t-\bar{x})(\alpha+\beta x_t+u_t-\alpha-\beta\bar{x})}{\sum(x_t-\bar{x})^2}-\beta\right)^2 \tag{A2.14}$$

$$\operatorname{var}(\hat{\beta})=\mathrm{E}\left(\frac{\sum(x_t-\bar{x})(\beta x_t+u_t-\beta\bar{x})-\beta\sum(x_t-\bar{x})^2}{\sum(x_t-\bar{x})^2}\right)^2 \tag{A2.15}$$

$$\sum(x_t-\bar{x})(\beta x_t+u_t-\beta\bar{x})=\beta\sum(x_t-\bar{x})(x_t-\bar{x})+u_t\sum(x_t-\bar{x}) \tag{A2.16}$$

因此，可得：

$$\operatorname{var}(\hat{\beta})=\mathrm{E}\left(\frac{\sum u_t(x_t-\bar{x})}{\sum(x_t-\bar{x})^2}\right)^2 \tag{A2.17}$$

令，

$$x^*=x_t-\bar{x}$$

可得：

$$\operatorname{var}(\hat{\beta})=\mathrm{E}\left(\frac{\sum u_t x_t^*}{\sum x_t^{*2}}\right)^2 \tag{A2.18}$$

在 OLS 中，假设 x 是固定或者是非随机的，所以 $\sum x_t^{*2}$ 可以看作是常数项，则式(A2.18)即为：

$$\operatorname{var}(\hat{\beta})=\frac{1}{\left(\sum x_t^{*2}\right)^2}\mathrm{E}\left(\sum u_t x_t^*\right)^2 \tag{A2.19}$$

展开可得：

$$\operatorname{var}(\hat{\beta})=\frac{1}{\left(\sum x_t^{*2}\right)^2}\mathrm{E}(u_1x_1^*+u_2x_2^*+\cdots+u_Tx_T^*)^2 \tag{A2.20}$$

$$\operatorname{var}(\hat{\beta})=\frac{1}{\left(\sum x_t^{*2}\right)^2}\mathrm{E}(u_1^2 x_1^{*2}+u_2^2 x_2^{*2}+\cdots+u_T^2 x_T^{*2}+\text{交叉项}) \quad (\mathrm{A2.21})$$

在 OLS 中，假设残差项与变量 x 无关，所以式(A2.21)中的交叉项为零，又由于 $\mathrm{E}(u_t^2)$ 为残差项的方差，其无偏估计量为 s^2，所以式(A2.21)即为：

$$\operatorname{var}(\hat{\beta})=\frac{1}{\left(\sum x_t^{*2}\right)^2}(s^2 x_1^{*2}+s^2 x_2^{*2}+\cdots+s^2 x_T^{*2}) \quad (\mathrm{A2.22})$$

$$\operatorname{var}(\hat{\beta})=\frac{s^2}{\left(\sum x_t^{*2}\right)^2}(x_1^{*2}+x_2^{*2}+\cdots+x_T^{*2})=\frac{s^2\sum x_t^{*2}}{\left(\sum x_t^{*2}\right)^2} \quad (\mathrm{A2.23})$$

$$\operatorname{var}(\hat{\beta})=\frac{s^2}{\sum x_t^{*2}} \quad (\mathrm{A2.24})$$

即：

$$\operatorname{var}(\hat{\beta})=\frac{s^2}{\sum (x_t-\bar{x})^2} \quad (\mathrm{A2.25})$$

$$\mathrm{SE}(\hat{\beta})=s\sqrt{\frac{1}{\sum (x_t-\bar{x})^2}} \quad (\mathrm{A2.26})$$

截距项标准差的推导很复杂，为了简略起见，我们将估计量 $\hat{\alpha}$ 看作是真实值 α 和一个偏误的方程，即：

$$\hat{\alpha}=\alpha+\frac{\sum u_t\left[\sum x_t^2-x_t\sum x_t\right]}{\left[T\sum x_t^2-\left(\sum x_t\right)^2\right]} \quad (\mathrm{A2.27})$$

令

$$h_t=\frac{\left[\sum x_t^2-x_t\sum x_t\right]}{\left[T\sum x_t^2-\left(\sum x_t\right)^2\right]} \quad (\mathrm{A2.28})$$

则

$$\hat{\alpha}=\alpha+\sum u_t h_t \quad (\mathrm{A2.29})$$

$$\hat{\alpha}-\alpha=\sum u_t h_t \quad (\mathrm{A2.30})$$

因为 OLS 的估计量是无偏估计量，所以 $\alpha=\mathrm{E}(\hat{\alpha})$，而 $\operatorname{var}(\hat{\alpha})=\mathrm{E}(\hat{\alpha}-\mathrm{E}(\hat{\alpha}))^2$，因

此,根据式(A2.29)有:

$$\mathrm{var}(\hat{\alpha})=\mathrm{E}\left(\sum u_t h_t\right)^2=\sum \mathrm{E}(u_t^2)h_t^2=s^2\sum h_t^2 \tag{A2.31}$$

将式(A2.28)代回式(A2.31)可得:

$$\mathrm{var}(\hat{\alpha})=\frac{s^2\left[T\left(\sum x_t^2\right)^2-2\sum x_t\left(\sum x_t^2\right)\sum x_t+\left(\sum x_t^2\right)\left(\sum x_t\right)^2\right]}{\left[T\sum x_t^2-\left(\sum x_t\right)^2\right]^2} \tag{A2.32}$$

$$\mathrm{var}(\hat{\alpha})=\frac{s^2\sum x_t^2\left[T\sum x_t^2-2\left(\sum x_t\right)^2+\left(\sum x_t\right)^2\right]}{\left[T\sum x_t^2-\left(\sum x_t\right)^2\right]^2} \tag{A2.33}$$

$$\mathrm{var}(\hat{\alpha})=\frac{s^2\sum x_t^2}{T\sum x_t^2-\left(\sum x_t\right)^2} \tag{A2.34}$$

$$\mathrm{SE}(\hat{\alpha})=s\sqrt{\frac{\sum x_t^2}{T\sum x_t^2-\left(\sum x_t^2\right)^2}}=s\sqrt{\frac{\sum x_t^2}{T\sum (x_t-\bar{x})^2}} \tag{A2.35}$$

附录三　多变量 OLS 回归系数估计量的推导过程

跟单变量系数估计量的推导过程类似,使得 RSS 最小时的值即为我们需要估计量。残差项向量:

$$\hat{u}=\begin{bmatrix}\hat{u}_1\\ \hat{u}_2\\ \vdots\\ \hat{u}_T\end{bmatrix} \tag{A2.36}$$

$$RSS=\hat{u}'\hat{u}=\begin{bmatrix}\hat{u}_1 & \hat{u}_2 & \cdots & \hat{u}_T\end{bmatrix}\begin{bmatrix}\hat{u}_1\\ \hat{u}_2\\ \vdots\\ \hat{u}_T\end{bmatrix}=\hat{u}_1^2+\hat{u}_2^2+\cdots+\hat{u}_T^2=\sum \hat{u}_t^2 \tag{A2.37}$$

RSS 也可以用待估计向量 $\hat{\beta}$ 表示:

$$RSS=\hat{u}'\hat{u}=(Y-X\hat{\beta})'(Y-X\hat{\beta})=Y'Y-\hat{\beta}'X'Y-Y'X\hat{\beta}+\hat{\beta}'X'X\hat{\beta} \tag{A2.38}$$

$$\hat{\beta}'X'Y = Y'X\hat{\beta} \tag{A2.39}$$

所以，

$$RSS = Y'Y - 2\hat{\beta}'X'Y + \hat{\beta}'X'X\hat{\beta} \tag{A2.40}$$

求 RSS 对 $\hat{\beta}$ 的导数，并令其为零，可得：

$$\frac{\partial RSS}{\partial \hat{\beta}} = -2X'Y + 2X'X\hat{\beta} = 0 \tag{A2.41}$$

所以，

$$X'Y = X'X\hat{\beta} \tag{A2.42}$$

可得：

$$\hat{\beta} = (X'X)^{-1}X'Y \tag{A2.43}$$

所以包含 k 个变量的系数估计量为：

$$\hat{\beta} = \begin{bmatrix} \hat{\beta}_1 \\ \hat{\beta}_2 \\ \vdots \\ \hat{\beta}_k \end{bmatrix} = (X'X)^{-1}X'Y \tag{A2.44}$$

附录四　多变量 OLS 系数标准差估计量的推导过程

$$Y = X\beta + U \tag{A2.45}$$

式(A2.43)可以写成：

$$\hat{\beta} = (X'X)^{-1}X'(X\beta + U) \tag{A2.46}$$

展开得：

$$\hat{\beta} = (X'X)^{-1}X'X\beta + (X'X)^{-1}X'U \tag{A2.47}$$

$$\hat{\beta} = \beta + (X'X)^{-1}X'U \tag{A2.48}$$

$$\begin{aligned} \operatorname{var}(\hat{\beta}) &= \mathrm{E}[(\hat{\beta} - \beta)(\hat{\beta} - \beta)'] \\ &= \mathrm{E}[(\beta + (X'X)^{-1}X'U - \beta)(\beta + (X'X)^{-1}X'U - \beta)'] \end{aligned} \tag{A2.49}$$

$$\operatorname{var}(\hat{\beta}) = \mathrm{E}[((X'X)^{-1}X'U)((X'X)^{-1}X'U)'] \tag{A2.50}$$

展开式(A2.50)可得：

$$\mathrm{var}(\hat{\beta})=\mathrm{E}[(X'X)^{-1}X'UU'X(X'X)^{-1}] \tag{A2.51}$$

$$\mathrm{var}(\hat{\beta})=(X'X)^{-1}X'\mathrm{E}(UU')X(X'X)^{-1} \tag{A2.52}$$

残差方差的无偏估计量为：

$$\mathrm{E}(UU')=s^2\mathrm{I},\mathrm{I}\text{ 为 }k\times k\text{ 的单位矩阵} \tag{A2.53}$$

因此，将式(A2.53)代入式(A2.52)可得：

$$\mathrm{var}(\hat{\beta})=(X'X)^{-1}X's^2\mathrm{E}X(X'X)^{-1} \tag{A2.54}$$

$$\mathrm{var}(\hat{\beta})=s^2(X'X)^{-1}X'X(X'X)^{-1} \tag{A2.55}$$

因而可得：

$$\mathrm{var}(\hat{\beta})=s^2(X'X)^{-1} \tag{A2.56}$$

本章小结

本章内容是金融计量学中最基础的部分。在这一章中，我们首先介绍了最小二乘法及其估计量的性质和分布。在此基础上我们对一元线性回归模型的统计检验进行了详细讨论，接着将模型扩展，讨论了多元线性回归模型。在用模型进行预测时，主要有两种情况，即有条件预测和无条件预测。最后一小节我们简单介绍了模型的选择。

关键术语

最小二乘法　线性回归　拟合优度检验　R^2　$\overline{R}^2$　零假设　备择假设
t 检验　显著性检验　置信区间　有条件预测　无条件预测

思考题

1. 在经典线性回归中，为什么要设定 5 个假设？试分别解释 5 个假设的意义。
2. 在下面的模型中，哪些是线性回归模型(对参数为线性)？

$y_t=\alpha+\beta x_t+u_t$

$y_t=\mathrm{e}^{\alpha}x_t^{\beta}\mathrm{e}^{u_t}$

$y_t=\alpha+\beta\gamma x_t+u_t$

$\ln(y_t)=\alpha+\beta\ln(x_t)+u_t$

$y_t=\alpha+\beta x_t z_t+u_t$

3. 有约束残差平方和与无约束残差平方和相比哪个更大？为什么？

4. 在对下面这两个模型进行估计时，已知 x_{3t} 是一个无关变量，并不参与 y_t 的数据形成过程。那么第二个方程的 R^2 和 $\bar{R}^2$ 会比第一个方程中的高吗？试解释说出答案。

$$y_t = \beta_1 + \beta_2 x_{2t} + \beta_3 x_{3t} + u_t$$

$$y_t = \beta_1 + \beta_2 x_{2t} + \beta_3 x_{3t} + \beta_4 x_{4t} + v_t$$

u_t 和 v_t 为独立同分布(independently and identically distributed, IDD)的残差项。

5. 在下列情况下，讨论回归方程中对参数估计进行统计检验的区别。

(1) 误差的方差已知与未知。

(2) 样本容量有限与无限。

6. 由于回归系数 $\hat{\beta}$ 的标准误差与 x 的方差成反比，因此可以通过选择 x 取值范围两端的值来提高参数估计的显著性。请解释其原因，并讨论这一做法是否必要。

7. 假设我们要建立一个模型，说明总储蓄行为是利率水平的函数。你希望在利率有波动的时期抽样还是希望在利率相对稳定的时期抽样？说出你的理由。

8. 假设在多元回归模型中，所有变量的样本方差都相等，则这时标准化系数的估计和标准的回归参数估计之间的关系是什么？

9. t 检验和 F 检验有什么区别和联系？请举一个简单模型加以说明。

练习题

一位研究者对股票收益率进行回归得到如下方程：

$$\hat{y}_t = 0.638 + 0.402x_{2t} - 0.891x_{3t}$$

$$(0.436)\quad(0.291)\quad(0.763)$$

$$R^2 = 0.96 \quad \bar{R}^2 = 0.89$$

但是他认为这一模型可能存在问题。请通过计算 t 值来考虑它们的显著性，并找出问题所在及解决办法。

延伸阅读

第三章　异方差和自相关

本章要点

异方差的定义，产生原因及后果。

异方差的检验方法。

异方差的修正方法。

自相关的产生原因。

忽略自相关的严重后果。

自相关的检验。

自相关的修正。

本章导读

在前面的章节里我们已经完成了对经典正态线性回归模型的讨论。但在实际中，经典线性回归模型的基本假定经常是不能得到满足的，而若在此状况下仍应用 OLS 进行回归，就会产生一系列的问题，因此我们就需要采取不同的方法对基本假定不满足的情况予以处理。对于一个拥有截距项的回归模型来说，假设条件(1)是永远满足的，因此我们不再考虑假设条件(1)不满足的情况；对于假设条件(4)不能满足的情况，即随机误差项与解释变量相关，我们在第 7 章联立方程模型中将予以介绍和处理；对于假设条件(5)不能满足的情况，即随机误差项不服从正态分布，我们可以通过去掉异常值以及建立特殊的模型[如第六章介绍的(G)ARCH 模型]的方法予以解决。因此，在本章中，我们将着重考虑假设条件(2)和假设条件(3)得不到满足，即存在异方差和自相关情况下的处理办法。前四节我们着重介绍异方差,后三节介绍自相关问题。

第一节　异方差的介绍

一、异方差的定义及产生原因

异方差(heteroscedasticity)就是对同方差(homoscedasticity)假设的违反。经典回归中的同方差是指随着样本观察点 X 的变化,线性模型中随机误差项 ε_i 的方差并不改变,保持为常数,即:

$$\operatorname{var}(\varepsilon_i)=\mathrm{E}(\varepsilon_i^2)=\sigma_\varepsilon^2,\ i=1,\ 2,\ \cdots,\ n \tag{3.1}$$

如果 $\operatorname{var}(\varepsilon_i)$ 的数值对不同的样本观察值各不相同,则称随机误差项 ε_i 具有异方差,即:

$$\operatorname{var}(\varepsilon_i)=\mathrm{E}(\varepsilon_i^2)=\sigma_{\varepsilon_i}^2\neq 常数,i=1,\ 2,\ \cdots,\ n \tag{3.2}$$

我们可以从图 3-1 中看到几何直观表示。

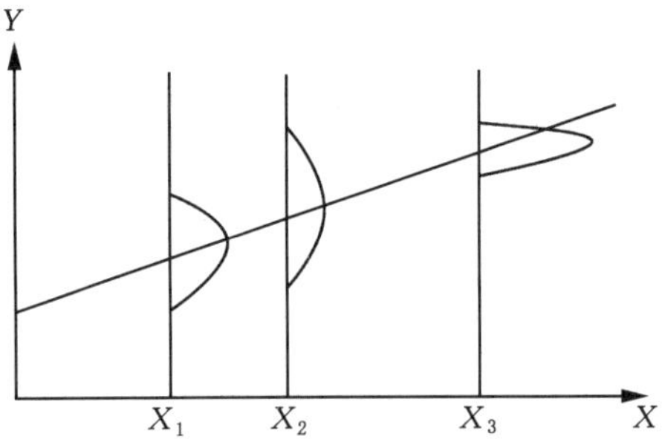

图 3-1　异方差直观图

由于经济现象是错综复杂的,所以在实际经济现象中异方差问题是会经常遇到的。为什么会产生这种异方差性呢?一方面是因为随机误差项 ε 包括了测量误差和模型中被省略的一些因素对因变量的影响,另一方面来自不同抽样单元的因变量观察值之间可能差别很大。因此,异方差性多出现在横截面样本之中。至于时间序列,则由于因变量观察值来自不同时期的同一样本单元,通常因变量的不同观察值之间的差别不是很大,所以异方差性一般不明显。

例如,如果研究的是一个行业中各企业的横截面数据,则大企业的随机误差项或许会比小企业误差的方差大,这是因为大企业的销售量会比小企业的销售量具有更大幅度的变化。而如果对家庭可支配收入和储蓄额进行研究时,也不能认为随机误差项满足同方差假定。在储蓄行为中,高收入家庭由于收入较高,基本消费支出之外剩余较多,在消费方式的选择上有更大的余地,因而储蓄的差异性较大,即方差较大。而低收入家庭除了必要支出之外剩余较少,为了某种目的参加储蓄,储蓄较有规律,差异性较小,即方差较小。

二、异方差的后果

一旦随机误差项违反同方差假设，即具有异方差性，如果仍然用 OLS 进行参数估计，将会产生什么样的后果呢？结论就是，OLS 估计量的线性和无偏性都不会受到影响，但不再具备最优性，即在所有线性无偏估计值中我们得出的估计值的方差并非是最小的。

我们可以试以一元回归模型 $Y_i=\alpha+\beta X_i+\varepsilon_i$ 进行讨论，得出的讨论结果具有一般性。

（一）线性和无偏性

由第二章我们得到的 α 和 β 的 OLS 估计量，将其整理，可以得到：

$$\hat{\alpha}=\alpha+\sum\left(\frac{1}{n}-\bar{X}k_i\right)\varepsilon_i \tag{3.3}$$

$$\hat{\beta}=\beta+\sum k_i\varepsilon_i$$

其中，$k_i=\dfrac{x_i}{\left(\sum x_i^2\right)}$，这里 $x_i=X_i-\bar{X}$，即小写字母表示离差形式。

显然 $\hat{\alpha}$ 和 $\hat{\beta}$ 是 ε_i 的线性函数，线性成立。同时有：

$$\begin{aligned}\mathrm{E}(\hat{\alpha})&=\alpha+\sum\left(\frac{1}{n}-\bar{x}k_i\right)\mathrm{E}(\varepsilon_i)=\alpha\\ \mathrm{E}(\hat{\beta})&=\beta+\sum k_i\mathrm{E}(\varepsilon_i)=\beta\end{aligned} \tag{3.4}$$

式(3.4)的成立与 ε_i 是否具有异方差无关，无偏性成立。

（二）最优性

由前文我们可以得到 $\mathrm{var}(\hat{\beta})=\dfrac{\sum x_i^2\sigma_i^2}{\left(\sum x_i^2\right)^2}$，在 ε_i 的同方差假定下，由于 $\mathrm{var}(\varepsilon_i)=\sigma_i^2=\sigma^2$，所以，

$$\mathrm{var}(\hat{\beta})=\frac{\sigma^2\sum x_i^2}{\left(\sum x_i^2\right)^2}=\frac{\sigma^2}{\sum x_i^2} \tag{3.5}$$

如果 ε_i 存在异方差，方差就不再是常数，$\mathrm{var}(\varepsilon_i)=\sigma_i^2=\sigma^2 f(x_i)$，不妨设 ε_i 的方差是随 X_i^2 变化，即 $\mathrm{var}(\varepsilon_i)=\sigma_i^2=\sigma^2X_i^2$。记异方差情况下 β 的 OLS 估计为 $\bar{\beta}$，则有：

$$\mathrm{var}(\bar{\beta})=\sigma^2\frac{\sum x_i^2X_i^2}{\left(\sum x_i^2\right)^2}=\frac{\sigma^2}{\sum x_i^2}\cdot\frac{\sum x_i^2X_i^2}{\sum x_i^2}=\mathrm{var}(\hat{\beta})\cdot\frac{\sum x_i^2X_i^2}{\sum x_i^2} \tag{3.6}$$

从式(3.6)可以看到，$\mathrm{var}(\bar{\beta})$ 与 $\mathrm{var}(\hat{\beta})$ 呈正向相关，当 $\dfrac{\sum x_i^2 X_i^2}{\sum x_i^2} > 1$(根据大多数经济资料得知)时，$\mathrm{var}(\bar{\beta}) > \mathrm{var}(\hat{\beta})$。即若回归模型中随机项具有异方差性，直接应用 OLS 法则参数估计值的最小方差性就遭到了破坏。

如果存在异方差性而仍然采用 OLS 估计参数 β，则由于参数的估计值 $\hat{\beta}$ 的方差并非最小，使得 y 的预测值精度降低。同时在对 β 进行显著性检验时将低估 t 值，可能导致错误的统计判断，在对参数 β 进行区间估计时也会不必要地扩大置信区间。所以，当回归模型中随机误差项具有异方差性时，OLS 法已不再适用。

第二节　异方差的检验

由于异方差的存在会导致 OLS 估计量的最佳性丧失，从而会降低精确度，所以，对所取得的样本数据(尤其是横截面数据)判断是否存在异方差，是我们在进行正确回归分析之前要考虑的事情。异方差的检验主要有图示法和解析法，下面我们将介绍几种常用的检验方法。

一、图示法

图示法是检验异方差的一种直观方法，通常有以下两种思路。

(一) 因变量 y 与解释变量 x 的散点图

若随着 x 的增加，图中散点分布的区域逐渐变宽或变窄，或出现了偏离带状区域的复杂变化，则随机项 ε_i 可能出现了异方差。

(二) 残差图

残差图即残差平方 $\hat{\varepsilon}_i^2$(ε_i^2 的估计值)与 x 的散点图，或者在有多个解释变量时可作残差平方 $\hat{\varepsilon}_i^2$ 与 $\hat{y}_i$ 的散点图或残差平方 $\hat{\varepsilon}_i^2$ 和可能与异方差有关的 x 的散点图。具体做法是：先在同方差的假设下对原模型应用 OLS 法，求出 $\hat{y}_i$ 和残差平方 $\hat{\varepsilon}_i^2$，再绘制残差图($\hat{y}_i$，$\hat{\varepsilon}_i^2$)。

一般而言，异方差的类型可分为递增异方差、递减异方差和复杂异方差。从图 3－2 中我们可以看到残差随 $\hat{y}_i$ 或 x 的变化情况。图 3－2(a)随 $\hat{y}_i$ 或 x 的增大 $\hat{\varepsilon}_i^2$ 并未显示出明显的系统性变化，表示具有同方差性。图 3－2(b)～(f)则存在异方差，因为随 $\hat{y}_i$ 或 x 的增大，$\hat{\varepsilon}_i^2$ 有明显的系统性变化。此外，还可以进一步得知有关异方差结构的信息，即了解 $\hat{\varepsilon}_i^2$ 与 x_i 之间的函数关系的具体形式。例如图 3－2(b)与(c)表示

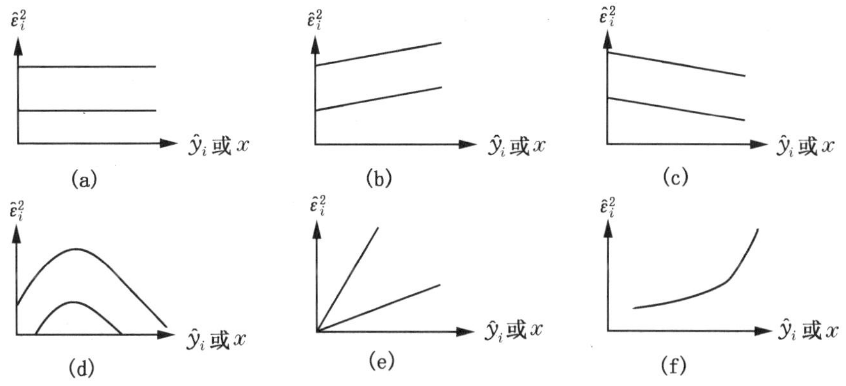

图 3－2　回归模型的残差图

$\hat{\varepsilon}_i^2$ 与 x_i 之间具有线性关系，(d)和(f)表明 $\hat{\varepsilon}_i^2$ 与 x_i 之间具有二次函数关系。这些信息对我们确定消除异方差性所需要的变换来说是很有帮助的。

二、解析法

检验异方差的解析方法的共同思想是，由于不同的观察值随机误差项具有不同的方差，因此检验异方差的主要问题是判断随机误差项的方差与解释变量之间的相关性，下列这些方法都是围绕这个思路，通过建立不同的模型和验判标准来检验异方差的，以下简要介绍这些方法。

（一）Goldfeld－Quandt 检验法①

Goldfeld－Quandt 检验法是由 S. M. Goldfeld 和 R. E. Quandt 于 1965 年提出的。这种检验方法以 F 检验为基础，适用于大样本情形（$n>30$），并且要求满足条件：观测值的数目至少是参数数目的两倍，随机误差项没有自相关并且服从正态分布。

我们先建立统计假设。

$$H_0：\varepsilon_i \text{ 是同方差}(i=1,\ 2,\ \cdots,\ n)$$

$$H_1：\varepsilon_i \text{ 具有异方差}$$

Goldfeld－Quandt 检验法涉及对两个最小二乘回归直线的计算，一个回归直线采用我们认为随机误差项方差较小的数据，另一个采用我们认为随机误差项方差较大的数据。如果各回归直线残差的方差大致相等，则不能拒绝同方差的原假设，但是如果残差的方差增加很多，就可能拒绝原假设。其具体步骤如下：

第一步，处理观测值。

① Goldfeld S M，Quandt R E. Some tests for heteroskedasticity［J］. *Journal of the American Statistical Society*，1965(60)：539－547.

将某个解释变量 x_i 的观测值按由小到大的顺序排列，然后将居中的 d 项观测数据除去，其中 d 的大小可以选择，比如取样本容量的 1/4。再将剩余的$(n-d)$个数据分为数目相等的两组。

第二步，建立回归方程求残差平方和。

拟合两个回归模型，一个是关于较小 x 值的那部分数据，另一个是关于较大 x 值的那部分数据。每一个回归模型都有$(n-d)/2$ 个数据以及$[(n-d)/2]-2$ 的自由度。d 必须足够小以保证有足够的自由度，从而能够对每一个回归模型进行适当的估计。

对每一个回归模型，计算残差平方和：记 x_i 值较小的一组子样本的残差平方和为 $RSS_1=\sum\varepsilon_{1i}^2$，$x_i$ 值较大的一组子样本的残差平方和为 $RSS_2=\sum\varepsilon_{2i}^2$。

第三步，建立统计量。

用所得出的两个子样本的残差平方和构成 F 统计量，若 H_0 为真，则

$$F=\frac{\sum\varepsilon_{2i}^2\Big/\left(\frac{n-d}{2}-k-1\right)}{\sum\varepsilon_{1i}^2\Big/\left(\frac{n-d}{2}-k-1\right)}=\frac{\sum\varepsilon_{2i}^2}{\sum\varepsilon_{1i}^2}\sim F\left(\frac{n-d}{2}-k-1,\frac{n-d}{2}-k-1\right)$$

其中，n 为样本容量（观测值总数），d 为被去掉的观测值数目，k 为模型中自变量的个数。

第四步，得出结论。

假设随机误差项服从正态分布（并且不存在序列相关），则统计量 RSS_2/RSS_1 将服从分子自由度和分母自由度均为 $\left(\frac{n-d}{2}-k-1\right)$ 的 F 分布。对于给定的显著性水平，如果统计量的值大于上述 F 分布的临界值，即 $F\geqslant F_\alpha\left(\frac{n-d}{2}-k-1,\ \frac{n-d}{2}-k-1\right)$，我们就拒绝原假设，认为 ε_i 具有异方差性。否则，就不能拒绝原假设。

Goldfeld－Quandt 检验法可以很容易地通过按某一个自变量的大小排列观测值，从而应用于广义线性模型。此时，F 统计量的自由度为 $\left(\frac{n-d}{2}-k-1\right)$。因为这个检验能对较大和较小观测值进行独立的回归估计，所以它能够检验异方差是否存在。然而，这种检验也有它的代价。由于对两个回归模型进行估计时，对回归参数（以及随机误差项）没有任何限制条件，统计的势有所损失。一个势较大（发生第二类错误的概率较小）的检验会考虑到回归参数对于两个数据集完全相同而只有随机误差项的方差可以不同的信息。最后，在检验中省略多少个中间数据也是随意的。如果不省略，检

验也可以做，但是经验证明，省略随机项方差几乎相同的一些观测值会增加检验的势。

（二）Spearman rank correlation 检验法①

检验异方差实际上就是要研究 ε_i 和 x_i 的相关程度，因为异方差的实质就是随机项 ε_i 受到解释变量 x_i 的影响。此二者之间的相关性强弱反映了异方差的强弱，故而 ε_i 与 x_i 的相关系数就可以用来说明异方差的强弱。在实际中，我们用 $\hat{\varepsilon}_i$ 来代替 ε_i，由于在一般正规方程中，$\sum \hat{\varepsilon}_i = 0$，$\sum \hat{\varepsilon}_i x_i = 0$，从而使得 $r_{\varepsilon x} = \dfrac{\sum \hat{\varepsilon}_i x_i}{\sqrt{\sum \hat{\varepsilon}_i^2}\sqrt{\sum x_i^2}} = 0$，所以我们要改用一种近似检验法——等级相关系数检验法来检验 ε_i 和 x_i 的相关性。

首先引入定义 Spearman 的等级检验系数：

$$r_s = 1 - 6\left[\frac{\sum d_i^2}{n(n^2-1)}\right]$$

其中，d_i 表示第 i 个单元或现象的两种不同特性所处的等级之差，而 n 表示带有级别的单元或现象的个数。上述等级相关系数可按下述方法用于检验异方差性。在这里，我们假设模型为：

$$Y_i = \beta_0 + \beta_1 X_i + u_i$$

第一步，运用 OLS 法对原方程进行回归，计算残差 $\hat{\varepsilon}_i = y_i - \hat{y}_i$，$i = 1, 2, \cdots, n$。

第二步，计算 Spearman 等级相关系数。将 $|\hat{\varepsilon}_i|$ 和解释变量观察值 x_i 按从小到大或从大到小的顺序分成等级。等级的大小可以人为规定，一般取大小顺序中的序号。如有两个值相等，则规定这个值的等级取相继等级的算术平均值。然后，计算 $|\hat{\varepsilon}_i|$ 与 x_i 的等级差 d_i，$d_i = x_i$ 的等级 $-|\hat{\varepsilon}_i|$ 的等级。最后根据公式计算 Spearman 等级相关系数。

第三步，对总体等级相关系数 ρ_s 进行显著性检验 H_0：$\rho_s = 0$，H_1：$\rho_s \neq 0$。样本 r_s 的显著性可通过 t 检验按下述方法加以检验：$t = \dfrac{r_s\sqrt{n-2}}{\sqrt{1-r_s^2}} \sim t(n-2)$。对给定的显著水平 α，查 t 分布表得 $t_{\alpha/2}(n-2)$ 的值，若 $|t| > t_{\alpha/2}(n-2)$，表明样本数据异方差性显著，否则，认为不存在异方差性。

对于多元回归模型，可分别计算 $|\hat{\varepsilon}_i|$ 与每个解释变量的等级相关系数，再分别进行上述检验。

---

① Hawley W. *Foundations of Statistics*[M]. Saunders College Publishing, 1966: 490-504.

（三）Park 检验法①

Park 检验法就是将残差图法公式化，提出 $\sigma_{\varepsilon_i}^2$ 是解释变量 x_i 的某个函数，然后通过检验这个函数形式是否显著，来判定是否具有异方差性及其异方差性的函数结构。该方法的主要步骤如下：

第一步，建立被解释变量 y 对所有解释变量 x 的回归方程，然后计算残差 $\hat{\varepsilon}_i^2(i=1, 2, \cdots, n)$。

第二步，取异方差结构的函数形式为 $\sigma_{\varepsilon_i}^2=\sigma^2 x_i^\beta e^{v_i}$，其中 σ^2 和 β 是两个未知参数，v_i 是随机变量。写成对数形式则为：

$$\ln\sigma_{\varepsilon_i}^2=\ln\sigma^2+\beta\ln x_i+v_i$$

第三步，建立方差结构回归模型，同时用 $\hat{\varepsilon}_i^2$ 来代替 $\sigma_{\varepsilon_i}^2$，即 $\ln\hat{\varepsilon}_i^2=\ln\sigma^2+\beta\ln x_i+v_i$。对此模型运用 OLS 法。对 β 进行 t 检验，如果不显著，则表明 $\sigma_{\varepsilon_i}^2$ 实际上与 x_i 无关，即没有异方差性。否则表明存在异方差。

Park 检验法的优点是不但能确定有无异方差性，而且还能给出异方差性的具体函数形式。但也有质疑，认为 v_i 仍可能有异方差性，因而结果的真实性要受到影响。

（四）Glejser 检验法②

Glejser 检验法类似于 Park 检验。首先从 OLS 回归取得残差 $\hat{\varepsilon}_i$ 之后，用 $\hat{\varepsilon}_i$ 的绝对值对被认为与 $\sigma_{\varepsilon_i}^2$ 密切相关的 X 变量作回归。有如下几种函数形式（其中 v_i 是误差项）：

$$|\hat{\varepsilon}_i|=\alpha+\beta X_i+v_i$$

$$|\hat{\varepsilon}_i|=\alpha+\beta\sqrt{X_i}+v_i$$

$$|\hat{\varepsilon}_i|=\alpha+\beta\frac{1}{X_i}+v_i$$

$$|\hat{\varepsilon}_i|=\alpha+\beta\frac{1}{\sqrt{X_i}}+v_i$$

$$|\hat{\varepsilon}_i|=\sqrt{\alpha+\beta X_i}+v_i$$

$$|\hat{\varepsilon}_i|=\sqrt{\alpha+\beta X_i^2}+v_i$$

Glejser 检验法的优点是允许在更大的范围内寻找异方差性的结构函数。缺点是

---

① Park R E. Estimation with heteroskedasticity errors terms [J]. *Econometrica*, 1966, 34 (4): 888.

② Glejser H. A new test for heteroskedasticity[J]. *Journal of the American Statistical Association*, 1969, 64(325): 316－323.

难以确定 X_i 的适当的幂次，这往往需要进行大量的计算。从实际方面考虑，该方法可用于大样本，而在小样本中，则仅可作为异方差摸索的一种定性技巧。

（五）Breusch－Pagan 检验法①

Breusch－Pagan 检验不像 Goldfeld－Quandt 检验那样把样本数据按大小顺序排列。该方法的基本思想是构造残差平方序列与解释变量之间的辅助函数，得到回归平方和 ESS，从而判断异方差性存在的显著性。设模型为：

$$Y_t = \beta_1 + \beta_2 X_{2t} + \beta_3 X_{3t} + \cdots + \beta_k X_{kt} + \mu_t \tag{3.7}$$

并且

$$\mathrm{var}(\mu_t) = \sigma^2 = \alpha_0 + \alpha_1 Z_{1t} + \alpha_2 Z_{2t} + \cdots + \alpha_p Z_{pt} \tag{3.8}$$

在式(3.8)中 Z_1，Z_2，…，Z_p 表示是某个解释变量 X_j 或者全部 X_j。提出原假设为 H_0：$\alpha_1 = \alpha_2 = \cdots = \alpha_p = 0$，具体步骤如下：

第一步，用 OLS 方法估计式(3.7)中的未知参数，得：

$$e_t = Y_t - \hat{\beta}_1 - \hat{\beta}_2 X_{2t} - \cdots - \hat{\beta}_k X_{kt} \tag{3.9}$$

和

$$\hat{\sigma}^2 = \frac{\sum e_t^2}{n}（n \text{ 为样本容量}） \tag{3.10}$$

第二步，构造辅助回归函数：

$$\frac{e_t^2}{\hat{\sigma}^2} = \alpha_0 + \alpha_1 Z_{1t} + \alpha_2 Z_{2t} + \cdots + \alpha_p Z_{pt} + \upsilon_t \tag{3.11}$$

其中，υ_t 为随机误差项。

第三步，用 OLS 方法估计式(3.11)中的未知参数，计算解释的平方和 ESS，可以证明当有同方差性，且 n 无限增大时有：

$$\frac{ESS}{2} \sim \chi_p^2$$

第四步，对于给定显著性水平 α，查 χ^2 分布表得 $\chi_\alpha^2(P)$，比较 $\frac{ESS}{2}$ 与 $\chi_\alpha^2(P)$，如果 $\frac{ESS}{2} > \chi_\alpha^2(P)$，则拒绝原假设，表明模型中存在异方差。

---

① Breusch T S，Pagan A R. A simple test for heteroskedasticity and random coefficient variation[J]. *Econometrica: Journal of the Econometric Society*，1979：1287－1294.

（六）White 检验①

White 检验的提出避免了 Breusch－Pagan 检验一定要已知随机误差的异方差产生的原因，并且要求随机误差服从正态分布。White 检验与 Breusch－Pagan 检验很相似，但它不需要关于异方差的任何先验知识，只要求在大样本的情况下。下面是 White 检验的基本步骤。

设二元线性回归模型为：

$$Y_t = \beta_1 + \beta_2 X_{2t} + \beta_3 X_{3t} + \mu_t \tag{3.12}$$

异方差与解释变量 X_2，X_3 的一般线性关系为：

$$e_t^2 = \alpha_0 + \alpha_1 X_{2t} + \alpha_2 X_{3t} + \alpha_3 X_{2t}^2 + \alpha_4 X_{3t}^2 + \alpha_5 X_{2t} X_{3t} + \upsilon_t \tag{3.13}$$

其中，υ_t 为随机误差。

第一步，用 OLS 法估计式(3.12)的参数 $\hat{\beta}_1$，$\hat{\beta}_2$，$\hat{\beta}_3$。

第二步，计算残差序列 e_t 和 e_t^2。

第三步，求 e_t^2 对 X_{2t}，X_{3t}，X_{2t}^2，X_{3t}^2，$X_{2t}X_{3t}$ 的线性回归估计式，即构造辅助回归函数。

第四步，计算统计量 nR^2，其中 n 为样本容量，R^2 为辅助回归函数中的决定系数。

第五步，在 $H_0: \alpha_1 = \alpha_2 = \cdots = \alpha_5 = 0$ 的原假设下，nR^2 服从自由度为 5 的 χ^2 分布，给定显著性水平 α，查 χ^2 分布表得临界值 $\chi_\alpha^2(5)$。比较 nR^2 与 $\chi_\alpha^2(5)$，如果 $nR^2 > \chi_\alpha^2(5)$，则拒绝原假设，表明式(3.12)中随机误差 μ 存在异方差。

此外，由于金融问题研究中经常需要处理时间序列数据，因此当存在异方差性的时候，可考虑用 ARCH 方法检验。② 检验异方差的方法多种多样，可以根据所研究问题的需要加以选择，也可以同时选择不同的方法，对检验结果进行分析比较，以求得出更准确的结论。

第三节 异方差的修正

正如上文所提到的，异方差性虽然不损坏 OLS 估计量的无偏性和一致性，但却使它们不再是有效的，甚至不是渐近（即在大样本中）有效的。参数的显著性检验失效，

---

① White H. A heteroskedasticity-consistent covariance matrix estimator and a direct test for heteroskedasticity[J]. *Econometrica*, 1980, 48: 817－838.

② 本书第六章第四节(G)ARCH 模型的识别中对 ARCH 检验进行了详细介绍。

降低了预测精度。故而直接运用普通最小二乘法进行估计不再是恰当的，需要采取相应的修正补救办法以克服异方差的不利影响。其基本思路是变异方差为同方差，或者尽量缓解方差变异的程度。在这里，我们将会遇到的情形分为两种：当误差项方差 $\sigma_{\varepsilon_i}^2$ 为已知和当 $\sigma_{\varepsilon_i}^2$ 为未知。

一、当 $\boldsymbol{\sigma_{\varepsilon_i}^2}$ 为已知

首先假设每一个误差项的方差为已知。已知方差的情形在计量经济研究中很少发生，但是在说明如何修正异方差性时有特别重要的意义。这里用到的适当的估计方法称作加权最小二乘法(weighted least squares, WLS)，它是更一般的计量经济学方法——广义最小二乘法(generalized least squares, GLS)的一个特例。

在 OLS 法中，其基本原则是使残差平方和 $\sum\hat{\varepsilon}_i^2=\sum(y_i-\hat{\alpha}-\hat{\beta}x_i)^2$ 达到最小。在最小化过程中，对各点的残差平方和 ε_i^2 所提供的信息的重要程度是一视同仁的。它们在决定参数估计 $\hat{\alpha}$ 和 $\hat{\beta}$ 的过程中所起的作用是相同的，或者说是取了相同的权数。在同方差的假定下，对不同的 x_i，ε_i 偏离均值的程度相同，取相同权数的做法是合理的。但在异方差情况下，则是显而易见的错误，因为 ε_i 的方差在不同的 x_i 上是不同的。比如在递增异方差中，对应于较大的 x 值的估计值的偏差就比较大，残差 ε_i 所反映的信息应打折扣；而对于较小的 x 值，偏差较小，应给予重视。所以在这里我们的办法就是：对较大的残差平方 ε_i^2 赋予较小的权数，对较小的残差平方 ε_i^2 赋予较大的权数。这样对残差所提供信息的重要程度作一番校正，以提高参数估计的精度。可以考虑用 $\dfrac{1}{\operatorname{var}(u_i)}=\dfrac{1}{\sigma_{\varepsilon_i}^2}$ 作为 $\hat{\varepsilon}_i^2$ 的权数。于是加权最小二乘法可以表述成使加权残差平方和

$$\sum\frac{\hat{\varepsilon}_i^2}{\sigma_{\varepsilon_i}^2}=\sum\frac{1}{\sigma_{\varepsilon_i}^2}(y_i-\hat{\alpha}-\hat{\beta}x_i)^2 \tag{3.14}$$

达到最小。接下来将说明加权最小二乘法如何消除异方差性的影响。设异方差是 x_i 的函数：

$$\sigma_{\varepsilon_i}^2=k^2f(x_i) \tag{3.15}$$

将式(3.15)代入式(3.14)得加权最小二乘法，即要求 $\sum\dfrac{\hat{\varepsilon}_i^2}{\sigma_{\varepsilon_i}^2}=\sum\dfrac{1}{k^2f(x_i)}(y_i-\hat{\alpha}-\hat{\beta}x_i)^2$ 达到最小。

二、当 $\boldsymbol{\sigma_{\varepsilon_i}^2}$ 为未知

已知真实的 $\sigma_{\varepsilon_i}^2$ 可以用 WLS 得到 BLUE 估计量。但现实中多数情况下，$\sigma_{\varepsilon_i}^2$ 是未

知的，所以还要考虑别的方法来消除异方差。一般来说，可以将异方差的表现分为以下几种类别。我们以 $Y_i=\alpha+\beta X_i+\varepsilon_i$ 为模型演示。

（一）$\sigma_{\varepsilon_i}^2$ 正比于 X_i^2

$$E(\varepsilon_i^2)=\sigma^2X_i^2 \tag{3.16}$$

如认为 ε_i 的方差正比于解释变量的平方，则可以对原模型做如下的变换，用 X_i 通除原模型：

$$\frac{Y_i}{X_i}=\frac{\alpha}{X_i}+\beta+\frac{\varepsilon_i}{X_i}=\alpha\frac{1}{X_i}+\beta+v_i \tag{3.17}$$

其中，v_i 是变换后的随机项，等于 $\frac{\varepsilon_i}{X_i}$。现在可以证明：$E(v_i^2)=E\left(\frac{\varepsilon_i}{X_i}\right)^2=\frac{1}{X_i^2}E(\varepsilon_i^2)=\sigma^2$。从而 v_i 的方差是同方差性的，并可对变换方程(3.17)施行 OLS。

（二）$\sigma_{\varepsilon_i}^2$ 正比于 X_i

$$E(\varepsilon_i^2)=\sigma^2X_i \tag{3.18}$$

如认为 ε_i 的方差不是正比于 X_i^2 而是正比于 X_i 本身，就可将原始的模型进行如下变换：

$$\frac{Y_i}{\sqrt{X_i}}=\frac{\alpha}{\sqrt{X_i}}+\beta\sqrt{X_i}+\frac{\varepsilon_i}{\sqrt{X_i}}=\alpha\frac{1}{\sqrt{X_i}}+\beta\sqrt{X_i}+v_i \tag{3.19}$$

其中，$v_i=\frac{\varepsilon_i}{\sqrt{X_i}}$ 且 $X_i>0$。由于 $E(v_i^2)=\sigma^2$ 为同方差性情形，因此可按 OLS 对式(3.19)进行回归。

（三）$\sigma_{\varepsilon_i}^2$ 正比于 Y 均值的平方

$$E(\varepsilon_i^2)=\sigma^2[E(Y_i)]^2 \tag{3.20}$$

由上述假设我们可以得到 $E(Y_i)=\alpha+\beta X_i$。若将原模型进行如下变换：

$$\frac{Y_i}{E(Y_i)}=\frac{\alpha}{E(Y_i)}+\beta\frac{X_i}{E(Y_i)}+\frac{\varepsilon_i}{E(Y_i)}=\alpha\left(\frac{1}{E(Y_i)}\right)+\beta\frac{X_i}{E(Y_i)}+v_i \tag{3.21}$$

其中，$v_i=\frac{\varepsilon_i}{E(Y_i)}$，则可表明 $E(v_i^2)=\sigma^2$，即随机项 v_i 是同方差性的。从而回归式(3.21)满足经典线性回归模型的同方差假定。同时我们知道由于 Y_i 依赖于未知的 α 和 β，所以在上述变换中只能以 $\hat{Y}_i=\hat{\alpha}+\hat{\beta}X_i$，$E(Y_i)$ 的估计量来代替。一般可先暂且忽略异方差性的问题，作平常的 OLS 回归从而得到 $\hat{Y}_i$，再作如下变换：

$$\frac{Y_i}{\hat{Y}_i}=\alpha\left(\frac{1}{\hat{Y}_i}\right)+\beta\left(\frac{X_i}{\hat{Y}_i}\right)+v_i$$

虽然 $\hat{Y}_i$ 并不正好等于 $E(Y_i)$，但当样本无限增大时，它们将趋于 $E(Y_i)$ 的真实值。即样本含量如果合理地大，上述变换会得到比较好的结果。

在上述变换中，都可以看到对 $\sigma_{\varepsilon_i}^2$ 的形式采取的是一种猜测的态度，即我们也不能肯定采取哪种变换更有效。同时这些变换可能还有其他的一些问题。

(1) 当解释变量多于 1 个时，也许先验上不知道应选择哪一个 X 去进行变换。

(2) 当 $\sigma_{\varepsilon_i}^2$ 无法直接得知而要从前面讨论的一个或多个变换中做出估计时，所有用到 t 检验、F 检验等的检验程序，都只有在大样本中有效。因此，在小的或有限的样本中，应抱以谨慎的态度来根据各种变换解释所得到的结果。

(3) 谬误相关的问题，即原始变量是不相关或随机的，但变量的比率却存在相关关系的情形。

三、模型对数变换法

仍以模型 $Y_i=\alpha+\beta X_i+\varepsilon_i$ 为例，变量 Y_i 和 X_i 分别用 $\ln Y_i$ 和 $\ln X_i$ 代替，则对模型

$$\ln Y_i=\alpha+\beta\ln X_i+\varepsilon_i \tag{3.22}$$

进行估计，通常可以降低异方差性的影响。原因有二：一是对数变换能够使测定变量值的尺度缩小，从而把两个变量值间 10 倍的差异缩小为 2 倍的差异；二是经过对数变换的线性模型其残差 ε_i 表示相对误差，而相对误差往往具有较小的差异。而且对数模型有显著的优点，系数 β 量度的是 Y 对 X 的弹性，即 X 每变换 1%时 Y 变化的百分比，这在金融分析和经济分析中具有较强的实际意义。

第四节　金融实例分析

以下是一个很有意思的例子，[①]从中可以认识到计量方法的实际意义，甚至进而体现一个部门或者单位的管理水平。

例 3-1　纽约证券交易所(New York Stock Exchange，NYSE)最初是极力反对对经济佣金率放松管制的，在 1975 年 5 月 1 日引入放松管制以前，NYSE 向美国证券

---

① Gujarati D N，Porter D C. *Essentials of Econometrics*[M]. McGraw-Hill，1999.

交易委员会(SEC)提交了一份经济计量研究报告，认为在经济行业中存在着规模经济，因此(由垄断决定的)固定佣金率是公正的。NYSE所提交的经济计量分析基本上是围绕着以下回归函数来进行的：

$$\hat{Y}_i = 476\ 000 + 31.348X_i - (1.083 \times 10^{-6})X_i^2 \tag{3.23}$$

$$(2.98)\quad (40.39)\qquad (-6.54)$$

$$R^2 = 0.934$$

其中，Y表示总成本，X表示股票交易的数量。总成本与交易量是正相关的，但是由于交易量的二次方系数为负，并且是显著的，这意味着总成本是以一个递减的速率在增加。因此，NYSE认为在经济行业中存在着规模经济。从而证明了NYSE的垄断地位是正当的。

然而美国司法部反托拉斯局却认为模型(3.23)中所声称的规模经济只是幻想，因为回归函数(3.23)存在着异方差问题。这是因为在估计成本函数时，NYSE并未考虑到样本中所包含的小公司与大公司的差别，也就是说，NYSE并没有考虑到规模因素。假设误差项与交易量成比例，反托拉斯局重新估计了方差(3.23)，得到如下的回归结果：

$$\hat{Y}_i = 342\ 000 + 25.57X_i + (4.34 \times 10^{-6})X_i^2 \tag{3.24}$$

$$(32.3)\qquad (7.07)\qquad (0.503)$$

从式(3.24)可以看出，二次项不仅是不显著的，而且其符号也发生了变化。因此，在经济行业中并不存在规模经济，这就推翻了NYSE的垄断佣金结构的论点。

例3-2　下面通过一个具体金融案例来讨论异方差的检验与修正过程。① 根据北京市1978—1998年人均储蓄与人均收入的数据资料，假定X为人均收入(元)，Y为人均储蓄(元)，分析人均储蓄受人均收入的线性影响，可建立一元线性回归模型进行分析。

1. 用OLS估计法估计参数

设模型为$Y = \beta_1 + \beta_2 X + \mu$，运用EViews软件得到估计结果如表3-1所示。

2. 异方差检验

(1) 图示法。在EViews软件“Quick”菜单中选“Graph”选项，然后在对话框中输入“X E^2”，②选择散点图即可得到如图3-3所示的残差图。

① 庞皓. 计量经济学[M]. 成都：西南财经大学出版社，2002：103—108. 本例题数据可在上海财经大学出版社网站(http://www.sufep.com)下载，Excel格式的文件名为EX3.1.xls；EViews生成的wf1格式的文件名为EX3.1.wf1。

② E^2代表残差平方，残差序列E可以由“Equation”对话框中“Procs”菜单的“Make Residual Series”命令生成。

表 3-1 EViews 回归结果

Dependent Variable: Y
Method: Least Squares
Date: 02/28/15 Time: 00:07
Sample: 1978 1998
Included observations: 21

Variable	Coefficient	Std. Error	t-Statistic	Prob.
C	-2185.998	339.9020	-6.431262	0.0000
X	1.684158	0.062166	27.09150	0.0000

R-squared	0.974766	Mean dependent var	4533.238
Adjusted R-squared	0.973438	S.D. dependent var	6535.103
S.E. of regression	1065.086	Akaike info criterion	16.86989
Sum squared resid	21553736	Schwarz criterion	16.96937
Log likelihood	-175.1339	Hannan-Quinn criter.	16.89148
F-statistic	733.9495	Durbin-Watson stat	0.293421
Prob(F-statistic)	0.000000		

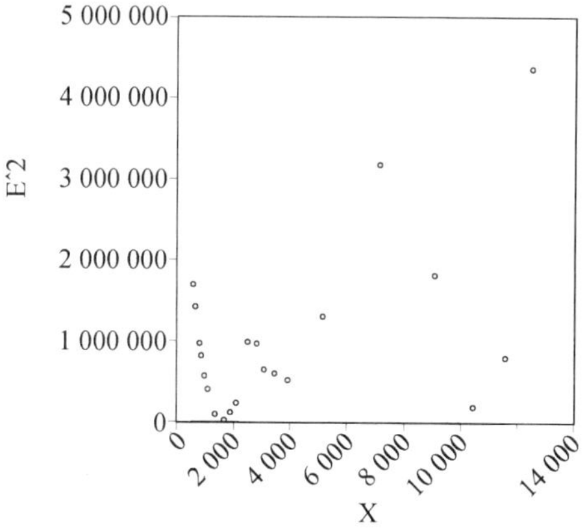

图 3-3 残差图

(2) Goldfeld-Quandt 检验。根据前述的检验方法，首先将时间定义为 1978—1985 年，然后用 OLS 方法求得下列结果：

$$Y = -145.4415 + 0.3971X \quad (1978—1985)$$

$$(-8.7302) \quad (25.4269)$$

$$R^2 = 0.9908 \quad \sum e_1^2 = 1372.202$$

然后将时间定义为 1991—1998 年，再用 OLS 方法求得如下结果：

$$Y = -4\ 602.365 + 1.952\ 5X \quad (1991—1998)$$
$$(-5.066\ 0) \quad (18.409\ 4)$$
$$R^2 = 0.982\ 6 \quad \sum e_2^2 = 5\ 811\ 189$$

求 F 统计量：$F = \dfrac{\sum e_2^2}{\sum e_1^2} = 4\ 334.937\ 0$，查 F 分布表，给定显著性水平 $\alpha = 0.05$，得到临界值 $F_{0.05}(6,6) = 4.28$，比较 $F = 4\ 334.937\ 0 > F_{0.05}(6,6) = 4.28$，则拒绝 $H_0: \sigma_1^2 = \sigma_2^2$，表明随机误差项显著存在异方差。

(3) ARCH 检验。在 EViews 中进行 ARCH 检验十分方便，在菜单中选择"View"—"Residual Tests"—"ARCH LM Test"命令，然后选择滞后阶数如 3 阶，即可得到如表 3-2 所示的结果。从中可知 $Obs \times R^2 = 10.186$，P 值为 0.017，表明模型随机误差项存在异方差性。

表 3-2 ARCH 检验结果

Heteroskedasticity Test: ARCH

F-statistic	6.083602	Prob. F(3,14)	0.0072
Obs*R-squared	10.18624	Prob. Chi-Square(3)	0.0170

Test Equation:
Dependent Variable: RESID^2
Method: Least Squares
Date: 02/28/15 Time: 00:37
Sample (adjusted): 1981 1998
Included observations: 18 after adjustments

Variable	Coefficient	Std. Error	t-Statistic	Prob.
C	242407.2	372654.8	0.650487	0.5259
RESID^2(-1)	1.229916	0.329833	3.728905	0.0022
RESID^2(-2)	-1.408992	0.378753	-3.720081	0.0023
RESID^2(-3)	1.018754	0.327542	3.110302	0.0077

R-squared	0.565902	Mean dependent var	971588.3
Adjusted R-squared	0.472881	S.D. dependent var	1130306.
S.E. of regression	820635.6	Akaike info criterion	30.26668
Sum squared resid	9.43E+12	Schwarz criterion	30.46454
Log likelihood	-268.4001	Hannan-Quinn criter.	30.29396
F-statistic	6.083602	Durbin-Watson stat	2.125335
Prob(F-statistic)	0.007182		

3. 异方差的修正

(1) 加权最小二乘法(weighted least squares, WLS)。在 EViews 软件中运用 WLS 十分简单,只要选择"Equation"对话框中"Option"选项,填入权重即可,这里采用方差未知中第二种情况,即填入权重为"X^(—0.5)"即可得到表 3-3 所示的结果。

(2) 对数变换法。在 EViews 软件 Equation 对话框中直接输入"LOG(Y)C LOG(X)"就可以得到线性模型对数变换后的结果(如表 3-4 所示)。

比较上述两种修正方法,对数变换后的结果在拟合优度和系数显著性都要好于加权最小二乘法得到的结果,这说明人均收入与人均储蓄的关系更接近于对数关系。

表 3-3　WLS 估计结果

Dependent Variable: Y
Method: Least Squares
Date: 02/28/15　Time: 00:54
Sample: 1978 1998
Included observations: 21
Weighting series: X^(-0.5)
Weight type: Inverse standard deviation (EViews default scaling)

Variable	Coefficient	Std. Error	t-Statistic	Prob.
C	-1378.962	220.3181	-6.258959	0.0000
X	1.481876	0.083896	17.66326	0.0000

Weighted Statistics			
R-squared	0.942597	Mean dependent var	2384.938
Adjusted R-squared	0.939575	S.D. dependent var	2695.511
S.E. of regression	832.7163	Akaike info criterion	16.37766
Sum squared resid	13174913	Schwarz criterion	16.47713
Log likelihood	-169.9654	Hannan-Quinn criter.	16.39925
F-statistic	311.9908	Durbin-Watson stat	0.165765
Prob(F-statistic)	0.000000	Weighted mean dep.	1182.530

Unweighted Statistics			
R-squared	0.960704	Mean dependent var	4533.238
Adjusted R-squared	0.958636	S.D. dependent var	6535.103
S.E. of regression	1329.123	Sum squared resid	33564815
Durbin-Watson stat	0.237190		

表 3-4 对数变换估计结果

Dependent Variable: LOG(Y)
Method: Least Squares
Date: 02/28/15 Time: 00:59
Sample: 1978 1998
Included observations: 21

Variable	Coefficient	Std. Error	t-Statistic	Prob.
C	-6.839136	0.237565	-28.78845	0.0000
LOG(X)	1.787149	0.030033	59.50680	0.0000

R-squared	0.994663	Mean dependent var	7.195082
Adjusted R-squared	0.994382	S.D. dependent var	1.746173
S.E. of regression	0.130880	Akaike info criterion	-1.138677
Sum squared resid	0.325463	Schwarz criterion	-1.039199
Log likelihood	13.95611	Hannan-Quinn criter.	-1.117088
F-statistic	3541.059	Durbin-Watson stat	0.642916
Prob(F-statistic)	0.000000		

第五节 自相关的概念和产生原因

为了能更好地说明自相关问题，我们以一个金融案例来开始本章余下三节的学习，并将在下面反复用到这个例子。

例 3-3 利率的变化①

我们将用工业生产指数（*IP*）、货币供应量增长率（*GM*2），以及通货膨胀率（*GPW*）的函数来解释国债利率 *R* 的变化。

R 表示 3 个月期美国国债利率，为年利率的某一百分比。

IP 表示联邦储备委员会的工业生产指数（1987 年为 100）。

*M*2 表示名义货币供给，以 10 亿美元为单位。

PW 表示所有商品的生产价格指数（1982 年为 100）。

工业生产指数是衡量货币需求的一个重要变量。一般认为生产的增长将意味着

① 平狄克，鲁宾费尔德. 计量经济模型与经济预测[M]. 钱小军等，译. 北京：机械工业出版社，1993：55—56. 此例题的数据可以在上海财经大学出版社网站（http：//www. sufep. com）下载，Excel 格式的文件名为 EX3. 2. xls；EViews 生成的 wf1 格式的文件名为 EX3. 2. wf1。

投资需求和消费需求的增长，从而引起货币需求的提高。货币需求的增长会引起信贷资金的紧张，导致利率提高，从而带来货币供求的均衡。

货币供给很明显应放入模型。根据凯恩斯的利率理论，利率水平是由货币需求和货币供给共同决定的。引起货币供给变化的联邦储备委员会的政策必将直接影响利率。如果货币需求不变，那么联储增加货币供给将导致利率的下降。

同样的情况也适用于价格的变化，因为通货膨胀率的上升将导致真实利率的下降。为了维持原有的利率(收益率)水平，名义利率将会上升。而处于通货膨胀中的人们总是预期下一期会有更高的通货膨胀率，从而要求更高的利率补偿。通货膨胀的预期将导致利率水平的上升，这就是著名的“费雪效应”(Fisher effect)。

用于回归模型的货币与价格变量是：

$$GM2_t = (M2_t - M2_{t-1})/M2_{t-1}$$

$$GPW_t = (PW_t - PW_{t-1})/PW_{t-1}$$

回归方程是(括号中为 t 统计量)：

$$\underset{(2.84)}{RATE_t = 1.444} + \underset{(8.89)}{0.045\,2} \times IP_t + \underset{(3.91)}{136.13} \times GM2_t + \underset{(6.15)}{105.61} \times GPW_{t-1}$$

$R^2 = 0.22 \quad DW = 0.18 \quad S = 2.458 \quad Mean = 6.07$

与预想的一样，工业生产对利率有很强的显著的正的影响；具有一个月滞后期的通货膨胀变量也具有预想的符号，而且也是显著的。但是，货币增长变量 GM 的正号却与我们的预期相反。更进一步的问题是相对较低的 R^2 和相对较高的回归标准误差。标准误差 $S = 2.458$，约为均值 6.07 的 40%，这个比例在这类宏观经济模型中是很高的。最后，$DW = 0.18$ 表明该模型的随机误差项存在明显的正自相关(DW 指标的含义将在下面的章节中详细讨论)。

我们将会看到：如果对随机误差项的自相关进行修正，货币增长变量的符号将会发生变化。DW 的值也会大大改进。

一、滞后值与自相关的概念

在阐释自相关概念之前，先介绍滞后值的概念。一个变量(可以是 y_t，x_t，或者是 ε_t)的滞后值是这个变量在一段时间前的取值。举个例子，y_t 滞后一期的取值，记为 y_{t-1}。为了取得滞后一期的变量值，可以如表 3-5 所示将一栏中的变量值都推后一期。

表 3-5　当期值、滞后值、差分的关系

t	y_t	y_{t-1}	Δy_t
1990.1	0.8	—	—
1990.2	1.3	0.8	0.5

(续表)

t	y_t	y_{t-1}	Δy_t
1990.3	−0.9	1.3	−2.2
1990.4	0.2	−0.9	1.1
1990.5	−1.7	0.2	−1.9
1990.6	2.3	−1.7	4.0
1990.7	0.1	2.3	−2.2
1990.8	0.0	0.1	−0.1
…	…	…	…

y 的一阶差分记为 Δy_t，是用 y 的当期值减去前一期的值，即 $\Delta y_t = y_t - y_{t-1}$，以此类推，可以得到滞后二期、滞后三期值。值得注意的是，一阶差分后，Δy_t 的第一个观察值将会丢失。若二阶、三阶差分后，前两个、前三个观察值也将会丢失。

回到自相关问题，在回归模型 $Y_i = \alpha + \beta X_i + \mu$ 中，经典线性回归模型(CLRM)的基本假设第三条是 $\text{cov}(u_i, u_j) = \text{E}(u_i, u_j) = 0$，$i \neq j$，$i, j = 1, 2, \cdots, n$，若此假设被破坏，即 $\text{cov}(u_i, u_j) \neq 0$，$i \neq j$，随机误差项 u 的取值与它的前一期或前几期的取值(滞后值)有关，则称误差项存在序列相关或自相关。

随机误差项 u 的自相关现象是经常存在的。因为在模型的研究中，不可能将所有的影响因素都包括进方程，因此一些非重要因素就会被归入误差项，而这些因素往往有时间趋势，因而使误差项体现了在时间先后上的某种相关性。所以，自相关现象主要出现在时间序列中，不过在横截面数据中有时也会出现。

自相关有正相关和负相关之分。对随机误差项 u 的时间序列 $u_1, u_2, \cdots, u_n$，当 $u_t > 0$ 时，随后的若干个随机项 u_{t+1}，$u_{t+2}\cdots$ 都有大于 0 的倾向，就说 u 具有正自相关性；而负自相关表明了两个相继的随机项 u_t 和 u_{t+1} 具有正负号相反的倾向。实证表明，在经济数据中，常见的是正自相关。

图 3－4(a)的左图表示残差 e_t 随时间 t 的变化而逐渐变化。开始时 e_t 为正，随后的几个值也为正。当某个时刻出现负值时，随后的几个值也为负。从而判定 e_t 之间存在正自相关。表明随机项 u_t 存在正自相关(因为无法观测到随机项 u_t，所以只能观测到残差 e_t)。

图 3－4(a)的右图以 e_t 为纵轴，e_{t-1} 为横轴，绘制了(e_1, e_2)，…，(e_{t-1}, e_t)的散点图。如果大部分点落在第一和第三象限，说明 e_{t-1}，e_t 同为正或同为负，从而判定随机项 u_t 存在正自相关。如果大部分点落在第二和第四象限，说明 e_{t-1}，e_t 异号，从而判定随机项 u_t 存在负自相关[如图 3－4(b)右图所示]。而图 3－4(c)则没有显示出任何有趋势性或者相关关系特征，因此说随机项之间无相关关系。

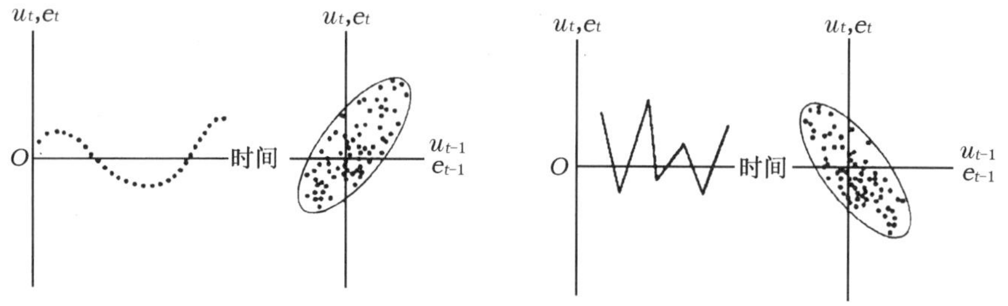

(a) 正自相关　　(b) 负自相关

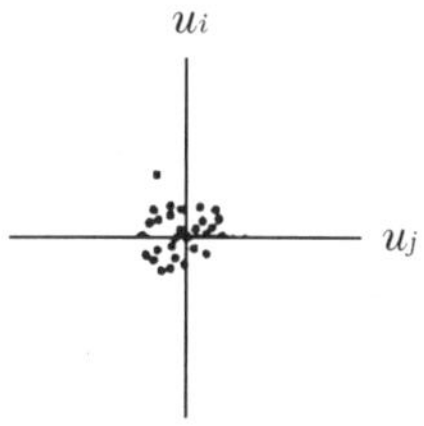

(c) 不存在自相关

图 3－4　正自相关、负自相关、不存在自相关

资料来源：古扎拉蒂. 经济计量学精要[M]. 张涛等，译. 北京：机械工业出版社，2000.

二、自相关产生的原因

为什么会产生自相关呢？原因多种多样，其中主要有如下几个原因：

（一）经济数据固有的惯性带来的相关

众所周知，时间序列，例如固定资产总值、国民生产总值、就业、货币供给、价格指数等等，都呈现出商业循环(在经济活动中重复发生或者自我维持波动)。1929 年资本主义经济大危机时，毋庸置疑，各项经济指标都处于萧条的底部，当经济恢复开始时，由底部开始，大多数的经济指标序列向上移动。在向上移动的过程中，序列某一时点的值会大于其前期值。这种现象会一直存在，直到某些事件发生才使具有向上趋势的序列移动减慢下来，比如财政部增加税率，扩大税源；中央银行提高基准利率等。因此，在涉及时间序列数据的回归方程中，连续的观察值之间很可能是相关的。

（二）模型设定误差带来的相关

模型的不恰当设定意味着可能由于本应包括在模型中的重要变量未包括进模型中(这是过低设定的情形)，也可能是模型选择了错误的函数形式(本应该使用对数线性模型但却用了线性变量模型或者其他形式)。如果发生这样的模型设定误差，就会导致随机误差项具有序列相关性。一个简单的检验方法是将略去的变量包括到模型中，判定残差是否仍然呈现系统模式，如果它们不存在显著模式，那么系列相关很可能就是由于模型设定的错误。

（三）数据的加工带来的相关

在实证分析中，通常原始数据是要经过加工的。例如，在求股票市场的收益率过程中，会在原始数据的基础上，采用求收益率的公式，算得每日或者每周等的收益率；再比如季度数据的时间序列回归中，数据通常是通过月度数据推导而来的，即将 3 个月的数据简单加总并除以 3。这样计算的结果更符合研究的需要或者更具有经济学道理，但同时引入自相关。另外在进行数据处理时，因为样本不足或偏差，常常用内插或修匀的办法以补充缺少的数据和修正偏差太大的数据。这样，就使反映不同时期的误差项的值包含了前后期的相互干扰，从而形成了随机误差项的序列相关性。

第六节　自相关的度量与后果

一、自相关的度量

既然了解了自相关的概念及其产生原因，那么自相关如何度量？用怎样一个指标来表示自相关的严重程度？下面引入自相关系数概念。

假定 u 存在自相关，若 u_t 的取值仅与前一期 u_{t-1} 有关，即 $u_t = f(u_{t-1})$，则称这种自相关为一阶自相关。对于一般经济现象而言，两个随机项在时间上相隔越远，前者对后者的影响就越小。如果存在自相关的话，最强的自相关应该是一阶自相关。这里，我们只讨论一阶自相关，并且假定这是一种线性自相关，具有一阶线性自回归 AR(1)的形式：

$$\begin{cases} u_t = \rho u_{t-1} + \upsilon_t \\ -1 \leqslant \rho \leqslant 1 \end{cases} \tag{3.25}$$

式(3.25)中 ρ 为常数，称为自相关系数。υ_t 是一个新随机项，它满足经典回归的全部假定：

$$\begin{cases} \upsilon_t \sim N(0,\ \sigma^2) \\ \mathrm{cov}(\upsilon_t,\ \upsilon_s) = 0,\ t \neq s \end{cases} \tag{3.26}$$

式(3.25)可以看成是一个一元回归模型。u_t 是因变量，u_{t-1} 是自变量，ρ 是回归系数。因为 υ_t 满足经典回归的全部假设，因此可用 OLS 法估计 ρ：

$$\hat{\rho} = \frac{\sum_{t=2}^{n} \mu_t \mu_{t-1}}{\sum_{t=2}^{n} \mu_{t-1}^2} \tag{3.27}$$

当 $\rho > 0$ 时为正相关，$\rho < 0$ 时为负相关。当 $\rho = 0$ 时，由式(3.25)知，$u_t = \upsilon_t$，此

时 u_t 为一个没有自相关的随机变量。当 $\rho=1$ 或 $\rho=-1$ 时，u_t 与 u_{t-1} 之间的相关性最强：$\rho=1$ 表示完全一阶正相关，$\rho=-1$ 表示完全一阶负相关。由此可见，自相关系数 ρ 是一阶线性自相关强度的一个度量，ρ 的绝对值大小决定自相关的强弱。

二、出现自相关的后果

我们从例 3－3 中可以看到，随机项的自相关至少造成了两个问题：错误地估计了解释变量的系数，模型的拟合优度 R^2 很低。

一般地，如果随机误差项存在自相关现象，但我们却予以忽视，而仍然用 OLS 法去估计，将会导致以下后果：

（1）最小二乘估计量仍然是线性的和无偏的，但却不是有效的，即使是在大样本的情况下。简而言之，通常所用的普通 OLS 估计量并不是最优线性无偏估计量（BLUE）。

（2）OLS 估计量的方差是有偏的。比如在随机项存在正自相关时，OLS 的标准差估计是下偏估计量，也就是 OLS 严重低估了真实的标准差，从而使得 t 检验中的 T 值偏大。在给定的显著性水平 a 下，T 值偏大增加了大于 t 分布临界值 $t_{a/2}(n-2)$ 的机会，使得本来不该否定的零假设（H_0：$\beta_i=0$）给否定了，导致判断失误，失去了检验的意义，即增加了犯第一类错误的可能性。从例 3－3 我们看到，每个回归系数都是显著的（t 值很大），甚至连截距项都是显著的。这会使我们误以为方程是正确的，但却又无法用经济理论解释。

因此，在随机项存在自相关的情况下，t 检验失效，同样对 F 检验也有类似的结果。我们将会在下面的章节中看到，修正以后的回归方程，回归系数的 t 值相对偏小，同时货币供应增长率与利率的关系符合经济理论的解释。

第七节　自相关的检验与修正

一、自相关的检验方法

由于随机项 μ 自相关的存在，对参数的 OLS 估计量产生了严重影响。因此，在回归分析之前，必须判定是否存在自相关。检验自相关的方法也可以分为两种：一种是图示法，另一种是解析法。

（一）图示法

由于回归残差 e_t 可以作为随机项 μ_t 的估计量，因此 μ_t 的性质可以从 e_t 的性质中反映出来。我们可以通过观察残差 e_t 是否存在自相关来判断随机项 μ_t 是否存在自相关。

1. 按时间顺序绘制残差图

先绘制例 3－3 残差的走势图(如图 3－5 所示)。从图 3－5 中可以看出,回归残差高度正相关。某一时期的残差若为正(负),则下一时期的残差有可能也为正(负)。从 20 世纪 70 年代后期到 80 年代初期,这一现象更加明显,这一时期是票面利率很高的时期。这一时期联储的目标是货币供给,允许利率有较大的波动。如果不对自相关进行修正,不仅参数的估计不是有效的,而且利率的预测值也有可能会比实际值低很多。

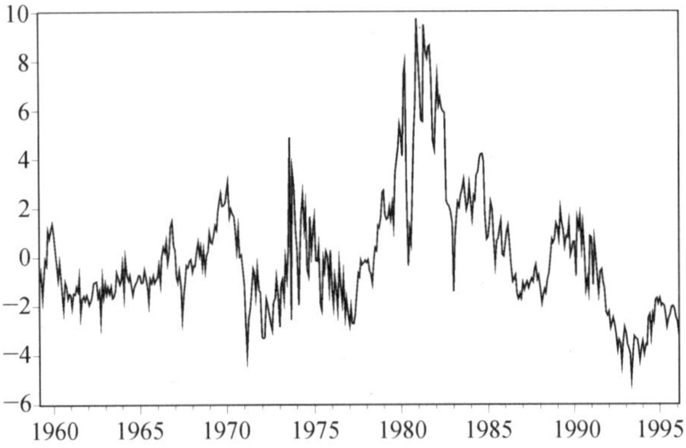

图 3－5 利率残差

2. 绘制 e_t、e_{t-1} 散点图

我们以例 3－3 中利率残差滞后一期的值 e_{t-1} 为横坐标,以利率残差 e_t 为纵坐标,绘制 e_t、e_{t-1} 散点图(如图 3－6 所示)。

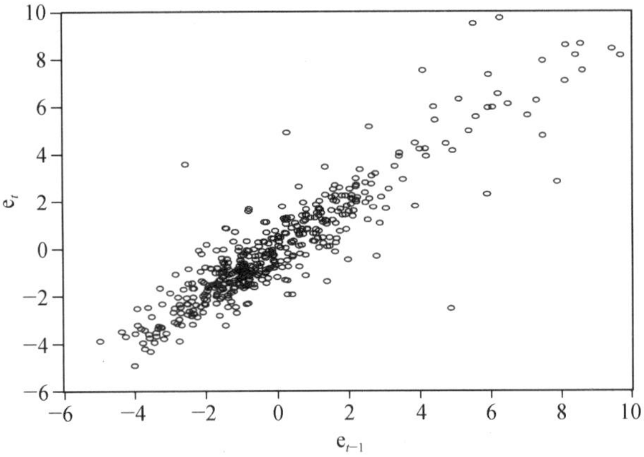

图 3－6 利率残差 e_t、e_{t-1} 散点图

从图 3－6 中可见,大多数点都落在第一象限和第三象限,说明残差是高度正相关的。

(二) 解析法

通过图示法我们只能粗略地判断是否存在自相关,如果要精确地探测序列相关性,就需要使用解析法。解析法是通过假设检验来探测序列相关性的,下面我们将介绍其中的几种方法。

1. DW(Durbin－Waton)检验

检验自相关最常用、最著名的方法是由杜宾和沃森(Durbin and Watson)提出的 DW 检验。① 在回归方程时,软件会自动给出 DW 检验值。

对一阶自相关

① Durbin J, Watson G S. Testing for serial correlation in least-squares regression[J]. *Biometrika*, 1950, 37(3/4): 409－428.

$$\begin{cases} u_t = \rho u_{t-1} + \upsilon_t \\ -1 \leqslant \rho \leqslant 1 \end{cases}$$

当 $\rho=0$ 时，μ 不具有一阶自相关；当 $\rho\neq 0$ 时，μ 具有一阶自相关。DW 检验是通过构造统计量

$$\begin{aligned} d &= \sum_{t=2}^{n}(\hat{\varepsilon}_t - \hat{\varepsilon}_{t-1})^2 \Big/ \sum_{t=1}^{n}\hat{\varepsilon}_t^2 \\ &= \sum_{t=2}^{n}(\hat{\varepsilon}_t^2 - 2\hat{\varepsilon}_t\hat{\varepsilon}_{t-1} + \hat{\varepsilon}_{t-1}^2) \Big/ \sum_{t=1}^{n}\hat{\varepsilon}_t^2 \\ &= 2\sum_{t=1}^{n}\hat{\varepsilon}_t^2 - \hat{\varepsilon}_n^2 - \hat{\varepsilon}_1^2 - 2\sum_{t=2}^{n}\hat{\varepsilon}_t\hat{\varepsilon}_{t-1} \Big/ \sum_{t=1}^{n}\hat{\varepsilon}_t^2 \\ &= 2 - 2\sum_{t=2}^{n}\hat{\varepsilon}_t\hat{\varepsilon}_{t-1} \Big/ \sum_{t=1}^{n}\hat{\varepsilon}_t^2 \end{aligned} \tag{3.28}$$

（其中，$\hat{\varepsilon}_t$ 为残差，$\hat{\varepsilon}_t = y_t - \hat{y}_t$），从而建立 d 与 $\hat{\rho}$ 的近似关系，并以此判断随机项 μ 的自相关性。而我们已知 $\rho = \sum_{t=2}^{n}\mu_t\mu_{t-1} \Big/ \sum_{t=2}^{n}\mu_{t-1}^2$，用 $\hat{\varepsilon}_t$ 代替 μ_t，便有 $\hat{\rho} = \sum_{t=2}^{n}\hat{\varepsilon}_t\hat{\varepsilon}_{t-1} \Big/ \sum_{t=2}^{n}\hat{\varepsilon}_{t-1}^2$，则式(3.28)可表示为：

$$d \approx 2(1-\hat{\rho})$$

从而我们可以得到如表 3－6 所示的结果。

表 3－6　d 与 $\hat{\rho}$ 的近似关系

$\hat{\rho}$ 值	d 值(近似)
－1(完全负相关)	4
0(没有自相关)	2
1(完全正相关)	0

也就是说，计算的 d 值必然介于 0 与 4 之间。若 d 值越接近 0，则表示 $\sum(\hat{\varepsilon}_t - \hat{\varepsilon}_{t-1})^2$ 的值越小，ρ 越接近 1，表示有正自相关；若 d 值越接近 4，则表示 $\sum(\hat{\varepsilon}_t - \hat{\varepsilon}_{t-1})^2$ 的值越大，ρ 越接近－1，表示有负自相关；若 d 值越接近 2，ρ 值越接近 0，表示无自相关。

当然，这些只是很宽泛的临界点，当我们把计算的 d 看作是能够明确说明是正的、负的或无自相关的指标时，我们需要更为具体的临界值。

Durbin 和 Watson 证明了 d 的实际分布介于两个极限分布之间。一个是下极限

分布，其下临界值为 d_L，上临界值为 $4-d_U$；另一个是上极限分布，其下临界值为 d_U，上临界值为 $4-d_L$（如图 3－7 所示）。

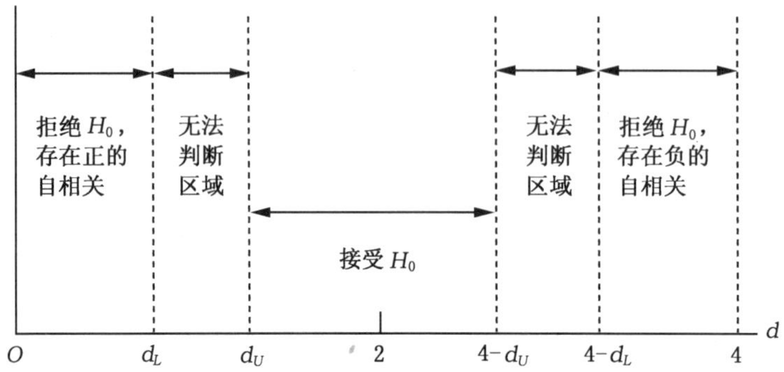

图 3－7　Durbin－Watson *d* 统计量

具体的临界值表 Durbin 和 Watson 也为我们算出来了，得出了 DW 临界值表。在该表中，对一定的显著水平（1%或 5%），给出对应的样本容量为 n 和模型中自变量个数为 k 的临界值 d_L 和 d_U。

DW 检验的步骤可归纳如下。

（1）建立假设 H_0：$\rho=0$，H_1：$\rho\neq 0$。

（2）进行 OLS 回归并获得残差。

（3）计算 d 值，大多数计算软件已能够实现。比如 EViews 软件就直接可以获得。

（4）给定样本容量及解释变量的个数，从 DW 表中查到临界值 d_L 和 d_U。

（5）将 d 的现实值与临界值进行比较，具体的比较过程如图 3－7 所示。

DW 检验也并不是万能的，在使用此检验的时候，应注意如下几点：

（1）DW 检验不适合用于自回归模型。因为在 DW 表制作中假定的 u 是正态、同方差的，并且认为自变量确实是外生变量的情况下求出的，因此如果解释变量中有因变量的滞后值，DW 检验就不适用了。

（2）扰动项 u_t 的产生机制是 $u_t=\rho u_{t-1}+\upsilon_t$，因此 DW 检验只适用于一阶线性自相关，对于高阶自相关皆不适用。

（3）回归模型中包括一个截距项，因此 d 统计量无法用来判定那些通过原点的回归模型的自相关问题。

（4）利用 DW 检验检验自相关时，一般要求样本容量至少为 15，否则就很难对自相关的存在性做明确的结论。

现在，回到利率模型的例子。回归方程中 $d=0.18$，样本中有 446 个观测值。而 DW 表中样本容量最大为 $n=200$。在 1%显著水平下，$n=200$，$k=3$ 时，$d_L=1.643$，

$d_U = 1.704$，$DW < d_L$。

因此，我们可以在1%的显著水平拒绝原假设。$DW = 0.18$ 说明随机项有很强的正相关。

2. 杜宾—h(Durbin - h)统计量

以上我们讨论的情形是解释变量中没有因变量的滞后值。但是经济学的研究过程中，遇上解释变量中包含有因变量的滞后值的情况太多了，正如以上所述的，这时DW检验的可信度就大打折扣，并且其数值是偏向2的。因此，为克服这样的困境，杜宾提出了一个基于 h 统计量的渐近检验①。

$$h = \hat{\rho}\sqrt{\frac{T}{1 - T[\mathrm{var}(\hat{\beta})]}} \tag{3.29}$$

其中，$\hat{\rho} = \sum_{t=2}^{n} \hat{\varepsilon}_t \hat{\varepsilon}_{t-1} \Big/ \sum_{t=2}^{n} \hat{\varepsilon}_{t-1}^2$，$\hat{\varepsilon}_t$ 为残差，$\mathrm{var}(\hat{\beta})$ 是因变量滞后项的系数的OLS估计量的方差。在没有自相关的原假设之下，h 统计量是渐近正态的，其均值为0，方差为1。当检验一阶自回归的误差时，即使 X 包含有多个因变量的滞后值，h 统计量检验仍然有效。

显然，当 $T[\mathrm{var}(\hat{\beta})] \geqslant 1$ 时，h 统计量无法算出，于是，杜宾建议采用渐近等价检验，即采用OLS估计的残差 $\hat{\varepsilon}_t$ 对 $\hat{\varepsilon}_{t-1}$ 和解释变量作回归，这里的解释变量包含有因变量 y 的滞后值。然后，再用 t 统计量检验 $\hat{\varepsilon}_{t-1}$ 系数的显著性。

下面我们通过一个例子说明杜宾- h统计量的应用。

例3-4 决定国内生产总值的模型估计②

根据萨缪尔森提出的乘数—加速数模型，我们可以建立如下的简单模型：即当期国内生产总值是上年国内生产总值(—1)和当年全社会固定资产投资的函数。采用1980—2002年的年度数据(单位：亿元)，应用最小二乘法估计该模型，得到结果如下(括号内为标准差)：

$$GDP_t = 2\,795.56 + 0.65GDP_{t-1} + 0.98I_t$$
$$(844.71) \quad (0.135) \quad (0.32)$$
$$DW = 0.37 \quad R^2 = 0.99$$

由于存在被解释变量的滞后项，因此DW检验失效。可以采用杜宾- h检验法检验序列相关性。滞后因变量系数的标准误差是0.135，$DW = 0.37$，$T = 23$，计算得：

① Durbin J. Testing for serial correlation in least-squares regression when some of the regressors are lagged dependent variables[J]. *Econometrica*, 1970, 38: 410 - 421.

② 此例题的数据可以在上海财经大学出版社网站(http: //www. sufep. com)下载，Excel格式的文件名为EX3. 3. xls；EViews生成的wf1格式的文件名为EX3. 3. wf1。

$$h=\left(1-\frac{0.37}{2}\right)\sqrt{\frac{23}{1-(23)(0.135)^2}}=5.13$$

由于5.13大于显著性水平为0.05正态分布的临界值1.96，因此我们拒绝不存在序列自相关的原假设。所以，对投资决定国内生产总值动态模型估计时有必要对序列相关性进行修正。很高的R^2对应很小的DW，强烈提示对时间序列数据的处理在技术上存在缺陷，在以后的章节中我们要解决这类问题。

3. Breusch－Godfrey 检验

前面所介绍的DW检验只能检验一阶自相关，①但有时序列可能存在高阶自相关，或者我们需要同时检验残差与它的若干滞后项之间是否存在相关性，此时我们可以用 Breusch－Godfrey 检验(简称BG检验法)。BG检验法假定误差项u_t是由如下的r阶自回归过程产生的：

$$u_t=\rho_1 u_{t-1}+\rho_2 u_{t-2}+\rho_3 u_{t-3}+\cdots+\rho_r u_{t-r}+v_t \tag{3.30}$$

其中，$v_t\sim N(0,\sigma_v^2)$。建立的零假设H_0：$\rho_1=\rho_2=\rho_3=\cdots=\rho_r=0$，即全部自回归系数同时等于零，也即不存在自相关。

BG检验法的步骤如下。

(1) 用最小二乘法估计回归模型并得到残差$\hat{u}_t$。

(2) 将$\hat{u}_t$对第一步中的所有解释变量及$\hat{u}_t$的r个滞后值($\hat{u}_{t-1}$，$\hat{u}_{t-2}$，$\hat{u}_{t-3}$，…，$\hat{u}_{t-r}$)进行回归，并取得R^2值。由于我们取了$\hat{u}_t$的r阶滞后值，所以在这次回归中我们只有$T-r$个观测值(其中T为原方程观测值个数)。

(3) BG检验建立的检验统计量是$(T-r)R^2$，在大样本的条件下，它服从自由度为r的χ^2分布，即$(T-r)R^2\sim\chi^2(r)$。若$(T-r)R^2$大于临界值，则拒绝不存在自相关的零假设；反之则不能拒绝。

可以看到，BG检验比DW检验适用范围更广泛，它能够同时检验$\hat{u}_t$与它的多阶滞后是否存在相关性，同时回归模型中也可以包含因变量的滞后值(这是DW检验所不允许的)。但BG检验的一个缺陷是无法确定滞后阶数r的值，在实践中，一般是根据数据的频率选择r值(如月度数据可选12、24，季度数据可选4、8等)，并多选择几个r值。很显然，如果原序列不存在自相关，则不管r值取多少，都不能拒绝零假设。

二、自相关的修正方法

若通过检验，发现原始模型确实存在自相关关系，那要如何处理自相关呢？根据

---

① 尽管理论上可以利用DW检验单独检验残差与其二阶、三阶……滞后项是否存在相关，但大多数统计软件中设定DW检验只检验一阶自回归。

是否知道自相关的具体形式，可以采取不同的方法。

（一）ρ 已知的情况下——广义差分法

一般在实践中，往往假定残差项存在一阶自回归方式，即：

$$u_t = \rho u_{t-1} + \gamma_t$$

若自相关系数 ρ 已知，自相关问题就解决。

回到例 3-3，经过 DW 检验发现随机项具有正的自相关现象，并且 $d = 0.18$。因此，直接用 OLS 估计就不适合了，必须先消除自相关的影响。

已知 $d \approx 2(1-\hat{\rho})$，则 $\hat{\rho} \approx 1 - d/2$。

用 d 值来计算 $\hat{\rho}$，$\hat{\rho} = 1 - d/2 = 0.91$。

如果是小样本的话，用 $\hat{\rho} = \dfrac{\left(1-\dfrac{d}{2}\right)+\left(\dfrac{k+1}{n}\right)^2}{1-\left(\dfrac{k+1}{n}\right)^2}$ 来估计效果更好（其中 n 为样本容量，k 为自变量个数）。

我们的回归模型是：

$$RATE_t = b_0 + b_1 IP_t + b_2 GM2_t + b_3 GPW_{t-1} + \mu_t \tag{3.31}$$

假设随机项 u 具有一阶线性自相关的形式：$\mu_t = \rho\mu_{t-1} + \upsilon_t$，$\upsilon_t$ 满足经典回归的全部假定。

将式(3.31)滞后一期并乘以 $\hat{\rho} = 0.91$ 得到：

$$\hat{\rho} RATE_{t-1} = \hat{\rho} b_0 + \hat{\rho} b_1 IP_{t-1} + \hat{\rho} b_2 GM2_{t-1} + \hat{\rho} b_3 GPW_{t-2} + \hat{\rho}\mu_{t-1} \tag{3.32}$$

用式(3.31)减去式(3.32)，得到：

$$\begin{aligned} RATE_t - \hat{\rho} RATE_{t-1} = &(1-\hat{\rho})b_0 + b_1(IP_t - \hat{\rho} IP_{t-1}) + b_2(GM2_t - \hat{\rho} GM2_{t-1}) \\ &+ b_3(GPW_{t-1} - \hat{\rho} GPW_{t-2}) + \mu_t - \hat{\rho}\mu_{t-1} \end{aligned} \tag{3.33}$$

令

$$\begin{cases} \mathrm{d}RATE_t = RATE_t - \hat{\rho} RATE_{t-1} \\ \mathrm{d}IP_t = IP_t - \hat{\rho} IP_{t-1} \\ \mathrm{d}GM2_t = GM2_t - \hat{\rho} GM2_{t-1} \\ \mathrm{d}GPW_{t-1} = GPW_{t-1} - \hat{\rho} GPW_{t-2} \\ a = (1-\hat{\rho})b_0 \end{cases} \tag{3.34}$$

式(3.34)称为广义差分变换。将式(3.33)改写为：

$$dRATE_t = a + b_1 dIP_t + b_2 dGM2_t + b_3 dGPW_{t-1} + \upsilon_t \tag{3.35}$$

其中，$\upsilon_t = \mu_t - \hat{\rho}\mu_{t-1}$。

υ_t 满足经典回归的全部假定，变换后的模型(3.35)称为广义差分模型，已经没有自相关了。可以用OLS来估计参数 a 和 b_i。同时应该注意到变换以后的数据损失一个观测值，为避免这一损失，K. R. Kadiyala 提出对第一个观测值作如下变换：

$$\begin{cases} dx_1 = \sqrt{1-\hat{\rho}^2 x_1} \\ dy_1 = \sqrt{1-\hat{\rho}^2 y_1} \end{cases}$$

以上过程就是将原回归模型进行广义差分变换得到广义差分模型，对广义差分模型应用普通最小二乘法估计，这种方法称为广义差分法。

我们对变换后的模型(3.35)做OLS估计，得到(括号中为 t 值)：

$$dRATE_t = 0.269 + 0.0435 \times dIP_t - 62.547 \times dGM2_t + 7.453 \times dGPW_{t-1} \tag{3.36}$$

(3.81)　　(−5.92)　　(2.23)

$R^2 = 0.1195 \quad d = 1.236$

$b_0 = a/(1-\rho) = 0.269/(1-0.91) = 2.99$

最后经过还原得到原始模型为：

$$RATE_t = 2.99 + 0.0435 \times IP_t - 62.547 \times GM2_t + 7.453 \times GPW_{t-1} \tag{3.37}$$

(3.81)　　(−5.92)　　(2.23)

$R^2 = 0.1195 \quad d = 1.236$

发现修正后拟合优度反而下降了，d 值也不够大，可能残差间存在更复杂的相关关系(因为DW检验只适合残差项一阶线性自相关的形式)。

修正后的货币供应量增长率 $GM2$ 有了我们预期的负号，并且是显著的。解释变量的 t 值比修正前有所下降，这些结果都是我们所预期的。

在已知自相关的具体形式地解决方案中，有一个方式曾经风靡一时——Cochrane-Orcutt法(简称CO法)。① 通过多次迭代，会得到一个相对比较好的结果。其步骤如下：

(1) 根据原始数据，利用OLS法对原模型进行参数估计，得出拟合值及残差。

(2) 假设残差存在一阶自相关，利用OLS方法对 $\varepsilon_t = \rho\varepsilon_{t-1} + \upsilon_t$ 进行估计，得到 $\hat{\rho}$，若 $\hat{\rho}$ 满足所需的精度，则停止；否则，转入下一步。

---

① Cochrane D, Orcutt G. Application of least squares regression to relationships containing auto-correlated error terms[J]. *Journal of the American Statistical Association*, 1949(42): 32-61.

(3) 进行广义差分变换：$y_t^* = y_t - \hat{\rho} y_{t-1}$，$x_{it}^* = x_{it} - \hat{\rho} x_{i,t-1}$，$\varepsilon_t^* = \varepsilon_t - \hat{\rho}\varepsilon_{t-1}$（$i = 1, 2, \cdots, k$；$t = 2, 3, \cdots, T$），求得模型 $y_t^* = \beta_1(1-\hat{\rho}) + \beta_2 x_{2t}^* + \cdots + \beta_k x_{kt}^* + \upsilon_t$，对变换后的方程进行重新估计，得到原来方程的参数估计值。将这些参数估计代入原方程，得到新的回归残差。并对这个新的残差序列进行如上(2)步骤，求得 ρ 的第二次逼近值 $\hat{\hat{\rho}}$，依次按照这个方法迭代下去，直到 $\hat{\rho}$ 满足所需的精度为止，标准的做法是当残差项自相关系数的前后两次估计值之差小于 0.01 或者 0.05，或者迭代了 10 次、20 次以后就停止迭代。下面简单展示一下在 EViews 中演算本例的 CO 迭代法过程。

(1) 产生残差序列，命名为 e。

(2) 估计 ρ。首先利用 OLS 方法将 e 与 $e(-1)$ 进行回归；将该方程命名为 eq2，即建立了 $e = 0.909\,998\,456\,6 \times e(-1)$，即 ρ 值为 0.91，经检验，回归系数显著不为零，说明上式的建立是合理的。

(3) 建立新方程 eq3，即回归 rate－eq2. @coefs(1)×rate(－1)、ip－eq2. @coefs(1)×ip(－1)、gm2－eq2. @coefs(1)×gm2(－1)、gpw－eq2. @coefs(1)×gpw(－1)，其中，eq2. @coefs(1)表示 0.909 998 456 6。

第一次迭代后的结果如表 3－7 所示。

表 3－7　第一次迭代结果

Dependent Variable：RATE－EQ2. @COEFS(1)*RATE(－1)
Method：Least Squares
Sample (adjusted)：1959:04　1996:02
Included observations：443 after adjusting endpoints

Variable	Coefficient	Std. Error	t－Statistic	Prob.
C	0.269440	0.086174	3.126696	0.0019
IP－EQ2. @COEFS(1)...	0.043509	0.011397	3.817571	0.0002
GM2－EQ2. @COEFS...	－62.54712	10.55702	－5.924696	0.0000
GPW－EQ2. @COEF...	7.453919	3.340847	2.231147	0.0262

R－squared	0.119515	Mean dependent var	0.551449
Adjusted R－squared	0.113498	S.D. dependent var	0.573684
S.E. of regression	0.540148	Akaike info criterion	1.615042
Sum squared resid	128.0826	Schwarz criterion	1.652004
Log likelihood	－353.7317	F－statistic	19.86293
Durbin-Watson stat	1.236152	Prob (F－statistic)	0.000000

可见与原方程相比，d 值已经有显著改善，但还是存在自相关问题，于是需要继续迭代。

对上面一轮残差进行下面的回归分析。

$\hat{\hat{\varepsilon}}=\rho\hat{\hat{\varepsilon}}_{t-1}+\upsilon_t$，得到新的 ρ 估计值记为 $\hat{\rho}_2$，用此新的估计值进行广义差分变换，然后进行新的回归，其中，

$$RATE_t^2=RATE_t-\hat{\rho}_2 RATE_{t-1}$$

$$IP_t^2=IP_t-\hat{\rho}_2 IP_{t-1}$$

$$GM2_t^2=GM2_t-\hat{\rho}_2 GM2_{t-1}$$

$$GPW_t^2=GPW_t-\hat{\rho}_2 GPW_{t-1}$$

最后经过多轮迭代，最终获得的结果是：

$$RATE_t=-49.601+0.244IP_t-62.358GM2_t+6.210GPW_{t-1}$$

$R^2=0.97 \quad DW=1.64 \quad \hat{\rho}=0.99$

（二）ρ 未知的情况下——杜宾两步法

杜宾两步法的主要步骤如下：

第一步，对模型(3.33)

$$RATE_t-\rho RATE_{t-1}=(1-\rho)b_0+b_1(IP_t-\rho IP_{t-1})+b_2(GM2_t-\rho GM2_{t-1})+ b_3(GPW_{t-1}-\rho GPW_{t-2})+\mu_t-\rho\mu_{t-1}$$

进行变换，得到：

$$RATE_t=(1-\rho)b_0+\rho RATE_{t-1}+b_1 IP_t-b_1\rho IP_{t-1}+ b_2 GM2_t-b_2\rho GM2_{t-1}+b_3 GPW_{t-1}-b_3\rho GPW_{t-2}+\upsilon_t \quad (3.38)$$

对式(3.38)用 OLS 进行估计，得到：

$$RATE=0.976\times RATE(-1)+0.207\times IP-0.206\times IP(-1) -55.37\times GM2+67.66\times GM2(-1)+13.99\times GPW(-1) +2.24\times GPW(-2)-0.075 \quad (3.39)$$

得到的 $RATE_{t-1}$ 的系数就是自相关系数 ρ 的估计值：$\hat{\rho}=0.976$。

第二步，用 $\hat{\rho}=0.976$ 对原始数据进行差分变换：

$$\begin{cases} dRATE_t=RATE_t-0.976RATE_{t-1} \\ dIP_t=IP_t-0.976IP_{t-1} \\ dGM2_t=GM2_t-0.976GM2_{t-1} \\ dGPW_{t-1}=GPW_{t-1}-0.976GPW_{t-2} \\ a=(1-0.976)b_0 \end{cases} \quad (3.40)$$

得到：

$$dRATE_t = a + b_1 dIP_t + b_2 dGM2_t + b_3 dGPW_{t-1} + \upsilon_t \tag{3.41}$$

对式(3.41)进行OLS估计，得到：

$$dRATE = 0.091\,76 + 0.122 \times dIP_t + 6.559 \times dGPW_{t-1} - 64.22 \times dGM2_t \tag{3.42}$$

$$(4.35) \qquad (2.18) \qquad (-6.74)$$

$R^2 = 0.147 \quad d = 1.525\,9$

$b_0 = a/(1-\rho) = 0.091\,76/(1-0.976) = 3.82$

所以，用杜宾两步法修正的结果为：

$$RATE_t = 3.82 + 0.122 \times IP_t + 6.559 \times GM2_t - 64.22 \times GPW_{t-1}$$

$$(4.35) \qquad (2.18) \qquad (-6.74)$$

$R^2 = 0.147 \quad d = 1.525\,9$

以上介绍的方法中，除了CO迭代法效果理想，别的只是解决了自相关问题，同时伴随拟合优度的下降。在实际解决问题过程中，往往会采用ARCH或者GARCH模型来建立模型，这样在以后的章节中介绍。

本章小结

在金融计量和经济计量诸多分析中都要面对异方差问题，它是对经典线性回归模型的假定条件之一——同方差假定的违反。本章首先明确了异方差的定义，并简要说明了其产生原因及后果，在此基础上从图示法和解析法两个方面介绍了诸多异方差的检验方法，然后具体介绍了修正异方差的方法，并辅以实例详细说明了异方差检验到修正的过程。

另外，作为针对违反了经典线性回归模型(CLRM)五个假设的一个——残差项相互独立，即残差项出现或存在自相关的情况时，本章从案例出发，逐步引出自相关问题的解决思路。其中，观测是否存在自相关，可以选择图示法或者解析法；如何解决自相关问题，可以通过广义差分法或者杜宾两步法；等等。如何正确、快速地选择合适的方法，不仅因具体的数据不同而不同，也取决于解决问题者的敏锐感觉和熟练程度。

关键术语

异方差性　　残差检验　　加权最小二乘法(WLS)　　对数变换自相关

DW检验方法　　DW-h检验值　　广义差分法　　杜宾两步法

思考题

1. 什么是异方差？它对采用普通最小二乘法(OLS)的估计结果会产生什么影响？

2. 异方差有哪些检验方法？这些检验方法各自都适用于哪些情况？

3. 异方差有哪些修正方法？如何运用加权最小二乘法(WLS)修正异方差？

4. 简单描述什么叫自相关？通常导致自相关的原因有哪些？

5. 忽略自相关的后果有哪些？

6. 判断是否存在自相关现象的检验统计量是什么？如果模型中存在因变量滞后项时，其检验统计量是一样的吗？请说明检验统计量取值范围及其相应的检验结论。

7. 通过检验得出模型中确实存在自相关现象时，下一步该怎么做？（提示：分不同的情况回答。）

8. 一个学者在研究过程中，怀疑自己的模型中残差存在自相关性，请您简要说明他采用DW检验方法的步骤。

延伸阅读

第四章　多重共线性和虚拟变量的应用

本章要点

多重共线性的含义。

多重共线性产生的原因。

多重共线性的后果。

判断多重共线性的方法及其修正方法。

虚拟变量的设置原则。

虚拟变量模型的应用。

邹氏检验的做法及缺陷。

虚拟变量法检验结构稳定性的优点。

本章导读

虽然在第二章经典线性回归模型(CLRM)的假定中没有提到,但经典线性回归模型隐含的一个条件就是包含在回归模型中的各个解释变量之间不存在多重共线性。金融学不同于物理学、化学等实验性科学,后两者中的许多现象可以通过精确设计受控实验来取得充分的样本信息,并据此进行模型的估计与推断。而金融数据是被动生成的,金融学者不可能去控制它的生成,因此,为建模而收集的金融数据往往不能达到最初的设计和要求,不能提供足够的信息,从而导致多重共线性的产生。本章前四节中我们将讨论与之相关的问题。在本章余下的四节中我们将讨论一类特殊的变量——虚拟变量,并介绍虚拟变量模型的应用以及检验模型结构稳定性的两种方法。

第一节 多重共线性的概念和后果

一、多重共线性的概念和产生

（一）概念

多重共线性(multicollinearity)一词最早由挪威经济学家弗瑞希(Ragnar Frisch)于1934年提出。[①②] 其原义是指回归模型中的一些或全部解释变量中存在的一种完全(perfect)或准确(exact)的线性关系。而现在所说的多重共线性，除指上述提到的完全多重共线性(perfect multicollinearity)，也包括近似多重共线性(near multicollinearity)。为对上述两概念加以区别，我们以一组解释变量 X_1，X_2，…，X_n 为例。

如果存在一组不完全为零的常数 λ_1，λ_2，…，λ_n，满足 $\lambda_1 X_1 + \lambda_2 X_2 + \cdots + \lambda_n X_n = 0$，即任一变量都可以由其他变量的线性组合推出，则这组变量满足完全多重共线性。

若变量组 X_1，X_2，…，X_n 满足如下关系式：$\lambda_1 X_1 + \lambda_2 X_2 + \cdots + \lambda_n X_n + u = 0$，其中 u 表示随机误差项，即某一变量不仅取决于其他变量的线性组合，也取决于随机误差项，此时变量组之间存在非严格但近似的线性关系，解释变量之间高度相关，也即变量组存在近似多重共线性关系。

（二）多重共线性产生的原因

多重共线性问题在金融数据中是普遍存在的，不仅存在于时间序列数据中，也存在于横截面数据中。如前所述，金融学学科的特点决定了多重共线性的存在，另外数据收集、模型设定也可能产生多重共线性。具体而言，多重共线性产生的原因主要有以下几点：

1. 数据收集及计算方法

例如，若抽样限制在解释变量取值的一个有限范围内，由于提供的信息有限，造成某些自变量之间似乎存在相同或相反变化的假象。再者，利用样本数据回归模型之前，需对数据进行各种处理或交叉计算，也会使样本数据之间易产生多重共线性。

2. 模型或从中取样的总体受到限制

在金融系统中，各个金融变量是相互依存、相互制约的，因而在数据上就表现出一

---

① Frisch R. *Statistical Confluence Analysis by Means of Complete Regression Systems*[M]. Universitetets Økonomiske Instituut，1934.

② Ragnar Frisch 与 Jan Tinbergen 由于对动态模型的建立和应用的贡献，1969年获首届诺贝尔经济学奖。

种相关关系。另外，某些金融变量可能都受某同一决定因素的影响，因此它们之间会存在一种同向变化的趋势，从而产生多重共线性。例如，在我国，深交所股指和上交所股指共同受我国各种经济、政治因素的影响，两者的变化趋势几乎是完全一样的。因此若某回归模型的解释变量既包括深交所股指，又包括上交所股指，就会产生多重共线性问题。

3. 模型设定偏误

若回归模型中加入多项式项，当自变量的变动范围较窄时，就会容易产生多重共线性。

此外，在观测值个数较少，甚至小于解释变量个数时，也会产生多重共线性；时间序列数据中，若同时使用解释变量的当期值和滞后值，则由于当期值和滞后值之间往往高度相关，也容易产生多重共线性。

二、多重共线性的后果

多重共线性不会改变最小二乘估计的无偏性，但在解释变量之间存在严重的多重共线性而被忽略时，会对模型的估计、检验与预测产生严重的不良后果。以某一离差形式（即 $x_t = X_t - \bar{X}$）表示的二元线性回归模型 $y_i = \beta_1 x_{1i} + \beta_2 x_{2i} + v_i$ 为例。

（1）若存在完全多重共线性，假设存在关系 $x_{1i} = \lambda x_{2i}$，常数 $\lambda \neq 0$，则 β_1 的估计值：

$$\hat{\beta}_1 = \frac{\sum y_i x_{1i} \sum x_{2i}^2 - \sum x_{1i} x_{2i} \sum y_i x_{2i}}{\sum x_{1i}^2 \sum x_{2i}^2 - \left(\sum x_{1i} x_{2i}\right)^2} = \frac{\lambda \sum y_i x_{2i} \sum x_{2i}^2 - \lambda \sum y_i x_{2i} \sum x_{2i}^2}{\lambda^2 \left(\sum x_{2i}^2\right)^2 - \lambda^2 \left(\sum x_{2i}^2\right)^2} = \frac{0}{0} \tag{4.1}$$

同理，$\hat{\beta}_2$ 也是无法确定的，即不能求得参数估计值 $\hat{\beta}_1$ 和 $\hat{\beta}_2$。而对于参数估计值的方差，有：

$$\operatorname{var}(\hat{\beta}_1) = \frac{\sigma_v^2 \sum x_{2i}^2}{\sum x_{1i}^2 \sum x_{2i}^2 - \left(\sum x_{1i} x_{2i}\right)^2} = \frac{\sigma_v^2 \sum x_{2i}^2}{\lambda^2 \left(\sum x_{2i}^2\right)^2 - \lambda^2 \left(\sum x_{2i}^2\right)^2} = \infty \tag{4.2}$$

同理，$\hat{\beta}_2$ 的方差也是无限大的。因此，当存在完全多重共线性时，我们将不能求得参数估计值，参数估计值的方差无限大。

（2）若存在近似多重共线性，假定有 $x_{1i} = \lambda x_{2i} + v_i$，并且回归残差 v_i 满足 $\sum x_{2i} v_i = 0$，$\lambda \neq 0$。则有：

$$\hat{\beta}_1 = \frac{\sum y_i x_{1i} \sum x_{2i}^2 - \sum x_{1i} x_{2i} \sum y_i x_{2i}}{\sum x_{1i}^2 \sum x_{2i}^2 - \left(\sum x_{1i} x_{2i}\right)^2}$$
$$= \frac{\sum x_{2i}^2 \left[\sum (\lambda x_{2i} + v_i) y_i\right] - \sum y_i x_{2i} \left[\sum (\lambda x_{2i} + v_i) x_{2i}\right]}{\sum x_{2i}^2 \sum (\lambda x_{2i} + v_i)^2 - \left[\sum (\lambda x_{2i} + v_i) x_{2i}\right]^2}$$
$$= \frac{\sum y_i v_i}{\sum v_i^2} \tag{4.3}$$

即可以求得参数估计值 $\hat{\beta}_1$，但其数值取决于 v_i，而对于不同的样本残差变化较大，因而使得 $\hat{\beta}_1$ 的数值很不稳定。同理于 $\hat{\beta}_2$。对于参数估计值的方差，有：

$$\operatorname{var}(\hat{\beta}_1) = \frac{\sigma_v^2 \sum x_{2i}^2}{\sum x_{1i}^2 \sum x_{2i}^2 - \left(\sum x_{1i} x_{2i}\right)^2} = \frac{\sigma_v^2 \Big/ \sum x_{1i}^2}{1 - \gamma_{12}^2} \tag{4.4}$$

其中，γ_{12} 为 x_1，x_2 之间的相关系数。可见，$|\gamma_{12}|$的值越大，共线性程度越高，方差也就越大。同理于 $\hat{\beta}_2$。因此，当存在近似多重共线性时，尽管可以求得参数估计值，但它们是不稳定的，同时参数估计值的方差将变大，变大的程度取决于多重共线性的严重程度。

在实际金融数据中，完全多重共线性只是一种极端情况，各种解释变量之间存在的往往是近似多重共线性，因此通常所说多重共线性造成的后果是指近似多重共线性造成的后果。具体而言，它将造成以下后果：

(1) 回归方程参数估计值将变得不精确，因为较大的方差将会导致置信区间变宽。

(2) 由于参数估计值的标准差变大，t 值将缩小，使得 t 检验有可能得出错误的结论，从而不能确定哪些变量在模型中有重要作用，哪些变量的影响是不显著的，甚至有可能导致删除那些对因变量有重要解释作用的变量。

(3) 将无法区分单个变量对被解释变量的影响作用。同时，参数估计值也很不稳健，对模型设定的轻微修改，或对某一解释变量样本数据的轻微修改，都将会导致其他解释变量参数估计值和显著性水平发生较大的变化。

第二节　多重共线性的检验

如前所述，多重共线性普遍存在于金融、经济数据中，因此对多重共线性的检验并不是要确定其是否存在，而是要确定多重共线性的程度。同时，由于多重共线性是对被假定为非随机变量的解释变量的情况而言的，所以它是一种样本而非总体特征，这也决定了我们只能以某些经验法则（rules of thumb）来检验模型的多重共线性。对多重共线性的检验主要包括以下内容：(1) 检验多重共线性问题是否严重；(2) 多重共线性的存在范围，即确定多重共线性是由哪些主要变量引起的；(3) 多重共线性的表现形式，即找出与主要变量有共线性的解释变量。下面我们将针对检验内容分别介绍各种检验方法。

一、检验多重共线性问题是否严重

可以通过以下的经验法则来对多重共线性问题是否严重作出判断。

(1) 若回归模型的 R^2 值比较高（如 $R^2 > 0.8$），或 F 检验值显著，但单个解释变量系数估计值却不显著；或从金融理论知某个解释变量对因变量有重要影响，但其估计值却不显著，则可以认为存在严重的多重共线性问题。而严重程度可以应用泰伊（Theil）所提出的多重共线性效应系数来度量。

多重共线性效应系数等于 R^2 与每个回归自变量对解释能力的增量贡献和之差，即：

$$R^2 - \sum_{h=1}^{p}(R^2 - R_h^2) \tag{4.5}$$

其中，p 表示解释变量的个数，R_h^2 为因变量在去掉解释变量 X_h 后对其余 $p-1$ 个解释变量进行回归的 R^2 值。若该系数接近于 0，则可以认为多重共线性问题不严重；若接近于 1，则意味着多重共线性问题比较严重。

(2) 若两个解释变量之间的相关系数比较高，比如说大于 0.8，则可以认为存在严重的多重共线性。① 为综合探测所有解释变量间的多重共线性，可以考虑对解释变量两两之间相关系数组成的矩阵 R 的行列式建立假设：

$$H_0: det(R) = 1, \ H_1: det(R) \neq 1$$

对上述假设进行显著性检验，其检验统计量及其分布为：$FG = -\left[T - 1 - \frac{1}{6}(2P + 5)\right]\ln[det(R)]$，服从自由度为 $\frac{1}{2}P(P-1)$ 的 χ^2 分布，其中 T 为样本容量，P 为解释变量的个数。

---

① 需要注意的是，两个解释变量之间的相关系数高只是多重共线性问题严重的充分而非必要条件。因为有时虽然解释变量两两之间的相关系数低，但有可能在多个解释变量之间存在多重共线性。Hill et al (2001) 指出，两个变量之间的相关系数绝对值若大于 0.8，则两变量高度相关。共线性问题的存在会影响估计结果的质量。

二、判断多重共线性的存在范围

要确定多重共线性是由哪些主要变量引起的，可以采用辅助回归法(auxiliary regression method)。所谓辅助回归是指某一解释变量对其余解释变量的回归，区别于因变量对所有解释变量回归的主回归(main regression)。辅助回归法构造的检验统计量 F_i 定义如下：

$$F_i = \frac{R_i^2/(k-1)}{(1-R_i^2)/(n-k)}\text{，服从自由度为 } k-1 \text{ 与 } n-k \text{ 的 } F \text{ 分布}$$

其中，$R_i^2(i=1, 2, \cdots, k)$ 为第 i 个解释变量 X_i 关于其余解释变量的辅助回归的拟合优度，k 为解释变量的个数，n 代表样本容量。若 F_i 大于临界 F 值，则可以认为 X_i 与其他解释变量之间存在共线性，即可以认为 X_i 是引起多重共线性的原因；否则，说明 X_i 与其他解释变量之间不存在共线性。

除了检验所有辅助的 R_i^2 值，也可以采用克里安的经验法则(Klien's rule of thumb)：当某一辅助回归的 R_i^2 值大于主回归中的R^2 值时，可以认为 X_i 与其他变量之间存在多重共线性。

三、检验多重共线性的表现形式

当确定多重共线性是由哪些主要变量引起后，若要找出与主要变量有共线性的解释变量，即确定多重共线性的表现形式，可采用偏相关系数法。解释变量 X_i 与 X_j 的偏相关系数即是在其他解释变量固定的情况下它们之间的相关系数。① 偏相关系数法构造的检验统计量 t_i 定义如下：

$$t_i = \sqrt{n-k-1}\,\frac{\rho_{ij}}{\sqrt{1-\rho_{ij}^2}}\text{，服从自由度为 } n-k-1 \text{ 的 } t \text{ 分布}$$

其中，n 为样本容量，k 为解释变量的个数，ρ_{ij} 为 X_i 与 X_j 的偏相关系数。若 t_i 显著不为零，则认为 X_i、X_j 是引起多重共线性的原因，否则就不是。

以上介绍的是检验多重共线性的几种方法。需要注意的是，所有的检验方法都是一种经验法则，即我们无法知道某一方法在某次特定检验中是否一定灵验，而任何一种检验多重共线性的方法也都存在这样或那样的缺陷。因此，迄今为止，没有任何一种检验方法能够得到人们的普遍认可。

---

① 有关偏相关系数的定义及计算，可参阅相关的统计学教材。

第三节 多重共线性的修正

如前所述,多重共线性在金融数据中是普遍存在的,是否对多重共线性采取修正措施取决于多重共线性的严重程度。若多重共线性程度较轻微,并不严重影响系数估计值(符号正确,t 值显著),则可以忽略多重共线性问题。若多重共线性对重要因素的系数估计值有严重的影响,则必须进行补救。而采取何种补救措施,则取决于多重共线性因素的重要性、其他数据来源的可用性、所估计模型的目的以及其他需要考虑的事项。以下将介绍几种补救措施。

一、删除不必要的变量

如果在产生多重共线性的因素中有相对不重要的变量,则可试着将其删除,这是解决多重共线性最简单的方法,但删除变量也可能会导致新问题的产生。

(1) 被删除变量对因变量的影响将被其他解释变量和随机误差项所吸收,这可能在一方面解决了一部分变量的多重共线性问题,但另一方面却又同时增强了另一部分变量的多重共线性问题,而且还可能使随机误差项的自相关程度增强。

(2) 删除某个变量可能会导致模型设定误差(specification error)。所谓模型设定误差,指的是在建立回归模型的过程中,因为错误设定模型结构而产生的误差。[①] 错误的删除解释变量将会导致最小二乘估计值是有偏的。

可见,采用删除变量法来修正多重共线性是一把双刃剑,在解决问题的同时,可能会引入新的问题,因此在应用时须谨慎。

二、改变解释变量的形式

当回归模型只是用于预测,或所研究的问题并不需要分析每个自变量对因变量的影响时,可以根据金融理论或实际经验对解释变量进行变换。

(一) 差分法

对于时间序列数据而言,若原始变量存在严重的多重共线性,则可以考虑对变量取差分形式,可在一定程度上降低多重共线性的程度。例如,对于模型

$$Y_t = \alpha_0 + \alpha_1 X_{1t} + \alpha_2 X_{2t} + u_t$$

若 X_{1t} 和 X_{2t} 有强相关性,为估计参数,则可把变量变换为差分形式:

$$\Delta Y_t = \alpha_0 + \alpha_1 \Delta X_{1t} + \alpha_2 \Delta X_{2t} + \Delta u_t$$

① 广义的模型设定误差还包括由于不正确的基本假定而产生的误差。

其中，$\Delta Y_t = Y_t - Y_{t-1}$，$\Delta X_{it} = X_{it} - X_{i,t-1}(i=1, 2)$，$\Delta u_t = u_t - u_{t-1}$，由于差分以后的数据相关性一般会明显降低，所以可以在一定程度上消灭多重共线性。

需要注意的是，差分法可能会导致自相关问题，而且求差分的过程会损失观测值和丧失自由度。

（二）指数增长率方法

在实际应用中，尤其是对于一些指数变量，采用指数增长率方法可能会有较好的效果。例如研究三种指数 p_1，p_2，p_3 关系时，采用如下模型：

$$p_{1t} = \beta_1 + \beta_2 p_{2t} + \beta_3 p_{3t} + v_t$$

往往会碰到多重共线性问题，但若采用如下形式：

$$\dot{p}_{1t} = \beta_1 + \beta_2 \dot{p}_{2t} + \beta_3 \dot{p}_{3t} + v_t$$

其中，$\dot{p}_{it} = \dfrac{(p_{it} - p_{i,t-1})}{p_{i,t-1}} = \ln\left(\dfrac{p_{it}}{p_{i,t-1}}\right) = \ln(p_{it}) - \ln(p_{i,t-1})$，它表示 p_{it} 的增长率，这种变换可在一定程度上消除多重共线性。

（三）以比率代替高度相关的变量

若模型中存在高度相关的变量，在不违反金融理论的前提下，可以求得两者之间的比率，并以此比率代替相应变量出现在模型中。例如，对于模型

$$Y_t = \alpha_0 + \alpha_1 X_{1t} + \alpha_2 X_{2t} + \alpha_3 X_{3t} + u_t$$

若 X_{2t} 与 X_{3t} 之间高度相关，且模型的目的是用于预测，则可令 $R_t = \dfrac{X_{2t}}{X_{3t}}$，并将其代替 X_{2t}，X_{3t} 出现在模型中：

$$Y_t = \beta_0 + \beta_1 X_{1t} + \beta_2 R_t + v_t$$

可在一定程度上消除多重共线性。

此外，当模型中有较多解释变量的滞后值，并存在严重多重共线性时，可以考虑用被解释变量的滞后值代替解释变量的滞后值；以人均形式的变量代替总体变量，在某些状况下也可以在一定程度上降低多重共线性的程度。

三、补充新数据

由于多重共线性是一样本特征，故有可能在关于同样变量的另一样本中共线性没有第一个样本那么严重。Christ 认为：解释变量之间的相关程度与样本容量成反比，即样本容量越小，相关程度越高；样本容量越大，相关程度越小。① 因此，收集更多观测值，增加样本容量，就可以避免或减轻多重共线性的危害。

---

① Christ C F. *Econometric Models and Methods*[M]. John Wiley & Sons, 1996.

四、利用先验信息法

这里的先验信息，包括从金融理论以及实际统计资料所获得的解释变量或所估计参数之间的关系。若发生多重共线性的那些解释变量之间的关系可由先验信息得到，则在所研究的模型中利用这种关系，便可以减轻多重共线性的程度。例如，对于存在严重多重共线性的模型

$$Y_t = \beta_0 + \beta_1 X_{1t} + \beta_2 X_{2t} + v_t$$

若由先验信息得到 Y 对 X_1 的变化率是 Y 对 X_2 变化率的两倍，即 $\beta_1 = 2\beta_2$，则原模型可以变换为：

$$Y_t = \beta_0 + 2\beta_2 X_{1t} + \beta_2 X_{2t} + v_t = \alpha_0 + \alpha_1 X_t + u_t$$

其中，$X_t = 2X_{1t} + X_{2t}$，则原模型的多重共线性即可以消除。

第四节　金融数据的多重共线性处理
——对影响股票价格指数宏观经济因素的实证分析①

理论上，股票代表着对公司未来现金流的所有权，因此公司未来的收益以及利息是股票价格的决定因素。而宏观经济形势能够影响公司未来的收益，进而对股票价格产生影响。同时宏观经济形势也能够通过其他的一些渠道直接对股票价格产生影响。因此，在本文中，我们将以整个股票市场为研究对象，来考虑影响股票价格指数的宏观经济因素及其影响程度。我们将采取从一般到特别的建模方式，即首先在模型中包含尽可能多的变量，然后通过各种检验逐步剔除对因变量没有解释能力的变量。

首先，我们选择上证综指（以 Y 表示）作为股票价格指数的代表。之所以选择上证综指，是因为深圳证券市场股票价格指数与上海证券市场价格指数存在很强的相关性，同时上证综指具有广泛的代表性。对于影响股票价格指数的宏观经济因素，初步选定如下的 11 个宏观变量：居民消费物价指数（X_1）、商品零售物价指数（X_2）、企业商品价格指数（X_3）、工业增加值（X_4）、固定资产投资（X_5）、社会消费品零售总额（X_6）、股市成交量（X_7）、外汇市场交易量（X_8）、汇率（X_9）、货币供应量 M1（X_{10}）、进出口额（X_{11}）。其中前三个价格指数从不同侧面反映了我国的市场环境，而 X_4、X_5、X_6、X_{11} 则从不同侧面反映了整体经济状况，X_8、X_9、X_{10} 反映了我国金融环境的影

---

① 本例题数据可在上海财经大学出版社网站（http://www.sufep.com）下载，Excel 格式的文件名为 EX4.1.xls；EViews 生成的 wf1 格式的文件名为 EX4.1.wf1。

响，股市成交量(X_7)从一个侧面反映了股市状况。我们采用的数据是从 2000 年 1 月—2004 年 9 月的月度数据，对于价格指数变量以及汇率，我们以原变量形式进入模型，而对于其他变量，我们取其对数形式进入模型。在对数据调整后，我们建立如下的模型：

$$\begin{aligned}\ln Y_t = &\alpha_0 + \alpha_1 X_{1t} + \alpha_2 X_{2t} + \alpha_3 X_{3t} + \alpha_4 \ln X_{4t} + \alpha_5 \ln X_{5t} + \alpha_6 \ln X_{6t} \\ &+ \alpha_7 \ln X_{7t} + \alpha_8 \ln X_{8t} + \alpha_9 \ln X_{9t} + \alpha_{10} \ln X_{10t} + \alpha_{11} \ln X_{11t} + u_t \qquad (4.6)\end{aligned}$$

利用普通最小二乘法回归方程，得到如下的结果：

$$\begin{aligned}\ln Y_t = &619.88 - 0.062X_{1t} + 0.006X_{2t} + 0.053X_{3t} + 0.078\ln X_{4t} + 0.067\ln X_{5t} \\ &(2.79) \quad (-1.85^*) \quad (0.23) \quad (3.57^*) \quad (0.32) \quad (0.95) \\ &- 0.357\ln X_{6t} + 0.061\ln X_{7t} - 0.001\ln X_{8t} - 72.596X_{9t} - 0.789\ln X_{10t} \\ &(-1.99^*) \quad (2.27^*) \quad (-0.01) \quad (-2.72^*) \quad (-2.49^*) \\ &- 0.186\ln X_{11t} \\ &(-0.88)\end{aligned}$$

其中，括号内表示的是 t 值(下同)，∗ 表示在 10%的显著性水平上显著，模型的 $R^2 = 0.79$，$\bar{R}^2 = 0.73$。去掉不显著的变量，对模型重新回归得到：

$$\begin{aligned}\ln Y_t = &739.37 - 0.055X_{1t} + 0.05X_{3t} - 0.257\ln X_{6t} + 0.056\ln X_{7t} - 86.951X_{9t} - 0.91\ln X_{10t} \\ &(4.08) \quad (-2.37) \quad (3.61) \quad (-1.95) \quad (2.24) \quad (-4.00) \quad (-5.90)\end{aligned}$$

在 10%的显著性水平下，变量系数估计值的 t 值都是显著的，模型的 $R^2 = 0.78$，$\bar{R}^2 = 0.75$，总体上看模型是不错的。尽管估计值的 t 值是显著的，我们仍来检验该模型解释变量之间是否存在多重共线性，因为若两个变量之间高度相关并且符号相反，它们的作用就会相互抵消，从而有可能两个变量都是显著的。首先，根据 R^2 和 t 值，我们无法发现多重共线性，因此我们将利用变量之间的相关系数来判断。在 EViews 软件中，要获得检验解释变量两两之间的相关系数矩阵是很容易的，我们只需在命令窗口中键入"COR"命令以及相应的解释变量。在此例中，我们只需键入："COR　X1 X3　X6　X7　X9　X10"，就会出现包含相关系数矩阵的窗口(如图 4－1所示)。

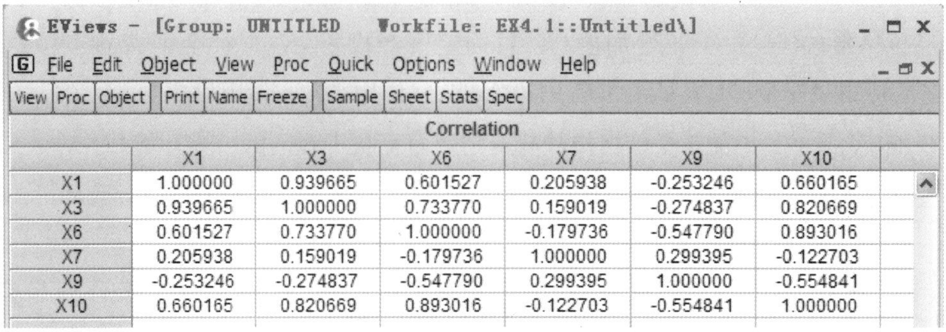

	X1	X3	X6	X7	X9	X10
X1	1.000000	0.939665	0.601527	0.205938	-0.253246	0.660165
X3	0.939665	1.000000	0.733770	0.159019	-0.274837	0.820669
X6	0.601527	0.733770	1.000000	-0.179736	-0.547790	0.893016
X7	0.205938	0.159019	-0.179736	1.000000	0.299395	-0.122703
X9	-0.253246	-0.274837	-0.547790	0.299395	1.000000	-0.554841
X10	0.660165	0.820669	0.893016	-0.122703	-0.554841	1.000000

图 4－1　相关系数矩阵

可以看到，X_1 和 X_3 之间、X_6 和 X_{10} 之间的相关系数很高，因此可以认为它们之间分别存在共线性。为消除多重共线性，我们采取删除变量法。

首先，由于 X_1、X_3 在回归方程中的系数相反，且两者高度相关，因此我们首先考虑删除两者中的一个。分别删除 X_1、X_3 再进行回归，得到的结果如表 4－1 和表 4－2所示。

表 4－1　删除 X_1 后的回归结果

Variable	Coefficient	Std. Error	t-Statistic	Prob.
C	472.0268	143.6294	3.286422	0.0018
X3	0.026686	0.004903	5.442337	0.0000
X7	2.61E-05	1.16E-05	2.249182	0.0288
X6	-6.29E-05	3.56E-05	-1.769266	0.0828
X9	-56.33653	17.36381	-3.244480	0.0021
X10	-1.27E-05	1.90E-06	-6.696440	0.0000

R-squared	0.786398	Mean dependent var	7.419631
Adjusted R-squared	0.765456	S.D. dependent var	0.142989
S.E. of regression	0.069249	Akaike info criterion	-2.402914
Sum squared resid	0.244567	Schwarz criterion	-2.187856
Log likelihood	74.48306	Hannan-Quinn criter.	-2.319335
F-statistic	37.55233	Durbin-Watson stat	0.822376
Prob(F-statistic)	0.000000		

表 4－2　删除 X_3 后的回归结果

Variable	Coefficient	Std. Error	t-Statistic	Prob.
C	286.5594	152.3014	1.881528	0.0656
X1	0.033172	0.008677	3.823161	0.0004
X7	3.43E-05	1.26E-05	2.711440	0.0091
X6	-5.66E-05	3.94E-05	-1.437626	0.1566
X9	-34.04377	18.40539	-1.849663	0.0702
X10	-8.82E-06	1.78E-06	-4.942635	0.0000

R-squared	0.737560	Mean dependent var	7.419631
Adjusted R-squared	0.711831	S.D. dependent var	0.142989
S.E. of regression	0.076758	Akaike info criterion	-2.197008
Sum squared resid	0.300484	Schwarz criterion	-1.981950
Log likelihood	68.61472	Hannan-Quinn criter.	-2.113429
F-statistic	28.66605	Durbin-Watson stat	0.656004
Prob(F-statistic)	0.000000		

可以看到，删除 X_3 比删除 X_1 对回归方程拟合优度造成的下降要大，同时，删除 X_3 会造成有些解释变量变得不显著，因此，我们将保留 X_3 而删除 X_1。

再考虑 X_6 和 X_{10}，分别删除 X_6、X_{10} 后进行回归，得到的结果如表 4－3 和表 4－4所示。

表 4－3 删除 X_6 后的回归结果

Variable	Coefficient	Std. Error	t-Statistic	Prob.
C	629.3288	159.2162	3.952668	0.0002
X1	-0.052397	0.021421	-2.446049	0.0179
X7	2.77E-05	1.12E-05	2.474653	0.0167
X3	0.056304	0.013407	4.199540	0.0001
X9	-75.04684	19.18685	-3.911367	0.0003
X10	-1.82E-05	2.05E-06	-8.869136	0.0000

R-squared	0.797092	Mean dependent var	7.419631
Adjusted R-squared	0.777199	S.D. dependent var	0.142989
S.E. of regression	0.067493	Akaike info criterion	-2.454276
Sum squared resid	0.232323	Schwarz criterion	-2.239218
Log likelihood	75.94686	Hannan-Quinn criter.	-2.370697
F-statistic	40.06904	Durbin-Watson stat	0.975677
Prob(F-statistic)	0.000000		

可以看到，删除 X_{10} 比删除 X_6 对模型造成的拟合优度的下降程度要大，并且删除 X_{10} 将会导致大部分解释变量不显著，因此，我们将保留 X_{10} 而删除 X_6。因此，最后得到的模型是：

$$\ln Y_t = 463.39 + 0.018 X_{3t} + 0.066 \ln X_{7t} - 54.252 X_{9t} - 0.830 \ln X_{10t} \quad (4.7)$$

我们之所以在原回归方程系数估计值都显著的情况下仍进行多重共线性检验，并删除一些变量，是因为在金融计量学中，在保证模型一定解释能力的情况下，尽可能地使模型简洁，是我们应该始终坚持的一个原则。在这个例子中，我们仅考虑了对模型解释变量的多重共线性检验，而在实际建模以及估计过程中，还应该考虑模型的自相关性、异方差性等的检验。

表 4-4 删除 X_{10} 后的回归结果

Variable	Coefficient	Std. Error	t-Statistic	Prob.
C	73.42986	186.4978	0.393730	0.6954
X1	0.037897	0.023361	1.622247	0.1109
X7	3.68E-05	1.54E-05	2.392416	0.0205
X3	-0.011506	0.012409	-0.927221	0.3582
X9	-8.231635	22.49582	-0.365918	0.7159
X6	-0.000177	4.18E-05	-4.233654	0.0001

R-squared	0.618283	Mean dependent var	7.419631
Adjusted R-squared	0.580860	S.D. dependent var	0.142989
S.E. of regression	0.092572	Akaike info criterion	-1.822350
Sum squared resid	0.437052	Schwarz criterion	-1.607292
Log likelihood	57.93698	Hannan-Quinn criter.	-1.738771
F-statistic	16.52137	Durbin-Watson stat	0.510756
Prob(F-statistic)	0.000000		

第五节 虚拟变量模型

在本章余下的四节中，我们将讨论虚拟变量在回归分析中的应用。虚拟变量既可以作为解释变量出现在模型中，也可以作为因变量出现在模型中，我们统称这类含虚拟变量的经济计量模型为虚拟变量模型。本书将只讨论虚拟变量作为解释变量的模型及其应用。

一、虚拟变量的性质和设置原则

（一）虚拟变量的性质

在金融计量学中，所考虑的变量除了可以直接度量的数量变量（如价格、收益、收入等）之外，还有实质上是定性性质的变量，如性别、国家、战争及政府经济政策的变动等。这类定性变量常指某一性质、属性出现或不出现，例如男性或女性、中国人或外国人、战争期间或非战争期间等。由于其不能直接度量，为研究方便，可构造一个变量，令其取值为 1 或 0。取值为 0 时表示某一性质出现（不出现），取值为 1 时表示某性质不出现（出现），该变量即为虚拟变量（dummy variables），也称指标变量（indicator variables)、二值变量(binary variables)、定性变量(qualitative variables)或二分变量(dichotomous variables),通常我们记为 D。一般来说,在虚拟变量的设置中,基础类型、否定类型取值为 0,称为基底(base)类、基准(benchmark)类或参考(reference)类;而比较类型、肯定类型取值 1,下面是虚拟变量的一些例子。

$$D_1=\begin{cases}1,\text{男性}\\0,\text{女性}\end{cases}\quad D_2=\begin{cases}1,\text{吸烟}\\0,\text{不吸烟}\end{cases}\quad D_3=\begin{cases}1,\text{战争时期}\\0,\text{非战争时期}\end{cases}$$

虚拟变量和定量变量在回归模型中的应用是一样的。若一个模型中的解释变量全部都是虚拟变量,则此模型称为方差分析模型(analysis of variance model);若解释变量中既有定量变量,又有虚拟变量,则该线性回归模型称为协方差分析模型(analysis of covariance model)。下面通过一个例子来说明虚拟变量的引入及意义。

例 4-1 目前,在我国上市公司中,个人做第一大股东的现象还非常少,主要是国家或法人作为公司的第一大股东。而国家作为第一大股东与法人相比,除了公司业绩,还有其他考虑,例如就业、形象工程、负责人升迁、上缴利税等,这些目标都或多或少地有悖于公司利润最大化的目标。另外,国家控股的公司由国家选择代理人,而这些代理人往往是行政人员,没有经营管理的特长,进一步制约了上市公司绩效的发挥。因此,总体而言,国家作为第一大股东的上市公司的绩效要低于法人做第一大股东的上市公司的绩效。为验证上述结论,我们建立如下的模型:

$$R_i=\alpha+\beta D_i+u_i$$

其中,R_i 为每股收益,用于代表公司绩效。D_i 的定义方式如下:

$$D_i=\begin{cases}1,\text{国家是公司 } i \text{ 的第一大股东}\\0,\text{法人是公司 } i \text{ 的第一大股东}\end{cases}$$

在假定其他影响公司绩效的因素不变的情况下,该模型将有助于我们验证上述结论。由模型可以得到:国家为第一大股东公司的平均每股收益 $E(R_i \mid D_i=1)=\alpha+\beta$,法人为第一大股东公司的平均每股收益 $E(R_i \mid D_i=0)=\alpha$。

可以看出,截距项 α 代表的是法人是第一大股东公司的平均每股收益,而系数 β 则代表了国家、法人分别为公司第一大股东时平均每股收益的差距。要验证结论,只需看 β 估计值的符号及其在统计上是否显著。若 β 估计值为负,且根据 t 检验是显著的,则前面的结论是正确的。有兴趣的同学可收集上市公司相关数据予以检验。

(二) 虚拟变量的设置原则

许多金融现象表明,金融数据特别是时间序列数据常因某些非正常因素(如战争、自然灾害等)而产生较大的波动,这种波动使得被解释变量与解释变量之间的数量依存关系在某一期或几期内同其他各期相比具有显著的差异。这种差异表现为描述变量之间关系的回归线(面)在不同时期内或截距项移动,或斜率移动,或截距项和斜率同时移动。相应的,为表述这种移动,虚拟变量的引入方式也有如下三种:

(1) 加法方式。虚拟变量 D 作为回归中的一次项,与其他解释变量呈相加的关系。这种方式常用来改变线性回归方程的截距项。如在回归方程 $Y_t = \alpha_0 + \alpha_1 X_t + \alpha_2 D_t + \varepsilon_t$ 中,虚拟变量 D_t 即以加法方式引入。

(2) 乘法方式。虚拟变量 D 与数量变量相乘,呈相乘关系,作为一个回归项。这种方式常用来改变线性回归模型的"斜率项"。如在回归方程 $Y_t = \alpha_0 + (\alpha_1 + \alpha_{11} D_t) X_t + \varepsilon_t$ 中,虚拟变量 D_t 即以乘法方式引入。

(3) 同时以加法方式及乘法方式引入,用以同时改变线性回归方程的截距项和斜率项。如在回归方程 $Y_t = \alpha_0 + (\alpha_1 + \alpha_{11} D_{1t}) X_t + \alpha_2 D_{2t} + \varepsilon_t$ 中,虚拟变量即同时以加法方式及乘法方式引入。

在同一个模型中,可以引入多个虚拟变量,但其设置必须遵循如下的原则:如果一个定性变量有 m 个类别,则仅要引入 $m-1$ 个虚拟变量。如若不然,对于 m 个属性类别我们引入 m 个虚拟变量 $D_i (i=1, 2, \cdots, m)$,并定义

$$D_i = \begin{cases} 1, \text{若具有第 } i \text{ 种属性} \\ 0, \text{若不具有第 } i \text{ 种属性} \end{cases}$$

则必有 $D_1 + D_2 + \cdots + D_m = 1$,即解释变量之间存在完全多重共线性,使参数估计值不能唯一确定,此即所谓的"虚拟变量陷阱"(dummy variable trap)。① 而按照前面所述的原则引入虚拟变量,则可避免这个陷阱。例如对于男性和女性两个类别,我们只需引入一个虚拟变量;而对于助教、讲师、副教授、教授四个类别,我们引入三个虚拟变量就已足够。

二、虚拟变量模型的运用

虚拟变量模型在金融计量学中得到广泛的应用,它通常用在如下几个方面:测量截距或斜率的变动;调整季节波动;在分段线性回归中的应用;在对平行数据进行混合回归中的应用。除虚拟变量模型在测量截距或斜率变动中的运用我们将在第七节介绍外,下面我们将对虚拟变量模型的其他用途分别予以介绍。

---

① 实际上在去掉截距项的前提下,我们也可以引入 m 个虚拟变量而不至于陷入虚拟变量陷阱。但那样做会改变系数的意义,也不能满足通常情况下我们希望与同一参考类相比的愿望,R^2 也将变得毫无意义,因而我们不提倡这种做法。

（一）虚拟变量模型在调整季节波动中的应用

许多按月度或季度数据表示的金融时间序列，常呈现出季节变化的规律性，如公司销售额、通货膨胀率、节假日储蓄额等。在研究中，有时需要消除季节性因素的影响，即需要进行季节调整（seasonal adjustment）。进行季节调整有多种方法，而利用虚拟变量进行季节调整是较为简单的一种，下面利用一个例子来说明具体步骤。

例 4－2　设可用如下模型对以季度数据表示的通货膨胀率进行回归：

$$R_t = \beta_0 + \beta_1 X_{1t} + \beta_2 X_{2t} + \cdots + \beta_p X_{pt} + u_t \tag{4.8}$$

其中，R_t 表示通货膨胀率，X_1，X_2，…，X_p 表示影响通货膨胀率的因素。利用虚拟变量模型进行季节调整，步骤如下。

首先，为研究四个季度对 R_t 的影响，我们需要引入三个虚拟变量，若以第一季度为基准季节，可设为：

$$D_i = \begin{cases} 1, \text{对第 } i+1 \text{ 个季度} \\ 0, \text{对其他季度} \end{cases}, i = 1,\ 2,\ 3$$

则模型变为：

$$R_t = \beta_0 + \alpha_1 D_1 + \alpha_2 D_2 + \alpha_3 D_3 + \beta_1 X_{1t} + \beta_2 X_{2t} + \cdots + \beta_p X_{pt} + u_t$$

其中，α_1，α_2，α_3 分别体现了第二、三、四季度相对于第一季度对 R_t 的影响。

其次，利用最小二乘法回归模型，得到 α_1，α_2，α_3 的估计值 $\hat{\alpha}_1$，$\hat{\alpha}_2$，$\hat{\alpha}_3$。根据 t 检验，若 $\hat{\alpha}_1$，$\hat{\alpha}_2$，$\hat{\alpha}_3$ 显著，则表明季节因素对 R_t 有影响，此时需要进行季节调整；若不显著，则表明季节因素对 R_t 影响不显著，此时不需要进行季节调整。

再次，当需要进行季节调整时，将第二、三、四季度的数据分别减去 $\hat{\alpha}_1$，$\hat{\alpha}_2$，$\hat{\alpha}_3$ 的数值，即为季节调整后的数据。

（二）虚拟变量模型在分段线性回归中的应用

在金融理论中，常常会出现一种情况：当某影响因素越过某一临界值，或时间过了某一临界点之后，因变量对影响因素的变化率将发生变化，在图形中就表现为斜率不同的两段连续折线。图 4－2 表示的是有两个转折点的理论模型的图形。

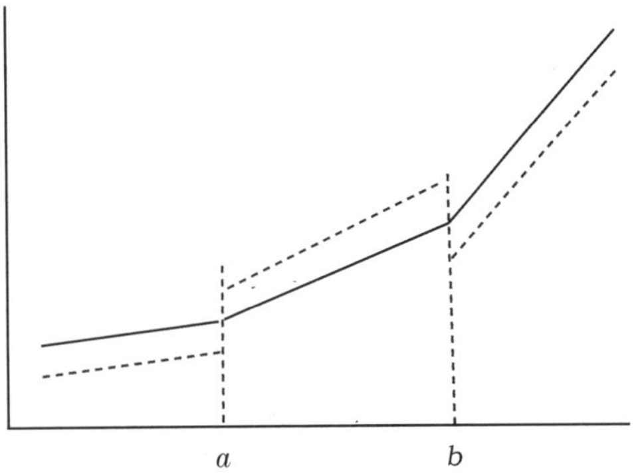

图 4－2　有两个转折点的连续折线

对构成折线的数据的回归即为分段线性回归。看到图形，在联想到回归方法时，我们的第一反应可能就是将样本以 a

和 b 为分界点分为三个子样本，然后分别进行回归。但这样做可能导致在分界点处两边因变量取值不相等，与理论图形不一致。而利用虚拟变量模型进行分段线性回归可有效地解决这个问题，下面以一个例子说明。

例 4-3　假设因变量 Y_t 仅受唯一解释变量 X_t 的影响。但存在某一时间临界点 t^*，当 $t \geqslant t^*$ 时，因变量 Y_t 对 X_t 的变化率将发生变化。利用虚拟变量，我们可以建立如下的回归模型：

$$Y_t = \alpha_0 + \alpha_1 X_t + \alpha_2 (X_t - X_t^*) D_t + \varepsilon_t$$

其中，$D_t = \begin{cases} 1, & t \geqslant t^* \\ 0, & t < t^* \end{cases}$，即结构发生转折时间前 D_t 为 0，此时有 $\mathrm{E}(Y_t) = \alpha_0 + \alpha_1 X_t$；而结构发生转折时间后 D_t 为 1，此时有 $\mathrm{E}(Y_t) = (\alpha_0 - \alpha_2 X_t^*) + (\alpha_1 + \alpha_2) X_t$。需要注意的是，在时刻 t^*，无论是 D_t 为 0 还是 1，$\mathrm{E}(Y_t^*) = \alpha_0 + \alpha_1 X_t$，说明在 t^* 时刻，模型结构是一致的，与理论相符。对上述模型应用普通最小二乘法，即可求得系数估计值，从而实现对分段线性回归模型的估计。

（三）利用虚拟变量模型对平行数据进行混合回归

在前面章节中已经提到，所谓平行数据是时间序列与横截面数据的有机结合，是指多个个体同样变量的时间序列数据按照一定顺序排列得到的数据集合。下面以一个例子来说明如何利用虚拟变量模型对平行数据进行混合回归。

例 4-4　假定要研究某一类型上市公司资本结构与影响因素之间的关系，我们以总负债率（以 Y 表示）代表资本结构，其影响因素假设只有股权结构（以 X_1 表示）、公司治理结构（以 X_2 表示）、成长性（以 X_3 表示）三个因素。① 遗憾的是，假设这一类型的上市公司只有两家，而每家也只有 1991—2004 年共 14 年的年度数据。很明显，对每一年利用横截面数据回归是不能的（观测值个数小于待估参数的个数），而对每家公司利用时间序列数据回归，尽管可以得到系数估计值，但实际上由于两家公司类型相同，可能受某些相同因素的影响，所以两方程的随机误差项可能是同期相关的，对每个方程分别应用普通最小二乘回归是不合适的。在此情况下，我们可以利用虚拟变量模型对时间序列和横截面数据的混合数据作出回归。建立如下模型：

$$Y_t = \alpha_0 + \alpha_1 X_{1t} + \alpha_2 X_{2t} + \alpha_3 X_{3t} + \beta_0 D_t + \beta_1 D_t X_{1t} + \beta_2 D_t X_{2t} + \beta_3 D_t X_{3t} + u_t \tag{4.9}$$

---

① 本例旨在说明虚拟变量模型的应用，实际研究中影响资本结构的因素要远多于三个，有兴趣的同学可以参阅相关文献。

其中，$D_t=\begin{cases}1,公司乙\\0,公司甲\end{cases}$。

对上述模型应用普通最小二乘法进行回归，即可以得到系数估计值。对于 F 检验，$\hat{\beta}_0=\hat{\beta}_1=\hat{\beta}_2=\hat{\beta}_3=0$，若不能拒绝该假设，则说明甲、乙两公司的回归模型没有显著差别，可以合并；若拒绝上述假设的同时，对于假设 $\hat{\beta}_i=0$ $(i=0,\ 1,\ 2,\ 3)$ 不能够拒绝，则说明甲、乙两公司 Y_t 对变量 X_i 的变化率是没有显著差别的，因此 $\beta_i D_t X_{it}$ 项可以去掉。可见，通过应用虚拟变量模型，相当于把不同属性类型的样本合并，即相当于扩大样本容量，同时也提高了估计精度，能够提供更有效的估计、推断与预测。

第六节　回归模型的结构稳定性检验——邹氏检验

在金融模型中，各变量相互之间的关系有时会因某些外部冲击或自身性质的改变而发生结构性的变化。如果我们忽视了这一变化，仍然同时利用变化前后的数据进行回归分析，则模型的精确度就会大大降低，利用模型所做的估计、推断与预测也有可能得出错误的结论。因此，对回归模型进行结构稳定性检验是必要的，而邹氏检验[①](Chow's test)即为检验模型结构稳定性的一种较为简单的方法。下面我们将详细介绍邹氏检验的过程。

一、邹氏检验的过程

邹氏检验所依据的理论前提包括：在可能发生的结构变化前后，随机误差项具有相同的方差；随机误差项满足独立正态分布。在这些假定下，可按如下的步骤进行邹氏检验。

(1) 将数据以可能发生结构变化的点为界分为两部分。分别利用全部数据、两分样本对模型进行回归，并获得三次回归的残差平方和。

(2) 此时，对全部数据进行回归得到的模型是一个受约束的模型(假定模型在整段数据中不发生结构性变化，即假定系数估计值在整个样本期间是稳定的)，而对两分段数据的回归则是不受约束的模型(利用两个分样本分别得到的系数估计值可以是不同的)，因此对整段数据回归得到的残差平方和大于对两分样本进行回归得到的残差平方和之和，可建立如下的 F 检验：

---

① 邹氏检验是由美籍华人经济学家邹至庄教授(Gregory C. Chow)首创的一种回归模型的结构稳定性检验方法。详情参见 http://www. princeton,edu/～gchow。

$$F=\frac{[RSS-(RSS_1+RSS_2)]/k}{(RSS_1+RSS_2)/(T-2k)}$$

它服从 $F(k,\ T-2k)$，其中，RSS 表示对全部数据回归的残差平方和，RSS_1、RSS_2 表示对两分样本进行回归得到的残差平方和，T 为样本数，k 为所估计参数的个数(单个方程)。需要注意的是，分母的自由度之所以为 $T-2k$，是因为无约束方程分为两段，总共有 $2k$ 个参数。

(3) 查表求得在一定显著性水平下的 F 临界值。如果第二步计算出的 F 值大于临界 F 值，则拒绝模型结构稳定的假设；如果小于临界 F 值，则不能拒绝模型结构稳定性假设。

以上就是邹氏检验的过程，但在应用邹氏检验的过程中应注意以下几点：

(1) 必须满足前提假设条件。

(2) 邹氏检验仅仅告诉我们模型结构是否稳定，而不能告诉我们如果结构不稳定，到底是截距还是斜率抑或两者都发生了变化，在下一节中我们将引入虚拟变量来解决这个问题。

(3) 邹氏检验需要知道结构可能发生的时间点，如果不知道，则需要使用其他方法。

二、在 EViews 软件中如何进行邹氏检验①

上面所述邹氏检验的步骤看起来很复杂，但在 EViews 软件中，实际上可以方便地进行邹氏检验，一切的计算都由软件自动完成。下面我们通过一个例子说明如何在 EViews 中进行邹氏检验。

我们知道，货币政策往往根据宏观经济形势的变化而发生变化，这就会导致货币供应量等货币政策的中间目标可能在某个时间点发生结构性变化。例如，以我国为例，1995—1997 年货币政策的主要目标是抑制通货膨胀。而 1998 年后由于亚洲金融危机的冲击等，我国反而出现了通货紧缩，这时的货币政策也转变为“稳健的货币政策”，主要目标变为防止通货紧缩，刺激经济增长，因此货币供应量的增长在 1998 年可能会发生结构性的变化。为检验上述猜想，我们利用 1995 年第一季度到 2004 年第二季度的季度数据，以 M2 代表货币供应量，通过对 GDP 进行回归(因 GDP 增长相对稳定)，并选定 1998 年第二季度为可能发生结构变化的转折点来进行邹氏检验。具体步骤如下。

(1) 在 EViews 中对下面模型进行回归：

$$Y_t=\alpha+\beta X_t+u_t$$

---

① 本例题数据可在上海财经大学出版社网站(http://www.sufep.com)下载，Excel 格式的文件名为 EX4.2.xls；EViews 生成的 wf1 格式的文件名为 EX4.2.wf1。

其中，Y_t、X_t 分别表示广义货币供应量 M2 和 GDP。

数据调入后，选择“Quick”—“Estimate Equation”，出现如图 4-3 所示的菜单，在“Equation specification”中输入方程“y　c　x”，在 sample（样本期）中选择“1995：1　2004：2”（该处为默认值），点击右上角“OK”，出现如表 4-5 所示的结果。

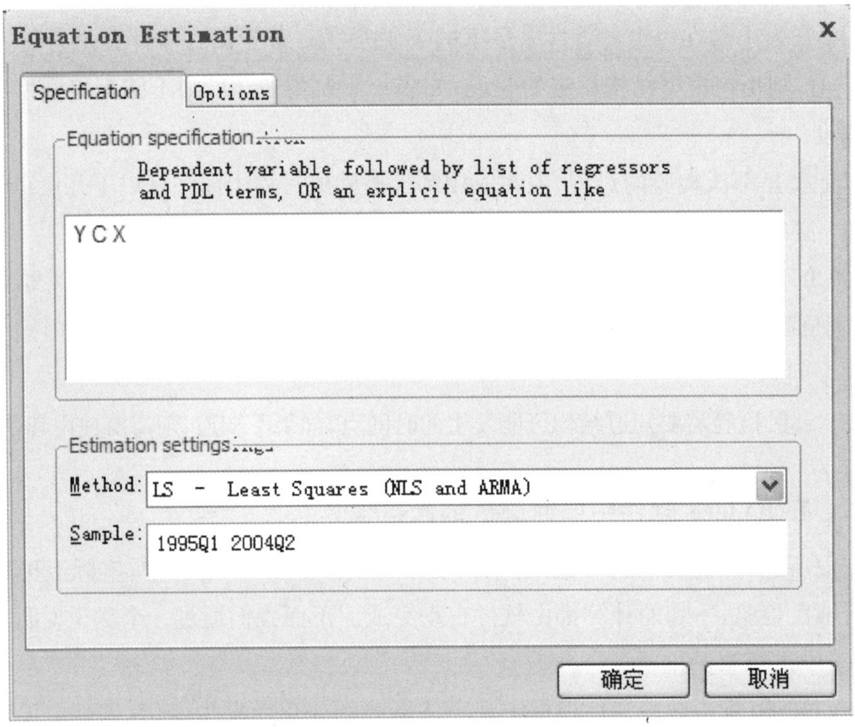

图 4-3　回归方程设定

表 4-5　回归结果

Dependent Variable: Y

Method: Least Squares

Date: 02/28/15　Time: 19:54

Sample: 1995Q1 2004Q2

Included observations: 38

Variable	Coefficient	Std. Error	t-Statistic	Prob.
C	-89120.50	11733.51	-7.595385	0.0000
X	9.668956	0.491700	19.66436	0.0000

（续表）

R-squared	0.914831	Mean dependent var	134656.1
Adjusted R-squared	0.912465	S.D. dependent var	59572.65
S.E. of regression	17625.38	Akaike info criterion	22.44326
Sum squared resid	1.12E+10	Schwarz criterion	22.52945
Log likelihood	-424.4220	Hannan-Quinn criter.	22.47393
F-statistic	386.6869	Durbin-Watson stat	2.044825
Prob(F-statistic)	0.000000		

（2）点击“View”—“Stability tests”—“Chow Breakpoint Test”（如图 4－4 所示），将会弹出一个窗口。

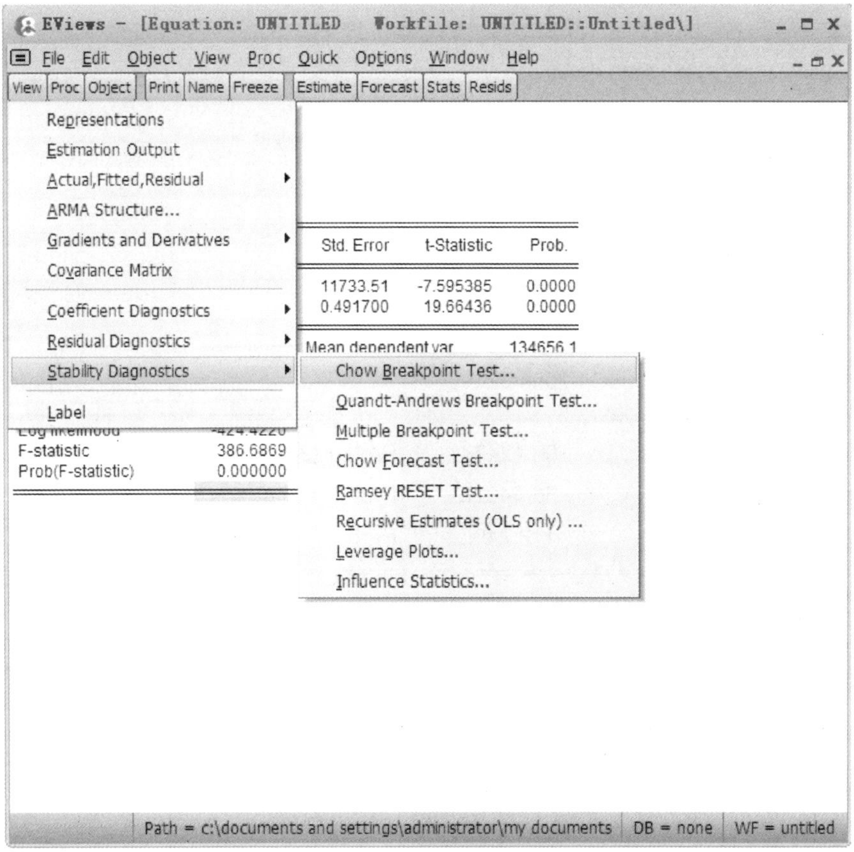

图 4－4　选择邹氏检验

（3）在弹出的窗口中输入预先选定确定的结构变化的转折点“1998：2”，点击“OK”（如图 4－5 所示），则出现如表 4－6 所示的结果。

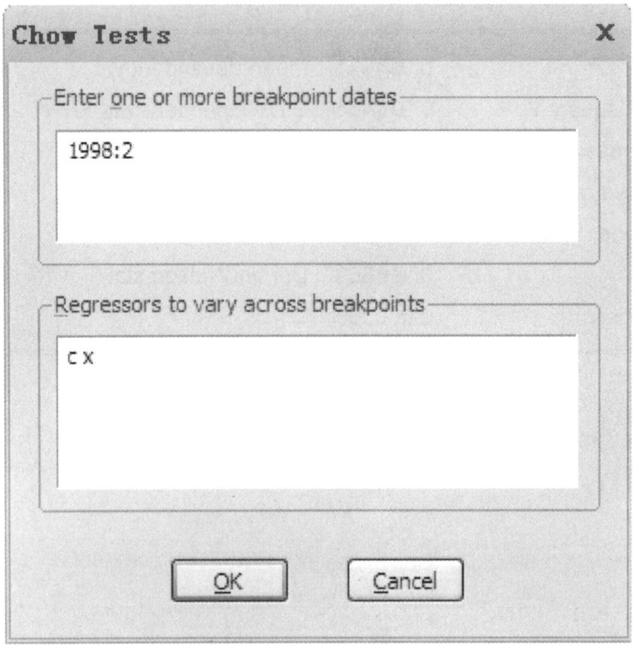

图 4-5 确定邹式检验转折点

表 4-6 邹氏检验结果

Chow Breakpoint Test: 1998Q2
Null Hypothesis: No breaks at specified breakpoints
Varying regressors: All equation variables
Equation Sample: 1995Q1 2004Q2

F-statistic	56.12474	Prob. F(2,34)	0.0000
Log likelihood ratio	55.44023	Prob. Chi-Square(2)	0.0000
Wald Statistic	112.2495	Prob. Chi-Square(2)	0.0000

EViews 已经自动计算出 F 统计量的值为 56.12，p 值为 0.000 0。因此，拒绝模型结构稳定的原假设，说明 1998 年第二季度货币供应量的增长的确发生了结构变化。

第七节 回归模型的结构稳定性检验——虚拟变量法

正如我们在前面所提到的，邹氏检验只能告诉我们结构是否发生变化，而不能告诉我们到底是截距还是斜率发生了变化，虚拟变量法则能有效地解决了这一问题。下面我们将通过一个例子来说明如何运用虚拟变量法对模型进行结构稳定性检验。

例 4-5 对于一元线性模型 $Y_t=\alpha_0+\alpha_1X_t+u_t$，假定在时刻 t^*，由于外部事件的冲击，我们怀疑模型的结构可能发生了变化。为验证这一观点，我们可以建立如下的虚拟变量模型：

$$Y_t=\alpha_0+\beta_0D_t+\alpha_1X_t+\beta_1(D_tX_t)+u_t \tag{4.10}$$

其中，$D_t=\begin{cases}1,\ t\geq t^*\\0,\ t<t^*\end{cases}$。

可见，$\mathrm{E}(Y_t\mid D_t=0,X_t)=\alpha_0+\alpha_1X_t$，表示的是发生结构变化前的关系；$\mathrm{E}(Y_t\mid D_t=1,X_t)=(\alpha_0+\beta_0)+(\alpha_1+\beta_1)X_t$，表示的是可能的结构变化发生后的关系。易见，结构变化前后的截距差为 β_0，又被称为级差截距(differential intercept)；结构变化前后的斜率差为 β_1，又被称为级差斜率系数(differential slope coefficient)。

利用全部数据对上述虚拟变量模型进行最小二乘回归，并对参数估计值进行显著性检验：若 $\hat{\beta}_0$ 和 $\hat{\beta}_1$ 都是显著的，则说明模型的斜率、截距都发生了变化；若 $\hat{\beta}_0$ 显著而 $\hat{\beta}_1$ 不显著，说明模型的截距发生变化而斜率未发生变化；若 $\hat{\beta}_0$ 不显著而 $\hat{\beta}_1$ 显著，说明模型的截距未变化而斜率发生了变化；若 $\hat{\beta}_0$、$\hat{\beta}_1$ 都不显著，说明模型是结构稳定的。

可见，与邹氏检验相比，在检验模型结构稳定性方面虚拟变量法具有以下优点：

(1) 较之邹氏检验的三次回归，虚拟变量法只需作一次总的回归，因而显得简单。

(2) 能够清楚表明是截距或斜率抑或两者都发生了变化。

(3) 由于合并两个回归而减少了虚拟变量的个数，增加了自由度，从而参数估计的准确性也有所改进。

第八节 实例——虚拟变量在金融数据处理中的作用①

在本节中，我们将通过一个实例来说虚拟变量在金融数据处理中的作用，我们将利用虚拟变量模型对实行涨跌停板制度后的上海股票市场是否存在周内效应进行实证检验。

一、简单理论回顾

根据 Eugene Fama② 的有效市场理论(Efficient Market Hypothesis, EMH)，在

---

① 本例题数据可在上海财经大学出版社网站(http://www.sufep.com)下载，Excel 格式的文件名为 EX4.3.xls；EViews 生成的 wf1 格式的文件名为 EX4.3.wf1。

② Eugene Fama 由于对有效市场理论的贡献而荣获 2013 年度诺贝尔经济学奖。同年获奖的还有 Peter Hansen 和 Robert Shiller。

有效市场中，由于股票价格能够及时地反映所有的信息，因此股价将会呈现出随机波动的特征。并且，在有效市场中，由于投资者能够随时获取所需要的信息，因此将不存在套利的机会，股票的价格将反映其价值。按照有效市场理论，一周内每天的收益率将是随机波动、没有规律的。因为如果假设某天的收益率比其他各天的收益率高或者低，由于投资者可随时掌握所需要的信息，并且作出理性的选择，因此他们将充分利用这个套利机会来获取超额收益率。而随着套利过程的进行，超额收益率也会逐渐减少直至消失，从而每天的收益率又将会呈现出无规律的波动。

自 Fama 于 1965 年提出有效市场概念以来，各国学者分别利用各国的证券市场数据对其进行了实证检验，结果发现许多与有效市场理论相背离的现象，周内效应就是其中之一。许多学者的实证研究工作表明，在美国股票市场中，一周中的平均收益率在星期一显著为负，在星期五显著为正。同时对欧洲国家、日本以及一些新兴市场国家股票市场的研究也发现存在类似的现象。在我国，许多学者也利用上海股票市场、深圳股票市场的数据对周内效应进行了检验，检验结果大多表明存在周内效应。下面我们将利用虚拟变量模型对这一现象进行实证检验。

二、实证检验

（一）数据描述

我们利用的是上海股票市场上证指数 1997 年 1 月 1 日—2004 年 12 月 31 日的日收盘价数据，共 1 926 个观测值。之所以采用 1997 年以来的日数据，是因为 1996 年 12 月 16 日股票市场实施了涨跌停板制度，而上证指数也具有广泛的代表性。收益率的计算我们采用的是连续收益率法，计算公式如下：

$$R_t = \ln P_t - \ln P_{t-1}$$

其中，P_t 为 t 时期的收盘价，P_{t-1} 为 $t-1$ 时期的收盘价。

表 4－7 和图 4－6 分别描述了上证指数 1997 年 1 月 1 日—2004 年 12 月 31 日的收益率的统计特征以及日收益率按时间排列的线性图。

表 4－7　上证指数日收益率统计特征描述

均　值	0.000 166	中位数	0.000 209
最大值	0.094 010	最小值	－0.093 350
标准差	0.015 415	偏　度	－0.039 554
峰　度	8.998 717	Jarque－Bera 值	2 886.767

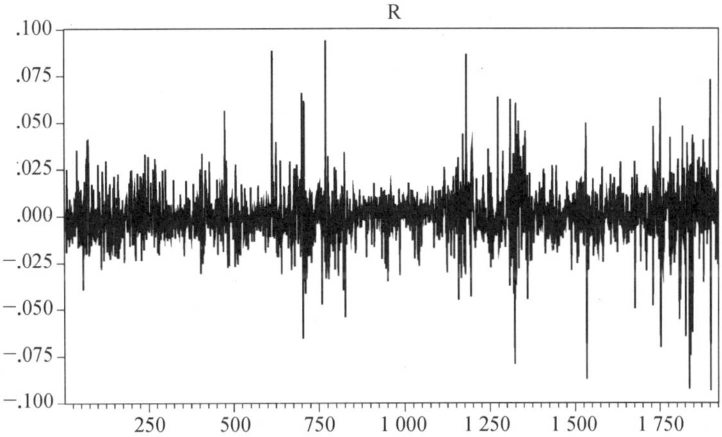

图 4－6　上证指数日收益率线性图

（二）实证检验

我们建立如下的虚拟变量模型：

$$R_t = \alpha_0 + \alpha_1 D_{1t} + \alpha_2 D_{2t} + \alpha_3 D_{4t} + \alpha_4 D_{5t} + \varepsilon_t \qquad (4.11)$$

其中，R_t 表示 t 时刻的收益率，虚拟变量 D_{it}（$i=1, 2, 4, 5$）的取值在每周的第 i 天（一周五天）取值为 1，其余时刻取值为 0。从模型可以看到，α_0 表示的是周三的平均收益，而 α_1、α_2、α_3、α_4 分别表示的是星期一、星期二、星期四、星期五与星期三平均收益的差异。若差异是显著的，则可以表明上海股票市场存在周内效应。

使用 EViews 软件对上述模型进行 OLS 回归，得到如下结果（括号内为相应的 t 值）：

$$R_t = 0.001\,107 - 0.001\,495 D_{1t} - 0.000\,793 D_{2t} - 0.001\,982 D_{4t} - 0.000\,445 D_{5t}$$

$$(1.41) \qquad (-1.35) \qquad (-0.72) \qquad (-1.78) \qquad (-0.40)$$

对模型各系数估计值进行联合 F 检验，看各系数值是否同时为零，结果得到 F 值为 1.03，其概率值为 0.39，因此不能拒绝各系数值同时为零的假设，则可以得出结论，上海股票市场不存在周内效应。

实际上，这个模型是相当粗糙的，因此结论也可能不具有代表性。因为在使用最小二乘法进行回归时，我们假定随机误差项满足同方差的假定，但大量的研究表明，金融数据中这一假定往往不能得到满足。更深入的研究涉及自回归条件异方差模型（ARCH）以及扩展的自回归条件异方差模型（GARCH），我们将在后面的章节中予以介绍，有兴趣的同学那时也可以重新对上海股票市场的周内效应进行检验。

本章小结

本章主要分为两部分，在第一部分中我们主要讨论了金融数据中存在的多重共线性现象。首先我们介绍了多重共线性的定义并分析了产生多重共线性的原因，由于金融学科的特点，多重共线性现象在金融数据中是普遍存在的，但一些对模型或数据不合理的应用或计算会增加多重共线性的严重程度，尽管它不会影响估计值的无偏性，但仍会带来一些后果。接着我们介绍了如何检验多重共线性现象，我们根据检验内容介绍了几种检验方法，但是所有的检验方法都是一种经验法则，没有一种能够得到人们普遍认可的检验方法。在其后的部分中我们介绍了如何对多重共线性进行修正，实际上是否对多重共线性进行修正取决于多重共线性的后果及设立模型的目的，如果模型是用于预测，则可以不考虑多重共线性的影响。最后我们通过一个例子说明了如何处理在金融数据中存在的多重共线性问题。第二部分我们主要介绍了虚拟变量的应用。首先我们介绍了虚拟变量的定义及其性质，以及虚拟变量的引入原则，并介绍了在虚拟变量模型中参数的意思。其次我们介绍了虚拟变量模型在回归分析中的应用，可以看到，虚拟变量模型可以应用在许多状况下，而且虚拟变量的引入也在很大程度上简化了回归模型。在接下来的部分中，我们主要介绍了如何进行模型的结构稳定性检验的两种方法：邹氏检验和虚拟变量法。可以看到，虚拟变量法较之邹氏检验具有一定的优点。最后，我们利用虚拟变量模型对上海股票市场是否存在收益的周内效应进行了检验，结果表明上海股票市场不存在周内效应。

关键术语

完全多重共线性　　近似多重共线性　　辅助回归法　　偏相关系数法
多重共线性效应系数　　先验信息法　　虚拟变量　　方差分析模型
协方差分析模型　　虚拟变量陷阱　　季节调整　　分段线性回归
平行数据　　邹氏检验　　级差截距　　级差斜率系数

思考题

1. 什么是多重共线性？多重共线性会造成什么样的后果？
2. 金融领域中有哪些运用虚拟变量的例子？
3. 什么是邹式检验？其步骤是什么？有什么限制条件？
4. 虚拟变量法相对于邹式检验有何优越性？

练习题

1. 表 4 - 8 是某二元线性方程各变量的取值。

表 4-8　Y、X_1、X_2 取值

时 期	1	2	3	4	5	6	7	8	9	10
Y	3.5	4.3	5	6	7	9	8	10	12	14
X_1	16	15	10	7	7	5	4	3	3.5	2
X_2	15	20	30	42	50	54	65	72	85	90

(1) 检验 X_1 与 X_2 之间的多重共线性。

(2) 建立合适的模型，要求消除 X_1 与 X_2 之间的多重共线性。

2. 下面的模型是对 15 个样本数据进行回归得到的：

$$Y = 2.81 - 0.53X_1 + 0.91X_2 + 0.047X_3, R^2 = 0.97$$
$$(1.38)\ (0.34)\quad (0.41)\quad (0.031)\quad F = 189.8$$

(1) 模型中是否存在多重共线性？为什么？

(2) 根据已有条件，若存在多重共线性，你觉得最可能的原因是什么？为什么？

3. 表 4-9 是变量 Y、X_1、X_2 的取值。

表 4-9　Y、X_1、X_2 取值

时刻	Y	X_1	X_2	时刻	Y	X_1	X_2
1	3 987	99	11.6	8	15 191	201	19.1
2	4 558	108	12.1	9	17 602	211	20.4
3	5 580	119	12.5	10	21 203	235	21.2
4	7 050	133	13.3	11	24 978	244	23.4
5	10 381	143	14.8	12	26 509	247	25.4
6	9 818	155	16.1	13	24 767	251	22.6
7	12 423	172	17.1	14	26 131	254	23.1

Y、X_1、X_2 之间的关系可用下面的模型表示：

$$\ln Y_t = \alpha_0 + \alpha_1 \ln X_1 + \alpha_2 \ln X_2 + u_t$$

请检验模型是否存在多重共线性，若存在，请设法消除。

4. 自己动手搜集数据对第一节我们提到的我国上市公司中，法人为第一大股东公司的业绩要高于国家做第一大股东公司的业绩的结论予以验证。

5. 表 4-10 是我国 1994 年第一季度—2004 年第四季度的零售物价指数(以上年同期为 100)，请利用虚拟变量模型进行季节调整(如果需要)。

表 4 - 10 零售物价指数

时间	1994.1	1994.2	1994.3	1994.4	1995.1	1995.2	1995.3	1995.4	1996.1	1996.2	1996.3	1996.4
指数	120.2	120	124.6	123.2	118.7	116	111.4	108.3	107.7	105.9	105	104.4
时间	1997.1	1997.2	1997.3	1997.4	1998.1	1998.2	1998.3	1998.4	1999.1	1999.2	1999.3	1999.4
指数	101.7	100.8	100	98.8	98.8	97	96.7	97.3	96.8	96.8	97.2	97
时间	2000.1	2000.2	2000.3	2000.4	2001.1	2001.2	2001.3	2001.4	2002.1	2002.2	2002.3	2002.4
指数	97.9	98.6	98.5	99.6	99.1	99.9	98.7	98.2	98.2	99.2	99	99.7
时间	2003.1	2003.2	2003.3	2003.4	2004.1	2004.2	2004.3	2004.4				
指数	100	98.7	99.9	101.9	101.7	104.1	104.3	101.3				

6. 利用虚拟变量法对我们在第二节中所举货币供应量结构变化的例子重新进行结构稳定性检验。

延伸阅读

第五章　时间序列数据的平稳性检验

本章要点

平稳性的定义。

平稳性的检验方法。

伪回归的定义。

协整的定义及检验方法。

误差修正模型的含义及表示形式。

本章导读

在经济分析中，常用的重要数据之一便是时间序列数据。从本章开始，我们要进行建立并应用时间序列模型的方法讨论。但是一般的经验工作都假定其时间序列是平稳的，为什么要设定这个假定？如何判定时间序列是否平稳？若不平稳，基于此时间序列数据的预测是否仍然有效？若无效，应如何解决使之有效？下文将逐一解决以上这些问题。

第一节　随机过程和平稳性原理

一、随机过程

一般称依赖于参数时间 t 的随机变量集合$\{y_t\}$为随机过程。例如，假设样本观察

值 y_1，y_2，…，y_t 是来自无穷随机变量序列…，y_{-2}，y_{-1}，y_0，y_1，y_2，…的一部分，则这个无穷随机序列称为随机过程，诸多样本观察值则视为此随机过程的一个特殊实现(即样本)。

随机过程中有一特殊情况称为白噪声，其定义如下：

如果随机过程 y_t 服从的分布不随时间改变，而且

$$\mathrm{E}(y_t)=0 \quad (\text{对所有 } t)$$

$$\mathrm{var}(y_t)=E(y_t^2)=\sigma_y^2=\text{常数} \quad (\text{对所有 } t)$$

$$\mathrm{cov}(y_t, y_s)=E(y_t \times y_s)=0 \quad (t \neq s)$$

那么，这一随机过程就称为白噪声。

二、平稳性原理

任何时间序列数据都可以看作一个随机过程的一个实现。随机过程和它的一个实现之间的区别可类比于横截面数据中总体和样本之间的区别，正好比我们由样本数据引出关于总体的推断那样，在时间序列中，我们利用随机过程的一个实现去引出有关随机过程的推断。

在介绍时间序列模型时，我们需要知道生成序列的随机过程是否不随时间的变化而变化。如果随机过程随时间的变化而变化，即如果过程是非平稳的，则用一个简单的代数模型来反映时间序列的过去和未来通常十分困难。若随机过程的随机特征不随时间的变化而变化，即过程是平稳的，则可以用具有确定系数的方程来将时间序列模型化，且方程的系数可以利用序列的过去数据估计得到。所以数据是否平稳是我们在对时间序列数据进行分析处理时要最先考虑的问题。

什么样的数据可以说是平稳的呢？如果一个随机过程的均值和方差在时间过程上都是常数，并且在任何两时期的协方差值仅依赖于该两时期间的距离或滞后，而不依赖于计算这个协方差的实际时间，就称它为平稳的。同时它具有如下几条性质：

$$\text{均值} \quad E(y_t)=\mu \quad (\text{对所有 } t)$$

$$\text{方差} \quad \mathrm{var}(y_t)=E(y_t-\mu)^2=\sigma^2 \quad (\text{对所有 } t)$$

$$\text{协方差} \quad \gamma_k=E[(y_t-\mu)(y_{t+k}-\mu)] \quad (\text{对所有 } t)$$

其中，γ_k 即滞后 k 的协方差[或自(身)协方差]，是 y_t 和 y_{t+k}，也就是相隔 k 期的两值之间的协方差。如果 $k=0$ 就得到 γ_0，这是 y 的方差(即 σ^2)；如果 $k=1$，γ_1 就是 y 的两相邻之间的协方差。如果一个序列是平稳的，则不管在什么时间测量，其均值、方差、任意滞后阶之间的协方差都是稳定的，这样的序列是我们在实证研究工作中最希望取得的。

三、伪回归现象

为什么要如此强调数据的平稳性呢？这是因为将一个随机游走变量(即非平稳数据)对另一个随机游走变量进行回归可能导致荒谬的结果，传统的显著性检验将告知我们变量之间的关系是不存在的。

详细来说，如果对非平稳性数据进行回归，在回归结果中，我们可能发现 R^2 极高，t 值也极高，这些都告诉我们变量之间很好的拟合，关系密切。但我们同时还会发现 DW 值偏低。这时候就要注意，在回归过程中可能有伪回归现象发生，即回归结果是不正确的。Granger 和 Newbold① 曾经提出一个良好的经验规则：当 $R^2 > DW$ 时，所估计的回归就有谬误之嫌。

我们对伪回归可以作如下解释：有时候时间序列的高度相关仅仅是因为两者同时随时间有向上或向下变动的趋势，并没有真正的联系。这种情况就称为"伪回归"(spurious regression)。

第二节 平稳性检验的具体方法

一、单位根检验

(一) 单位根检验的基本原理

David Dickey 和 Wayne Fuller 的单位根检验(unit root test)即 Dickey - Fuller (DF)检验②，是在对数据进行平稳性检验中比较经常用到的一种方法，在很多计量操作软件中都有这项功能，在后文的实例中我们会有涉及。下面我们考虑 DF 检验的基本思想。

从考虑如下模型开始：

$$Y_t = \rho Y_{t-1} + u_t \tag{5.1}$$

其中，u_t 即前面提到的白噪音(零均值、恒定方差、非自相关)的随机误差项。由式(5.1)，我们可以得到：

$$Y_{t-1} = \rho Y_{t-2} + u_{t-1} \tag{5.2}$$

---

① Granger C W J, Newbold P. Spurious regression in econometrics[J]. *Journal of Econometrics*, 1974, 2(2): 111 - 120.

② Dickey D A, Fuller W A. Distribution of the estimators for autoregressive time series with a unit root[J]. *Journal of the American Statistical Association*, 1979, 74(366a): 427 - 431.

$$Y_{t-2}=\rho Y_{t-3}+u_{t-2} \tag{5.3}$$

$$\vdots$$

$$Y_{t-T}=\rho Y_{t-T-1}+u_{t-T} \tag{5.4}$$

依次将式(5.4),…,式(5.3),式(5.2)代入相邻的上式,并整理,可得:

$$Y_t=\rho^T Y_{t-T}+\rho u_{t-1}+\rho^2 u_{t-2}+\cdots+\rho^T u_{t-T}+u_t \tag{5.5}$$

根据 ρ 值的不同,可以分三种情况考虑。

(1) 若 $\rho<1$, 则当 $T\to\infty$ 时, $\rho^T\to 0$, 即对序列的冲击将随着时间的推移其影响逐渐减弱,此时序列是稳定的。

(2) 若 $\rho>1$, 则当 $T\to\infty$ 时, $\rho^T\to\infty$, 即对序列的冲击随着时间的推移其影响反而是逐渐增大的,此时序列是不稳定的。

(3) 若 $\rho=1$, 则当 $T\to\infty$ 时, $\rho^T=1$, 即对序列的冲击随着时间的推移其影响是不变的,序列也是不稳定的[我们也可以通过平稳性的定义来判断,如根据式(5.5)这时 Y_t 的方差是无穷的]。

在实际金融、经济数据序列中,第二种情况是很少见的,常见的是第一种情况和第三种情况。因此通过检验 ρ 是否为 1,我们就可判断序列 Y_t 是否稳定。对于式(5.1),DF 检验相当于对其系数的显著性检验,所建立的零假设是 H_0: $\rho=1$。如果拒绝零假设,则称 Y_t 没有单位根,此时 Y_t 是平稳的;如果不能拒绝零假设,我们就说 Y_t 具有单位根,此时 Y_t 被称为随机游走序列(random walk series),是不稳定的。在 H_0 成立时,Y_t 是非平稳的,此时检验所用的统计量即使在大样本下也不服从 t 分布,即临界值发生了变化。David Dickey 和 Wayne Fuller 给出了变化后的临界值,并相应的命名检验统计量为 τ 统计量。

方程(5.1)也可以表达成:

$$\Delta Y_t=(\rho-1)Y_{t-1}+u_t=\delta Y_{t-1}+u_t \tag{5.6}$$

其中, $\Delta Y_t=Y_t-Y_{t-1}$, Δ 是一阶差分运算因子。此时的零假设变为 H_0: $\delta=0$。注意到如果不能拒绝 H_0,则 $\Delta Y_t=u_t$ 是一个平稳序列,即 Y_t 一阶差分后是一个平稳序列,此时我们称 Y_t 一阶单整过程(integrated of order 1)序列,记为 $I(1)$。$I(1)$过程在金融、经济时间序列数据中是最普遍的,但 $I(2)$(经过两次差分后序列平稳)等高阶单整序列也是存在的,而 $I(0)$则表示平稳时间序列。

从理论与应用的角度,DF 检验的检验模型有如下三个:

$$Y_t=(1+\delta)Y_{t-1}+u_t,\text{即 } \Delta Y_t=\delta Y_{t-1}+u_t \tag{5.7}$$

$$Y_t=\beta_1+(1+\delta)Y_{t-1}+u_t,\text{即 } \Delta Y_t=\beta_1+\delta Y_{t-1}+u_t \tag{5.8}$$

$$Y_t = \beta_1 + \beta_2 t + (1+\delta)Y_{t-1} + u_t，即\ \Delta Y_t = \beta_1 + \beta_2 t + \delta Y_{t-1} + u_t \qquad (5.9)$$

其中，t 是时间或趋势变量，在每一种形式中，建立的零假设都是 $H_0: \rho=1$ 或 $H_0: \delta=0$，即存在一单位根。式(5.7)和另外两个回归模型的差别在于是否包含有常数(截距)和趋势项。如果误差项是自相关的，就对式(5.9)进行如下修改：

$$\Delta Y_t = \beta_1 + \beta_2 t + \delta Y_{t-1} + \alpha_i \sum_{i=1}^{m} \Delta Y_{t-i} + \varepsilon_i \qquad (5.10)$$

式(5.10)中增加了 ΔY_t 的滞后项修正误差项自相关，建立在式(5.10)基础上的 DF 检验又被称为增广的 DF 检验(augmented Dickey-Fuller，ADF)。ADF 检验统计量和 DF 统计量有同样的渐近分布，使用相同的临界值。单位根检验巧妙地演变成对系数 δ 的检验。

(二) ADF 检验模型的确定

式(5.10)是 ADF 检验模型的一般形式，然而是否应该包括常数项 β_1，是否包含时间趋势项 $\beta_2 t$，以及我们如何确定滞后项数(m)，这是一个需要解决的问题(在 EViews 软件中也要求我们对此作出判断)。下面我们将介绍解决该问题的经验做法。

首先，我们来看如何判断检验模型是否应该包含常数项和时间趋势项。解决这一问题的经验做法是：考察数据图形，如果数据图形呈现出无规则上升、下降并反复这一状况，说明数据主要是由随机趋势所支配，因此应该不包含常数项和时间趋势项；如果数据图形呈明显的随时间递增(减)的趋势但是趋势并不太陡，说明支配数据轨迹的既有随机趋势，也有确定趋势，因此应该包括常数项但不包含时间趋势项；如果数据图形呈现明显的随时间快速增长(下降)的趋势，说明确定性趋势中的时间趋势占绝对支配地位，因此初步选定的模型应包含常数项和时间趋势项。

其次，我们来看如何判断滞后项数 m。在实证中，常用的方法有以下两种：

(1) 渐近 t 检验。该种方法是首先选择一个较大的 m 值，然后用 t 检验确定系数 α_m 是否显著。如果是显著的，则选择滞后项数为 m；如果不显著，则减少 m 直到对应的系数值是显著的。在这里，t 统计量是渐近有效的，但一般而言，设定的显著性水平应稍高点，如 $\alpha=0.15$ 或 $\alpha=0.20$。

(2) 信息准则。在第二章中我们简单地提到了信息准则(在后面的第六章第二节中我们将有详细介绍)。常用的信息准则有 AIC 信息准则、SC 信息准则。一般而言，我们选择给出了最小信息准则值的 m 值。

二、非平稳性数据的处理

在进行时间序列分析时，传统上要求所用的时间序列必须是平稳的，即没有随机趋势或确定性趋势，否则会产生“伪回归”问题。但是，在现实经济中的时间序列通常都是非平稳的。如果经过上述检验证实序列含有单位根，即数据是非平稳的，我们可以对它们作什么处理来使之变平稳呢？如前面所看到的，一般是通过差分处理来消除数据的不平稳性，即对时间序列进行差分，然后对差分序列进行回归。对于金融数据做一阶差分后，即由总量数据变为增长率，一般会平稳。但这样会让我们丢失总量数据的长期信息，而这些信息对分析问题来说又是必要的。这就是通常我们所说的时间序列检验的两难问题。是否可以对两个即使是随机游走的变量进行回归，而不会出现伪回归？这是我们下一节将要解决的问题。

第三节　协整的概念和检验

正如前文所言，如果检验无法拒绝变量是随机游走的，则该变量用于回归之前应该进行差分，然而，差分可能导致两个变量之间长期关系的信息损失。对于这个两难问题，Engle 和 Granger 提出了协整理论（cointegration）。①② 下面我们就开始介绍该理论和具体的检验方法。

一、协整的概念和原理

有时虽然两个变量都是随机游走的，但它们的某个线性组合却可能是平稳的。在这种情况下，我们称这两个变量是协整的。比如变量 x_t 和 y_t 是随机游走的，但变量 $z_t=x_t-\lambda y_t$ 可能是平稳的。在这种情况下，我们称 x_t 和 y_t 是协整的，其中称 λ 为协整参数（cointegrating parameter）。在很多情况下，经济理论提示因变量和自变量两个变量之间应该是可以用来协整的，因此协整性的检验就可能是对经济理论的检验。

例如汇率理论中的购买力平价理论（Purchasing Power Parity）认为，货币的价值在于其购买力，因此不同货币之间的兑换率取决于其购买力之比，也就是说，汇率与各国的价格水平之间具有直接的关系。就业人数（E）、物价（P）、工资（W）以及实际国民生产总值（Y）之间应该存在协整关系。

为什么会有协整关系存在呢？这是因为虽然很多金融、经济时间序列数据都是不平稳的，但它们可能受某些共同因素的影响，从而在时间上表现出共同的趋势，即变量之间存在一种稳定的关系，它们的变化受到这种关系的制约，因此它们的某种线性组合可能是平稳的，即存在协整关系。假如有序列 x_t 和 y_t，一般有以下性

---

① Engle R F, Granger C W J. Co-integration and error correction: representation, estimation, and testing[J]. *Econometrica*, 1987, 55: 251－276.

② Clive Granger 和 Robert Engle 由于分别用“共同趋势”和“随着时间变化的易变性”两种新方法分析经济时间序列而于 2003 年获诺贝尔经济学奖。

质存在。

(1) 如果 $x_t \sim I(0)$，即 x_t 是平稳序列，则 $a+bx_t$ 也是 $I(0)$。

(2) 如果 $x_t \sim I(1)$，我们知道这表示 x_t 只需经过一次差分就可变成平稳序列，那么 $a+bx_t$ 也是 $I(1)$。

(3) 如果 x_t 和 y_t 都是 $I(0)$，则 ax_t+by_t 是 $I(0)$。

(4) 如果 $x_t \sim I(0)$，$y_t \sim I(1)$，则 ax_t+by_t 是 $I(1)$，即 $I(1)$ 具有占优势的性质。

(5) 如果 x_t 和 y_t 都是 $I(1)$，则 ax_t+by_t 一般情况下是 $I(1)$，但不保证一定是 $I(1)$。如果该线性组合是 $I(0)$，x_t 和 y_t 就是协整的，a 和 b 就是协整参数。

简言之，协整检验成立，从计量学角度来看，是指因变量和自变量都是不平稳的时间序列，但它们的线性组合是平稳的，从经济学和金融学的角度来看，是指因变量和自变量之间存在一个长期的均衡关系。

二、协整检验的具体方法

(一) EG 检验和 CRDW 检验

假如 x_t 和 y_t 都是 $I(1)$，如何检验它们之间是否存在协整关系？我们可以遵循以下思路。

首先用 OLS 对协整回归方程 $y_t=\alpha+\beta x_t+\varepsilon_t$ 进行估计。然后，检验残差 e_t 是否是平稳的。因为如果 x_t 和 y_t 没有协整关系，那么它们的任一线性组合都是非平稳的，残差 e_t 也将是非平稳的。所以，我们通过检验 e_t 是否平稳，就可以得知 x_t 和 y_t 是否存在协整关系。

检验 e_t 是否平稳可以采用前文提到的单位根检验，但需要注意的是，此时的临界值不能再用(A)DF 检验的临界值，而要用恩格尔和格兰杰(Engle and Granger)提供的临界值，故这种协整检验又称为(扩展的)恩格尔格兰杰检验，简称(A)EG 检验。

此外，也可以用协整回归的 Durbin - Watson 统计检验(cointegration regression Durbin-Watson test, CRDW test)进行。CRDW 检验构造的统计量是：

$$DW=\frac{\sum(e_t-e_{t-1})^2}{\sum(e_t)^2}$$

其对应的零假设是 H_0：$DW=0$。若 e_t 是随机游走的，则 e_t-e_{t-1} 的数学期望为 0，所以 Durbin - Watson 统计量应接近于零，即不能拒绝零假设；如果拒绝零假设，我们就可以认为变量间存在协整关系。

上述两种方法存在如下缺点：

(1) CRDW 检验对于带常数项或时间趋势加上常数项的随机游走是不适合的,因此这一检验一般仅作为大致判断是否存在协整的标准。

(2) 对于 EG 检验,它主要有如下缺点:

第一,当一个系统中有两个以上的变量时,除非我们知道该系统中存在的协整关系的个数,否则是很难用 EG 法来估计和检验的。因此,一般而言,EG 检验仅适用于包含两个变量,即存在单一协整关系的系统。

第二,仿真试验结果表明,即使在样本长度为 100 时,协整向量的 OLS 估计仍然是有偏的,这将会导致犯第二类错误的可能性增加,因此在小样本下 EG 检验结论是不可靠的。

(二) Johansen 协整检验

1. Johansen 协整检验的基本思想

前面提到 EG 检验仅适用于包含两个变量的系统,对于包含多个变量,可能存在多个协整关系的系统,我们就要用到 Johansen 协整检验。Johansen 协整检验主要是由 Soren Johansen 于 1991 年、1994 年和 1995 年提出和完善的。①② 其理论是非常复杂的,但其基本思想是基于 VAR 模型③将一个求极大似然函数的问题转化为一个求特征根和对应的特征向量的问题。下面我们简要介绍一下 Johansen 协整检验的基本思想和内容。④

对于如下的包含 g 个变量,k 阶滞后项的 VAR 模型:

$$y_t = \beta_1 y_{t-1} + \beta_2 y_{t-2} + \cdots + \beta_k y_{t-k} + u_t \qquad (5.11)$$

假定所有的 g 个变量都是 $I(1)$ 即一阶单整过程。其中,y_t,y_{t-1},…,y_{t-k} 为 $g\times 1$ 列向量,β_1,β_2,…,β_k 为 $g\times g$ 系数矩阵,u_t 为白噪音过程的随机误差项组成的 $g\times 1$ 列向量。

对式(5.11)进行适当的变换,可以得到如下的以 VECM 形式表示的模型:

---

① Johansen S. Estimation and hypothesis testing of cointegration vectors in Gaussian vector autoregressive models[J]. *Econometrica*, 1991, 59: 1551 - 1580.

Johansen S. The role of the constants and linear terms in cointegration analysis of nonstationary variables[J]. *Econometric Reviews*, 1994(13): 1220 - 1229.

Johansen S. *Likelihood-based Inference in Cointegrated Vector Autoregressive Models* [M]. Oxford University Press, 1995.

② 实际上 Johansen 检验最早是由 Stock 和 Watson 提出的。Stock J, Watson M. Variable trends in economic time series, *Journal of Economic Perspectives*, 1988(2): 147 - 174.

③ 关于 VAR 模型以及下文的 VECM 模型我们将在第六章第三节予以介绍。

④ Johansen 协整检验的数学推导过程已超出本书的范围,我们不再给出,有兴趣的同学可参阅前述 Johansen(1991,1994,1995)的文献。

$$\Delta y_t = \Pi y_{t-k} + \Gamma_1 \Delta y_{t-1} + \Gamma_2 \Delta y_{t-2} + \cdots + \Gamma_{k-1} \Delta y_{t-(k-1)} + u_t \tag{5.12}$$

其中，$\Pi = (\sum_{j=1}^{k} \beta_i) - I_g$，$I_g$ 为 g 阶单位矩阵，$\Gamma_i = (\sum_{j=1}^{i} \beta_j) - I_g$。

我们所感兴趣的是 Π 系数矩阵，它可以看作是一个代表变量间长期关系的系数矩阵。因为在长期达到均衡时，式(5.12)所有的差分变量都是零向量，u_t 中随机误差项的期望值为零，因此我们有 $\Pi y_{t-k} = 0$，表示的是长期均衡时变量间的关系。

对变量之间协整关系的检验可以通过计算 Π 系数矩阵的秩及特征值来判断。将 Π 系数矩阵的特征值按照从大到小的顺序排列，即 $\lambda_1 \geqslant \lambda_2 \geqslant \cdots \geqslant \lambda_g$。如果变量间不存在协整关系（即长期关系），则 Π 的秩就为零，我们知道，一个矩阵的秩等于它的不为零的特征值的个数，因此对于所有的 $\lambda_i (i=1, 2, \cdots, g)$，有 $\lambda_i = 0$。如果变量间有 $m (m < g)$ 个协整关系，则 Π 的秩为 m，由于特征值是按从大到小排列的，因此对于 λ_1，λ_2，…，λ_m，它们显著地不为零，而对于 λ_{m+1}，λ_{m+2}，…，λ_g，它们的值则为零。Johansen 协整检验有两个检验统计量。

(1) 迹检验统计量 λ_{trace}。[①]

$\lambda_{\text{trace}} = -T \sum_{i=r+1}^{g} \ln(1 - \hat{\lambda}_i)$，其中 r 为假设的协整关系的个数，$\hat{\lambda}_i$ 为 Π 的第 i 个特征值的估计值（下同）。对应的零假设是 H_0：协整关系个数小于等于 r。备择假设是 H_1：协整关系个数大于 r。

(2) 最大特征值检验统计量 $\lambda_{\max}$。

$\lambda_{\max}(r, r+1) = -T \ln(1 - \hat{\lambda}_{r+1})$，对应的零假设是 H_0：协整关系个数等于 r。相应的备择假设是 H_1：协整关系个数为 $r+1$。

我们首先看 λ_{trace}，迹检验实际上是一个联合检验：$\lambda_{r+1} = \lambda_{r+2} = \cdots = \lambda_g = 0$，因为当 $\lambda_i = 0$ 时，$\ln(1-\lambda_i)$ 也为 0，且在 $0 < \lambda_i < 1$ 范围内，λ_i 越大，$\ln(1-\lambda_i)$ 越小，λ_{trace} 越大。如果 λ_{trace} 大于临界值，则拒绝零假设，说明存在的协整个数大于 r，这时应继续检验新的零假设：协整关系个数小于等于 $r+1$…直至 λ_{trace} 小于临界值。假定此时的零假设为协整关系个数小于等于 $n (n < g)$，则 n 就是协整关系的个数。整个检验过程从 $r=0$ 开始。

接下来我们来看 $\lambda_{\max}$。当 $\lambda_{\max}$ 大于临界值时，我们拒绝协整关系个数等于 r 的原假设，然后继续检验新的假设：协整关系个数为 $r+1$…直到 $\lambda_{\max}$ 小于临界值，此时我们不能拒绝原假设，假定此时的零假设是协整关系个数为 q，则我们得出结论：协整关系的个数为 q，因为 λ_i 是按从大到小顺序排列的，当 $\lambda_{\max}(r, r+1)$ 不显著时，$\lambda_{\max}(r+1, r+2)$，$\lambda_{\max}(r+2, r+3)$… 也是不显著的。

---

① 此处所有的特征值都大于 0 小于 1。

Johansen 协整检验的临界值已由 Johansen 给出。在实际应用中，上述两个检验可以同时使用，一般而言，两种检验给出的结果是相同的，但也可能会给出不同的结论。这可能是由于检验模型设定不恰当造成的，经验做法是检验数据是否包含确定性趋势和进而检查模型的设定是否恰当。

2. Johansen 协整检验模型形式的确定

实际上，式(5.12)只是 Johansen 协整检验方程的一种形式，我们也可以在 VECM 模型中加入常数项和时间趋势项，或在 Πy_{t-k} 中加入常数项和时间趋势项，这都是 Johansen 协整检验方程的形式。具体来说，Johansen 协整检验方程形式的确定包括两部分：一是确定 VECM 模型和 Πy_{t-k} 是否应包含常数项和时间趋势项，二是确定滞后项数(即 k 值)。对于后者，我们可以利用前面 ADF 检验中提到的渐进 t 检验和信息准则法。对于前者，我们也可以根据变量的数据图形来检验(同 ADF 检验)，但是，Maddala 和 Kim 指出：不同的 VECM 设定所产生的特征值及其估计值的差别很小，只要使用对应的临界值，还不至于产生不相容的结论，因此，一般的应用研究并不特别注重 VECM 模型的设定形式。①

3. 如何在 EViews 软件中作 Johansen 协整检验

下面我们通过一个例子说明如何在 EViews 软件中做 Johansen 协整检验。

例 5－1 对我国货币政策传导机制信贷渠道的实证检验②

货币政策传导机制是指中央银行在确定货币政策最终目标后，从操作政策工具到实现最终目标之间，所经过的各个中介环节相互之间的有机联系及因果关系的总和。基于理论假设的不同，以及观察和强调的重点不同，西方经济学理论中产生了众多的货币政策传输渠道理论，信贷渠道是其中较有影响的一种。货币政策传导的信贷市场途径，是指货币政策以信贷市场为依托，通过对信贷规模的影响作用与微观经济主体的消费和投资，进而影响社会总需求。相关的理论包括信用可得性理论和资产负债表理论。

(1) 信用可得性理论。该理论认为，居民、企业的消费与投资行为不仅受制于利率的高低，而且还受到现金流入和信贷可得性的限制。金融机构对于信贷供给的态度会直接影响借款人可能利用的信贷总量。中央银行通过货币政策工具(公开市场购买、降低存款准备金率、降低贴现率等)增加货币供应量时，会使金融机构的可贷资金

① Maddala G S, Kim I M. *Unit Roots*, *Cointegration and Structural Change* [M]. Cambridge Press, 1999.

② 本例题数据可在上海财经大学出版社网站(http://www.sufep.com)下载，Excel 格式的文件名为 EX5.1.xls；EViews 生成的 wf1 格式的文件名为 EX5.1.wf1。在本例中，我们将仅给出协整检验的内容，实际上，实证分析信贷渠道的过程，在检验变量之间是否存在协整关系后，还应进行一系列分析，如因果检验等，有兴趣的同学可在学习完相关内容后继续本案例的分析。

增多，金融机构会增加贷款，同时央行货币政策的指示器效应也会鼓励金融机构增加贷款。借款人能够得到的金融机构贷款就会增加，从而投资和消费就会增加，进而影响国民收入和物价水平。可表示为：

货币供应量↑→贷款↑→投资和消费↑→有效需求↑→国民收入和物价水平变化

（2）资产负债表理论。该理论由 Bernanke 和 Gertler 于 1995 年提出。根据该理论，货币政策可通过影响借款人的资产负债表状况间接的影响贷款人的贷款意愿和借款人的借款意愿，引起信贷规模的变动，进而影响消费、投资和产出。具体传导机制有以下三个渠道：

① 净资产渠道。货币供应量的增加会提高企业的股票价格，意味着企业的净资产增加，从而资产负债状况得到改善，逆向选择和道德风险会下降，从而会刺激贷款的增加，进而影响消费、投资和产出。

② 现金流渠道。货币供应量的增加和利率的下降，使得企业利息支出减少、现金流增加，企业的资产负债状况得到改善，逆向选择和道德风险会下降，从而会刺激贷款的增加，进而影响消费、投资和产出。

③ 未预期价格渠道。若货币供应量的增加引起未预期的价格上涨，按照凯恩斯学派的观点，此时企业有利可图，利润会增加，因而资产负债状况得到改善，逆向选择和道德风险会下降，从而会刺激贷款的增加，进而影响消费、投资和产出。

下面我们利用我国的数据对信贷渠道进行实证分析，来看变量之间是否存在长期稳定的关系，即协整关系。我们以货币供应量 M1 和 M2 作为货币政策的起始变量，以金融机构贷款余额(DEBT)表示信贷量，以其作为中间变量，以 GDP 和零售物价指数(CPI)作为货币政策的效果变量。样本数据采用 1994 年第一季度到 2004 年第二季度的季度数据，零售物价指数以 1994 年第一季度(即 3 月份)为 100，根据零售物价同期比指数(即与上年同期物价相比)和环比指数计算求得。M1 和 M2 以及金融机构信贷余额为季度末累计数据，同时利用 X－11 技术对 GDP 进行了季度调整。所有的名义变量均除以该季度物价指数以得到实际变量。各组数据取对数以消除异方差的影响。

首先，我们对变量进行平稳性检验。以变量 DEBT 为例，在 EViews 中进行平稳性检验有两种方法。方法一，“View”—“Unit Root Test”。方法二，点击菜单中的“Quick”—“Series Statistic”—“Unit Root Test”，会弹出如图 5－1 所示的窗口，我们选择 ADF 检验，对变量的水平值进行平稳性检验，并根据数据图形，选择包含常数项，首先我们选择一个较大的滞后值，由于是季度数据，我们选择滞后值为 8，然后点击“OK”，得到如表 5－1 所示的结果。

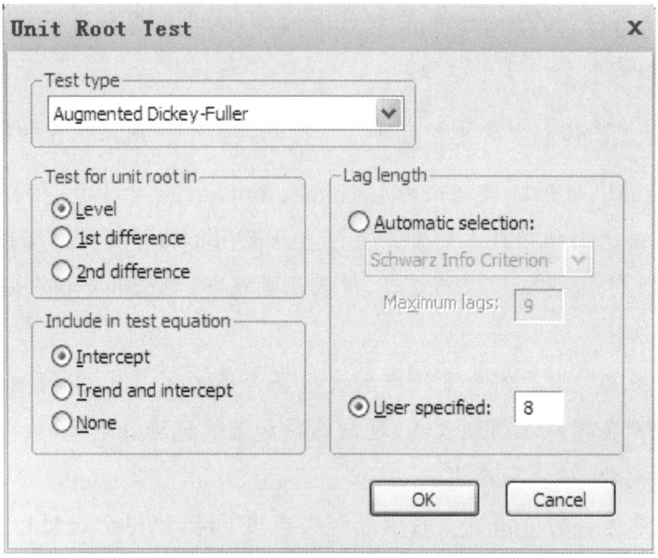

图 5-1 单位根检验形式设定

表 5-1 单位根检验结果

Null Hypothesis: DEBT has a unit root

Exogenous: Constant

Lag Length: 8 (Fixed)

		t-Statistic	Prob.*
Augmented Dickey-Fuller test statistic		0.494742	0.9840
Test critical values:	1% level	-3.646342	
	5% level	-2.954021	
	10% level	-2.615817	

*MacKinnon (1996) one-sided p-values.

Augmented Dickey-Fuller Test Equation

Dependent Variable: D(DEBT)

Method: Least Squares

Date: 02/28/15 Time: 20:47

Sample (adjusted): 1996Q2 2004Q2

Included observations: 33 after adjustments

（续表）

Variable	Coefficient	Std. Error	t-Statistic	Prob.
DEBT(-1)	0.018756	0.037912	0.494742	0.6255
D(DEBT(-1))	0.108634	0.301135	0.360749	0.7216
D(DEBT(-2))	0.122280	0.278298	0.439383	0.6645
D(DEBT(-3))	0.418923	0.322884	1.297440	0.2073
D(DEBT(-4))	-0.223383	0.318780	-0.700743	0.4905
D(DEBT(-5))	-0.665104	0.388617	-1.711463	0.1005
D(DEBT(-6))	-0.365983	0.411480	-0.889431	0.3830
D(DEBT(-7))	-0.598737	0.400034	-1.496714	0.1481
D(DEBT(-8))	0.369925	0.421302	0.878051	0.3890
C	4026.885	2444.949	1.647022	0.1132

R-squared	0.266012	Mean dependent var	3552.795
Adjusted R-squared	-0.021201	S.D. dependent var	4060.501
S.E. of regression	4103.319	Akaike info criterion	19.72203
Sum squared resid	3.87E+08	Schwarz criterion	20.17551
Log likelihood	-315.4134	Hannan-Quinn criter.	19.87461
F-statistic	0.926183	Durbin-Watson stat	1.795235
Prob(F-statistic)	0.521106		

可以看到，我们不能拒绝存在单位根的零假设，但这并不是最终结果，我们需要不断试验滞后项，然后将最优滞后项对应的结果作为最终的结果。如果变量水平值是不平稳的，我们就要对它的一阶差分进行平稳性检验（在图 5－2 左下方选择一阶差分），表 5－2 是我们得到的最终结果。

表 5－2　变量单位根检验结果（样本区间：1994 年第一季度—2004 年第二季度数据）

序　列	ADF 检验值	1%临界值	5%临界值
GDP	−2.36(C,T,3)	−4.22	−3.53
ΔGDP	−2.96(C,0,6)*	−3.64	−2.91
物价指数(CPI)	−0.54(0,0,4)	−2.62	−1.95
ΔCPI	−2.87(0,0,6)**	−2.63	−1.95
贷款余额(DEBT)	−1.35(C,0,5)	−3.62	−2.94
ΔDEBT	−3.49(C,0,4)*	−3.63	−2.95
M1	−3.21(C,T,4)	−4.22	−3.53

（续表）

序　列	ADF 检验值	1%临界值	5%临界值
ΔM1	－3.16(C,0,5)*	－3.64	－2.95
M2	－2.10(C,0,7)	－3.64	－2.95
ΔM2	－2.16(0,0,3)*	－2.63	－1.95

注：* 和 ** 分别表示在 5%、1%的显著性水平上拒绝单位根，第二列括号中三个字符分别表示单位根检验中包含截距、时间趋势项，以及包含的滞后阶数，前两项中 0 表示不含有截距项或时间趋势项。

从表 5－2 可以看出，所有变量的原始值，都不能拒绝存在单位根的原假设，因此都是非平稳的。而变量的一阶差分在 5%的显著性水平下则都是平稳的，因此可以认为所有的变量都是 $I(1)$过程。

为检验货币政策能否通过信贷市场途径达到货币政策目标(引起国民收入和物价水平的变化)，还需要对信贷渠道变量进行协整检验，以检验它们之间是否存在长期稳定关系。以下是需要检验的变量组：

a.（M1，DEBT，CPI）；b.（M2，DEBT，CPI）；c.（M1，DEBT，GDP）；d.（M2，DEBT，GDP）。我们以 a 组为例说明如何进行协整检验。

打开变量组(M1，DEBT，CPI)，点击“View”—“Cointegration Test”，会弹出如图 5－2 所示的窗口，由于大部分变量都具有明显的时间趋势，因此设定协整项和检验模

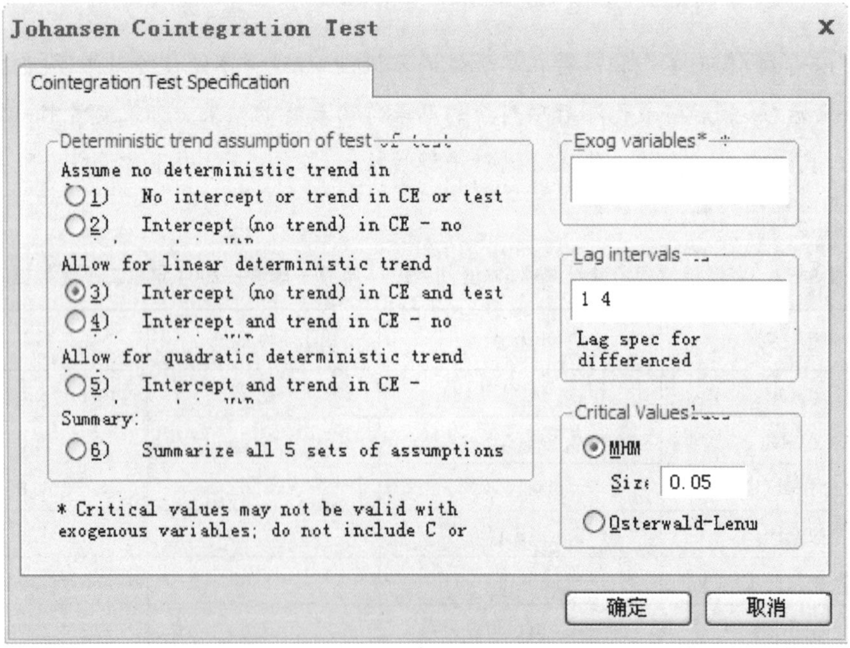

图 5－2　Johansen 协整检验形式设定

型中均含有截距项。根据极大似然比检验，确定滞后阶为4，不包括外生变量，点击"OK"，得到结果如表5-3所示。

表5-3　Johansen协整检验结果

Date: 02/28/15　Time: 20:56
Sample (adjusted): 1995Q2 2004Q2
Included observations: 37 after adjustments
Trend assumption: Linear deterministic trend
Series: M1 DEBT CPI
Lags interval (in first differences): 1 to 4

Unrestricted Cointegration Rank Test (Trace)

Hypothesized No. of CE(s)	Eigenvalue	Trace Statistic	0.05 Critical Value	Prob.**
None	0.372945	27.55809	29.79707	0.0887
At most 1	0.240788	10.28942	15.49471	0.2591
At most 2	0.002615	0.096864	3.841466	0.7556

Trace test indicates no cointegration at the 0.05 level
* denotes rejection of the hypothesis at the 0.05 level
**MacKinnon-Haug-Michelis (1999) p-values

可以看到，在5%的显著性下，我们得到的结论是不存在协整关系的。其他组的检验结果如表5-4所示。

表5-4　其他变量组协整检验结果

变量组	特征值	J统计量	5%临界值	假设的协整方程数
(M1,DEBT,GDP)	0.34 0.26 0.05	28.50 13.11 1.88	29.68 15.41 3.76	None 至多一个 至多两个
(M2,DEBT,GDP)	0.44 0.23 0.08	33.73 12.53 3.03	29.68 15.41 3.76	Nonc* 至多一个 至多两个
(M1,DEBT,CPI)	0.38 0.22 0.004	27.16 9.37 0.16	29.68 15.41 3.76	None 至多一个 至多两个

（续表）

变量组	特征值	J统计量	5%临界值	假设的协整方程数
(M2,DEBT,CPI)	0.43 0.27 0.13	37.66 17.09 5.20	29.68 15.41 3.76	None* 至多一个* 至多两个

注：* 表示在5%的显著性水平下拒绝原假设。

从表中可以看到，狭义货币M1与其他变量不存在协整关系，而广义货币M2则与其他变量存在协整关系，表明长期内不存在M1通过信贷市场途径影响GDP和物价水平的可能，但M2却存在这种可能。

第四节 误差修正模型

两个经济变量之间经常存在长期均衡关系式，但从短期来说可能是失衡的。借助误差纠正机制，一个期间的失衡部分就可以在下一期得到纠正。① 比如，一个期间的价格变化可能依赖于前一个期间的供求状况。误差修正机制（error correction mechanism）就是要调节长期行为和短期行为，因为误差修正模型（error correction model, ECM）的实用性，近年来日益被人们越来越多地应用在各种实证研究中。②

Granger和Weiss在1983年提出了一个著名的格兰杰表述定理（Granger Representation Theorem），该定理证明了如果因变量与自变量之间存在协整关系的话，那么两者之间的关系就可以用误差纠正模型予以表述。③ Engle和Granger于1987年提出了误差修正模型的完整定义，并加以推广。④

假设Y_t和X_t之间的长期关系式为：

$$Y_t = KX_t^{\beta_1} \tag{5.13}$$

① 误差修正这个概念由英国计量经济学者John Denis Sargan于1964年第一次提出。

② 误差修正模型的基本形式形成于1978年，由英国学者James Davidson、David Hendry、Frank Sba和Stephen Yeo共同完成，故该模型又称DHSY模型。参见Davidson J，Hendry D，Sba F，Yeo S. Econometric modelling of the aggregate time-series relationship between consumers' expenditure and income in United Kingdom[J]. *Economic Journal*，1978(89)：661－692.

③ Granger C W J，Weiss A A. Time series analysis of error-correction models[M]//Karlin S，Amemiya T，Goodman L A. *Studies in Econometrics*，*Time Series and Multivariate Statistics*. Academic Press，1983：255－278.

④ Engle R F，Granger C W J. Co-integration and error correction：representation，estimation，and testing[J]. *Econometrica*，1987，55：251－276.

其中,K 和 β_1 为估计常量。例如,Y 可以是商品的需求量,X 则是价格。β_1 就是 Y 对 X 的长期弹性。对式(5.13)两边取对数可得:

$$\ln Y_t = \ln K + \beta_1 \ln X_t \quad 或 \quad y_t = \beta_0^* + \beta_1 x_t \tag{5.14}$$

我们用小写字母表示对数,其中 $\beta_0^* = \ln K$。但是这种均衡情况在经济体系中是很少存在的。所以当 y 不处在均衡值的时候,等式两边就会有一个差额存在,即:

$$y_t - \beta_0^* - \beta_1 x_t \tag{5.15}$$

以此来衡量两个变量之间的偏离程度。当 X 和 Y 处于均衡的时候,这时误差值为零。

正如我们上面所提到的,由于 X 和 Y 通常处于非均衡状态,可以建立一个包含 X 和 Y 滞后项的短期或非均衡关系,假设采取如下形式:

$$y_t = b_0 + b_1 x_t + b_2 x_{t-1} + \mu y_{t-1} + \varepsilon_t,\ 0 < \mu < 1 \tag{5.16}$$

式(5.16)是基础的形式,只包括一阶滞后项,说明对于变量 X 的变化,变量 Y 需要一段时间进行调整。当然在实际中,可能会出现二阶或高阶滞后项。在这里,如果 $b_2 = 0$,则式(5.16)将变为一个简单的局部调整模型。

在对式(5.16)进行估计的时候,所面对的主要问题就是,其中的变量可能是不平稳的,因为如果这样的话,就不能运用 OLS 估计,否则将出现伪回归现象。对此,我们重新进行转化。两边分别减去 y_{t-1},得:

$$y_t - y_{t-1} = b_0 + b_1 x_t + b_2 x_{t-1} - (1-\mu) y_{t-1} + \varepsilon_t \tag{5.17}$$

并进一步进行变化:

$$y_t - y_{t-1} = b_0 + b_1 x_t - b_1 x_{t-1} + b_1 x_{t-1} + b_2 x_{t-1} - (1-\mu) y_{t-1} + \varepsilon_t$$

$$\Delta y_t = b_0 + b_1 \Delta x_t + (b_1 + b_2) x_{t-1} - \lambda y_{t-1} + \varepsilon_t \tag{5.18}$$

在这里 $\lambda = (1-\mu)$。我们对上式进行重新整理,得到:

$$\Delta y_t = b_0 + b_1 \Delta x_t - \lambda (y_{t-1} - \beta_1 x_{t-1}) + \varepsilon_t \tag{5.19}$$

其中,定义新变量 $\beta_1 = (b_1 + b_2)/\lambda$,并进一步进行变换得到:

$$\Delta y_t = b_1 \Delta x_t - \lambda (y_{t-1} - \beta_0 - \beta_1 x_{t-1}) + \varepsilon_t \tag{5.20}$$

其中,定义第二个新变量 $\beta_0 = b_0/\lambda$。根据式(5.20),Y 的当前变化决定于 X 的变换以及前期的非均衡程度,也就是说,前期的误差项对当期的 Y 值进行调整。所以式(5.20)就是一阶误差修正模型,也是最简单的形式。$\varepsilon_{t-1} = y_{t-1} - \beta_0 - \beta_1 x_{t-1}$ 表示系统对均衡状态的偏离程度,可以称之为“均衡误差”。在模型(5.20)中,$y_{t-1} - \beta_0 - \beta_1 x_{t-1}$ 描述了对均衡关系偏离的一种长期调节。这样在误差修正模型中,长期调节和短期调节的过程同样被考虑进去。因此，误差修正模型的优点在于它提供了解释长期关系和短期调节的途径。

实际操作中可以在协整检验的基础上继续进行，在得到残差 RESIDUAL 的平稳性检验后，对上一步的两个变量作差分，接着建模：

$$\Delta Y \quad C \quad \Delta X \quad \text{RESIDUAL}(-1)$$

为避免 OLS 中带来的自相关，通过 RESIDUAL(−1)前的系数来说明 ΔY 和 ΔX 的关系，如果 RESIDUAL(−1)前的系数是显著的，并且为负数，说明 X 和 Y 之间存在的长期稳定关系(即协整关系)制约着 X 和 Y 的变化，促使它们走向均衡。但如果该系数为正，则说明 ΔX 若有变动，ΔY 就会出现一个更剧烈的波动，这样短期内很难达到均衡，而经过长期累加后就更不可能实现均衡，因此是不符合金融经济理论的。

考虑当 $\Delta x_t = 0$ 且 $\varepsilon_{t-1} > 0$ 的时候，后者意味着 y_{t-1} 比均衡值高出很多。由于 $\lambda < 0$，那么 $\lambda\varepsilon_{t-1} < 0$，因此 $\Delta y_t < 0$。换句话说，如果 y_{t-1} 高于均衡值水平，那么在下一个时间段，y_{t-1} 会开始下降，误差值就会被慢慢修正，这就是所说的误差修正模型。当 $\varepsilon_{t-1} < 0$，则是完全相反的情况，整个机制都是相同的。

总之，误差修正模型包含了长期和短期的信息。长期的信息包含在 ε_{t-1} 项里，因为 β 仍然是长期乘数，且误差项来自 x 和 y 的回归方程。短期信息一部分显示在均衡误差项中，即当 y 处于非均衡状态时，在下一期里会由于误差项的调整慢慢向均衡值靠拢；另一部分信息来自 Δx_t，解释变量的概括。这一项表明，当 x 发生变化，y 也会相应地发生变化。

第五节 因果检验

金融、经济学中的一个常见问题就是确定一个变量的变化是否为另一个变量变化的原因。要想回答这类问题，就需要用到因果关系检验法。因果关系检验主要有两种：格兰杰(Granger)因果检验和希姆斯(Sims)检验，下面我们分别予以介绍。

一、格兰杰因果检验

格兰杰因果检验理论的基本思想是：对于变量 x 和 y，如果 x 的变化引起了 y 的变化，x 的变化应当发生在 y 的变化之前。即如果说“x 是引起 y 变化的原因”，则必须满足两个条件：第一，x 应该有助于预测 y，即在 y 关于 y 的过去值的回归中，添加

x 的过去值作为独立变量应当显著地增加回归的解释能力；第二，y 不应当有助于预测 x，其原因是如果 x 有助于预测 y，y 也有助于预测 x，则很可能存在一个或几个其他的变量，它们既是引起 x 变化的原因，也是引起 y 变化的原因。

要检验这两个条件是否成立，我们需要检验一个变量对预测另一个变量没有帮助的原假设。首先，检验“x 不是引起 y 变化的原因”的原假设，对下列两个回归模型进行估计。无假设条件回归：

$$Y=\sum_{i=1}^{m}\alpha_i Y_{t-i}+\sum_{i=1}^{m}\beta_i X_{t-i}+\varepsilon_t \tag{5.21}$$

有假设条件回归：

$$Y=\sum_{i=1}^{m}\alpha_i Y_{t-i}+\varepsilon_t \tag{5.22}$$

然后用各回归的残差平方和计算 F 统计值，检验系数 β_1，β_2，…，β_m 是否同时显著不为零。如果是这样，我们就拒绝“x 不是引起 y 变化的原因”的原假设。其中 F 统计值的构成为：

$$F=(N-K)\frac{RSS_R-RSS_{UR}}{q(RSS_{UR})} \tag{5.23}$$

其中，RSS_R 和 RSS_{UR} 分别为有限制条件回归和无限制条件回归的残差平方和，N 是观察个数，K 是无限制条件回归参数个数，q 是参数限制个数。该统计量服从 $F(q,N-K)$分布。显然，如果 F 统计值大于临界值，我们就拒绝原假设，得到 x 是引起 y 变化的原因；反之，接受原假设。

接下来，检验“y 不是引起 x 变化的原因”的原假设，作同样的回归估计，但是交换 x 与 y，检验 y 的滞后项是否显著不为零。要得到 x 是引起 y 变化的原因这一结论，我们必须拒绝原假设“x 不是引起 y 变化的原因”，同时接受原假设“y 不是引起 x 变化的原因”。

需要注意的是，格兰杰因果检验的结果对式(5.21)中滞后项数 m 是非常敏感的，m 值不同，得到的结果也有可能不同。为保证结果的正确性，一般来说，最好多试验几个不同的 m 值，以保证结果不受 m 选择的影响。还要注意这个因果关系检验的一个不足之处是第三个变量 z 也可能是引起 y 变化的原因，而且同时又与 x 相关。

二、希姆斯检验

希姆斯检验的思想是认为未来发生的变化不能影响现在。与格兰杰检验一样，有着比较直观的解释。其非限制性方程如下：

$$X_t = \gamma_0 + \sum_{i=1}^{n} \gamma_i X_{t-i} + \sum_{j=1}^{m} (\delta_j Y_{t+j} + \delta_{m+j} Y_{t-j}) \tag{5.24}$$

注意式(5.24)中 X 是因变量而非自变量。其中零假设是"Y 不是 X 的原因",采用了 Y_{t+1}, Y_{t+2}…,若 X 是 Y 的原因,则 $\delta_1=\delta_2=\cdots=\delta_j=0$ 不成立。希姆斯检验方法的缺点在于 m 的确定,m 多增加一个,自由度就会相应减少一个。

第六节　实例——金融数据的平稳性检验[①]

下面我们借用 EViews 来分析一下上海证券市场 A 股成分指数(简称 SHA)和深圳证券市场 A 股成分指数(简称 SZA)之间的关系,同时也通过这个实例来回顾一下 EViews 的使用。数据选取时间是 1993 年 1 月 1 日—1999 年 12 月 31 日。由于在第一章中我们已经介绍了在 EViews 软件中如何输入数据,在此我们不再介绍,而是直接对输入的数据进行检验。

一、对数据进行平稳性检验

在"workfile"中选择要检验的变量,右击,选择"Open",则此时可在弹出的窗口中对选中的变量进行检验。检验方法有以下几种:第一,画折线图:"View"—"Line Graph"。第二,画直方图:"View"—"Descriptive Statistic"—"Histogram and Stats";注意到图中的 J. B. 统计量,其越趋向于零,则图越符合正态分布,也就说明数据越平稳。第三,用 ADF 检验:方法一,"View"—"Unit Root Test";方法二,点击菜单中的"Quick"—"Series Statistic"—"Unit Root Test";分析原则即比较值的大小以及经验法则。

粗略观察数据并不平稳(如图 5-3 所示)。此时应对数据取对数(取对数的好处在于既可以将间距很大的数据转换为间距较小的数据,也便于后面取差分),再对新变量进行平稳性检验。点击 EViews 中的"Quick"—"Generate Series"键入"logsha=log(sha)"。此时,logsha 为一个新变量,对其进行平稳性检验方法如上,发现也是不平稳的(如图 5-4 所示)。

用 ADF 方法检验 logsha 和 logsza 的平稳性。通过比较检验值和不同显著性下的临界值来得出结论。如表 5-5 和表 5-6 所示,前者是对 SHA 检验结果,后者是对 SZA 检验结果。若检验值大于临界值,则得出数据不平稳;反之则平稳。

---

① 本例题数据可在上海财经大学出版社网站(http://www.sufep.com)下载,Excel 格式的文件名为 EX5.2.xls;EViews 生成的 wf1 格式的文件名为 EX5.2.wf1。

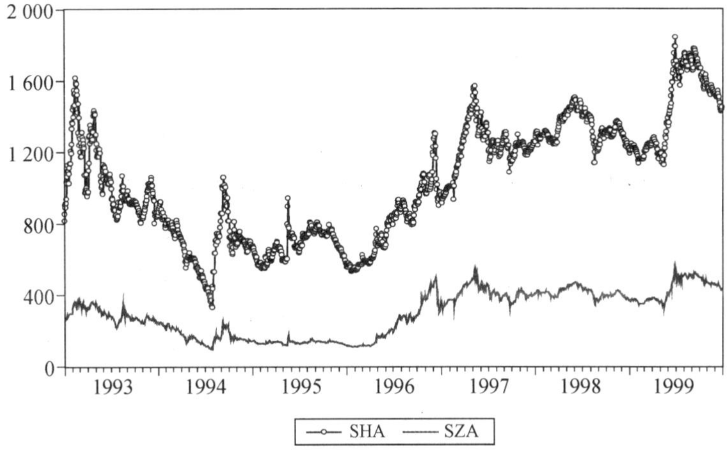

图 5－3　SHA 和 SZA 原始数值线形图

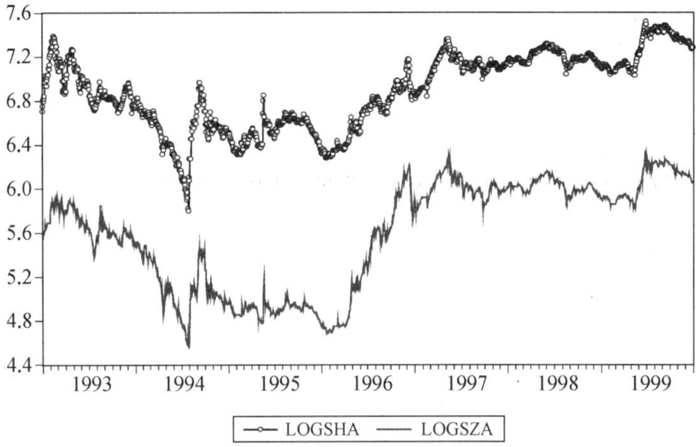

图 5－4　SHA 和 SZA 对数值线形图

表 5－5　SHA 对数值的 ADF 检验结果

Null Hypothesis: LOGSHA has a unit root

Exogenous: Constant

Lag Length: 4 (Fixed)

		t-Statistic	Prob.*
Augmented Dickey-Fuller test statistic		-1.795526	0.3831
Test critical values:	1% level	-3.433739	
	5% level	-2.862924	
	10% level	-2.567554	

*MacKinnon (1996) one-sided p-values.

（续表）

Augmented Dickey-Fuller Test Equation
Dependent Variable: D(LOGSHA)
Method: Least Squares
Date: 03/01/15 Time: 01:25
Sample (adjusted): 1/08/1993 12/31/1999
Included observations: 1821 after adjustments

Variable	Coefficient	Std. Error	t-Statistic	Prob.
LOGSHA(-1)	-0.003583	0.001995	-1.795526	0.0727
D(LOGSHA(-1))	-0.034725	0.023459	-1.480261	0.1390
D(LOGSHA(-2))	0.020525	0.023427	0.876128	0.3811
D(LOGSHA(-3))	0.065236	0.023404	2.787354	0.0054
D(LOGSHA(-4))	0.034323	0.023421	1.465476	0.1430
C	0.024892	0.013751	1.810156	0.0704

R-squared	0.008123	Mean dependent var	0.000254
Adjusted R-squared	0.005391	S.D. dependent var	0.029001
S.E. of regression	0.028923	Akaike info criterion	-4.245075
Sum squared resid	1.518313	Schwarz criterion	-4.226929
Log likelihood	3871.140	Hannan-Quinn criter.	-4.238380
F-statistic	2.972845	Durbin-Watson stat	2.001003
Prob(F-statistic)	0.011179		

表 5-6 SZA 对数值的 ADF 检验结果

Null Hypothesis: LOGSZA has a unit root
Exogenous: Constant
Lag Length: 4 (Fixed)

		t-Statistic	Prob.*
Augmented Dickey-Fuller test statistic		-1.236119	0.6608
Test critical values:	1% level	-3.433739	
	5% level	-2.862924	
	10% level	-2.567554	

*MacKinnon (1996) one-sided p-values.

（续表）

Augmented Dickey-Fuller Test Equation
Dependent Variable: D(LOGSZA)
Method: Least Squares
Date: 03/01/15　Time: 01:26
Sample (adjusted): 1/08/1993 12/31/1999
Included observations: 1821 after adjustments

Variable	Coefficient	Std. Error	t-Statistic	Prob.
LOGSZA(-1)	-0.001645	0.001331	-1.236119	0.2166
D(LOGSZA(-1))	-0.010639	0.023402	-0.454600	0.6495
D(LOGSZA(-2))	0.043671	0.023391	1.866982	0.0621
D(LOGSZA(-3))	0.033284	0.023393	1.422825	0.1550
D(LOGSZA(-4))	0.078284	0.023392	3.346659	0.0008
C	0.009404	0.007463	1.260037	0.2078

R-squared	0.009984	Mean dependent var	0.000252
Adjusted R-squared	0.007257	S.D. dependent var	0.027998
S.E. of regression	0.027897	Akaike info criterion	-4.317335
Sum squared resid	1.412468	Schwarz criterion	-4.299190
Log likelihood	3936.934	Hannan-Quinn criter.	-4.310641
F-statistic	3.660782	Durbin-Watson stat	2.001713
Prob(F-statistic)	0.002675		

二、协整检验

在前面我们已经介绍了如何在 EViews 中利用 Johansen 检验来确定变量间是否存在协整关系，因此在这里我们将只介绍如何在 EViews 中利用 AEG 检验确定变量间是否存在协整关系。

首先要提取残差：点击菜单中的“Quick”—“Estimate Equation”键入“logsha c logsza”。接着在弹出的窗口中点击“Procs”—“Make Residual Series”来对残差 resid01 进行提取和保存。然后对残差进行 ADF 检验（方法同上），得到结果如表 5-7 所示。你会发现数据通过了检验，残差 resid01 是平稳的。因此，logsha 同 logsza 有协整关系。

接下来以同样的方法协整 logsza c logsha，得到残差 resid02，经过检验也是平稳的（具体结果略）。

表 5-7 残差 ADF 检验结果

Null Hypothesis: RESID01 has a unit root

Exogenous: Constant

Lag Length: 4 (Fixed)

		t-Statistic	Prob.*
Augmented Dickey-Fuller test statistic		-4.132316	0.0009
Test critical values:	1% level	-3.433739	
	5% level	-2.862924	
	10% level	-2.567554	

*MacKinnon (1996) one-sided p-values.

Augmented Dickey-Fuller Test Equation

Dependent Variable: D(RESID01)

Method: Least Squares

Date: 03/01/15 Time: 01:46

Sample (adjusted): 1/08/1993 12/31/1999

Included observations: 1821 after adjustments

Variable	Coefficient	Std. Error	t-Statistic	Prob.
RESID01(-1)	-0.019808	0.004793	-4.132316	0.0000
D(RESID01(-1))	-0.089306	0.023497	-3.800810	0.0001
D(RESID01(-2))	-0.020115	0.023563	-0.853691	0.3934
D(RESID01(-3))	0.064304	0.023497	2.736735	0.0063
D(RESID01(-4))	0.022089	0.023396	0.944140	0.3452
C	9.14E-05	0.000476	0.192199	0.8476

R-squared	0.023020	Mean dependent var	8.71E-05
Adjusted R-squared	0.020329	S.D. dependent var	0.020512
S.E. of regression	0.020303	Akaike info criterion	-4.952841
Sum squared resid	0.748139	Schwarz criterion	-4.934695
Log likelihood	4515.561	Hannan-Quinn criter.	-4.946146
F-statistic	8.553192	Durbin-Watson stat	1.996742
Prob(F-statistic)	0.000000		

三、因果检验

在"workfile"中同时选中"logsha"和"logsza"，右击，选择"Open"—"As Group"，在弹出的窗口中点击"View"—"Granger Causality"并选择滞后阶数(此处我们根据以往的实证检验结果选择滞后值为 5)，结果如表 5-8 所示。

表 5-8　格兰杰因果检验结果

Pairwise Granger Causality Tests
Date: 03/01/15　Time: 01:49
Sample: 1/01/1993 12/31/1999
Lags: 5

Null Hypothesis:	Obs	F-Statistic	Prob.
LOGSZA does not Granger Cause LOGSHA	1821	3.60184	0.0030
LOGSHA does not Granger Cause LOGSZA		0.70399	0.6205

先看 F 检验值，如前所述，若 F 值大，则拒绝假设。在本例中即 logsza 是 logsha 变化的原因，而 logsha 不影响 logsza。同样的结论也可以从 Probability 中得到印证，如 $0.014\,79 < 0.05 < 0.672\,46$。同时我们还会发现，随着滞后阶数的取值变大，logsha 和 logsza 是互为因果的。

四、误差纠正机制 ECM

即使两个变量之间有长期均衡关系，但在短期内也会出现失衡(例如受突发事件的影响)。此时，我们可以用 ECM 来对这种短期失衡加以纠正。

具体做法是：首先要提取残差，接着点击"Quick"—"Estimate Equation"，在弹出的窗口中输入："d(sha)c d(losza)resid03(－1)"，"resid03"是从"sha c sza"中提取的残差。"resid03(－1)"中的"(－1)"指的是滞后一阶，结果如表 5-9 所示。

resid03(－1)的系数为－0.023 758，且通过了 t 检验(4.648 231＞2)，表明 SHA 的实际值与长期或均衡值之间的差异约有 2.375 8%得以纠正。从这里也可以看出 resid03(－1)的系数必须为负值。

从表面上看，深证 A 股对上证 A 股的影响要更强一点，上证 A 股对深证 A 股的依赖也更多一点，但总体来看两个市场的联系还是很紧密的。深证 A 股领先的原因可能是因为深圳的地理位置，与海外市场联系更密切一些，还有一种可能是与样本时间段有关。因此，海外市场大市变化的信息能够最先传递和影响到深圳市场，经过一

表 5－9　误差修正模型结果

Dependent Variable: D(SHA)
Method: Least Squares
Date: 03/01/15　Time: 02:00
Sample (adjusted): 1/04/1993 12/31/1999
Included observations: 1825 after adjustments

Variable	Coefficient	Std. Error	t-Statistic	Prob.
C	0.109030	0.468941	0.232503	0.8162
D(SZA)	2.462137	0.059863	41.12931	0.0000
RESID03(-1)	-0.021581	0.004824	-4.473995	0.0000

R-squared	0.484705	Mean dependent var	0.348548
Adjusted R-squared	0.484139	S.D. dependent var	27.89010
S.E. of regression	20.03164	Akaike info criterion	8.834145
Sum squared resid	731107.4	Schwarz criterion	8.843202
Log likelihood	-8058.157	Hannan-Quinn criter.	8.837486
F-statistic	856.9180	Durbin-Watson stat	2.172798
Prob(F-statistic)	0.000000		

段时间，才蔓延到内陆地区。从整体上看，就形成上证 A 股跟在深证 A 股后面变动的局面。而两个市场的投资者包括投资理念等各方面都是类似的，总体对价格信息的表现也大同小异，两个市场相关度很高也就可以理解了。

本章小结

本章主要介绍了经济时间序列存在的不平稳性，并提供了 DF 和 ADF 两种检验平稳性的方法。不平稳的序列容易导致伪回归问题，为了解决伪回归问题引出了协整检验，详细介绍了协整的概念和具体的协整检验过程。协整描述了变量之间的长期关系，为了进一步研究变量之间的短期均衡的存在，介绍了误差纠正模型。在讨论变量之间的因果关系的时候，介绍了格兰杰和希姆斯因果检验两种方法。

关键术语

随机过程　平稳性　伪回归　协整　误差修正机制　因果检验

思考题

1. 什么是白噪音？
2. 平稳序列具有什么样的特征？
3. 利用 ADF 检验确定序列平稳性的主要原理是什么？如何确定 ADF 检验模型的具体形式？
4. 什么是协整关系？判断序列间是否存在协整关系主要有哪几种方法？简要说明主要步骤。
5. 误差修正机制的主要原理是什么？
6. 因果检验主要有哪两种？简要说明步骤。

练习题

表 5－10 是 1985—2004 年我国货币供应量(M1)、国内生产总值(GDP)、物价指数(商品零售物价指数 P，以 1985 年为 100)的年度数据，请检验它们各自的平稳性。如果它们是同阶单整过程，请检验它们之间是否存在协整关系。

表 5－10　1985—2004 年我国 M1、GDP、P 数据

年份	1985	1986	1987	1988	1989	1990	1991	1992	1993	1994
M1	3341	4232	4949	5986	6382	6951	8633	11732	16280	20541
GDP	8964	10202	11963	14928	16909	18548	21618	26638	34634	46759
P	100	106	113.7	134.8	158.8	162.1	166.8	175.8	199	242.2
年份	1995	1996	1997	1998	1999	2000	2001	2002	2003	2004
M1	23987	28515	34826	38954	45837	53147	59872	70882	84119	95971
GDP	58478	67884	74463	78345	82068	89468	97315	105172	117252	136876
P	278	294.9	297.3	289.5	280.9	276.7	274.5	270.9	270.6	281.2

延伸阅读

第六章　动态模型

本章要点

ARDL 模型的概念、优点、结构与构造。

ARIMA 类模型的概念。

AR 模型稳定性的条件，AR 模型和 MA 模型的相互转化。

AR 模型、MA 模型、ARMA 模型自相关函数、偏自相关函数的特点。

信息准则的基本原理。

VAR 模型的概念、构造及格兰杰因果检验、脉冲响应。

GARCH 类模型的概念。

ARCH 效应的检验。

本章导读

第一节　ARDL 模型的概念和构造

一、ARDL 模型的概念

ARDL(autoregressive distributed lag)模型称为自回归分布滞后模型。David Hendry 教授等人率先提出了对动态模型的设定[①]，Hashem Pesaran 教授等人编写了

---

① Hendry D F. *Dynamie Econometrics*[M]. Oxford University Press，1995.

计量软件 Microfit，可用来对 ARDL 模型进行方便的估计，这也是 Microfit 相对于其他计量经济学软件的一个显著优点。本节我们将运用 Microfit 软件，结合实例讲述怎样用 ARDL 模型建模。

（一）ARDL 模型的优点

当检验时间序列变量之间的长期动态关系时（比如说我们想知道消费支出与可支配收入、物价水平之间的长期关系），首先要对序列进行平稳性检验。如果不进行平稳性检验，很可能产生伪回归，得出的结果是不可靠的。然而很多时间序列变量都是不平稳的（比如收入和消费支出都有一个随时间不断增长的趋势），对于非平稳变量之间是否存在长期稳定关系的疑问，则要进行协整（cointegration）检验。而进行协整检验的前提，就是变量必须为同阶单整过程。如 x 与 y 同为 $I(1)$ 过程（一次差分后平稳），或同为 $I(0)$ 过程（平稳过程）。但很多时候，x 与 y 并非同阶单整过程，如 x 为 $I(0)$ 过程，y 为 $I(1)$ 过程，抑或相反。很多时候，甚至不能准确地判断变量是否平稳（请读者回忆关于序列平稳性的 ADF 检验时，所取的滞后阶数不同，会得到不同的结论）。这时该怎么办呢？问题和解决问题的办法是同时产生的。ARDL 模型的一大优点，就是我们不用管变量是否同为 $I(0)$ 过程，或同为 $I(1)$ 过程，都可以用 ARDL 模型来检验变量之间的长期关系，而这是标准的协整检验所做不到的。

（二）ARDL 模型的结构

一个典型的 ARDL$(p, q_1, q_2, \cdots, q_k)$ 模型结构如下：

$$\phi(L, p)y_t = \sum_{i=1}^{k}\beta_i(L, q_i)x_{it} + \delta w_t + u_t \tag{6.1}$$

其中，

$$\phi(L, p) = 1 - \phi_1 L - \phi_2 L^2 - \cdots - \phi_p L^p \tag{6.2}$$

$$\beta_i(L, q_i) = 1 - \beta_{i1} L - \beta_{i2} L^2 - \cdots - \beta_{iq_i} L^{q_i} \tag{6.3}$$

其中，p 表示 y_t 滞后的阶数，q_i 表示第 i 个自变量 x_{it} 滞后的阶数，$i = 1, 2, \cdots, k$。L 是滞后算子（lag operator），它可用下式定义：$Ly_t = y_{t-1}$，w_t 是 s 行 1 列的确定向量，例如截距项、季节性虚拟变量、时间趋势、固定滞后阶数的外生变量等等。首先，Microfit 软件用普通最小二乘法估计所有可能的值：$p = 0, 1, 2, \cdots, m$；$q_i = 0, 1, 2, \cdots, m$；$i = 1, 2, \cdots, k$。一共有 $(m+1)^{k+1}$ 个不同的 ARDL 模型。[①] 最大的滞后项 m 由研究者根据需要选择。所有的模型在相同的样本期估计，即 $t = m+1, m+2, \cdots, n$。

然后，在所有估计的 $(m+1)^{k+1}$ 个模型中选择一个，选择的标准有以下几种：一

① 包括 y 在内，共有 $k+1$ 个变量，每个变量的滞后阶数从 0 到 m，共有 $m+1$ 种取法，所以全部共有 $(m+1)^{k+1}$ 个不同的模型。

是 AIC 准则；二是调整的 R^2 准则，即 $\bar{R}^2$；三是 Schwarz Bayesian 准则，即 SC 准则(我们将在下一节对信息准则详细介绍)。这三个准则都对模型中随意添加的解释变量进行惩罚。选定 ARDL 模型之后，程序会计算出该模型各变量之间长期关系的系数，以及它们渐进的标准误差。程序也提供了与该 ARDL 模型相对应的误差修正模型(ECM)的估计。

二、ARDL 建模的基本方法

ARDL 建模的方法包括两个阶段。

(1) 首先建立与该 ARDL 模型相对应的误差修正模型(ECM)，并计算出 ECM 模型中的 F 统计量。F 统计量用来检验 ECM 模型中的滞后水平变量(lagged levels of the variables)是否联合显著，从而可以用此 F 统计量来判断变量间是否存在长期稳定的关系。

然而，F 统计量的渐近分布是非标准的，不管解释变量是 $I(0)$ 还是 $I(1)$。Pesaran(1996)已经计算出了对应于不同个数的回归项(最多 k 个)的 F 统计量的临界值表，该表包括了 ARDL 模型中是否含有截距项和(或)趋势项等各种情况①。对于每一个模型，该表提供了一个临界值范围，参见附表 5。

如果计算出的 F 统计量落在临界值范围之外，那么我们就可以得出肯定的结论，而不用去管基本变量是 $I(0)$ 还是 $I(1)$。具体情况是：如果 F 统计量大于临界值上界，那么就拒绝变量间无长期关系的原假设，认为变量间存在长期关系；如果 F 统计量小于临界值下界，那么就无法拒绝变量间无长期关系的原假设。

如果计算出的 F 统计量落在临界值范围之内，那么结论是不肯定的。它依赖于基本变量是 $I(0)$ 还是 $I(1)$，这种情况下可能还要进行单位根检验。

(2) 运用 ARDL 模型，估计变量之间长期关系的系数。注意，只有当能够确定第一步所估计的变量间的长期关系是肯定存在的，而不是伪回归时，才能进行第二步的工作。

三、实例——ARDL 模型在金融数据中的应用

我们将运用 ARDL 模型研究美国非耐用消费品支出 LC(取对数形式)与真实可支配收入 LY(取对数形式)、通货膨胀率 DP 之间的关系，数据为 1960 年第一季度—1994 年第一季度的季度数据。②

---

① Pesaran H. Bounds testing approaches in the analysis of level relationships[J]. *Journal of Applied Econometrics*, 2001(16): 289－326.

② 此数据取自 Microfit 软件自带的文件 uscon. fit。案例取自 Microfit 操作手册中的协整分析教例。Pesaran M H, Pesaran B. *Working with Microfit 4.0: Interactive Econometric Analysis (Windows version)*[M]. Oxford University Press, 1997.

ARDL 模型的主要优点在于不管回归项是 $I(0)$ 还是 $I(1)$，都可以进行检验和估计。而进行标准的协整分析前，必须把变量分类成 $I(0)$ 和 $I(1)$。

首先，调用 Microfit 软件读入该数据文件。对原始数据进行取对数作差分的处理。

由于观测值是季度数据，ARDL 模型中最大滞后阶数取 4 阶，利用 1960 年第一季度—1992 年第四季度的样本区间，对 1993 年第一季度—1994 年第一季度的数据进行预测。

对应于 ARDL(4，4，4)中变量 LC、LY 和 DP 的误差修正模型(ECM)如下：

$$DLC_t = a_0 + \sum_{i=1}^{4} b_i DLC_{t-i} + \sum_{i=1}^{4} d_i DLY_{t-i} + \sum_{i=1}^{4} e_i DPI_{t-i} + \delta_1 LC_{t-1} + \delta_2 LY_{t-1} + \delta_3 PI_{t-1} + u_t \tag{6.4}$$

检验的原假设是：变量间不存在稳定的长期关系。即 H_0：$\delta_1 = \delta_2 = \delta_3 = 0$，备择假设是 H_1：$\delta_1 \neq 0$ 或 $\delta_2 \neq 0$ 或 $\delta_3 \neq 0$。

检验 δ_1，δ_2，δ_3 联合显著的统计量就是我们熟悉的 F 统计量。为了计算 F 统计量，在 Microfit 中选择 Single，在编辑窗中输入：

DLC INPT DLC{1—4} DLY{1—4} DPI{1—4}

选择估计样本期 1960 年第一季度—1992 年第四季度，按“start”，然后按“OK”，就得到了用 OLS 估计的一阶差分的回归结果，这个结果对我们没有直接的用途。按“close”回到选择菜单，选“2. Move to hypothesis testing menu”(如图 6-1 所示)。

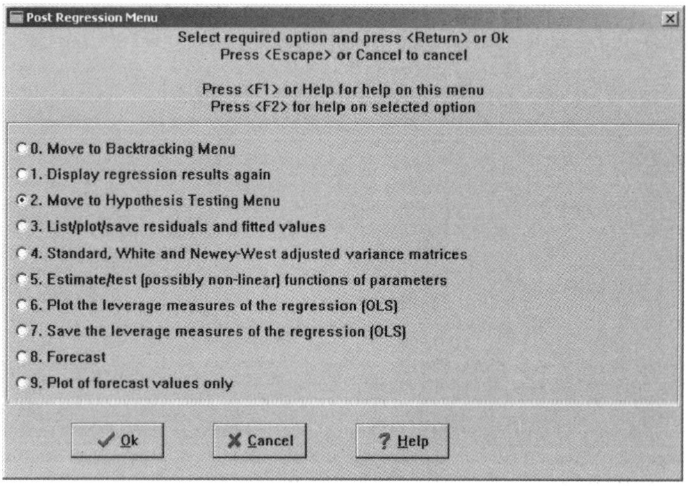

图 6-1 选择假设检验

按“OK”出现如图 6-2 所示的窗口。

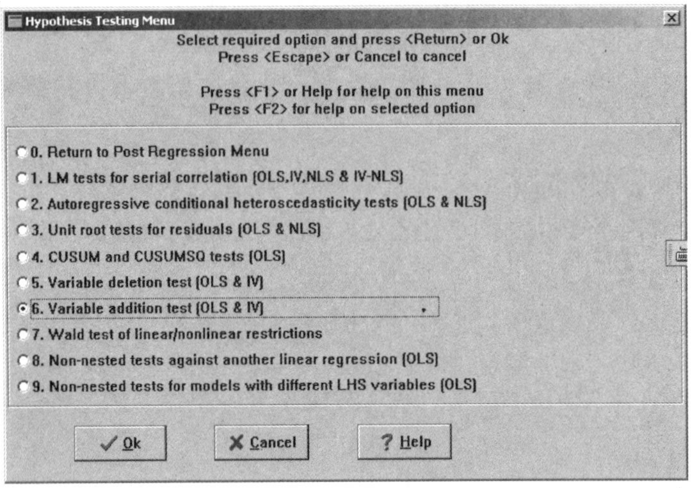

图 6-2　假设检设窗口

选"6. Variable addition test"，按"Ok"后在"Input text"窗口中输入长期变量的滞后值：

LC(−1)　LY(−1)　PI(−1)

按"OK"后出现如图 6-3 所示的估计结果。

```
                         Variable Addition Test (OLS case)
******************************************************************************
 Dependent variable is DLC
 List of the variables added to the regression:
 LC(-1)          LY(-1)          PI(-1)
 126 observations used for estimation from 1961Q3 to 1992Q4
******************************************************************************
 Regressor              Coefficient       Standard Error          T-Ratio[Prob]
 INPT                       .18833            .061053             3.0847[.003]
 DLC(-1)                    .22537             .10246             2.1996[.030]
 DLC(-2)                  -.045573             .10512            -.43353[.665]
 DLC(-3)                    .20189             .10364             1.9480[.054]
 DLC(-4)                  -.067611            .098364            -.68736[.493]
 DLY(-1)                    .10464            .072392             1.4455[.151]
 DLY(-2)                  -.087969            .074826            -1.1757[.242]
 DLY(-3)                  -.012725            .075130            -.16937[.866]
 DLY(-4)                  -.082102            .071981            -1.1406[.257]
 DPI(-1)                    .24041             .11833             2.0316[.045]
 DPI(-2)                    .29154             .12176             2.3943[.018]
 DPI(-3)                   .025833             .11587             .22296[.824]
 DPI(-4)                   .034089            .095690             .35624[.722]
 LC(-1)                    -.12997            .046251            -2.8101[.006]
 LY(-1)                    .088399            .032299             2.7369[.007]
 PI(-1)                    -.31301            .091620            -3.4164[.001]
******************************************************************************
 Joint test of zero restrictions on the coefficients of additional variables:
 Lagrange Multiplier Statistic     CHSQ( 3)=  16.2601[.001]
 Likelihood Ratio Statistic        CHSQ( 3)=  17.4093[.001]
 F Statistic                    F(  3, 110)=   5.4329[.002]
******************************************************************************
```

图 6-3　假设检验结果

F 统计量出现在该结果的最后一行。F 统计量用于检验原假设：所有水平变量的系数为零（即水平变量之间不存在长期关系），我们记作 $F(LC \mid LY, PI)=5.43$。在原假设 H_0：$\delta_1=\delta_2=\delta_3=0$ 成立时，F 统计量服从一个非标准的分布，而不管 LC、LY 和 PI 是 $I(0)$ 还是 $I(1)$ 过程。Pesaran 已经计算出了该检验的临界范围表，参见附表 5。查表可知，在 95%的置信水平该 F 统计量的范围在 3.793～4.855。因为 $F(LC \mid LY, PI)=5.43$ 超出了临界值上界，我们就能拒绝 LC、LY 和 PI 之间没有长期关系的原假设，而不管它们是 $I(0)$ 还是 $I(1)$ 过程。

以上我们已经证明 LY 和 PI 对 LC 有长期的影响。同时，我们还要考虑 LC 和 PI 对 LY 是否有长期的影响，以及 LC 和 LY 对 PI 是否有长期的影响。重复以上的过程，只是把因变量 DLC 分别替换成 DLY 和 DPI，我们可以得到以下结果：

$$F(LY \mid LC, PI)=2.631, \quad F(PI \mid LY, LC)=1.359$$

以上两个统计量都低于临界范围的下界 3.793，从而我们无法拒绝原假设：在 DLY 和 DPI 作为因变量的方程中，加入长期变量是不显著的。同样，该结论的成立不依赖它们是 $I(0)$ 还是 $I(1)$ 过程。

以上的检验结果显示：LC 和 LY、PI 之间存在长期关系，LY 和 PI 对 LC 有长期的影响。

现在，我们用 Microfit 软件中的 ARDL 选项来估计变量间的长期系数以及相应的误差修正模型 ECM。在"Univariate"菜单中选择"6. ARDL approach to cointegration"，清空编辑窗口，然后键入：

LC　LY　PI　&　INPT

选择样本期 1960 年第一季度到 1992 年第四季度进行估计，最大滞后值取 4，按"Start"。Microfit 软件估计了 125 个回归方程，即共 $(4+1)^{2+1}$ 个回归方程，并提供了如图 6-4 所示的选择菜单。

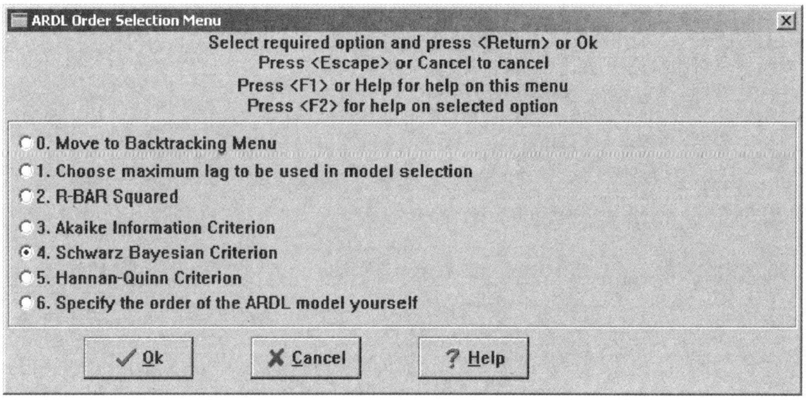

图 6-4　ARDL 选择菜单

用 SBC 准则选择的模型为 ARDL(1,2,0),用 AIC 准则选择的模型为 ARDL(2,2,3),估计的变量之间长期关系的系数如图 6-5 和图 6-6 所示。

```
                 Autoregressive Distributed Lag Estimates
         ARDL(1,2,0) selected based on Schwarz Bayesian Criterion
*******************************************************************************
 Dependent variable is LC
 127 observations used for estimation from 1961Q2 to 1992Q4
*******************************************************************************
 Regressor              Coefficient       Standard Error         T-Ratio[Prob]
 LC(-1)                      .91210             .035045          26.0265[.000]
 LY                          .28429             .056735           5.0108[.000]
 LY(-1)                   -.031577             .077772          -.40603[.685]
 LY(-2)                    -.19179             .054818          -3.4986[.001]
 PI                        -.22807             .057159          -3.9901[.000]
 INPT                       .11742             .046931           2.5019[.014]
*******************************************************************************
 R-Squared                     .99925   R-Bar-Squared                    .99922
 S.E. of Regression          .0056198   F-stat.    F(  5, 121)   32083.0[.000]
 Mean of Dependent Variable    6.6849   S.D. of Dependent Variable       .20060
 Residual Sum of Squares     .0038214   Equation Log-likelihood        480.9132
 Akaike Info. Criterion      474.9132   Schwarz Bayesian Criterion     466.3807
 DW-statistic                  1.7919   Durbin's h-statistic      1.2766[.202]
*******************************************************************************
```

图 6-5　ARDL(1,2,0)估计结果

```
                 Autoregressive Distributed Lag Estimates
        ARDL(2,2,3) selected based on Akaike Information Criterion
*******************************************************************************
 Dependent variable is LC
 127 observations used for estimation from 1961Q2 to 1992Q4
*******************************************************************************
 Regressor              Coefficient       Standard Error         T-Ratio[Prob]
 LC(-1)                      .99052             .088563          11.1843[.000]
 LC(-2)                     -.11651             .085463          -1.3633[.175]
 LY                          .26694             .056676           4.7098[.000]
 LY(-1)                   -.012513             .077669          -.16110[.872]
 LY(-2)                    -.16621             .060825          -2.7326[.007]
 PI                        -.18461             .080063          -2.3058[.023]
 PI(-1)                    .085733             .089530           .95759[.340]
 PI(-2)                    .063324             .086584           .73136[.466]
 PI(-3)                    -.25269             .078663          -3.2123[.002]
 INPT                       .15989             .047712           3.3511[.001]
*******************************************************************************
 R-Squared                     .99932   R-Bar-Squared                    .99927
 S.E. of Regression          .0054148   F-stat.    F(  9, 117)   19200.3[.000]
 Mean of Dependent Variable    6.6849   S.D. of Dependent Variable       .20060
 Residual Sum of Squares     .0034305   Equation Log-likelihood        487.7664
 Akaike Info. Criterion      477.7664   Schwarz Bayesian Criterion     463.5455
 DW-statistic                  1.9835
*******************************************************************************
```

图 6-6　ARDL(2,2,3)估计结果

两个模型估计的结果很近似。但是可以看出,用 AIC 准则选择的模型 ARDL(2,2,3)估计的标准误差(standard error)要比用 SBC 准则选择的模型 ARDL(1,2,0)估计的标准误差小。

要得到长期估计的误差修正模型 ECM,在"Post ARDL Model Selection Menu"

中选 3(如图 6－7 所示)。

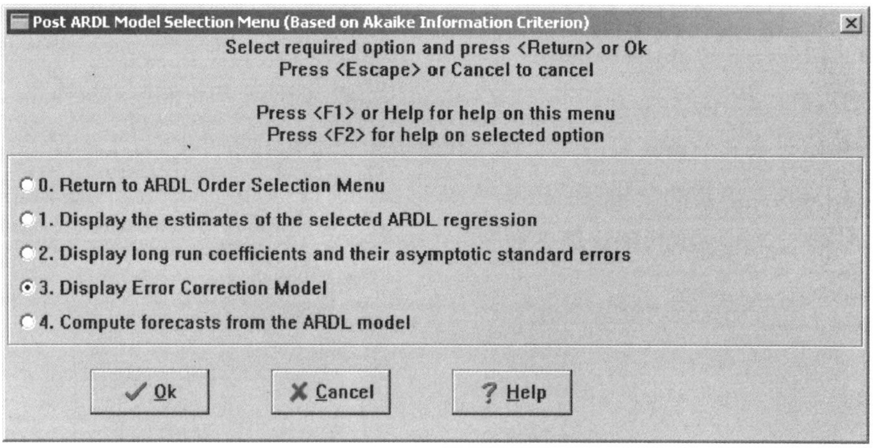

图 6－7　选择建立误差修正模型

用 AIC 准则选择的误差修正模型的结果如图 6－8 所示。

```
          Error Correction Representation for the Selected ARDL Model
          ARDL(2,2,3) selected based on Akaike Information Criterion
*******************************************************************************
 Dependent variable is dLC
 127 observations used for estimation from 1961Q2 to 1992Q4
*******************************************************************************
 Regressor              Coefficient       Standard Error         T-Ratio[Prob]
 dLC1                       .11651             .085463            1.3633[.175]
 dLY                        .26694             .056676            4.7098[.000]
 dLY1                       .16621             .060825            2.7326[.007]
 dPI                       -.18461             .080063           -2.3058[.023]
 dPI1                       .18936             .087764            2.1576[.033]
 dPI2                       .25269             .078663            3.2123[.002]
 dINPT                      .15989             .047712            3.3511[.001]
 ecm(-1)                   -.12599             .036172           -3.4832[.001]
*******************************************************************************
 List of additional temporary variables created:
 dLC = LC-LC(-1)
 dLC1 = LC(-1)-LC(-2)
 dLY = LY-LY(-1)
 dLY1 = LY(-1)-LY(-2)
 dPI = PI-PI(-1)
 dPI1 = PI(-1)-PI(-2)
 dPI2 = PI(-2)-PI(-3)
 dINPT = INPT-INPT(-1)
 ecm = LC   -.70016*LY +   2.2877*PI   -1.2690*INPT
*******************************************************************************
 R-Squared                     .46234   R-Bar-Squared                   .42098
 S.E. of Regression          .0054148   F-stat.    F(  7, 119)   14.3727[.000]
 Mean of Dependent Variable  .0055870   S.D. of Dependent Variable    .0071160
 Residual Sum of Squares     .0034305   Equation Log-likelihood       487.7664
 Akaike Info. Criterion      477.7664   Schwarz Bayesian Criterion    463.5455
 DW-statistic                  1.9835
*******************************************************************************
 R-Squared and R-Bar-Squared measures refer to the dependent variable
 dLC and in cases where the error correction model is highly
 restricted, these measures could become negative.
```

图 6－8　AIC 准则选定的误差修正模型结果

除了 dLC1 的系数外,其他系数都是统计显著的。ARDL 模型也通过了所有的诊断检验。误差修正项 ECM 的系数,估计为−0.125 99(0.036 172),是统计上高度显著的,并且有正确的符号(负号)。这表明了一个向均衡收敛的合适的速度。误差修正项系数越大(绝对值),表明经济受到冲击以后(once shocked),向均衡回复的速度越快。

在给定过去和当前真实可支配收入和通货膨胀变化的条件下,以上的误差修正模型也能用来预测消费的变化,在"Post ARDL Model Selection Menu"中选 4(如图 6-9 所示),然后点击"OK",得到结果如图 6-10 所示。

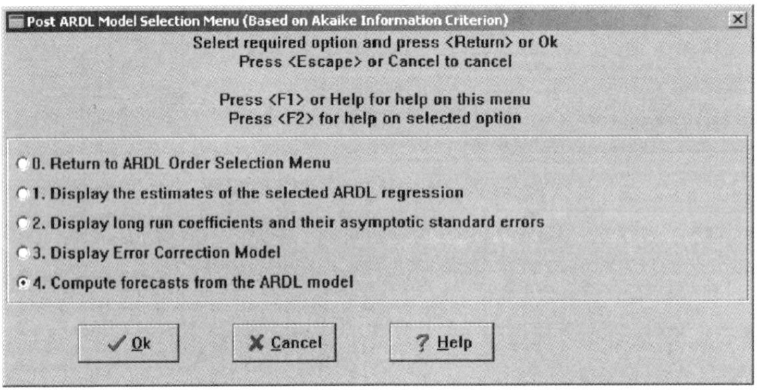

图 6-9 选择利用 ARDL 模型预测

```
                    Dynamic forecasts for the change in LC
*******************************************************************************
 Based on 127 observations from 1961Q2 to 1992Q4.
 ARDL(2,2,3) selected using Akaike Information Criterion.
 Dependent variable in the ARDL model is LC included with a lag of 2.
 List of other regressors in the ARDL model:
 LY              LY(-1)          LY(-2)          PI              PI(-1)
 PI(-2)          PI(-3)          INPT
*******************************************************************************
 Observation             Actual               Prediction             Error
  1993Q1               -.0053759               .0034962            -.0088721
  1993Q2                .0065768               .0026170             .0039598
  1993Q3                .0090587               .0078788             .0011798
  1993Q4                .0066042               .0048395             .0017647
  1994Q1                 .010188               .0078575             .0023304
*******************************************************************************

              Summary Statistics for Residuals and Forecast Errors
*******************************************************************************
                       Estimation Period             Forecast Period
                        1961Q2 to 1992Q4            1993Q1 to 1994Q1
*******************************************************************************
 Mean                       -.1712E-8                  .7253E-4
 Mean Absolute               .0040512                  .0036214
 Mean Sum Squares            .2701E-4                  .2087E-4
 Root Mean Sum Squares       .0051973                  .0045679
*******************************************************************************
```

图 6-10 预测结果

预测期间(1993Q1 to 1994Q1)误差平方和均值的平方根(root mean sum

squares)大约为每季度 0.45%，优于估计期间(1961Q2 to 1992Q4)0.519%的水平。然而，模型没有预测到 1993 年第一季度非耐用品消费支出的下降。

第二节　ARIMA 模型的概念和构造

前面我们所建立的回归模型都是以经济金融理论为基础的，即根据经济金融理论找出对某变量有影响的其他变量，建立合适的模型，然后收集数据对模型进行估计。但在很多情况下这种建模思想是行不通的，因为根据经济理论对因变量有影响的某些因素我们可能无法观测或度量；或者虽然可以观测或度量，但得到的数据频率可能会大大低于因变量的数据频率，例如因变量可以是每日股票收盘价格构成的序列，而自变量可能是一些宏观经济变量，其数据频率最高也是月度数据。在此情况下，我们将引入一种新的建模思想：不采用其他变量，而是因变量仅对它的滞后值以及随机误差项的现值和滞后值回归。之所以这么做，是因为因变量滞后值、随机误差项的滞后值中已经包含了有关某些我们无法观察的变量对因变量影响的信息，对滞后项回归相当于间接利用了这些信息。利用这种建模思想所得到的模型就是我们将要介绍的自回归单整移动平均模型(autoregressive integrated moving average models，简称 ARIMA 模型)。

一、ARIMA 模型的概念

所谓 ARIMA 模型，是指将非平稳时间序列转化为平稳时间序列，然后将因变量仅对它的滞后值以及随机误差项的现值和滞后值进行回归所建立的模型。ARIMA 模型根据原序列是否平稳以及回归中所含部分的不同，包括移动平均过程(MA)、自回归过程(AR)、自回归移动平均过程(ARMA)以及 ARIMA 过程，下面我们将分别予以介绍。

(一) 移动平均过程

一个 q 阶的移动平均过程可用下式表示：

$$Y_t = u + \varepsilon_t + \theta_1 \varepsilon_{t-1} + \theta_2 \varepsilon_{t-2} + \cdots + \theta_q \varepsilon_{t-q} \tag{6.5}$$

其中，u 为常数项，$\{\varepsilon_t\}$为白噪音过程。从式(6.5)中可以看出，Y_t 是当期误差项和滞后 q 期前误差项值的加权平均，这也是移动平均过程名称的由来。为简便起见，式(6.5)可写为：

$$Y_t = u + \sum_{i=1}^{q} \theta_i \varepsilon_{t-i} + \varepsilon_t \tag{6.6}$$

我们还可以引入滞后算子 L，则式(6.5)可以写成：

$$Y_t = u + \sum_{i=1}^{q}\theta_i L^i \varepsilon_t + \varepsilon_t \tag{6.7}$$

或 $Y_t = u + \theta(L)\varepsilon_t$，其中 $\theta(L) = 1 + \theta_1 L + \theta_2 L^2 + \cdots + \theta_q L^q$。

下面我们来看 MA(q)过程的一些特征。

$$\mathrm{E}(Y_t) = u + \mathrm{E}(\varepsilon_t) + \theta_1 \times \mathrm{E}(\varepsilon_{t-1}) + \theta_2 \times \mathrm{E}(\varepsilon_{t-2}) + \cdots + \theta_q \times \mathrm{E}(\varepsilon_{t-q}) = u \tag{6.8}$$

$$\begin{aligned}\mathrm{var}(Y_t) = \mathrm{E}(Y_t - u)^2 &= \mathrm{E}(\varepsilon_t + \theta_1\varepsilon_{t-1} + \theta_2\varepsilon_{t-2} + \cdots + \theta_q\varepsilon_{t-q})^2 \\ &= \sigma^2 + \theta_1^2\sigma^2 + \theta_2^2\sigma^2 + \cdots + \theta_q^2\sigma^2 \\ &= (1 + \theta_1^2 + \theta_2^2 + \cdots + \theta_q^2)\sigma^2\end{aligned} \tag{6.9}$$

方程推导第二步到第三步利用了各期 ε 不相关这一条件。

Y_t 的 k 阶自协方差：

$$\begin{aligned}\gamma_k &= \mathrm{E}[(Y_t - u) \times (Y_{t-k} - u)] \\ &= \mathrm{E}[(\varepsilon_t + \theta_1\varepsilon_{t-1} + \theta_2\varepsilon_{t-2} + \cdots + \theta_q\varepsilon_{t-q}) \times (\varepsilon_{t-k} + \theta_1\varepsilon_{t-k-1} + \theta_2\varepsilon_{t-k-2} + \cdots \\ &\quad + \theta_q\varepsilon_{t-k-q})]\end{aligned} \tag{6.10}$$

(1) 当 $k > q$ 时，上式中没有同期的 ε，由不同期的 ε 不相关，

$$\gamma_k = 0$$

(2) 当 $k < q$ 时，

$$\begin{aligned}\gamma_k &= \theta_k\sigma^2 + \theta_1\theta_{k+1}\sigma^2 + \theta_2\theta_{k+2}\sigma^2 + \cdots + \theta_q\theta_{q-k}\sigma^2 \\ &= (\theta_k + \theta_1\theta_{k+1} + \theta_2\theta_{k+2} + \cdots + \theta_q\theta_{q-k})\sigma^2\end{aligned} \tag{6.11}$$

可以看到，对于任意的 θ_1，θ_2，…，θ_q，MA(q) 是平稳的。

(二) 自回归过程

一个 p 阶的自回归(AR)过程可以用下式表示：

$$Y_t = c + \phi_1 Y_{t-1} + \phi_2 Y_{t-2} + \cdots + \phi_p Y_{t-p} + v_t \tag{6.12}$$

其中，$\{v_t\}$为白噪音过程。可以看到，Y_t 的值取决于自身 p 阶前的滞后值以及当期的随机误差项，同 MA(q)过程一样，AR 过程也可以写成如下的形式：

$$Y_t = c + \sum_{i=1}^{p}\phi_i Y_{t-i} + v_t \tag{6.13}$$

如果引入滞后算子，则式(6.12)可写成：

$$Y_t = c + \sum_{i=1}^{p} \phi_i L^i Y_t + v_t \tag{6.14}$$

或 $\phi(L)Y_t = c + v_t$，其中 $\phi(L) = 1 - \phi_1 L - \phi_2 L^2 - \cdots - \phi_p L^p$。

在对 AR(p)过程的一些特征进行描述之前，我们首先必须确定一个条件：即AR(p)过程是平稳的。因为如果不平稳，模型就会展现出一些有违金融、经济理论的现象，例如随时间推移误差项滞后值某冲击对因变量的影响会逐渐增大，这与实际是不符的。在 MA(q)过程中，我们看到无论参数取何值，它都是平稳的，但对于一个AR(p)过程则不然，它的参数必须满足一定的条件，序列才是平稳的。

对于一个 AR(p)过程，

$$\phi(L)Y_t = c + v_t$$

其中，$\phi(L) = 1 - \phi_1 L - \phi_2 L^2 - \cdots - \phi_p L^p$。

如果方程 $1 - \phi_1 Z - \phi_2 Z^2 - \cdots - \phi_p Z^p = 0$ 的根全部落在单位圆之外，则该 AR(p)过程是平稳的。其中该方程叫作 AR(p)过程的特征方程，而方程的根叫作 AR(p)过程的特征根。下面我们来推导 AR(p)过程的一些特征。

首先看均值，对式(6.12)两边取期望，我们有

$$\mathrm{E}(Y_t) = c + \phi_1 \mathrm{E}(Y_{t-1}) + \phi_2 \mathrm{E}(Y_{t-2}) + \cdots + \phi_p \mathrm{E}(Y_{t-p}) + \mathrm{E}(v_t) \tag{6.15}$$

可知，$\mathrm{E}(v_t) = 0$，Y_t，Y_{t-1}，Y_{t-2}，…，Y_{t-p} 的无条件期望是相等的，若设为 u，则可得到：

$$u = c + \phi_1 u + \phi_2 u + \cdots + \phi_p u \tag{6.16}$$

则

$$u = \frac{c}{1 - (\phi_1 + \phi_2 + \cdots + \phi_p)} \text{①} \tag{6.17}$$

再看方差和协方差，由式(6.16)，我们可以得到：

$$c = u - \phi_1 u - \phi_2 u - \cdots - \phi_p u$$

代入式(6.12)，可以得到：

$$Y_t - u = \phi_1 (Y_{t-1} - u) + \phi_2 (Y_{t-2} - u) + \cdots + \phi_p (Y_{t-p} - u) + v_t \tag{6.18}$$

两边同乘以 $Y_t - u$，并取期望，可以得到：

$$\gamma_0 = \phi_1 \gamma_1 + \phi_2 \gamma_2 + \cdots + \phi_p \gamma_p + \sigma^2 \tag{6.19}$$

---

① 由 AR(p)平稳的条件，我们可以得出 $\phi_1 + \phi_2 + \cdots + \phi_p < 1$，具体证明过程略。

两边同乘以 $Y_{t-1}-u$，并取期望，可以得到：

$$\gamma_1=\phi_1\gamma_0+\phi_2\gamma_1+\cdots+\phi_p\gamma_{p-1} \tag{6.20}$$

……

两边同乘以 $Y_{t-p}-u$，并取期望，可以得到：

$$\gamma_p=\phi_1\gamma_{p-1}+\phi_2\gamma_{p-2}+\cdots+\phi_p\gamma_0 \tag{6.21}$$

将上述取期望得到的 $p+1$ 个方程[式(6.19)、(6.20)…(6.21)]联立，我们就得到了所谓的 Yule - Walker 方程组，共有 $p+1$ 个方程和 $p+1$ 个未知数(即 γ_0，γ_1，γ_2，…，γ_p)，因此可以得出 AR(p)过程的方差及各级协方差。

（三）自回归移动平均过程

如果将 MA(q)过程与 AR(p)过程合并，我们就可以得到一个 ARMA(p，q)过程，其形式如下：

$$Y_t=c+\phi_1Y_{t-1}+\phi_2Y_{t-2}+\cdots+\phi_pY_{t-p}+\theta_1\varepsilon_{t-1}+\theta_2\varepsilon_{t-2}+\cdots+\theta_q\varepsilon_{t-q}+\varepsilon_t \tag{6.22}$$

其中，$\{\varepsilon_t\}$为白噪音过程。若引入滞后算子，则上式可以写成：

$$\phi(L)Y_t=c+\theta(L)\varepsilon_t$$

其中，

$$\phi(L)=1-\phi_1L-\phi_2L^2-\cdots-\phi_pL^p,\ \theta(L)=1+\theta_1L+\theta_2L^2+\cdots+\theta_qL^q \tag{6.23}$$

ARMA 过程的平稳性取决于它的自回归部分。因此，当满足条件特征方程 $1-\phi_1Z-\phi_2Z^2-\cdots-\phi_pZ^p=0$ 的根全部落在单位圆以外时，ARMA(p，q)是一个平稳过程。对于 ARMA（p，q）过程的特征，我们可以容易得到 $E(Y_t)=\dfrac{c}{1-(\phi_1+\phi_2+\cdots+\phi_p)}$，而对于 ARMA($p$，$q$)过程的方差和协方差，由于其较复杂，我们不再涉及。

（四）自回归单整移动平均过程

在实际中，对于许多不平稳的金融时间数据，我们可以通过差分一次或多次的方法将其转变为平稳序列。如果某序列$\{Y_t\}$经过 d 次差分转变为平稳序列，我们就称$\{Y_t\}$为 d 阶非平稳序列。差分可以用符号“Δ”表示，如 $\Delta Y_t=Y_t-Y_{t-1}$，$\Delta^2Y_t=\Delta Y_t-\Delta Y_{t-1}$。如果序列$\{Y_t\}$经过 d 次差分得到平稳序列$\{W_t\}$，并且用 ARMA(p，q)过程对 W_t 建立模型，即 W_t 为一个 ARMA(p，q)过程，则我们称 Y_t 为(p，d，q)阶自回归单整移动平均过程，简称 ARIMA(p，d，q)。引入滞后算子 L，ARIMA(p，d，q)

过程可表示为：

$$\phi(L)\Delta^d Y_t = c + \theta(L)\varepsilon_t$$

其中，ε_t 为白噪音过程，$\phi(L)$如下：

$$\phi(L) = 1 - \phi_1 L - \phi_2 L^2 - \cdots - \phi_p L^p, \theta(L) = 1 + \theta_1 L + \theta_2 L^2 + \cdots + \theta_q L^q \tag{6.24}$$

由于 Y_t 作为 ARIMA 过程是非平稳序列，因而它的特征与我们前面提到的 AR、MA、ARMA 过程是不同的，我们不再涉及。显然经过 d 次差分得到的平稳序列 $\Delta^d Y_t$ 也可能是单纯的 AR(p)或 MA(q)过程，此时我们分别称 Y_t 为(p，d)阶单整自回归过程，记为 ARI(p，d，0)，以及(d，q)阶单整移动平均过程，记为 IMA(0，d，q)。

（五）AR、MA 过程的相互转化

前面我们给出了有关的概念，接下来我们来考虑 AR 过程与 MA 过程之间的关系。首先，对于 AR(p)过程，我们有如下的结论：

结论一：对于一个平稳的 AR(p)过程，它可以转化为一个 MA(∞)过程。

下面我们采用递归迭代法以 AR(1)过程为例来证明这个结论。

假定某 AR(1)过程 $Y_t = \phi Y_{t-1} + u_t$ 是一个平稳序列，其中 u_t 为零均值白噪音(white noise)过程，则由平稳性的条件：$1 - \phi Z = 0$ 的根落在单位圆外，我们可以得出 $|\phi| < 1$。①

由 $Y_t = \phi Y_{t-1} + u_t$ 可以得出 $Y_{t-1} = \phi Y_{t-2} + u_{t-1}$，将其代入前式，得到：

$$Y_t = \phi(\phi Y_{t-2} + u_{t-1}) + u_t = \phi^2 Y_{t-2} + \phi u_{t-1} + u_t \tag{6.25}$$

同理可以得到 $Y_{t-2} = \phi Y_{t-3} + u_{t-2}$，将其替换式(6.25)中的 Y_{t-2}，整理得到：

$$Y_t = \phi^3 Y_{t-3} + \phi^2 u_{t-2} + \phi u_{t-1} + u_t \tag{6.26}$$

以此类推，可以得到：

$$Y_t = \phi^k Y_{t-k} + u_t + \phi u_{t-1} + \phi^2 u_{t-2} + \cdots + \phi^{k-1} u_{t-k+1} \tag{6.27}$$

当 $k \to \infty$ 时，由 $|\phi| < 1$，且 Y_{t-k} 为一有限值，得 $\phi^k Y_{t-k} \to 0$，则

$$Y_t = u_t + \phi u_{t-1} + \phi^2 u_{t-2} + \cdots + \phi^{k-1} u_{t-k+1} + \cdots \tag{6.28}$$

即 Y_t 可以用一个 MA(∞)过程来表示。

---

① 我们假定常数项为零，这并不影响分析结果，因为在常数项不为零的情况下只需方程两边同时减去常数项，即可消除常数项。

当 p 较大时,将平稳的 AR(p)过程转化为 MA(∞)过程,应用递归迭代法是比较麻烦的,但可以通过其他方法来转化,有兴趣的同学可参阅 Hamiltom(1994)著作。

对于 MA 过程,我们有如下的结论。

结论 2:对于一个 MA(q)过程,$Y_t = u + \theta(L)\varepsilon_t$,其中 $\theta(L) = 1 + \theta_1 L + \theta_2 L^2 + \cdots + \theta_q L^q$,若其特征方程 $1+\theta_1 Z+\theta_2 Z^2 + \cdots + \theta_q Z^q = 0$ 的根都落在单位圆外,则称该 MA(q)过程具有可逆性(invertibility),此时该 MA(q)过程可转化为 AR(∞)。

对结论 2 的证明我们不再给出,在习题中将要求给出以递归迭代法将 MA(1)过程转化为 AR(∞)过程的证明。

需要注意的是,平稳性和可逆性的概念在数学语言上是完全等价的,所不同的是,前者是对 AR 过程而言的,而后者是对 MA 过程而言的。

二、Box - Jenkins 方法论

在建立回归模型时,我们要遵循的一个原则是节俭性(parsimony),即在保证模型能够刻画样本性质的同时,模型所包含的变量应尽可能的少。因为模型所包含的变量越多,自由度就越小,系数估计值的标准差会越大,从而使变量间原本显著的关系变得不显著。同时,变量过多也会导致模型捕捉一些临时的、突变的信息,而弱化了变量间存在的基本关系,影响模型的分析和预测能力。正是在节俭性原则的指导下,博克斯和詹金斯(George E. P. Box & Gwilym M. Jenkins)率先提出了如何建立 ARIMA 模型的系统方法论,即 Box - Jenkins 方法论,简称 BJ 方法论。① 它包括以下几个步骤:

步骤 1:模型识别,即确定差分阶 d、自回归阶 p 与移动平均阶 q。通常是先确定 d,然后确定 p,q。

步骤 2:模型估计,当确定合适的 d,p,q 后,下一步便是利用最小二乘法、极大似然法等方法来估计模型中所含自回归和移动平均项系数。

步骤 3:模型的诊断检验,即检验所选择的模型是否能够很好地拟合数据,以及是否存在另一更好的模型。对前者,一种简单的做法是基于 Box - Pierce 统计量 Q 或 Ljung - Box 统计量 LB,检查模型估计的残差是否为白噪音。若是,则可以认可所估计出的模型;否则需要回到第一步,重新开始。就后者,通常是利用信息准则。

步骤 4:模型预测。ARIMA 建模方法得以流行的原因之一就在于它的成功预测。在许多情形下,用 ARIMA 模型所进行的预测会比传统的结构计量模型得出更可靠的结果,特别是对于短期预测效果更好。下面我们将详细介绍四个步骤。

---

① Box G E P, Jenkins G M. *Time Series Analysis: Forecasting and Control*[M]. revised ed. Holden-Day, 1976.

三、ARIMA 模型的识别、估计、诊断和预测

(一) ARIMA 模型的识别

在 ARIMA 模型的识别过程中，我们主要用到两个工具：自相关函数(autocorrelation function，ACF)，偏自相关函数(partial autocorrelation function，PACF)以及它们各自的相关图(即 ACF、PACF 相对于滞后长度描图)。我们首先介绍自相关函数和偏自相关函数的定义。

1. 自相关函数和偏自相关函数

(1) 自相关函数。对于一个序列$\{Y_t\}$来说，它的第 j 阶自相关系数(记作 ρ_j)定义为它的 j 阶自协方差除以它的方差，即 $\rho_j=\gamma_j/\gamma_0$，ρ_j 的取值范围是$[-1, 1]$。

可以看到，$\rho_j(j=0, 1, 2, \cdots)$ 可看作是关于 j 的函数，因此我们也称之为自相关函数，通常记为 ACF(j)。

(2) 偏自相关函数。自相关函数 ACF(j)给出的是 Y_t 与 Y_{t-j} 之间总的相关关系，但这种相关关系可能是由于 Y_t 与 Y_{t-j} 都与它们中间的某滞后项 Y_{t-1}，Y_{t-2}，…，Y_{t-j+1} 相关。因此，有必要度量在控制中间滞后项的影响后 Y_t 与 Y_{t-j} 之间的相关关系，这个度量就是偏自相关系数(记作 ρ_j^*)，即它度量的是消除中间滞后项影响后两滞后变量之间的相关关系。例如 ρ_2^* 度量的是在控制 Y_{t-1} 影响后 Y_t 与 Y_{t-2} 之间的相关关系。同样，我们可以把 ρ_j^* 看作是 j 的函数，从而得到偏自相关函数 PACF(j)。

根据定义，我们可以得到 $\rho_1^*=\rho_1$，关于 ρ_2^* 的计算公式我们也可以直接给出 $\rho_2^*=(\rho_2-\rho_1^2)/(1-\rho_1^2)$，但关于 2 阶以上的偏自相关函数计算公式较为复杂，我们不再给出。

2. MA、AR、ARMA 过程自相关函数、偏自相关函数的特点

首先我们来看 MA(q)过程的自相关函数。对于 MA(q)过程来说，前面我们已经给出方差和自协方差，由自相关函数的定义，我们即可以得到 MA(q)过程的自相关函数：

$$\mathrm{ACF}(j)=\begin{cases}1, & j=0\\(\theta_j+\theta_1\theta_{j+1}+\theta_2\theta_{j+2}+\cdots+\theta_q\theta_{q-j})/(1+\theta_1^2+\theta_2^2+\cdots+\theta_q^2), & 1\leqslant j\leqslant q\\0, & j>q\end{cases} \tag{6.29}$$

可以看到，当 $j>q$ 时，ACF(j)$=0$，这种现象称之为截尾，这是 MA(q)过程的一个特征。我们可以根据某序列自相关函数是否从某一点开始一直为零，来判断其是否为一个 MA 过程以及这个过程的滞后阶数。

接下来我们再看 AR(p)过程的偏自相关函数。尽管偏自相关函数的计算较为复杂,但我们可以以一种直观的方式说明 AR(p)过程的偏自相关函数。对于 AR(p)过程:

$$Y_t = c + \phi_1 Y_{t-1} + \phi_2 Y_{t-2} + \cdots + \phi_p Y_{t-p} + v_t$$

可以看到,对于 $j \leqslant p$,Y_t 与 Y_{t-j} 之间有直接的联系(作为回归方程的被解释变量和解释变量);而对于 $j > p$,Y_t 与 Y_{t-j} 之间没有直接的联系,它们之间只能通过中间滞后项发生联系。因此,一般情况下,当 $j \leqslant p$ 时,偏自相关函数的取值是不为 0 的;而当 $j > p$ 时,偏自相关函数的取值为零,即 AR(p)过程的偏自相关函数是 p 阶截尾的,我们可以利用这一点来判断某序列是否是 AR 过程以及 AR 过程的滞后项数。

对于 AR(p)过程的自相关函数,联想到我们前面提及的一个平稳的 AR(p)过程可以转化为一个 MA(∞)过程,则 AR(p)过程的自相关函数不存在截尾现象,而是拖尾的。同理,一个可逆的 MA(q)过程可转化为一个 AR(∞)过程,因此其偏自相关函数不存在截尾现象,是拖尾的。

最后我们来看 ARMA(p, q)过程的自相关函数和偏自相关函数。ARMA 过程是 AR 过程和 MA 过程的结合,所以它的自相关函数和偏自相关函数也是 AR 过程和 MA 过程各自的自相关函数和偏自相关函数的结合,因此 ARMA 过程的自相关函数和偏自相关函数都是拖尾的。对于 ARMA 过程的自相关函数,开始的 ACF(1),ACF(2),……一般表现的是 MA 项的性质,因此其值是较显著的,然后表现的是 AR 项的性质,这时的 ACF 值一般是稳步下降的,并且也不显著。与此对应,ARMA 过程的偏自相关函数一开始表现的是 AR 项的性质,数值较显著,然后表现的是 MA 项的性质,数值平稳下降,一般也不显著。

图 6-11 到图 6-14 是几个 AR、MA、ARMA 过程的自相关函数和偏自相关函数图。

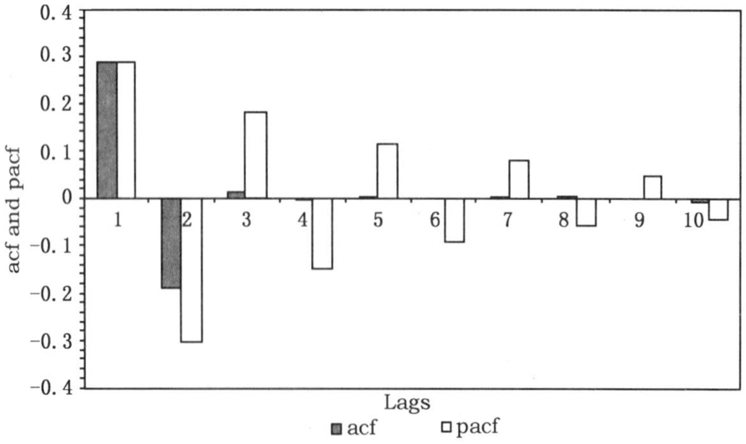

图 6-11　MA(2)过程: $y_t = 0.5u_{t-1} - 0.3u_{t-2} + u_t$

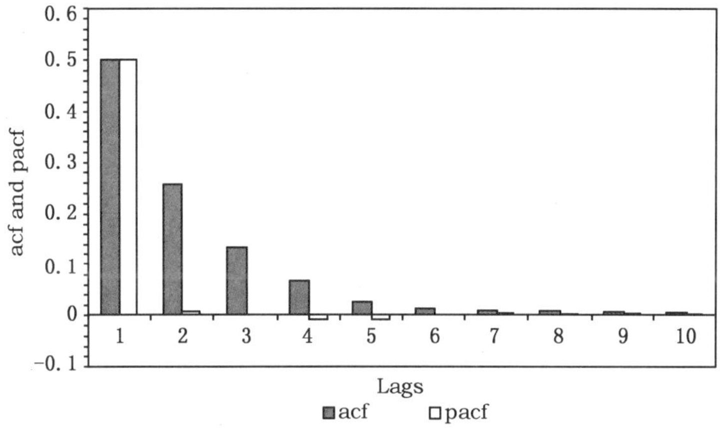

图 6－12　AR(1)过程：$y_t = 0.5y_{t-1} + u_t$

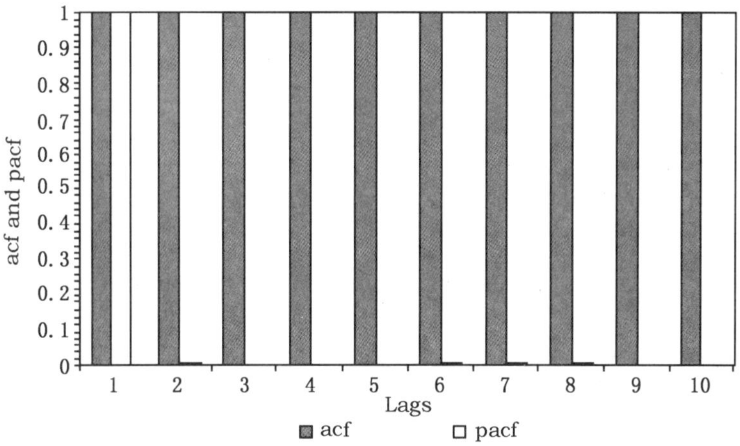

图 6－13　AR(1)过程：$y_t = y_{t-1} + u_t$

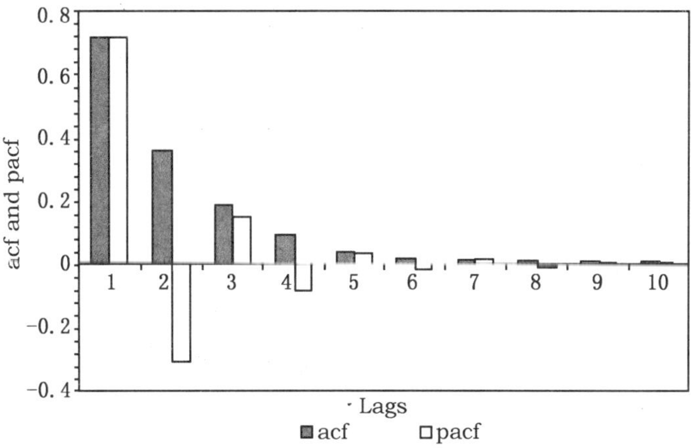

图 6－14　ARMA(1, 1)过程：$y_t = 0.5y_{t-1} + 0.5u_{t-1} + u_t$

3. 利用自相关函数和偏自相关函数对 ARIMA 模型进行识别

对 ARIMA(p, d, q)过程进行识别，我们首先要确定的是该过程是否是平稳的，如果不是，通过几次差分可以得到平稳序列，即首先我们需要确定 d 的值。对此，我们可以用前面一章提到的 ADF 检验，也可以通过自相关函数来判断。如果 d 次差分后的序列其自相关函数很快下降为零，则说明差分后的序列是平稳的；反之则不平稳。在确定 d 的值后，接下来我们利用自相关函数、偏自相关函数以及它们的图形来确定 p, q 的值。一般而言，可遵循以下经验准则：

(1) 如果某序列的自相关函数是截尾的，即过了某一滞后项数(设为 q)后，自相关函数值变得不显著，接近于零，并且偏自相关函数是拖尾的，则我们可以把该序列设为 MA(q)过程。

(2) 如果某序列的偏自相关函数是截尾的，即过了某一滞后项数(设为 p)后，偏自相关函数值变得不显著，接近于零，并且自相关函数是拖尾的，则我们可以把该序列设为 AR(p)过程。

(3) 如果某序列的自相关函数和偏自相关函数都是拖尾的，则可以把该序列设为 ARMA(p, q)过程。而关于 p,q 的值需要不断地从低阶试探，但一般而言，ARMA(1, 1)过程在文献中是最常见的。

需要注意的是，我们在识别过程中得到的 ACF 和 PACF 值都是样本值，与理论值是有差距的，在这种情况下，如何建立正确的模型是需要技巧和不断实践的，在某种程度上也可以说是一种“艺术”。

(二) ARIMA 模型的估计

在确定模型的初步形式后，下一步就是估计模型的参数，对 ARIMA 模型的估计主要有以下几种方法。

1. 矩估计

矩估计就是利用样本自协方差函数和样本自相关函数，对模型的参数作估计。

2. 极大似然估计

极大似然估计又包括无条件极大似然估计、条件极大似然估计、精确似然估计等方法。

3. 非线性估计

非线性估计主要是利用了迭代搜索的思想。

4. 最小二乘估计

对于不包含 MA 部分的 ARIMA 模型(即 AR 模型)，我们可以利用普通最小二乘法对参数进行估计。

实际上，在目前的统计软件中，我们可以轻松地实现对 ARIMA 模型的估计，因此，各种方法的数学推导过程我们不再给出。①

（三）ARIMA 模型的诊断

在对模型参数进行估计后，下一步我们要对所估计的模型是否很好地拟合了数据进行诊断。如果模型很好地拟合了数据，那么残差应该是一个白噪音过程，即不同时期的残差是不相关的。为检验残差是否各期不相关，我们可以求得残差各阶的自相关系数 $\hat{\rho}_1, \hat{\rho}_2, \cdots, \hat{\rho}_m$，然后对联合假设 $H_0: \hat{\rho}_1 = \hat{\rho}_2 = \cdots = \hat{\rho}_m = 0$ 进行检验。如果不能拒绝原假设，说明残差是各期不相关的；如果拒绝原假设，则说明残差存在自相关，原模型没有很好地拟合数据。

在上述检验中，经常用到的一个检验统计量是 Box 和 Pierce 提出的 Q 统计量，②它的定义如下：

$Q = n\sum_{k=1}^{m}\hat{\rho}_k^2$ 近似服从（大样本中）$\chi^2(m)$ 分布。其中 n 为样本容量，m 为滞后长度。

需要注意的是，Box 和 Pierce 提出的 Q 统计量具有不佳的小样本性质，于是 Ljung 和 Box（1978）提出了一个具有更好小样本性质的统计量，称之为 LB 统计量。③ 定义如下：

$$LB = n(n+2)\sum_{k=1}^{m}(\hat{\rho}_k^2/(n-k))$$

服从 $\chi^2(m)$ 分布。其中 n 为样本容量，m 为滞后长度。

可以看到，在大样本中，LB 统计量中 $n+2$ 项与 $n-k$ 项可近似地约掉，LB 统计量等于 Q 统计量。在小样本中，LB 统计量更为敏感。

对 ARIMA 模型的诊断还有另外一个方面，即尽管现在的模型能够很好地拟合数据，但我们想知道是否还存在一个更好的模型，能够更好地拟合数据和进行预测。一般的做法是在模型中增加滞后项（因为我们是从低阶试起的），然后根据信息准则（information criteria）来判断。

常用的信息准则有以下几种。

Akaike 信息准则（简称 AIC）：

---

① 王耀东，张德远，张海雄. 经济时间序列分析[M]. 上海：上海财经大学出版社，1996.

② Box G P E, Pierce D. Distributions of residual autocorrelations in autoregressive integrated moving average models[J]. *Journal of the American Statistical Association*, 1970(65): 1509-1526.

③ Ljung G M, Box G E P. On a measure of lack of fit in time series models[J]. *Biometrika*, 1978, 65(2): 297-303.

$$\text{AIC}=\ln(\hat{\sigma}^2)+\frac{2k}{T}$$

Schwarz 信息准则(简称 SC):

$$\text{SC}=\ln(\hat{\sigma}^2)+\frac{k}{T}\ln T$$

Hannan－Quinn 信息准则(简称 HQIC):

$$\text{HQIC}=\ln(\hat{\sigma}^2)+\frac{2k}{T}\ln(\ln T)$$

其中,$\hat{\sigma}^2$ 为残差平方(即等于残差平方和除以自由度 $T-k$),$k=p+q+1$,是所有估计参数的个数,T 为样本容量。

信息准则包含两个部分:一部分是由残差平方和构成的方程,另一部分是对增加滞后项而减少了自由度的惩罚。信息准则的主要原理是:增加滞后项一方面会增加模型的解释能力,从而减少残差平方和;另一方面,增加滞后项会减少自由度。是否增加滞后项取决于两方面的权衡,如果解释能力的增加超过了因自由度降低而带来的损失,则增加滞后项;反之则不增加。一般来说,随着滞后项的不断增加,增加单个滞后项对解释能力的增加,即残差平方和的减少作用是逐渐减弱的,而惩罚力度则不会随滞后项的增加而改变。因此,在滞后项比较少的时候,增加滞后项会降低信息值,直至最低,此时再增加滞后项,就会增大信息值,因此给出最低信息值的滞后项数为最佳滞后项数。

可以看到,所列的三个信息准则,对增加滞后项的惩罚 SC 是最严厉的,其次是 HQIC,AIC 的惩罚是最弱的。实际应用信息准则时,应根据经济金融理论,对模型的滞后阶数施加一个上限,在此限制下,选择给出最低信息值的滞后项数。有时不同的信息准则给出的最优滞后项数可能是不同的,此时我们可相机选择一个,即所列信息准则无先后之分。

(四) 基于 ARIMA 模型的预测

在第二章中我们介绍了预测的基本概念以及对预测进行评价的标准,在本部分中我们将介绍如何利用 ARIMA 模型进行预测,以及 ARIMA 模型预测的一些特点。

首先我们利用 AR 模型来进行预测。以一个平稳的 AR(2)过程为例。

$$Y_t=c+\phi_1Y_{t-1}+\phi_2Y_{t-2}+u_t$$

其中 u_t 为零均值白噪音过程。由模型的平稳性,我们有:

$$Y_{t+1}=c+\phi_1Y_t+\phi_2Y_{t-1}+u_{t+1} \tag{6.30}$$

$$Y_{t+2}=c+\phi_1 Y_{t+1}+\phi_2 Y_t+u_{t+2} \quad (6.31)$$

…

假定在 t 时刻，我们要进行向前一步预测（one-step-ahead-forecast），即预测 Y_{t+1} 的值，根据上面的方程，由于在 t 期，所有的解释变量已知，这实际上一个无条件预测，我们有：

$$f_{t,1}=\mathrm{E}(Y_{t+1} \mid I_t)=c+\phi_1 Y_t+\phi_2 Y_{t-1} \quad (6.32)$$

其中，$f_{t,1}$ 表示在 t 期向前一步的预测，$\mathrm{E}(Y_{t+1} \mid I_t)$ 表示在时间 t 时 Y_{t+1} 的条件期望。

如果在 t 时刻进行向前两步预测，即预测 Y_{t+2} 的值，根据上面的方程，由于 Y_{t+1} 的值未知，这是一个有条件预测，我们有：

$$f_{t,2}=\mathrm{E}(Y_{t+2} \mid I_t)=c+\phi_1\mathrm{E}(Y_{t+1} \mid I_t)+\phi_2 Y_t=c+\phi_1 f_{t,1}+\phi_2 Y_t \quad (6.33)$$

同样，在 t 期进行向前三步预测，向前四步预测……可以得到：

$$f_{t,3}=c+\phi_1 f_{t,2}+\phi_2 f_{t,1}$$

$$f_{t,4}=c+\phi_1 f_{t,3}+\varphi_2 f_{t,2}$$

…

可以看到，在应用 AR(2)模型进行预测时，除向前一步预测是无条件预测外，其他的预测都要用到前期的预测值。另外，我们不加证明地给出下面的结论：随着预测时间的增大，AR 过程的预测值将趋向于序列的均值。

下面我们再来看利用 MA 过程进行的预测。以一个 MA(2)过程为例：

$$Y_t=\mu+\theta_1\varepsilon_{t-1}+\theta_2\varepsilon_{t-2}+\varepsilon_t$$

其中，ε_t 为白噪音过程。

由模型的稳定性，可以得到：

$$Y_{t+1}=\mu+\theta_1\varepsilon_t+\theta_2\varepsilon_{t-1}+\varepsilon_{t+1} \quad (6.34)$$

$$Y_{t+2}=\mu+\theta_1\varepsilon_{t+1}+\theta_2\varepsilon_t+\varepsilon_{t+2} \quad (6.35)$$

…

假定我们在 t 期进行向前一步预测，有：

$$\begin{aligned} f_{t,1}&=\mathrm{E}(Y_{t+1} \mid I_t)=\mu+\theta_1\mathrm{E}(\varepsilon_t \mid I_t)+\theta_2\mathrm{E}(\varepsilon_{t-1} \mid I_t)+\mathrm{E}(\varepsilon_{t+1} \mid I_t) \\ &=\mu+\theta_1\varepsilon_t+\theta_w\varepsilon_{t-1} \end{aligned} \quad (6.36)$$

在 t 期，ε_t 和 ε_{t-1} 的值是已知的，因此它们的条件期望值不为零，而 ε_{t+1} 的值在 t 期是未知的，因此它的条件期望值为零。

同样，我们可以求得：

$$f_{t,2}=\mu+\theta_2\varepsilon_t$$

$$f_{t,3}=\mu$$

$$f_{t,4}=\mu$$

$$\cdots$$

可以看到，对于 MA(2)过程，2 期以后的预测值都是常数项，即 MA(2)过程仅有 2 期的记忆力。而如果常数项为零的话，那么 2 期之后的预测都将为零。

利用 ARMA 过程进行预测的过程，实际上相当于对 AR 过程和 MA 过程进行预测的结合，方法与分别利用 AR 过程和 MA 过程进行预测是相同的，我们不再介绍。由于 ARMA(p, q)过程中 MA(q)过程仅有 q 期的记忆力，因此利用 ARMA(p, q)向前进行 q 期以外的预测，结果与利用 AR(p)过程预测的结果是一样的。随着预测期数的增加，预测值将趋向于均值。因此，ARMA 模型一般用于短期预测(即预测期数不大于 $p+q$ 太多)。而对于 ARIMA 模型，只需将平稳序列 ARMA 过程的预测结果进行反向 d 次(差分次数)求和，就可以得到原序列的预测值。

四、关于 BJ 方法论和 ARIMA 模型的补充说明

前面我们介绍了应用 BJ 方法论建立模型的主要步骤，目前，BJ 方法论在时间序列数据中得到广泛应用，例如季节 ARIMA 模型、多变量时间序列模型(multiple time series model)、干预模型等，限于篇幅，我们不再介绍。①

五、实例——ARIMA 模型在金融数据中的应用②

下面我们以 1991 年 1 月—2005 年 1 月的我国货币供应量(广义货币 M2)的月度时间序列数据来说明在 EViews 软件中如何利用 BJ 方法论建立合适的 ARIMA(p, d, q)模型。

首先，我们确定 d 的值。应用第五章中提到的 ADF 检验，我们判断 M2 序列为 2 阶非平稳过程(由于具体操作方法我们在第五章中已说明，此处略)，即 d 的值为 2，将两次差分后得到的平稳序列命名为 W2。下面我们来看 W2 的自相关函数图和偏自相关函数图。打开 W2 序列，点击

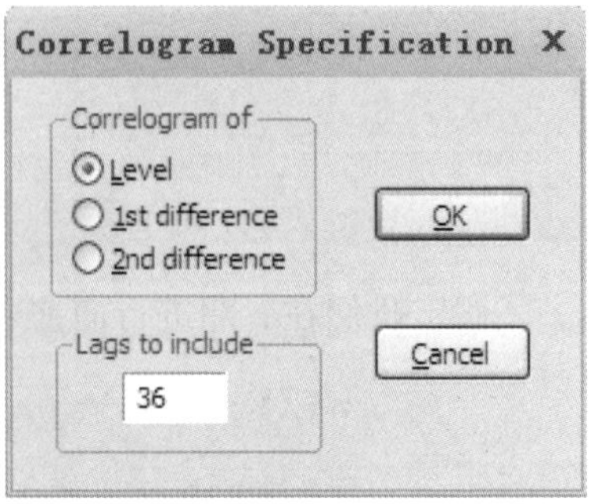

图 6－15　自相关形式设定

① 王耀东，张德远，张海雄. 经济时间序列分析[M]. 上海：上海财经大学出版社，1996.

② 本例题数据可在上海财经大学出版社网站(http://www.sufep.com)下载，Excel 格式的文件名为 EX6.2.xls；EViews 生成的 wf1 格式的文件名为 EX6.2.wf1。

“View”—“Correlogram”菜单,会弹出如图 6－15 所示的窗口,我们选择滞后项数为 36,然后点击“OK”,就得到了 W2 的自相关函数图和偏自相关函数图(如图 6－16 所示)(我们同时给出了 M2 的自相关函数图和偏自相关函数图,即图 6－17,以作比较)。

Autocorrelation	Partial Correlation		AC	PAC	Q-Stat	Prob
		1	-0.701	-0.701	83.437	0.000
		2	0.141	-0.688	86.814	0.000
		3	0.277	-0.143	100.04	0.000
		4	-0.453	-0.295	135.53	0.000
		5	0.371	-0.224	159.50	0.000
		6	-0.135	-0.156	162.69	0.000
		7	-0.085	-0.095	163.97	0.000
		8	0.143	-0.304	167.59	0.000
		9	-0.010	0.052	167.61	0.000
		10	-0.142	0.029	171.24	0.000
		11	0.143	-0.121	174.96	0.000
		12	-0.011	-0.015	174.98	0.000
		13	-0.115	0.122	177.42	0.000
		14	0.138	-0.050	180.96	0.000
		15	-0.075	-0.031	182.01	0.000
		16	-0.014	0.054	182.05	0.000
		17	0.056	-0.130	182.63	0.000
		18	-0.023	-0.097	182.72	0.000
		19	-0.030	0.057	182.89	0.000
		20	0.028	-0.152	183.04	0.000
		21	0.042	-0.082	183.38	0.000
		22	-0.140	-0.104	187.19	0.000
		23	0.208	0.042	195.66	0.000
		24	-0.154	0.070	200.35	0.000
		25	-0.019	0.048	200.42	0.000
		26	0.154	-0.103	205.20	0.000
		27	-0.175	-0.103	211.41	0.000
		28	0.117	-0.019	214.17	0.000
		29	-0.002	0.062	214.17	0.000
		30	-0.099	-0.032	216.20	0.000
		31	0.131	0.085	219.77	0.000
		32	-0.081	0.067	221.16	0.000
		33	-0.028	-0.015	221.32	0.000
		34	0.075	-0.118	222.50	0.000
		35	-0.012	0.026	222.53	0.000
		36	-0.055	0.008	223.18	0.000

图 6－16　W2 自相关函数图和偏自相关函数图

从 W2 的自相关函数图和偏自相关函数图中我们可以看到,它们都是拖尾的,因此可设定为 ARMA 过程。W2 的自相关函数 1—5 阶都是显著的,并且从第 6 阶开始下降很大,数值也不太显著,因此我们先设定 q 值为 5。W2 的偏自相关函数 1—2 阶都很显著,并且从第 3 阶开始下降很大,因此我们先设定 p 的值为 2,于是对于序列 W2,我们初步建立了 ARMA(2,5)模型。下面我们对这个模型进行估计。点击“Quick”—“Estimate Equation”,在弹出的窗口中(如图 6－18 所示),在“Equation Specification”空白栏中键入“ W2 C MA(1) MA(2) MA(3) MA(4) MA(5) AR(1)

Date: 03/01/15 Time: 02:39
Sample: 1991M01 2005M01
Included observations: 169

Autocorrelation	Partial Correlation		AC	PAC	Q-Stat	Prob
		1	0.980	0.980	165.09	0.000
		2	0.960	-0.003	324.43	0.000
		3	0.940	-0.008	478.13	0.000
		4	0.920	-0.008	626.29	0.000
		5	0.900	-0.005	769.05	0.000
		6	0.880	-0.012	906.46	0.000
		7	0.861	-0.012	1038.6	0.000
		8	0.841	-0.014	1165.4	0.000
		9	0.820	-0.017	1287.0	0.000
		10	0.800	-0.014	1403.4	0.000
		11	0.780	-0.006	1514.7	0.000
		12	0.760	-0.009	1621.1	0.000
		13	0.741	-0.001	1722.7	0.000
		14	0.721	-0.008	1819.7	0.000
		15	0.702	-0.011	1912.1	0.000
		16	0.682	-0.011	2000.1	0.000
		17	0.663	-0.006	2083.7	0.000
		18	0.644	-0.013	2163.1	0.000
		19	0.625	0.004	2238.4	0.000
		20	0.607	-0.008	2309.8	0.000
		21	0.589	-0.004	2377.5	0.000
		22	0.571	-0.000	2441.6	0.000
		23	0.553	-0.007	2502.2	0.000
		24	0.536	-0.004	2559.4	0.000
		25	0.519	-0.013	2613.4	0.000
		26	0.502	0.003	2664.3	0.000
		27	0.485	-0.003	2712.2	0.000
		28	0.469	-0.005	2757.3	0.000
		29	0.453	-0.012	2799.7	0.000
		30	0.437	-0.007	2839.3	0.000
		31	0.421	-0.004	2876.4	0.000
		32	0.405	-0.011	2911.0	0.000
		33	0.390	-0.006	2943.3	0.000
		34	0.374	-0.006	2973.2	0.000
		35	0.359	-0.013	3001.0	0.000
		36	0.343	-0.004	3026.6	0.000

图 6-17 M2 自相关函数图和偏自相关函数图

AR(2)”,在“Estimation Settings”中选择“LS-Least Squares(NLS and ARMA)”,然后“OK”,得到如图 6-19 所示的估计结果。

可以看到,除常数项外,其他解释变量的系数估计值在 15%的显著性水平下都是显著的。

下面我们对估计的模型进行诊断,点击“View”—“Residual test”—“Correlogram-Q-statistics”,在弹出的窗口中选择滞后阶数为 36,点击“OK”,就可以得到 Q 统计量,此时为 30.96,p 值为 0.367,因此不能拒绝原假设,可以认为模型较好地拟合了数据。

我们再来看是否存在一个更好的模型。我们的做法是增加模型的滞后长度,然后根据信息值来判断。表 6-1 是我们试验的几个 p、q 值的 AIC 信息值。

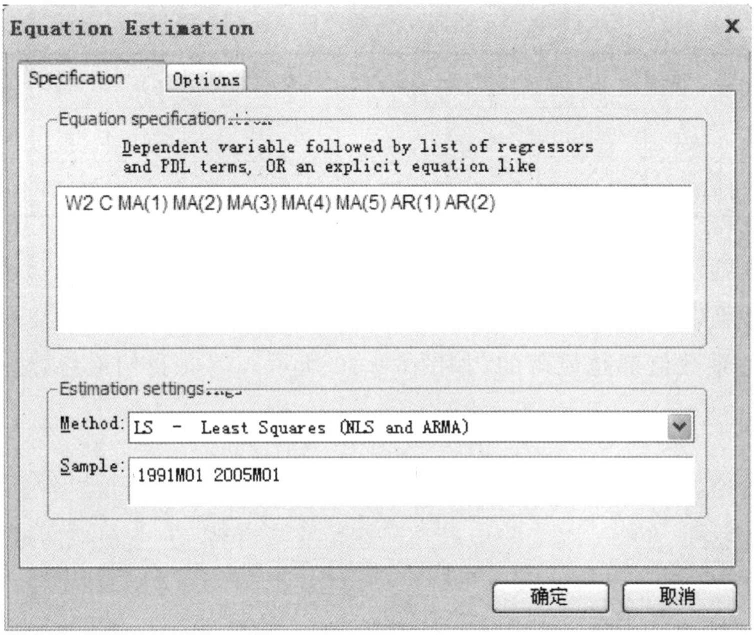

图 6－18　回归方程设定

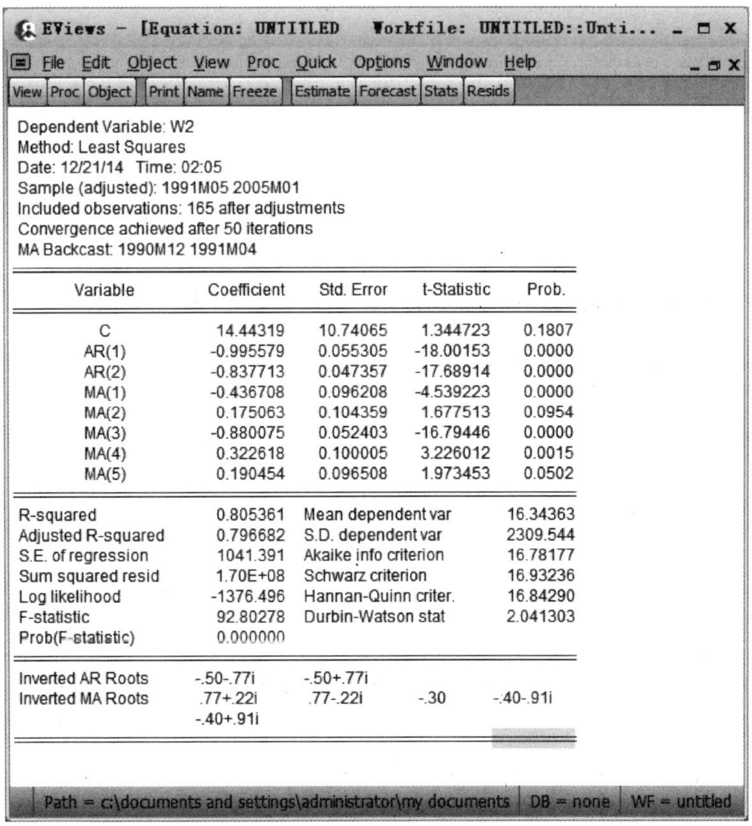

Dependent Variable: W2
Method: Least Squares
Date: 12/21/14 Time: 02:05
Sample (adjusted): 1991M05 2005M01
Included observations: 165 after adjustments
Convergence achieved after 50 iterations
MA Backcast: 1990M12 1991M04

Variable	Coefficient	Std. Error	t-Statistic	Prob.
C	14.44319	10.74065	1.344723	0.1807
AR(1)	-0.995579	0.055305	-18.00153	0.0000
AR(2)	-0.837713	0.047357	-17.68914	0.0000
MA(1)	-0.436708	0.096208	-4.539223	0.0000
MA(2)	0.175063	0.104359	1.677513	0.0954
MA(3)	-0.880075	0.052403	-16.79446	0.0000
MA(4)	0.322618	0.100005	3.226012	0.0015
MA(5)	0.190454	0.096508	1.973453	0.0502

R-squared	0.805361	Mean dependent var	16.34363
Adjusted R-squared	0.796682	S.D. dependent var	2309.544
S.E. of regression	1041.391	Akaike info criterion	16.78177
Sum squared resid	1.70E+08	Schwarz criterion	16.93236
Log likelihood	-1376.496	Hannan-Quinn criter.	16.84290
F-statistic	92.80278	Durbin-Watson stat	2.041303
Prob(F-statistic)	0.000000		

Inverted AR Roots	-.50-.77i	-.50+.77i		
Inverted MA Roots	.77+.22i	.77-.22i	-.30	-.40-.91i
	-.40+.91i			

图 6－19　ARMA(2,5)回归结果

表 6-1　不同 p, q 值下的 AIC 信息值

p	2	3	4	2	2	2	3	3	3	4	4	4
q	5	5	5	6	7	8	6	7	8	6	7	8
AIC	16.78	16.75	16.77	16.76	16.76	16.77	16.77	16.78	16.79	16.75	16.79	16.78

可以看到，根据 AIC 信息值，我们应选择 $p=3$、$q=5$ 或 $p=4$、$q=6$，但是按照后者建立的模型中，有的解释变量的系数估计值是不显著的，而按照前者建立的模型，其解释变量的系数值都是显著的（如图 6-20 所示），因此我们最终建立的模型是 ARMA(3, 5)。

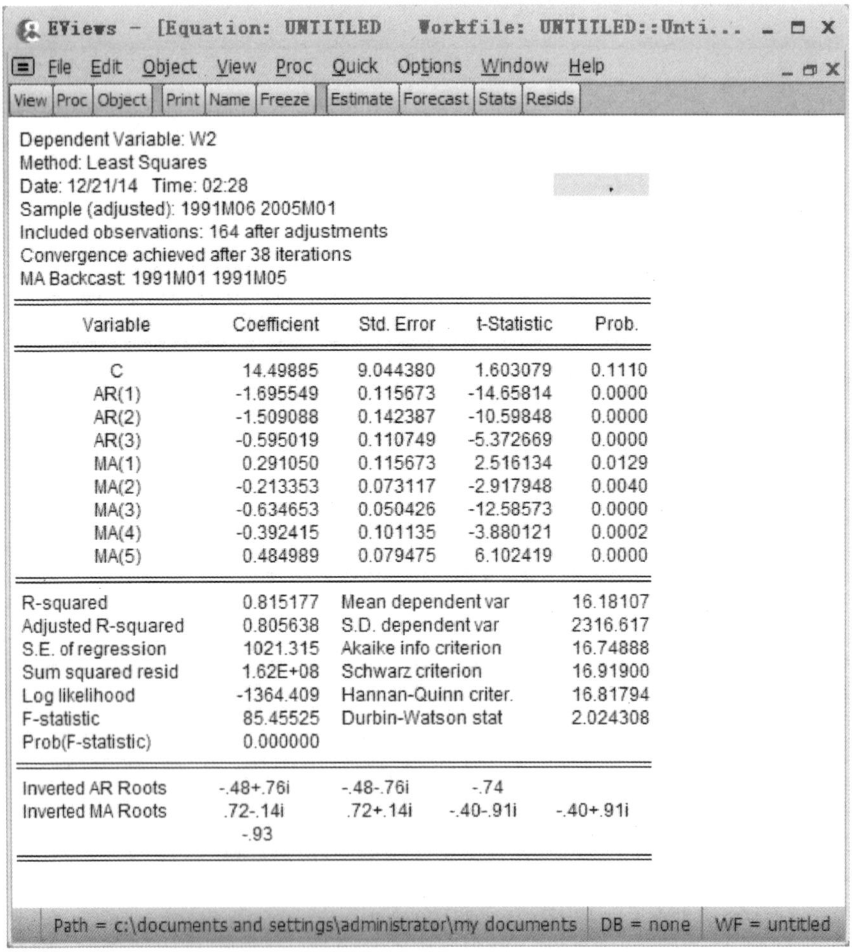

EViews - [Equation: UNTITLED Workfile: UNTITLED::Unti...

File Edit Object View Proc Quick Options Window Help

View Proc Object Print Name Freeze Estimate Forecast Stats Resids

Dependent Variable: W2
Method: Least Squares
Date: 12/21/14 Time: 02:28
Sample (adjusted): 1991M06 2005M01
Included observations: 164 after adjustments
Convergence achieved after 38 iterations
MA Backcast: 1991M01 1991M05

Variable	Coefficient	Std. Error	t-Statistic	Prob.
C	14.49885	9.044380	1.603079	0.1110
AR(1)	-1.695549	0.115673	-14.65814	0.0000
AR(2)	-1.509088	0.142387	-10.59848	0.0000
AR(3)	-0.595019	0.110749	-5.372669	0.0000
MA(1)	0.291050	0.115673	2.516134	0.0129
MA(2)	-0.213353	0.073117	-2.917948	0.0040
MA(3)	-0.634653	0.050426	-12.58573	0.0000
MA(4)	-0.392415	0.101135	-3.880121	0.0002
MA(5)	0.484989	0.079475	6.102419	0.0000

R-squared	0.815177	Mean dependent var	16.18107
Adjusted R-squared	0.805638	S.D. dependent var	2316.617
S.E. of regression	1021.315	Akaike info criterion	16.74888
Sum squared resid	1.62E+08	Schwarz criterion	16.91900
Log likelihood	-1364.409	Hannan-Quinn criter.	16.81794
F-statistic	85.45525	Durbin-Watson stat	2.024308
Prob(F-statistic)	0.000000		

Inverted AR Roots	-.48+.76i	-.48-.76i	-.74	
Inverted MA Roots	.72-.14i	.72+.14i	-.40-.91i	-.40+.91i
	-.93			

Path = c:\documents and settings\administrator\my documents　DB = none　WF = untitled

图 6-20　ARMA(3, 5)回归结果

下面我们利用建立的 ARMA(3, 5)的模型进行预测。点击“Forecast”，会弹出如图 6-21 所示的窗口。在 EViews 中有两种预测方式：“Dynamic”和“Static”。前者是

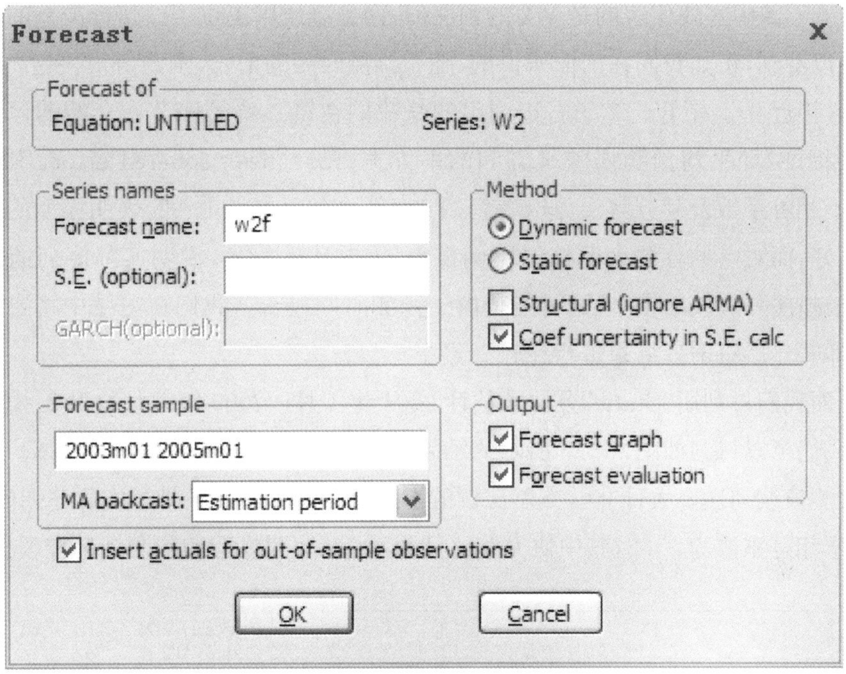

图 6-21 ARMA(3, 5)模型预测设定

根据所选择的一定的估计区间,进行多步向前预测;后者只是滚动地进行向前一步预测,即每预测一次,用真实值代替预测值,加入到估计区间,再进行向前一步预测。我们首先用前者来估计 2003 年 1 月—2005 年 1 月的 W2,在“Sample range for forecast”空白栏中键入“2003:01 2005:01”(如图 6-21 所示),选择“Dynamic”,其他的一些选项诸如预测序列的名称以及输出结果的形式等,我们可以根据目的自行选择,不再介绍,点击“OK”,得到如图 6-22 所示的预测结果。

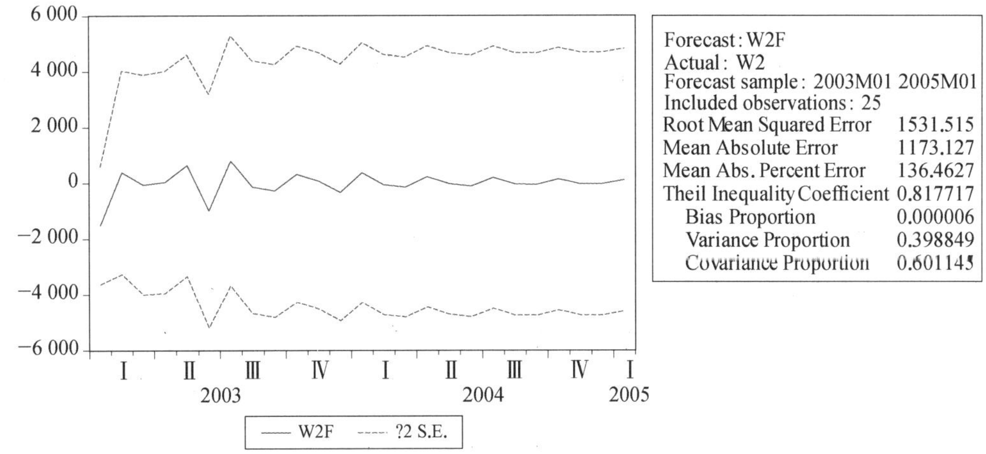

图 6-22 Dynamic 预测方式结果

图 6－22 中实线代表的是 W2 的预测值，两条虚线则提供了 2 倍标准差的置信区间。可以看到，正如我们在前面所讲的，随着预测时间的增长，预测值很快趋向于序列的均值(接近 0)。图 6－22 的右边列出的是我们在第二章第四节中介绍的评价预测的一些标准，如平均预测误差平方和的平方根(root mean squared error，RMSE)、Theil 不相等系数及其分解。可以看到、Theil 不相等系数为 0.82，表明模型的预测能力不太好，而对它的分解表明偏误比例很小，方差比例较大，说明实际序列的波动较大，而模拟序列的波动较小，这可能是由于预测时间过长。我们在习题中将要求缩短预测时间，然后将两者结果进行比较。

下面我们再利用“Static”方法来估计 2004 年 1 月—2005 年 1 月的 W2(操作过程略)。我们可以得到如图 6－23 所示的结果。从图 6－23 中可以看到，“Static”方法得到的预测值波动性要大；同时，方差比例的下降也表明较好地模拟了实际序列的波动，Theil 不相等系数为 0.62，其中协方差比例为 0.70，表明模型的预测结果较理想。

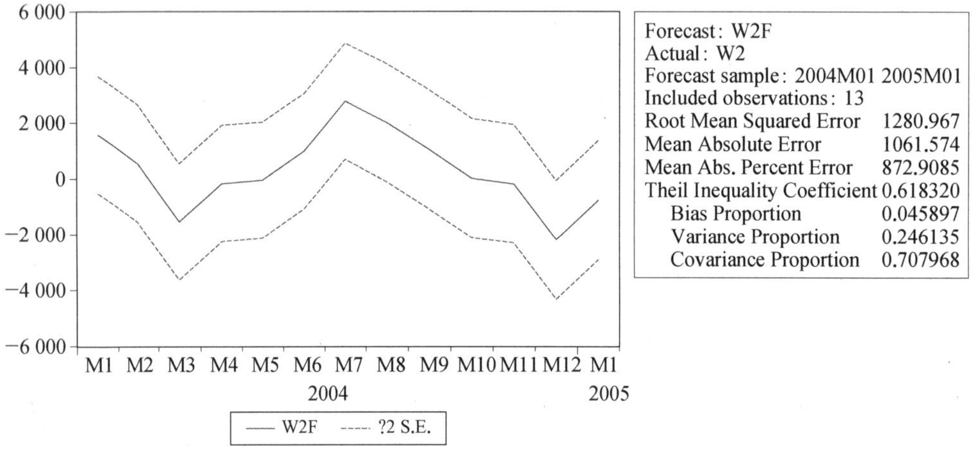

图 6－23　Static 预测方式结果

第三节　VAR 模型的概念和构造

一、VAR 模型的概念

(一) VAR 模型的起源

我们将以金融经济理论为基础建立的模型称为结构化模型。在 20 世纪 70 年代之前，计量模型主要是以联立方程组为代表的结构化模型，在 60 年代后期建立的一些研究宏观经济的联立方程模型甚至包含几百个方程。然而，这些巨大的模型均未预测到 20 世纪 70 年代早期由于石油危机而引发的世界经济的衰退和随之而来的滞胀，也未能就治理滞胀开出有效的“药方”。由此导致了对结构模型的批判，其中最具影响的便是著名的“卢卡斯批判”(the Lucas Critique)。① 卢卡斯指出：使用计量经济模型(结构模型)预测未来经济政策的变化所产生的效用是不可信的。他认为，如果一个模型的某些参数所反映的是私人行为对以前的经济政策的反应函数的适应性，一旦政策反应函数被改变，则私人行为对新的反应函数将再适应，其结果是，所估计的参数将不再描述这种适应。卢卡斯批判所隐含的是，如果政策反应函数出现变化，这种变化也将改变模型的参数，于是，联立方程的简约形式也将随之发生变化。此外，在联立方程模型设定过程中，必须人为地假定一些外生变量，并且假定外生变量事先给定，不受模型中内生变量的影响。② 为了达到识别的目的，常常假定某些前定变量仅仅出现在某些方程中，这些假定也招致了希姆斯(C. A. Sims)的批评。③ 希姆斯认为，为了使结构模型可识别而施加了许多约束，这种约束是不可信的。他认为，如果在一组变量之间有真实的联立性，那么就应该对这些变量平等地加以对待，而不应事先区分内生变量和外生变量。本着这一精神，希姆斯提出了 VAR(vector autoregressive)模型。④ 在 VAR 模型中，没有内生变量和外生变量之分，而是所有的变量都被看作内生变量，初始对模型系数不施加任何约束，即每个方程都有相同的解释变量——所有被解释变量若干期的滞后值。

（二）VAR 模型的形式和特点

在一个含有 n 个方程(被解释变量)的 VAR 模型中，每个被解释变量都对自身以及其他被解释变量的若干期滞后值回归，若令滞后阶数为 k，则 VAR 模型的一般形式可用下式表示：

$$Z_t = \sum_{i=1}^{k} \mathrm{A}_i Z_{t-i} + V_t$$

其中，Z_t 表示由第 t 期观测值构成的 n 维列向量，A_i 为 $n \times n$ 系数矩阵，V_t 是由随机误差项构成的 $n \times 1$ 矩阵，其中随机误差项 $v_i(i=1, 2, \cdots, n)$ 为白噪音过程，且满足 $\mathrm{E}(v_{it}v_{jt})=0(i, j=1, 2, \cdots, n$，且 $i \neq j)$。为便于直观理解，我们假定 $n=2$，$k=2$，则 VAR 模型可写成：

$$\begin{aligned} Y_{1t} &= \beta_{10} + \beta_{11}Y_{1,t-1} + \beta_{12}Y_{1,t-2} + \alpha_{11}Y_{2,t-1} + \alpha_{12}Y_{2,t-2} + v_{1t} \\ Y_{2t} &= \beta_{20} + \beta_{21}Y_{2,t-1} + \beta_{22}Y_{2,t-2} + \alpha_{21}Y_{1,t-1} + \alpha_{22}Y_{1,t-2} + v_{2t} \end{aligned} \quad (6.37)$$

① Robert E. Lucas 1995 年获诺贝尔经济学奖。
② 关于“简约形式”“内生变量”“外生变量”等概念，我们将在第七章予以介绍。
③ Sims C A. Macroeconomics and reality[J]. *Econometrica*, 1980, 48: 1-48.
④ Christopher A. Sims 由此于 2011 年获得诺贝尔经济学奖。

即被解释变量分别对自身以及对方的 2 阶滞后值回归。

下面我们来介绍 VAR 模型的一些优点和缺点。

VAR 模型主要有以下几个优点。

(1) VAR 模型形式的灵活性。由于 VAR 模型不以经济金融理论为基础，因此可以在一定程度上任意添加其他的解释变量。例如解释变量可以包括随机误差项的滞后项，从而构成 VARMA 模型；又如近年来一些学者认为可能存在一些单向因果关系变量，也可以将这些变量作为外生变量引入 VAR 模型中。

(2) VAR 模型参数估计比较容易。如果所有的变量都是平稳的，方程右边所包含的解释变量是相同的，并且随机误差项满足前述基本假定，则可以直接利用普通最小二乘法估计每个方程的参数，并且估计量是一致的、渐进有效的。

(3) 一个较小规模且合适设定的 VAR 模型所产生的预测结果，一般优于较大规模的结构联立方程系统所产生的预测结果，特别是对短期预测更是如此，希姆斯认为这可能是由于为保证结构模型的可识别性所施加的限制的影响(而 VAR 模型正好可以避免这种限制的影响)。不仅如此，VAR 模型还可以进行变量的因果检验，并可以应用于某些政策分析，由此导致现行的文献已经很少使用联立方程系统分析问题。①

但是，VAR 模型也不可避免地存在一些问题。

(1) VAR 模型是缺乏理论依据的(a-theoretical)，经济金融理论所起的作用只是帮助选取变量和滞后长度，导致 VAR 模型很少用于理论分析以及政策建议，因为我们无法确认 VAR 模型中系数的意义。并且 VAR 模型也会使伪回归的可能性增大，即两个变量之间本来没有关系，但由于使用 VAR 模型回归数据而得出两变量之间存在某种关系。

(2) 我们难以确定 VAR 模型中解释变量的滞后长度(尽管我们在后面要介绍几种确定滞后长度的办法)，因为一方面，我们想使滞后阶数足够大，以便能够反映所构造模型的动态特征；但另一方面，滞后阶数越多，需要估计的参数也越多，模型的自由度就会降低。例如对于一个滞后长度为 3，拥有 3 个方程的 VAR 模型，需要估计的参数就有 $3+3\times3^2=30$ 个，从而消耗大量的自由度，而较小的自由度将会导致参数估计值标准差增大，置信区间变宽，从而影响估计的显著性。特别是在样本不大的情况下，有时不得不对滞后项数目施加一个先验限制，而这恰好违背了使用 VAR 模型的

---

① 2003 年诺贝尔经济学奖得主之一格兰杰在 2001 年谈到宏观计量的发展时曾指出：由 20 世纪 60 年代经典的大规模模型到如今规模很小的 VAR 和 ECM 模型，实际上是从一个极端走到另一个极端。他认为未来的模型应介于两者之间。Granger C W J. Macroeconometrics-past and future[J]. *Journal of Econometrics*, 2001, 100(1): 17 - 19.

初衷。

(3) 在VAR模型中，若要对系数估计值进行联合检验或单个检验，首先必须确认模型中所有变量是平稳的，而实际的金融经济数据序列往往是不平稳的，要做到这一点，有时在估计模型前需要对变量进行差分。但是另一方面，VAR模型本身的目的是确定原变量之间而非差分后变量之间的相互关系，差分也会导致变量之间有关长期关系信息的丢失。

二、VAR模型的识别、估计、检验和预测

(一) VAR模型的识别

前面提到，建立VAR模型的一个难点就是确定滞后项数。通常，金融理论知识给出滞后项数的一个大致范围，例如货币政策的时滞一般为6～12个月，因此若应用VAR模型对货币政策效应进行分析时，如果是月度数据我们就可以确定滞后阶数应小于12。如果要具体确定滞后项数，就需要用到其他的一些方法，下面我们将介绍其中的几种方法。

1. 似然比检验法①

似然比检验(likelihood ratio test)构造的检验统计量如下：

$$LR = T\left[\ln\left|\hat{\sum}_r\right| - \ln\left|\hat{\sum}_u\right|\right]$$

它服从自由度为 m 的 χ^2 分布。其中，T 表示样本容量，$\left|\hat{\sum}_r\right|$ 表示的是有约束回归模型估计残差的方差—协方差矩阵的行列式，$\left|\hat{\sum}_u\right|$ 表示的是无约束回归模型估计残差的方差—协方差矩阵的行列式。自由度 m 等于所加约束的个数。例如，如果某VAR模型有 a 个方程，要检验所有方程最后 b 个滞后项系数是否为零，则一共有 a^2b 个约束。

利用该方法确定滞后项数的基本思想与我们前面提到的 F 检验思想类似。按照由一般到具体的建模思想，首先我们根据金融经济理论确定一个含较大的滞后项数的模型，即无约束回归模型。然后假定最后的某一个(或某几个)滞后项系数为零，从而得到有约束回归模型。如果最后一项(几项)对因变量没有解释能力或解释能力很弱，则设定这些滞后变量的系数为零对估计残差的方差—协方差矩阵的行列式的影响就比较小，从而 LR 值就会比较小，如果小于一定显著性水平下的 χ^2 临界值，则我们就不能拒绝滞后项系数同时为零的假设，从而可以删去这些滞后项。然后再对模型滞后

---

① 关于极大似然法的基本原理请参阅本章附录。

项系数进行新的假设，直至我们拒绝滞后项系数为零的假设，此时的滞后项数即为我们所确定的模型的滞后项数。

需要注意以下两点。

第一，这里我们没有应用 F 检验对单个方程的滞后项数作出判断，这是因为如果对单个方程分别应用 F 检验，得出的各个方程的滞后项数很可能是不同的，相当于对VAR 模型的系数施加了某种限制（某些滞后项系数为零），违背了建立 VAR 模型的初衷。

第二，利用似然比检验的一个前提是，VAR 模型中的随机误差项必须服从正态分布。

2. 信息准则法

在很多情况下，似然比检验所要求的随机误差项正态分布的条件在金融数据中并不能够得到满足，因此我们需要用其他的一些方法来确定滞后项数。经常用到的是我们在前一节提到的信息准则法。所不同的是，这次我们要同时确定 VAR 模型所有方程的滞后项数。

在 EViews 软件中，分别依次取不同的滞后项数值估计模型，每次我们会得到不同的 AIC 值或 SC 值。我们选择的最优滞后项数应是使 AIC 值或 SC 值达到最小的那个滞后值。一般情况下，AIC 值或 SC 值会给出相同的最优滞后项数值，但如果给出的不同，我们可以相机选择一个（一般差别不大），因为两个信息准则不存在谁优先的问题。

（二）VAR 模型的估计

前面我们提到，如果 VAR 模型中变量是平稳的，并且方程右边包含相同的解释变量，随机误差项满足基本假定，则我们可以分别应用普通最小二乘法对单个方程予以估计，所得到的估计值是一致的、渐进有效的。当上述条件不满足时，我们需要用到估计联立方程模型的其他方法。由于所用到的数学知识已经超出了本书的范围，并且在 EViews 软件中可以方便地实现对 VAR 模型的估计（我们会在例子中予以介绍），在此我们不再多作介绍。

（三）VAR 模型的检验

前面已经提到，VAR 模型是缺乏理论依据的。在 VAR 模型中，很难逐一解释各个变量系数的意义，特别是在很多情况下，解释变量系数会随滞后期数的变化而改变符号，例如滞后一、二、三期变量的系数符号可能是“＋”“－”“＋”，这是很难用经济金融理论解释的；同时模型内部不同方程之间也存在联系，因此很难判断当某个变量发生变化时，其他变量的未来值会有什么样的变化。为弥补上述 VAR 模型的缺陷，发挥 VAR 模型的作用，应用中一般进行如下的检验。

1. 对某变量全部滞后项系数的联合检验

在 VAR 模型中，单个变量系数的意义是很难确认的，但有时我们会对如下的问题感兴趣：即对于模型内的某一方程，某变量的全部滞后值是否对被解释变量有显著的解释作用。由于该检验仅针对某一方程内的系数，所以可以利用 F 检验，具体步骤不再冗述。我们可以发现，如果 VAR 模型仅包含两个方程，这实际上就是我们在第五章提到的因果检验，即如果该变量的所有滞后值对被解释变量有显著的解释作用，则就说该变量是被解释变量的“格兰杰原因”；反之则不是。

2. 脉冲响应

对某变量全部滞后项系数的联合检验能够告诉我们该变量是否对被解释变量有显著的影响，但是不能告诉我们这种影响是正还是负，也不能告诉我们这种影响发生作用所需要的时间。为解决这一问题，经常应用的方法是测量脉冲响应（impulse responses）。脉冲响应度量的是被解释变量对单位冲击的响应。例如假定某误差项仅在第 t 期发生突变，而后各期重新恢复平静，脉冲响应测量的是各期（t，$t+1$，$t+2$，…）的被解释变量对该冲击的反应。我们以一个例子来说明。

例 6-1　考虑一个含有两个变量、滞后一期的 VAR 模型：

$$\begin{bmatrix} Y_{1t} \\ Y_{2t} \end{bmatrix} = \begin{bmatrix} 0.6 & 0.4 \\ 0.1 & 0.5 \end{bmatrix} \begin{bmatrix} Y_{1,t-1} \\ Y_{2,t-1} \end{bmatrix} + \begin{bmatrix} u_{1t} \\ u_{2t} \end{bmatrix}$$

假定在 $t=0$ 期，Y_{10} 受到单位冲击，我们考虑后继各期 Y_{1t} 和 Y_{2t} 的变化。

$t=0$ 时，$\begin{bmatrix} Y_{10} \\ Y_{20} \end{bmatrix} = \begin{bmatrix} 1 \\ 0 \end{bmatrix}$

$t=1$ 时，$\begin{bmatrix} Y_{11} \\ Y_{21} \end{bmatrix} = \begin{bmatrix} 0.6 & 0.4 \\ 0.1 & 0.5 \end{bmatrix} \begin{bmatrix} 1 \\ 0 \end{bmatrix} = \begin{bmatrix} 0.6 \\ 0.1 \end{bmatrix}$

$t=2$ 时，$\begin{bmatrix} Y_{12} \\ Y_{22} \end{bmatrix} = \begin{bmatrix} 0.6 & 0.4 \\ 0.1 & 0.5 \end{bmatrix} \begin{bmatrix} 0.6 \\ 0.1 \end{bmatrix} = \begin{bmatrix} 0.4 \\ 0.11 \end{bmatrix}$

……

再假定 $t=0$，Y_{20} 受到单位冲击，我们来考虑后继各期 Y_{1t} 和 Y_{2t} 的变化。

$t=0$ 时，$\begin{bmatrix} Y_{10} \\ Y_{20} \end{bmatrix} = \begin{bmatrix} 0 \\ 1 \end{bmatrix}$

$t=1$ 时，$\begin{bmatrix} Y_{11} \\ Y_{21} \end{bmatrix} = \begin{bmatrix} 0.6 & 0.4 \\ 0.1 & 0.5 \end{bmatrix} \begin{bmatrix} 0 \\ 1 \end{bmatrix} = \begin{bmatrix} 0.4 \\ 0.5 \end{bmatrix}$

$t=2$ 时，$\begin{bmatrix}Y_{12}\\Y_{22}\end{bmatrix}=\begin{bmatrix}0.6 & 0.4\\0.1 & 0.5\end{bmatrix}\begin{bmatrix}0.4\\0.5\end{bmatrix}=\begin{bmatrix}0.44\\0.29\end{bmatrix}$

……

可以看到，在 $t=0$ 期，Y_{10} 受到单位冲击，而 Y_{20} 保持不变时，在 $t=1$ 期，Y_{11} 和 Y_{21} 将分别变化 0.6、0.1；在 $t=2$ 期，Y_{12} 和 Y_{22} 将分别变化 0.4、0.11。而若在 $t=0$ 期，Y_{10} 保持不变，Y_{20} 受到单位冲击，在 $t=1$ 期，Y_{11} 和 Y_{21} 将分别变化 0.4、0.5；在 $t=2$ 期，Y_{12} 和 Y_{22} 将分别变化 0.44、0.29。

可见，通过测量脉冲响应，我们能够清楚地看到某一时期的冲击对未来各期被解释变量的影响。在实际中，对于拥有多个方程、滞后项数较多的 VAR 模型，一般采用的是将 VAR 模型转变为向量移动平均(vector moving average, VMA)模型，并得出脉冲响应函数。①

（四）VAR 模型的预测

前面提到，一个较小的 VAR 模型产生的预测结果甚至要好于一个大的联立方程模型产生的预测结果，因此 VAR 模型的一个主要作用就是预测。下面通过一个例子说明如何在 VAR 模型中进行预测。

例 6-2 考虑一个含有两个方程、滞后阶数为 2 的 VAR 模型：

$$\begin{aligned}Y_t&=\delta_0+\alpha_1 Y_{t-1}+\alpha_2 Y_{t-2}+\gamma_1 Z_{t-1}+\gamma_2 Z_{t-2}+u_t\\Z_t&=\eta_0+\beta_1 Y_{t-1}+\beta_2 Y_{t-2}+\rho_1 Z_{t-1}+\rho_2 Z_{t-2}+v_t\end{aligned}\tag{6.38}$$

首先我们考虑一步向前预测(one-step-ahead-forecast)。如果我们要在第 n 期预测 Y_{n+1} 和 Z_{n+1}，由于在第 n 期，所有的解释变量的值已经知道，所以这是一个无条件预测：

$$\begin{aligned}\hat{f}_{n,1}&=\mathrm{E}(Y_{n+1}\mid I_n)=\hat{\delta}_0+\hat{\alpha}_1 Y_n+\hat{\alpha}_2 Y_{n-1}+\hat{\gamma}_1 Z_n+\hat{\gamma}_2 Z_{n-1}\\\hat{g}_{n,1}&=\mathrm{E}(Z_{n+1}\mid I_n)=\hat{\eta}_0+\hat{\beta}_1 Y_n+\hat{\beta}_2 Y_{n-1}+\hat{\rho}_1 Z_n+\hat{\rho}_2 Z_{n-1}\end{aligned}\tag{6.39}$$

接下来我们考虑多步向前预测，由于在第 n 期，有些解释变量的值是未知的，因此预测为有条件预测，我们可以以解释变量的预测值来代表未知解释变量的条件期望。

$$\begin{aligned}\hat{f}_{n,2}=\mathrm{E}(Y_{n+2}\mid I_n)&=\hat{\delta}_0+\hat{\alpha}_1\mathrm{E}(Y_{n+1}\mid I_n)+\hat{\alpha}_2 Y_n+\hat{\gamma}_1\mathrm{E}(Z_{n+1}\mid I_n)+\hat{\gamma}_2 Z_n\\&=\hat{\delta}_0+\hat{\alpha}_1\hat{f}_{n,1}+\hat{\alpha}_2 Y_n+\hat{\gamma}_1\hat{g}_{n,1}+\hat{\gamma}_2 Z_n\end{aligned}\tag{6.40}$$

---

① 有兴趣的同学可参阅汉密尔顿的《时间序列分析》(刘明志译，中国社会科学出版社 1999 年版)。

同理，可得出 Z_{n+2} 在第 n 期的预测值为

$$\hat{g}_{n,2}=\hat{\eta}_0+\hat{\beta}_1\hat{f}_{n,1}+\hat{\beta}_2Y_n+\hat{\rho}_1\hat{g}_{n,1}+\hat{\rho}_2Z_n \tag{6.41}$$

可以看到，在向前两步预测时要用到我们在向前一步预测时得到的预测值，这与前一节中我们用 AR 模型预测是一样的。类似的，我们可以利用前一期的预测值进行向前三步、四步……预测。

三、VAR 模型的补充说明——VAR 模型的发展

自希姆斯提出用 VAR 模型建模以来，由于 VAR 模型自身存在一些缺点，因此一直招致人们的批评。根据这些批评，许多学者对 VAR 模型进行了改进，从而促进了 VAR 模型的发展，扩大了它的应用范围，下面我们简要介绍一下 VAR 模型的两个新发展。

（一）结构 VAR 模型

前面提到 VAR 模型的一个缺点就是它缺乏理论性，因为没有理论为依据，就很难说模型得出的结果在政策分析上有多大的意义。有鉴于此，同时一些学者认为某些变量之间可能存在单向的因果关系，因此一些计量学家将结构模型与 VAR 模型结合起来，构成结构 VAR 模型（structural vector autoregressive model，SVAR 模型），即模型中方程左边不仅包括内生变量，也包括一些仅作为解释变量的外生变量；不仅包括内生变量的滞后值，也包括内生变量的当期值。结构 VAR 模型实际上是联立方程模型的一种形式，在估计结构 VAR 模型时也会遇到与估计联立方程模型同样的问题，需要对模型的系数施加某些限制。而这又违背了建立 VAR 模型的初衷，因此目前关于结构 VAR 模型研究的一个重点就是对参数施加何种的限制，模型采用何种形式才能在最大程度上不违背我们建立 VAR 模型的初衷。关于结构 VAR 模型的识别和估计，有兴趣的同学可以参阅 William H. Greene 的著作（2012）。①

（二）VECM 模型

在 VAR 模型中，要求所有的变量都是序列平稳的，但这在金融数据序列中往往并不能够得到满足。为了得到平稳序列有时我们需要对原始序列取差分，而这样做的结果是原序列中有关长期关系的信息会丢失。为了解决这一问题，一些学者将协整分析与 VAR 模型结合起来，构成向量误差修正模型（vector error correction model，VECM 模型），即模型内方程的右边不仅包括变量的差分项，也包括变量之间的协整关系项，从而使模型能够同时反映系统内变量间的长期均衡关系和短期动态特征，保

① Greene W H. *Econometric Analysis*[M]. Pearson Education，2012.

持信息的完整性。而基于 VAR 模型的格兰杰因果检验也可以在 VECM 模型中进行，并且能够说明变量在短期还是长期抑或在短期和长期都存在因果关系。①

四、实例——VAR 模型在金融数据中的应用②

VAR 模型的一个经典应用是检验货币政策的有效性，即研究货币供应量与产出、物价水平之间的关系。下面我们就在 EViews 软件中，利用 VAR 模型对我国货币政策的有效性进行检验。我们的样本取我国 1994 年第一季度到 2004 年第二季度的季度数据，变量包括狭义货币供应量 M1，商品零售物价指数 CPI，以及代表产出水平的国内生产总值 GDP。所有的数据我们都取它们的增长率，以保证序列的平稳性。

首先，我们来建立模型。在 EViews 软件中建立 VAR 模型有多种方法，其中一种是：点击“Quick”—“Estimate VAR”，就会弹出如图 6 - 24 所示的窗口。在左边“VAR Specification”中我们选择“Unrestricted VAR”，滞后长度我们从 1 阶试起，在右边“Endogenous”空白栏中我们键入变量名称“cpi m_1 gdp”，在“Exdogenous”空白栏中保留常数项“C”，点击“OK”，即可以得到估计结果。

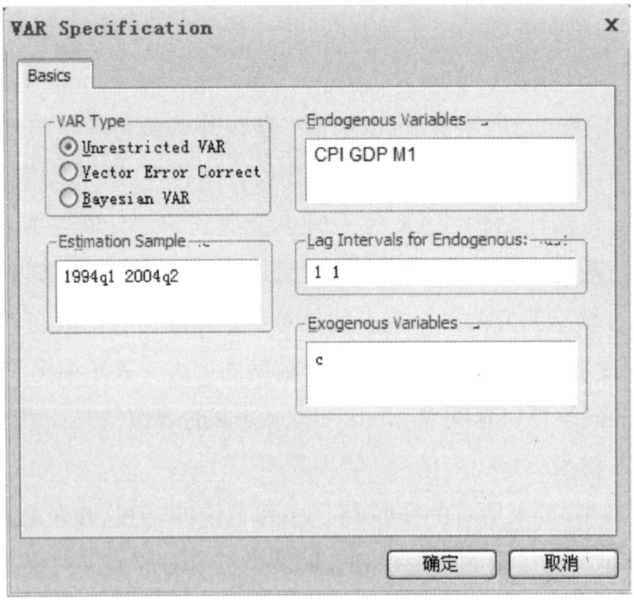

图 6 - 24　VAR 模型设定

---

① 有关 VECM 模型及基于 VECM 模型的格兰杰因果检验进一步的内容，请参阅王少平的《宏观计量的若干前沿理论与应用》(李子奈审，南开大学出版社 2003 年版)。

② 本例题数据可在上海财经大学出版社网站(http://www.sufep.com)下载，Excel 格式的文件名为 EX6.3.xls；EViews 生成的 wf1 格式的文件名为 EX6.3.wf1。

在选择滞后项时，我们应用信息准则，表 6－2 是我们试验的几个滞后项（根据金融理论，货币效应时滞在一年左右，所以我们选择最大 5 阶）及相应的信息值。

表 6－2　不同滞后值下的 AIC 值和 SC 值

滞后值	1	2	3	4	5
AIC 值	−10.32	−11.53	−12.45	−12.73	−13.20
SC 值	−9.81	−10.64	−11.16	−11.03	−11.09

由表 6－2，根据 AIC 信息准则，我们应选择滞后项为 5，根据 SC 信息准则，我们应选择滞后项为 3，考虑到 3 阶后 AIC 值下降较缓，因此我们根据 SC 值选择滞后项为 3，然后进行估计，得到如表 6－3 所示的结果。

表 6－3　VAR 模型估计结果

Vector Autoregression Estimates

Date: 02/24/15　　Time: 21:34

Sample (adjusted): 1995Q1 2004Q2

Included observations: 38 after adjustments

Standard errors in ( ) & t-statistics in [ ]

	CPIDL	M1DL	GDPDL
CPIDL(-1)	0.231545	-0.454025	0.331327
	(0.19939)	(0.36350)	(0.54581)
	[1.16128]	[-1.24902]	[0.60704]
CPIDL(-2)	0.076421	-0.969225	0.476782
	(0.16326)	(0.29764)	(0.44692)
	[0.46809]	[-3.25635]	[1.06682]
CPIDL(-3)	0.079005	0.154853	0.697243
	(0.18940)	(0.34529)	(0.51846)
	[0.41714]	[0.44847]	[1.34484]
M1DL(-1)	0.203608	-0.460036	0.171646
	(0.11549)	(0.21056)	(0.31616)
	[1.76295]	[-2.18485]	[0.54291]

（续表）

M1DL(-2)	-0.289403	-0.125967	-0.049720
	(0.10444)	(0.19041)	(0.28590)
	[-2.77099]	[-0.66157]	[-0.17391]
M1DL(-3)	-0.003083	-0.173310	-0.023864
	(0.12024)	(0.21921)	(0.32914)
	[-0.02564]	[-0.79063]	[-0.07250]
GDPDL(-1)	0.092482	-0.002143	-1.110726
	(0.04169)	(0.07600)	(0.11412)
	[2.21838]	[-0.02820]	[-9.73287]
GDPDL(-2)	0.114096	-0.142067	-0.792235
	(0.04670)	(0.08514)	(0.12784)
	[2.44308]	[-1.66858]	[-6.19690]
GDPDL(-3)	0.066997	-0.053859	-0.439512
	(0.03172)	(0.05782)	(0.08682)
	[2.11235]	[-0.93144]	[-5.06215]
C	-0.002466	0.071970	0.071507
	(0.00991)	(0.01807)	(0.02713)
	[-0.24885]	[3.98290]	[2.63549]
R-squared	0.638976	0.607271	0.848922
Adj. R-squared	0.522933	0.481036	0.800361
Sum sq. resids	0.007643	0.025402	0.057272
S.E. equation	0.016521	0.030120	0.045227
F-statistic	5.506358	4.810661	17.48161
Log likelihood	107.8004	84.97973	69.53331
Akaike AIC	-5.147388	-3.946302	-3.133332
Schwarz SC	-4.716444	-3.515358	-2.702388
Mean dependent	0.003255	0.033820	0.014668
S.D. dependent	0.023920	0.041811	0.101221

（续表）

Determinant resid covariance (dof adj.)	4.06E-10
Determinant resid covariance	1.62E-10
Log likelihood	266.5314
Akaike information criterion	-12.44902
Schwarz criterion	-11.15619

在表 6－3 中我们也可以看到，同一变量不同的滞后项，有的是显著的，有的是不显著的，有的符号是相反的，验证了我们前面所说的 VAR 模型是缺乏理论的，我们无法直接得出某种结论，下面我们进行一些检验。

首先我们进行在 EViews 中对某变量全部滞后值系数的联合检验。在 EViews 软件中做此检验要求对单个方程进行 OLS 估计，然后点击“View”—“Coefficient Tests”—“Wald-coefficient Testrictions”，对系数值进行联合检验，具体过程不再给出。由于是检验货币政策的有效性，因此我们主要检验 M1（增长率）各阶滞后项对 CPI（增长率）和 GDP（增长率）的解释作用，我们得出的 F 值分别为 6.6 和 0.192，相应的 p 值为 0.001 和 0.901。可见 M1（增长率）各阶滞后对 CPI（增长率）有显著的解释作用，但对 GDP（增长率）则没有解释作用。

首先，对于物价水平 CPI，上期的货币供应量对其的影响是显著的，并且系数为正，与理论相符，说明货币供应量的增加将使物价水平上升。

其次，对于货币供应量来说，GDP 和物价水平对其影响不显著，说明货币供应量不受上期的产出和物价水平的影响，是一个独立的外生变量，由央行控制，不受实体经济要素的影响。

再次，对于 GDP，上期的货币供应量对其没有影响，这也从一个侧面验证了前几年我国实施的稳健货币政策的效果是不大的，而上期物价水平则对产出有显著的正的影响。

下面我们看如何检验脉冲响应。在 EViews 软件中相当容易，只需点击“Impulse”菜单，就会弹出如图 6－25 所示的窗口。

我们选择对三个变量都进行脉冲响应测试，冲击也分别来自三个变量，然后选择时期为 10（其他各项可根据需要选择），点击“OK”，得到如图 6－26 所示的脉冲测试结果。

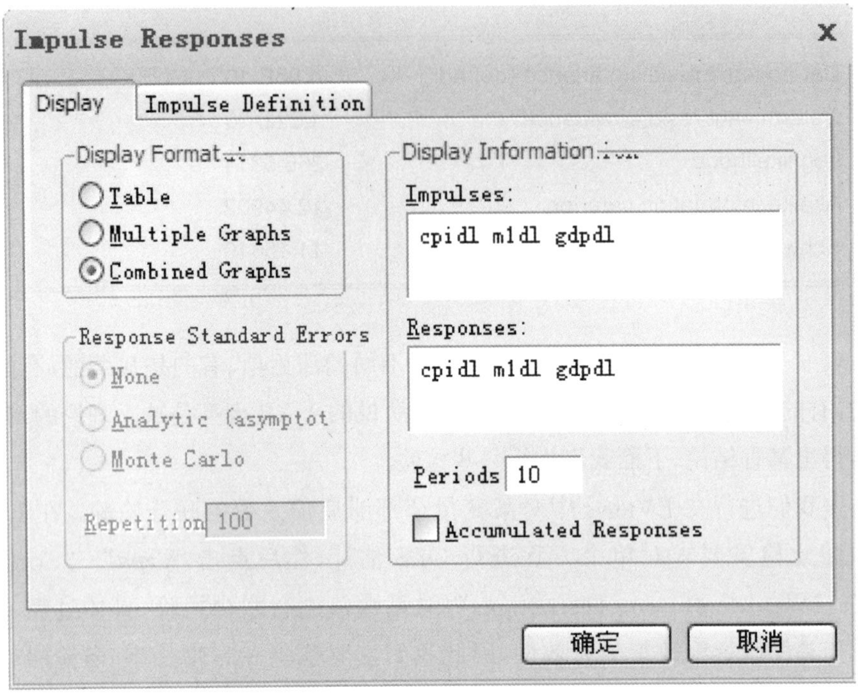

图 6－25　VAR 脉冲响应设定

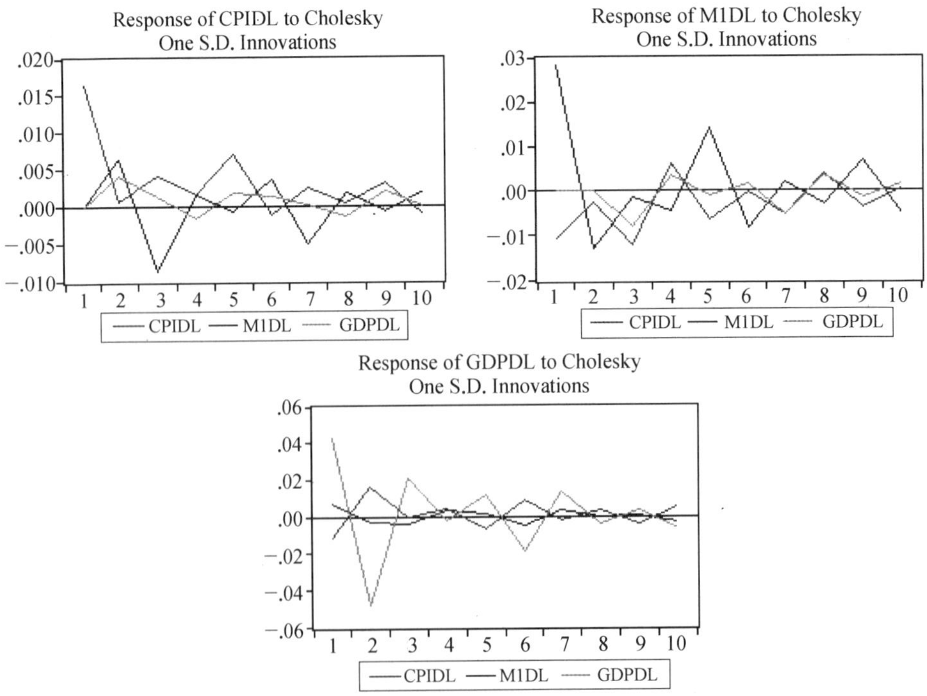

图 6－26　VAR 脉冲响应结果

第四节　(G)ARCH模型的概念和构造

一、(G)ARCH模型的概念

自回归条件异方差(autoregressive conditional heteroscedasticity,简称ARCH)模型是近年来新发展起来的时间序列模型,它反映了随机过程的一种特性：即方差随时间变化而变化(time varying),且具有波动性(volatility)和丛集性(clustering)。ARCH模型已广泛地应用于金融领域的建模及研究过程中。

ARCH模型最初是由美国经济学家恩格尔(Robert Engle)教授于1982年提出的。① 实践证明,刻画金融时间序列这一特性的ARCH模型在经济金融领域的应用中取得了良好的效果。Engle教授由此荣获了2003年诺贝尔经济学奖(与他同时获奖的是Granger教授,其贡献是提出了非平稳时间序列的协整理论)。

传统的经济计量模型假定样本的方差保持不变。随着经济理论的发展及实证工作的深入,已发现这一假设不甚合理。越来越多的研究者发现金融时间序列数据,诸如股票价格、通货膨胀率、利率、汇率等,经常出现方差随时间变化的特点。许多经济随机变量的分布有着很宽的尾部,其方差也在不断变化中。在方差的变化过程中,幅度较大的变化会相对地集中在某些时间段里,而幅度较小的变化会相对集中在另一些时间段里,即金融时间序列数据的方差呈波动性及丛集性。这种变化可能归咎于经济领域尤其是金融市场的多变性,对政治局势和政府金融政策的敏感性等。这种情况给我们一种启示：观测误差的方差呈现某种自相关。(G)ARCH模型恰恰捕捉到了金融时间序列数据的这个特点,这是ARIMA类模型所不能比拟的。

(一) ARCH模型

ARCH(p)模型,其定义由均值方程(6.42)和条件方差方程(6.43)给出：

$$y_t = \beta x_t + \varepsilon_t \tag{6.42}$$

$$h_t = \text{var}(\varepsilon_t \mid \Omega_{t-1}) = a_0 + a_1\varepsilon_{t-1}^2 + a_2\varepsilon_{t-2}^2 + \cdots + a_p\varepsilon_{t-p}^2 \tag{6.43}$$

其中,Ω_{t-1} 表示 $t-1$ 时刻所有可得信息的集合,h_t 为条件方差。方程(6.43)表示误差项 ε_t 的方差 h_t 由两部分组成：一个常数项和前 p 个时刻关于变化量的信息,用前 p 个时刻的残差平方表示(ARCH项)。注意到：在这个模型中,ε_t 存在着以 ε_{t-1},

① Engle R F. Autoregressive conditional heteroskedasticity with estimates of the variance of United Kingdom inflation[J]. *Econometrica*, 1982(50): 987－1007.

ε_{t-2}，…，ε_{t-p} 为条件的异方差。考虑到 ε_t 的条件异方差性，我们就能得到参数 $\beta=[\beta_1, \beta_2, \cdots, \beta_n]$ 的更有效的估计。

通常用极大似然估计法对方程(6.42)和(6.43)进行估计。例如，我们可以在计量经济学软件 EViews 中方便地对 ARCH(p)模型进行估计。最简单的 ARCH 模型为 ARCH(1)。

（二）GARCH 模型

在 ARCH(p)中，如果 p 很大，那么 ε_t 的方差依赖于很多时刻之前的变化量。在金融领域中，采用日数据来估计股票收益的应用就是如此。这样，我们必须估计很多参数，而这点很难精确地做到。但是，我们发现方程(6.43)不过是 h_t 的分布滞后模型，我们就能够用少数几个 h_t 的滞后值来替代许多 ε_t 的滞后值。这就是广义自回归条件异方差模型(generalized autoregressive conditional heteroscedasticity, GARCH)，GARCH 模型解决了 ARCH 在应用中的问题。该模型也可以用极大似然估计法来估计。①

最简单的 GARCH 模型是 GARCH(1,1)模型：

$$y_t=\beta x_t+\varepsilon_t \tag{6.44}$$

$$h_t=\mathrm{var}(\varepsilon_t \mid \Omega_{t-1})=a_0+a_1\varepsilon_{t-1}^2+\lambda_1 h_{t-1} \tag{6.45}$$

条件方差方程(6.45)指出交易者是根据长期平均数(常数项 a_0)、上期观测到的有关波动的信息 ε_{t-1}^2(ARCH 项)以及上期预测方差 h_{t-1}(GARCH 项)的加权平均来预测本期方差。为了保证方差的非负和有限，要求：$a_0>0$，$a_1\geqslant 0$，$\lambda_1\geqslant 0$，$a_1+\lambda_1<1$。

一般情况下，模型可以有任意多个 ARCH 项和 GARCH 项。一般的 GARCH(p, q)模型如下：

$$y_t=\beta x_t+\varepsilon_t \tag{6.46}$$

$$h_t=\mathrm{var}(\varepsilon_t \mid \Omega_{t-1})=a_0+a_1\varepsilon_{t-1}^2+\cdots+a_p\varepsilon_{t-p}^2+\lambda_1 h_{t-1}+\cdots+\lambda_q h_{t-q} \tag{6.47}$$

GARCH(p, q)还可以进一步推广，可以包含一个或多个外生或预定变量作为误差项方差的其他决定因素。例如，z_t 是一个外生变量，我们可以把它作为 GARCH(1, 1)模型的一部分：

$$h_t=a_0+a_1\varepsilon_{t-1}^2+\lambda_1 h_{t-1}+\delta_1 z_t \tag{6.48}$$

需要注意的是，往条件方差方程中添加外生变量时必须小心。如果 z_t 取负值，可能会造成方差对某些观测取负值。

---

① Bollerslev T. Generalized autoregressive conditional heteroscedasticity[J]. *Journal of Econometrics*, 1986, 31(3): 307－327.

二、(G)ARCH 模型的识别、估计、类型和预测

(一) ARCH 效应的识别——ARCH LM Test

ARCH 效应的识别通常是对于残差项中是否存在自回归条件异方差现象的拉格朗日乘数检验(Lagrange multiplier test)。对异方差的确定是基于这样的观察：在许多金融时间序列中，残差的大小与附近残差的大小相联系。残差中的 ARCH 现象本身并不会使最小二乘估计无效，然而，忽视 ARCH 效应将导致有效性的损失。

ARCH LM Test 中的统计量通过一个辅助的回归检验计算出来的。检验的原假设是 H_0：残差中一直到第 q 阶都没有 ARCH 现象，即 $\beta_0=\beta_1=\cdots=\beta_q=0$。

我们进行下面的回归：

$$e_t^2=\beta_0+\beta_1 e_{t-1}^2+\beta_2 e_{t-2}^2+\cdots+\beta_q e_{t-q}^2+v_t \tag{6.49}$$

其中，e 是残差。这是用残差项的平方对常数项和直到滞后 q 阶的残差项平方进行回归。EViews 从回归中会得出两个检验统计量：F 统计量用于检验所有滞后的残差平方项都联合显著；Obs×R - squared 统计量是 Engle 的 LM 检验统计量，通过观测值个数乘以回归方程的拟合优度得到。其中 Obs 为观测值个数，R - squared 为回归方程的拟合优度。在原假设下，F 统计量的准确有限样本分布是未知的，但 LM 检验统计量在一般条件下渐进地服从 $\chi^2(q)$分布。ARCH LM Test 对最小二乘法、两阶段最小二乘法、非线性最小二乘法都适用。

(二) (G)ARCH 模型的估计

由于(G)ARCH 类模型不再是通常的线性模型，最小二乘估计法不能用来估计(G)ARCH 类模型。最主要的原因在于最小二乘估计法以残差平方和的最小为目标，然而残差平方和只由均值方差决定，而与条件方差无关，因此以残差平方和最小的估计方法不合适。

通常使用最大似然估计法估计(G)ARCH 类模型。对于给定的数据，最大似然估计法以找到最可能的参数为目的，线性模型和非线性模型都可以用最大似然法来估计，它以建立对数似然方程来实现①。这里以一个 AR(1)～ GARCH (1，1)模型为例简要介绍一下对数似然方程的建立。

对于 AR(1)～GARCH (1，1)模型：

$$y_t=\mu+\phi y_{t-1}+\varepsilon_t$$
$$h_t=\alpha_0+\alpha_1\varepsilon_{t-1}^2+\lambda_1 h_{t-1}$$

---

① 关于最大似然估计法的基本原理请参阅本章附录。

可以通过最大化下述对数函数来估计模型参数：

$$L=-\frac{T}{2}\ln(2\pi)-\frac{1}{2}\sum_{t=1}^{T}\ln(h_t)-\frac{1}{2}\sum_{t=1}^{T}\frac{(y_t-\mu-\phi y_{t-1})^2}{h_t}$$

（三）(G)ARCH 模型的类型

除了基本的 ARCH 和 GARCH 模型外，在实际应用中根据研究问题的特征还推出多种(G)ARCH 类模型，如 GARCH－M 模型、TARCH 模型和 EGARCH 模型等等，简要介绍如下。

1. GARCH－M 模型①

标准的资产定价理论认为金融资产的收益应当与其风险成正比。② 所以当回归的目的是要解释股票或债券等金融资产的收益时，我们可以把条件方差 h_t（或标准差 $\sqrt{h_t}$）引入均值方程，而条件方差方程不变。如一个 GARCH－M(1，1)模型(GARCH－IN－MEAN)如下：

$$y_t=\beta x_t+\gamma h_t+\varepsilon_t \tag{6.50}$$

$$h_t=\mathrm{var}(\varepsilon_t \mid \Omega_{t-1})=a_0+a_1\varepsilon_{t-1}^2+\lambda_1 h_{t-1} \tag{6.51}$$

2. TARCH 模型③

在股票市场中，经常观测到的现象是坏消息(bad news)引起的波动(市场下跌)要比同等程度好消息(good news)引起的波动(市场上升)大。这可用图 6－27 简单表示。④

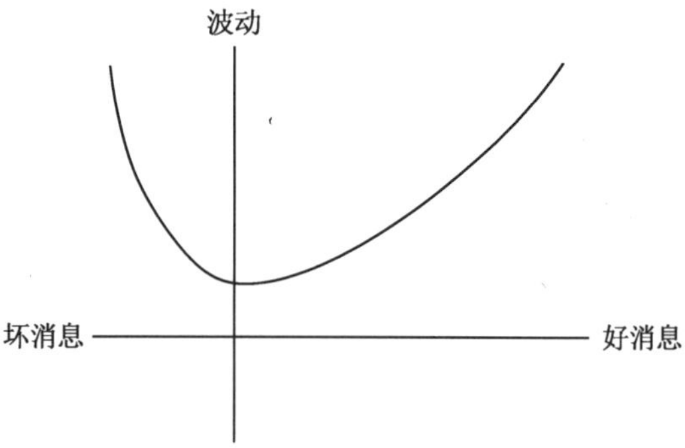

图 6－27　收益波动非对称性示意图

从图 6－27 中可以看出好消息和坏消息对波动的影响程度不同，特别地讲是坏消息对波动的作用更大，

---

① Engle R F，Lilien D M，Robins R P. Estimating time varying risk premia in the term structure：the ARCH－M model[J]. *Economtrica*，1987，55(2)：391－407.

② 对于 GARCH－M 模型与资产定价模型之间的联系，有兴趣的读者可以参阅 J. Y. Cambell，A. W. Lo，& A. C. MacKinlay 的 *The Econometrics of Financial Markets* (Princeton University Press，1997)一书。

③ Glosten L R，Jagannathan R，Runkle D E. On the relation between the expected value and the volatility of the nominal excess return on stocks[J]. *The Journal of Finance*，1993，48(5)：1779－1801.

④ Engle R F，Ng V K. Measuring and testing the impact of news on volatility[J]. *The Journal of Finance*，1993，48(5)：1749－1778.

也就是所谓的杠杆效应(leverage effect)。非对称模型就是用来描述这种好消息和坏消息对波动性的不同影响,通常是描述了在金融市场中坏消息对波动产生更大影响的特征,下面介绍的 TARCH 和 EGARCH 模型都属于非对称模型。

TARCH(也称 GJR 模型)是指门限自回归条件异方差模型(threshold ARCH),其条件方差方程为:

$$h_t = \omega + a\varepsilon_{t-1}^2 + \gamma\varepsilon_{t-1}^2 d_{t-1} + \beta h_{t-1} \tag{6.52}$$

在此,如果 $\varepsilon_{t-1} < 0$,则 $d_{t-1} = 1$;如果 $\varepsilon_{t-1} \geqslant 0$,则 $d_{t-1} = 0$。好消息 $\varepsilon_{t-1} \geqslant 0$ 对条件方差的影响为 a,坏消息 $\varepsilon_{t-1} < 0$ 对条件方差的影响为 $a + \gamma$,因此如果 $\gamma > 0$,表明存在杠杆效应或反馈效应。

3. EGARCH 模型[①]

EGARCH 模型为指数 GARCH 模型(exponential GARCH),其条件方差方程为:

$$\ln(h_t) = \omega + \beta \ln(h_{t-1}) + a\left|\frac{\varepsilon_{t-1}}{\sqrt{h_{t-1}}}\right| + \gamma \frac{\varepsilon_{t-1}}{\sqrt{h_{t-1}}} \tag{6.53}$$

这里,如果 $\gamma < 0$,则表明存在杠杆效应或反馈效应。

(四)(G)ARCH 模型的预测

(G)ARCH 类模型对于时间序列方差的建模非常有用,因此(G)ARCH 类模型的主要作用在于预测时间序列的方差,从而研究时间序列的波动性。同时可以结合前面讲到的动态模型组成方程组来模拟一些金融问题的特性,例如可以组合一个 ARMA - EGARCH(1, 1)- M 模型等等。如前所述,可以使用历史数据的移动平均过程来预测方差的波动,同样也可以使用(G)ARCH 类模型来进行预测,其方法相似,这里不再赘述。[②]

三、实例——GARCH 模型在金融数据中的应用[③]

我们以上证指数和深证成份指数为研究对象,用 GARCH 类模型来研究我国股市收益的波动性、波动的非对称性以及溢出效应。样本范围是 1997 年 1 月 2 日—

---

① Nelson D B. Conditional heteroskedasticity in asset returns: a new approach[J]. *Econometrica*, 1991, 59(2): 347 - 370.

② 关于不同类型动态模型的预测能力,有兴趣的读者可参阅:Day T E, Lewis C M. Stock market volatility and the information content of stock index options[J]. *Journal of Econometrics*, 1992, 52(1 - 2): 267 - 287.

③ 本例题数据可在上海财经大学出版社网站(http: //www. sufep. com)下载,Excel 格式的文件名为 EX6. 4. xls;EViews 生成的 wf1 格式的文件名为 EX6. 4. wf1。

2002年12月31日共6年每个交易日上证指数和深证成份指数的收盘价，共计1 444个观察值，以P_t表示(数据用大智慧软件收集)。收益率定义为：$r_t=100\%\times[\ln p_t-\ln p_{t-1}]$。沪市收益率用$rh$表示，深市收益率用$rz$表示。

(一) 沪深股市收益率的波动性研究

1. 描述性统计

首先，我们对收益率r_t做描述性统计，结果如下。

样本期内沪市收益率均值为0.027%，标准差为1.63%，偏度为−0.146，左偏。峰度为9.07，远高于正态分布的峰度值3，说明收益率r_t具有尖峰(leptokurtosis)和厚尾(fat-tailed)的特征。JB正态性检验也证实了这点，统计量为2 216，说明在极小水平下，收益率r_t显著异于正态分布；深市收益率均值为−0.012%，标准差为1.80%，偏度为−0.027，左偏。峰度为8.172，收益率r_t同样具有尖峰、厚尾的特征。深市收益率的标准差大于沪市，说明深圳股市的波动更大。

2. 平稳性检验

进一步研究收益率r_t的平稳性，对其进行ADF单位根检验，选择滞后4阶，带截距项而无趋势项，结果如表6-4所示。

表6-4 两市收益率平稳性检验结果

	ADF统计量	1%临界值
沪市收益率rh	−16.386 96	−3.437 8
深市收益率rz	−15.939 29	−3.437 8

在1%的显著水平下，两市的收益率r_t都拒绝随机游走的假设，说明r_t是平稳的时间序列数据。这个结果与国外学者对发达成熟市场波动性的研究一致：Pagan(1996)①和Bollerslev(1994)指出，金融资产的价格一般是非平稳的，经常有一个单位根(随机游走)，而收益率序列通常是平稳的。②

3. 均值方程的确定及残差序列自相关检验

通过对收益率的自相关检验，我们发现两市的收益率都与其滞后15阶存在显著的自相关，因此两市收益率r_t的均值方程都采用如下形式：

$$r_t=c+ar_{t-15}+\varepsilon_t \tag{6.54}$$

① Pagan A. The econometrics of financial markets[J]. *Journal of Empirical Finance*, 1996, 3(1): 15-102.

② Baillie R T, Bollerslev T. Cointegration, fractional cointegration, and exchange rate dynamics[J]. *The Journal of Finance*, 1994, 49(2): 737-745.

用 Ljung - Box Q 统计量对均值方程拟合后的残差 ε_t 及残差平方 ε_t^2 做自相关检验，取滞后 10 阶。结果如表 6 - 5 和表 6 - 6 所示。

表 6 - 5　残差 ε_t 及残差平方 ε_t^2 的自相关系数 AC(autocorrelation)及 p 值(沪市)

滞后期		1	2	3	4	5	6	7	8	9	10
ε_t	AC	−0.011	−0.035	0.011	0.058	−0.018	0.007	0.022	−0.037	−0.045	0.013
	P 值	0.665	0.387	0.556	0.143	0.196	0.284	0.322	0.260	0.161	0.209
ε_t^2	AC	0.175	0.14	0.149	0.12	0.046	0.099	0.076	0.052	0.049	0.075
	P 值	0.00	0.00	0.00	0.00	0.00	0.00	0.00	0.00	0.00	0.00

注：自相关检验的原假设为该序列不存在自相关。

表 6 - 6　残差 ε_t 及残差平方 ε_t^2 的自相关系数 AC(autocorrelation)及 p 值(深市)

滞后期		1	2	3	4	5	6	7	8	9	10
ε_t	AC	0.044	−0.019	0.045	0.046	−0.01	−0.004	0.002	−0.026	−0.028	0.011
	P 值	0.099	0.199	0.104	0.058	0.098	0.157	0.231	0.246	0.251	0.318
ε_t^2	AC	0.180	0.200	0.158	0.148	0.106	0.167	0.104	0.106	0.108	0.105
	P 值	0.00	0.00	0.00	0.00	0.00	0.00	0.00	0.00	0.00	0.00

注：自相关检验的原假设为该序列不存在自相关。

表 6 - 5 和表 6 - 6 表明两市的残差 ε_t 不存在显著的自相关，而残差平方 ε_t^2 有显著的自相关。我们把 ε_t^2 做线性图(如图 6 - 28 和图 6 - 29 所示)。

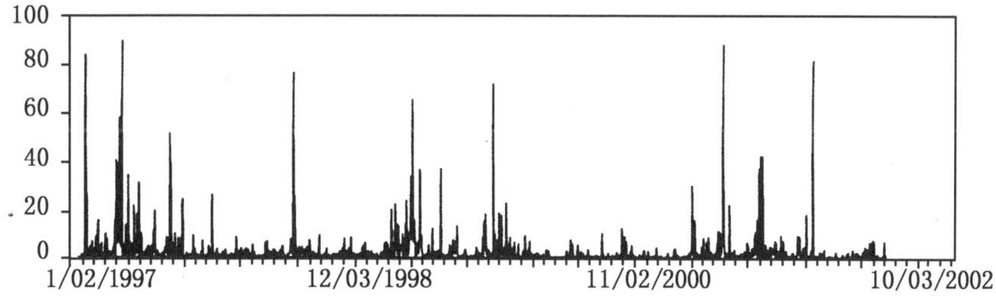

图 6 - 28　ε_t^2 线性图(沪市)

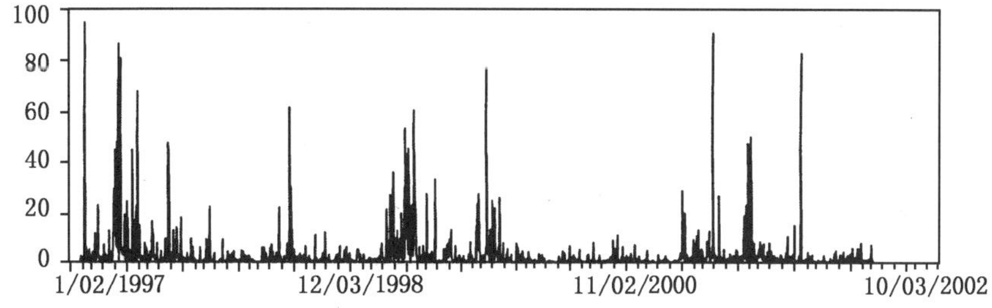

图 6 - 29　ε_t^2 线性图(深市)

可见 ε_t^2 的波动具有明显的波动性和丛集性，适合用 GARCH 类模型来建模。另外，我们还可以对残差 ε_t 进行 ARCH－LM Test，得到的结果也说明残差中 ARCH 效应是很显著的（如表 6－7 所示）。

表 6－7 检验结果

沪市 ARCH Test：（滞后一阶）			
F 统计量	44.480 12	P 值	0.000 000
观测值个数×r^2	43.193 40	P 值	0.000 000
深市 ARCH Test：（滞后一阶）			
F 统计量	47.511 15	P 值	0.000 000
观测值个数×r^2	46.041 72	P 值	0.000 000

4. GARCH 类模型建模

下面，我们对两市收益率$\{r_t\}$序列分别用 GARCH(1，1)和 GARCH－M(1，1)建模。在 EViews 软件的"Equation Specification"窗口中"Method"选项选择"ARCH"，可以得到如图 6－30 所示的对话框。

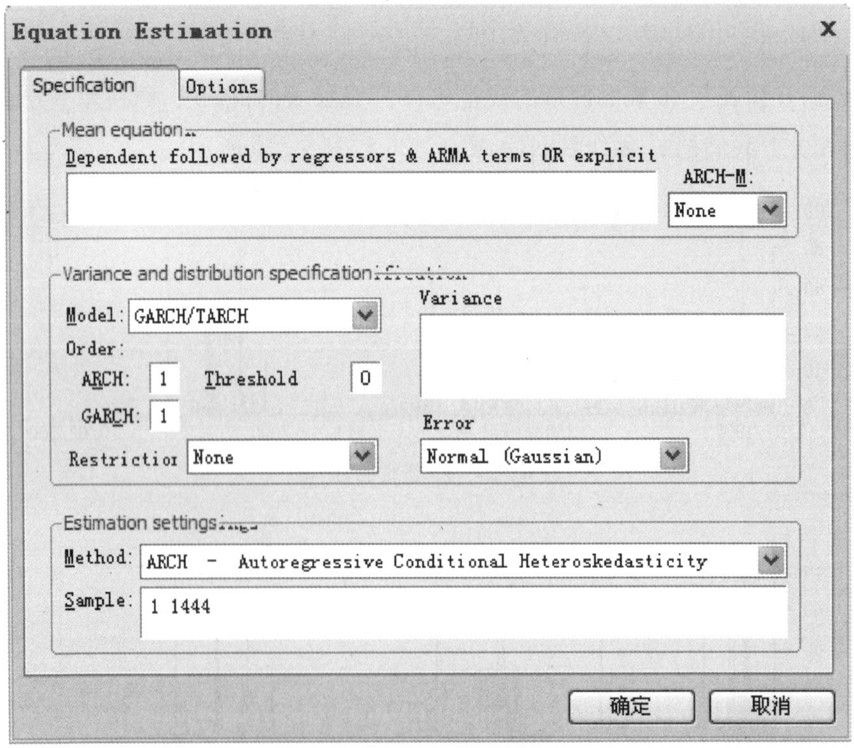

图 6－30 Equation Specification 窗口

(1) GARCH(1, 1)模型估计结果。在图 6-30 的对话框中,要求用户输入建立GARCH 类模型相关的参数:"Mean Equation Specification"栏需要填入均值方差的形式;"ARCH-M term"栏需要选择 ARCH-M 项的形式,包括方差、标准差和不采用三种;"ARCH Specification"栏需要选择 ARCH 和 GARCH 项的阶数,以及估计方法包括 GARCH、TARCH 和 EGARCH 等等;"Variance Regressors"栏需要填如结构方差的形式,由于 EViews 默认条件方差方程中包含常数项,因此在此栏中不必填入"C"。我们现在要用 GARCH(1, 1)模型建模,以沪市为例,只需要在"Mean Equation Specification"栏输入均值方差"RH C RH(-15)",其他选择默认即可,得到如表 6-8 和表 6-9 所示的结果。

表 6-8 沪市收益率 GARCH(1, 1)模型估计结果

Dependent Variable: RH
Method: ML - ARCH (Marquardt) - Normal distribution
Date: 03/03/15 Time: 16:20
Sample (adjusted): 17 1443
Included observations: 1427 after adjustments
Convergence achieved after 18 iterations
Presample variance: backcast (parameter = 0.7)
GARCH = C(3) + C(4)*RESID(-1)^2 + C(5)*GARCH(-1)

Variable	Coefficient	Std. Error	z-Statistic	Prob.
C	-2.23E-06	0.000283	-0.007891	0.9937
RH(-15)	0.059355	0.020212	2.936626	0.0033
		Variance Equation		
C	8.72E-06	1.45E-06	6.009939	0.0000
RESID(-1)^2	0.176309	0.015220	11.58366	0.0000
GARCH(-1)	0.807551	0.013689	58.99450	0.0000

R-squared	0.007547	Mean dependent var	0.000253
Adjusted R-squared	0.006850	S.D. dependent var	0.016348
S.E. of regression	0.016292	Akaike info criterion	-5.645039
Sum squared resid	0.378214	Schwarz criterion	-5.626597
Log likelihood	4032.735	Hannan-Quinn criter.	-5.638152
Durbin-Watson stat	2.023588		

表 6-9 深市收益率 GARCH(1, 1)模型估计结果

Dependent Variable: RZ
Method: ML - ARCH (Marquardt) - Normal distribution
Date: 03/03/15 Time: 16:23
Sample (adjusted): 17 1443
Included observations: 1427 after adjustments
Convergence achieved after 17 iterations
Presample variance: backcast (parameter = 0.7)
GARCH = C(3) + C(4)*RESID(-1)^2 + C(5)*GARCH(-1)

Variable	Coefficient	Std. Error	z-Statistic	Prob.
C	-0.000578	0.000327	-1.767382	0.0772
RZ(-15)	0.057618	0.021915	2.629194	0.0086
		Variance Equation		
C	6.34E-06	1.29E-06	4.914888	0.0000
RESID(-1)^2	0.122121	0.009786	12.47964	0.0000
GARCH(-1)	0.863589	0.009235	93.50794	0.0000
R-squared	0.005937	Mean dependent var		-0.000173
Adjusted R-squared	0.005240	S.D. dependent var		0.017933
S.E. of regression	0.017886	Akaike info criterion		-5.476727
Sum squared resid	0.455883	Schwarz criterion		-5.458285
Log likelihood	3912.645	Hannan-Quinn criter.		-5.469839
Durbin-Watson stat	1.914371			

可见，沪深股市收益率条件方差方程中 ARCH 项和 GARCH 项都是高度显著的，表明收益率$\{r_t\}$序列具有显著的波动性和丛集性。沪市中 ARCH 项和 GARCH 项系数之和为 0.98，深市也为 0.98，均小于 1。因此 GARCH(1, 1)过程是平稳的，其条件方差表现出均值回复(MEAN-REVERSION)，即过去的波动对未来的影响是逐渐衰减。

(2) GARCH-M(1, 1)估计结果。依照前面的步骤只要在“ARCH-M term”栏选择方差作为 ARCH-M 项的形式，即可得到 GARCH-M(1, 1)模型的估计结果(如表 6-10 和表 6-11 所示)。

表 6-10 沪市收益率 GARCH-M(1, 1)模型估计结果

Dependent Variable: RH
Method: ML - ARCH (Marquardt) - Normal distribution
Date: 03/03/15 Time: 16:24
Sample (adjusted): 17 1443
Included observations: 1427 after adjustments
Convergence achieved after 35 iterations
Presample variance: backcast (parameter = 0.7)
GARCH = C(4) + C(5)*RESID(-1)^2 + C(6)*GARCH(-1)

Variable	Coefficient	Std. Error	z-Statistic	Prob.
GARCH	5.393201	2.229364	2.419166	0.0156
C	-0.000901	0.000470	-1.919788	0.0549
RH(-15)	0.058052	0.019591	2.963217	0.0030
		Variance Equation		
C	9.53E-06	1.64E-06	5.816806	0.0000
RESID(-1)^2	0.186266	0.016265	11.45214	0.0000
GARCH(-1)	0.796661	0.014985	53.16511	0.0000

R-squared	0.015188	Mean dependent var	0.000253
Adjusted R-squared	0.013805	S.D. dependent var	0.016348
S.E. of regression	0.016234	Akaike info criterion	-5.648340
Sum squared resid	0.375302	Schwarz criterion	-5.626210
Log likelihood	4036.091	Hannan-Quinn criter.	-5.640075
Durbin-Watson stat	2.016243		

表 6-11 深市收益率 GARCH-M(1, 1)模型估计结果

Dependent Variable: RZ
Method: ML - ARCH (Marquardt) - Normal distribution
Date: 03/03/15 Time: 16:24
Sample (adjusted): 17 1443
Included observations: 1427 after adjustments
Convergence achieved after 30 iterations
Presample variance: backcast (parameter = 0.7)
GARCH = C(4) + C(5)*RESID(-1)^2 + C(6)*GARCH(-1)

（续表）

Variable	Coefficient	Std. Error	z-Statistic	Prob.
GARCH	4.594723	2.053713	2.237276	0.0253
C	-0.001463	0.000545	-2.685754	0.0072
RZ(-15)	0.057913	0.021850	2.650517	0.0080
Variance Equation				
C	6.49E-06	1.32E-06	4.935549	0.0000
RESID(-1)^2	0.123269	0.009872	12.48647	0.0000
GARCH(-1)	0.862239	0.009246	93.25964	0.0000

R-squared	0.009552	Mean dependent var	-0.000173
Adjusted R-squared	0.008161	S.D. dependent var	0.017933
S.E. of regression	0.017860	Akaike info criterion	-5.479087
Sum squared resid	0.454225	Schwarz criterion	-5.456956
Log likelihood	3915.328	Hannan-Quinn criter.	-5.470822
Durbin-Watson stat	1.908661		

可见，沪深两市均值方程中条件方差项 GARCH 的系数估计分别为 0.060 159 和 0.051 960，而且都是显著的。这反映了收益与风险的正相关关系，说明收益有正的风险溢价。而且上海股市的风险溢价要高于深圳。这说明上海股市的投资者更加厌恶风险（risk averse），要求更高的风险补偿。

（二）股市收益波动非对称性的研究

如前文所述，使用 TARCH 和 EGARCH 模型度量非对称性问题。

1. TARCH 模型估计结果

下面我们用 TARCH(1，1)来检验沪深股市收益率波动是否存在非对称性，结果如表 6-12 和表 6-13 所示。

表 6-12　沪市收益率 TARCH (1，1)模型估计结果

Dependent Variable: RH

Method: ML - ARCH (Marquardt) - Normal distribution

Date: 03/03/15　Time: 16:28

Sample (adjusted): 17 1443

Included observations: 1427 after adjustments

Convergence achieved after 17 iterations

Presample variance: backcast (parameter = 0.7)

GARCH = C(3) + C(4)*RESID(-1)^2 + C(5)*RESID(-1)^2*(RESID(-1)<0) + C(6)*GARCH(-1)

（续表）

Variable	Coefficient	Std. Error	z-Statistic	Prob.
C	-0.000255	0.000319	-0.798658	0.4245
RH(-15)	0.065431	0.021635	3.024390	0.0025
		Variance Equation		
C	7.24E-06	1.17E-06	6.214853	0.0000
RESID(-1)^2	0.110386	0.013645	8.090044	0.0000
RESID(-1)^2*(RESID(-1)<0)	0.085070	0.018400	4.623231	0.0000
GARCH(-1)	0.832203	0.011047	75.33515	0.0000
R-squared	0.007258	Mean dependent var		0.000253
Adjusted R-squared	0.006561	S.D. dependent var		0.016348
S.E. of regression	0.016294	Akaike info criterion		-5.649883
Sum squared resid	0.378324	Schwarz criterion		-5.627753
Log likelihood	4037.191	Hannan-Quinn criter.		-5.641618
Durbin-Watson stat	2.022234			

表 6-13 深市收益率 TARCH (1, 1)模型估计结果

Dependent Variable: RZ

Method: ML - ARCH (Marquardt) - Normal distribution

Date: 03/03/15 Time: 16:28

Sample (adjusted): 17 1443

Included observations: 1427 after adjustments

Convergence achieved after 25 iterations

Presample variance: backcast (parameter = 0.7)

GARCH = C(3) + C(4)*RESID(-1)^2 + C(5)*RESID(-1)^2*(RESID(-1)<0) + C(6)*GARCH(-1)

Variable	Coefficient	Std. Error	z-Statistic	Prob.
C	-0.000785	0.000355	-2.209213	0.0272
RZ(-15)	0.056475	0.022264	2.536640	0.0112

（续表）

Variance Equation				
C	5.73E-06	1.23E-06	4.678372	0.0
RESID(-1)^2	0.096538	0.009723	9.929007	0.0
RESID(-1)^2*(RESID(-1)<0)	0.047731	0.014347	3.327039	0.0
GARCH(-1)	0.868181	0.008742	99.31512	0.0

R-squared	0.005212	Mean dependent var	-0.000
Adjusted R-squared	0.004514	S.D. dependent var	0.017
S.E. of regression	0.017893	Akaike info criterion	-5.478
Sum squared resid	0.456216	Schwarz criterion	-5.456
Log likelihood	3915.106	Hannan-Quinn criter.	-5.470
Durbin-Watson stat	1.913130		

在 TARCH 中，式(6.52)中 $\varepsilon_{t-1}^2 d_{t-1}$ 项的系数估计值都大于零。估计结果中沪市为 0.087 237，深市为 0.047 501，而且都是显著的。这说明沪深股市中坏消息引起的波动比同等大小的好消息引起的波动要大，沪深股市都存在杠杆效应。

2. EGARCH 模型

下面我们再用 EGARCH（1，1）来检验沪深股市收益波动的非对称性(asymmetry)，结果如表 6-14 和表 6-15 所示。

表 6-14　沪市收益率 EGARCH (1，1)模型估计结果

Dependent Variable: RH

Method: ML - ARCH (Marquardt) - Normal distribution

Date: 03/03/15　Time: 16:31

Sample (adjusted): 17 1443

Included observations: 1427 after adjustments

Convergence achieved after 18 iterations

Presample variance: backcast (parameter = 0.7)

LOG(GARCH) = C(3) + C(4)*ABS(RESID(-1)/@SQRT(GARCH(-1))) + C(5)
*RESID(-1)/@SQRT(GARCH(-1)) + C(6)*LOG(GARCH(-1))

Variable	Coefficient	Std. Error	z-Statistic	Prob.
C	-0.000277	0.000304	-0.911354	0.3621
RH(-15)	0.054489	0.020987	2.596320	0.0094

（续表）

Variance Equation				
C(3)	-0.510279	0.057507	-8.873385	0.0000
C(4)	0.279250	0.022156	12.60396	0.0000
C(5)	-0.051769	0.011142	-4.646175	0.0000
C(6)	0.964145	0.005937	162.3956	0.0000

R-squared	0.006399	Mean dependent var	0.000253
Adjusted R-squared	0.005702	S.D. dependent var	0.016348
S.E. of regression	0.016301	Akaike info criterion	-5.667942
Sum squared resid	0.378651	Schwarz criterion	-5.645811
Log likelihood	4050.076	Hannan-Quinn criter.	-5.659677
Durbin-Watson stat	2.021974		

表 6－15　深市收益率 EGARCH（1，1）模型估计结果

Dependent Variable: RZ

Method: ML - ARCH (Marquardt) - Normal distribution

Date: 03/03/15　　Time: 16:30

Sample (adjusted): 17 1443

Included observations: 1427 after adjustments

Convergence achieved after 25 iterations

Presample variance: backcast (parameter = 0.7)

LOG(GARCH) = C(3) + C(4)*ABS(RESID(-1)/@SQRT(GARCH(-1))) + C(5)
*RESID(-1)/@SQRT(GARCH(-1)) + C(6)*LOG(GARCH(-1))

Variable	Coefficient	Std. Error	z-Statistic	Prob.
C	-0.000775	0.000340	-2.277718	0.0227
RZ(-15)	0.049784	0.022380	2.224550	0.0261
Variance Equation				
C(3)	-0.370392	0.045651	-8.113551	0.0000
C(4)	0.236776	0.015847	14.94152	0.0000
C(5)	-0.032125	0.008887	-3.614971	0.0003
C(6)	0.976575	0.005094	191.7096	0.0000

（续表）

R-squared	0.004831	Mean dependent var	-0.000173
Adjusted R-squared	0.004132	S.D. dependent var	0.017933
S.E. of regression	0.017896	Akaike info criterion	-5.487200
Sum squared resid	0.456391	Schwarz criterion	-5.465069
Log likelihood	3921.117	Hannan-Quinn criter.	-5.478935
Durbin-Watson stat	1.913409		

在 EGARCH 中，式(6.53)中的$\frac{\varepsilon_{t-1}}{\sqrt{h_{t-1}}}$项的系数估计值都小于零。在估计结果中，沪市为$-0.052\,077$，深市为$-0.032\,401$，而且都是显著的，这也说明了沪深股市中都存在杠杆效应。

（三）沪深股市波动溢出效应的研究

当某个资本市场出现大幅波动的时候，就会引起投资者在另外的资本市场的投资行为的改变，将这种波动传递到其他的资本市场。这就是所谓的“溢出效应”(spillover effect)。例如“9·11”恐怖袭击后，美国股市的大震荡引起欧洲及亚洲股市中投资者的恐慌，从而引发了当地资本市场的大动荡。

我国沪深股市地理位置的接近，所面对的经济、政治和法律环境相同，监管环境、投资者结构、上市公司的质量、治理结构都相同或类似。那么，两市之间的波动是否存在溢出效应呢？下面我们将进行研究。

我们从前述 GARCH－M 模型的残差项中分别提取条件方差，用提取的条件方差 VH(沪市)和 VZ(深市)来代表两市的波动性。首先，计算它们之间的相关系数，结果为$\rho=0.904$。说明沪深股市的波动高度正相关，两市同时大起大落。表 6－16 列出了两市波动的 Granger 因果关系检验情况。

表 6－16　两市波动的 Granger 因果关系检验结果

P 值	滞后期				
	1	2	3	4	5
VZ 不能因果 VH	0.005 97	0.009 75	0.033 04	0.016 79	0.006 20
VH 不能因果 VZ	0.859 97	0.863 20	0.951 10	0.328 65	0.283 77

可见，我们不能拒绝原假设：上海的波动不能因果深圳的波动。但是可以拒绝原假设：深圳的波动不能因果上海的波动。这初步证明了沪深股市的波动之间存在溢出效应，且是不对称的、单向的，表明是由于深圳市场的波动导致了上海市场的波动，而不是相反。

那么，在沪市 GARCH－M 模型的条件方差方程中加入深市波动的滞后项 VZ，应该会改善估计的结果。表 6－17 是加入滞后项 VZ 后沪市 GARCH－M 模型重新估计的结果。

表 6－17 沪市 GARCH－M(加入滞后项 GARCH02)的估计结果

Dependent Variable: RH
Method: ML - ARCH (Marquardt) - Normal distribution
Date: 03/03/15 Time: 16:34
Sample (adjusted): 22 1443
Included observations: 1422 after adjustments
Convergence achieved after 13 iterations
Presample variance: backcast (parameter = 0.7)
GARCH = C(4) + C(5)*RESID(-1)^2 + C(6)*GARCH(-1) + C(7)*GARCH02(-1)
+ C(8)*GARCH02(-2) + C(9)*GARCH02(-3) + C(10)*GARCH02(-4) +
C(11)*GARCH02(-5)

Variable	Coefficient	Std. Error	z-Statistic	Prob.
GARCH	6.545762	1.890266	3.462879	0.0005
C	-0.000836	0.000374	-2.234814	0.0254
RH(-15)	0.051521	0.020765	2.481217	0.0131
		Variance Equation		
C	1.12E-05	2.01E-06	5.590507	0.0000
RESID(-1)^2	0.260882	0.025649	10.17125	0.0000
GARCH(-1)	0.717634	0.032231	22.26506	0.0000
GARCH02(-1)	-0.445244	0.140664	-3.165312	0.0015
GARCH02(-2)	0.809545	0.304196	2.661263	0.0078
GARCH02(-3)	-0.568817	0.302198	-1.882264	0.0598
GARCH02(-4)	-0.234161	0.257296	-0.910082	0.3628
GARCH02(-5)	0.435975	0.112437	3.877497	0.0001

R-squared	0.017513	Mean dependent var	0.000244
Adjusted R-squared	0.016128	S.D. dependent var	0.016373
S.E. of regression	0.016241	Akaike info criterion	-5.680029
Sum squared resid	0.374275	Schwarz criterion	-5.630342
Log likelihood	4049.501	Hannan-Quinn criter.	-5.664831
Durbin-Watson stat	2.000181		

与前面表 6－10 的结果比较可见，加入滞后项 VZ 后，沪市 GARCH－M 模型中均值方程的 GARCH 项估计值变大，而且更加显著，并且估计的标准误差缩小了。这

说明在条件方差方程中加入深市波动 VZ 的滞后项是恰当的。此时沪市收益率的 GARCH－M 效应更加明显了，风险（波动性）与收益之间的正相关关系更加显著。

我们运用 GARCH 类模型，对沪深股市收益率的波动性、波动的非对称性，以及波动之间的溢出效应做了全面的分析。通过分析，基本可以得出以下结论：

第一，沪深股市收益率都存在明显的 GARCH 效应。

第二，沪深股市都存在明显的 GARCH－M 效应，而且沪市的正向风险溢价要高于深市，反映了上海股市的投资者比深圳股市的投资者更加厌恶风险。

第三，沪深股市都存在明显的杠杆效应，反映了在我国股票市场上坏消息引起的波动要大于好消息引起的波动。

第四，沪深股市之间波动存在溢出效应，而且是单向的，深市的波动将引起沪市的波动，加入深市波动的模型将有助于提高沪市风险溢价的水平。

附录 最大似然估计法简介

最大似然估计法也是一种估计回归参数较常用的方法。不同于最小二乘法的是，最大似然估计法的工作原理是寻找一组参数，使得能够从模型总体得到观测值 Y_1，Y_2，…，Y_n（假定有 n 个观测值）的概率最大。最大似然估计法既能用来估计线性模型，也能用来估计非线性模型，下面我们以一个简单的双变量线性回归模型来说明最大似然估计法的基本原理。

对于模型 $Y_t=\alpha+\beta X_t+u_t$，u_t 满足经典线性回归的基本假定。则 Y_t 也服从正态分布，且 $\mathrm{E}(Y_t)=\alpha+\beta X_t$，$\mathrm{var}(Y_t)=\sigma^2$，于是 Y_1，Y_2，…，Y_n 的联合概率密度函数可写为：

$$f(Y_1, Y_2, \cdots, Y_n \mid \alpha+\beta X_t, \sigma^2) \tag{A6.1}$$

由于 u_t 是相互独立的，则 Y_t 也是相互独立的，于是有：

$$\begin{aligned} & f(Y_1, Y_2, \cdots, Y_n \mid \alpha+\beta X_t, \sigma^2) \\ = & f(Y_1 \mid \alpha+\beta X_t, \sigma^2) f(Y_2 \mid \alpha+\beta X_t, \sigma^2) \cdots f(Y_n \mid \alpha+\beta X_t, \sigma^2) \end{aligned} \tag{A6.2}$$

根据正态分布变量密度函数的定义，有：

$$f(Y_t \mid \alpha+\beta X_t, \sigma^2)=\frac{1}{\sqrt{2\pi\sigma^2}}\exp\left\{-\frac{1}{2}\frac{(Y_t-\alpha-\beta X_t)^2}{\sigma^2}\right\} \tag{A6.3}$$

将式(A6.3)分别代入式(A6.2)中,可得:

$$f(Y_1, Y_2, \cdots, Y_n \mid \alpha+\beta X_t, \sigma^2)=\frac{1}{(\sqrt{2\pi})^n\sigma^n}\exp\left\{-\frac{1}{2}\sum_{t=1}^{n}\frac{(Y_t-\alpha-\beta X_t)^2}{\sigma^2}\right\}$$

(A6.4)

式(A6.4)中 α, β, σ^2 是未知的,它被称为似然函数(likelihood function),记为 $LF(\alpha, \beta, \sigma^2)$,则式(A6.4)可写为:

$$LF(\alpha, \beta, \sigma^2)=\frac{1}{(\sqrt{2\pi})^n\sigma^n}\exp\left\{-\frac{1}{2}\sum_{t=1}^{n}\frac{(Y_t-\alpha-\beta X_t)^2}{\sigma^2}\right\} \tag{A6.5}$$

根据前面所述最大似然估计法的工作原理,实际上是求式(A6.5)的最大点,为方便计算,将式(A6.5)两边取对数,得:

$$\ln LF=-n\ln\sigma-\frac{n}{2}\ln(2\pi)-\frac{1}{2}\sum_{t=1}^{n}\frac{(Y_t-\alpha-\beta X_t)^2}{\sigma^2} \tag{A6.6}$$

式(A6.6)称为对数似然函数(log-likelihood function,简称 LLF)。对式(A6.6)求最大点的过程较为简单,只需将式(A6.6)对 α, β, σ^2 求偏导并令其为零(最优化的1阶条件),然后解方程组即可得结果如下(具体计算过程略):

$$\hat{\beta}=\frac{\sum X_tY_t-T\overline{X}\overline{Y}}{\sum X_t^2-T\overline{X}^2}, \hat{\alpha}=\overline{Y}-\hat{\beta}\overline{X}, \hat{\sigma}^2=\frac{1}{n}\sum \hat{u}_i^2 \tag{A6.7}$$

可见,利用最大似然估计法得到的 α、β 的估计值 $\hat{\alpha}$、$\hat{\beta}$与利用最小二乘法得到的估计值是相同的,利用最大似然估计法得到的 σ^2 的估计值 $\hat{\sigma}^2$ 是有偏的,但却是一致的。

在本章第四节中已经给出了 AR(1)- GARCH(1, 1)模型的 LLF,可以看到,与前述双变量模型的 LLF 不同的是,AR(1)- GARCH(1, 1)模型的 LLF 所含的方差是变化的,因此利用最大似然估计法求参数的过程要复杂一些,在 EViews 软件中是利用迭代的方法求解,即给定一个参数的初始估计值,程序会不断迭代直到达到似然函数的最大值(但也可能是局部极大值)。①

① 想进一步了解最大似然估计法的同学,可参阅前述汉密尔顿的著作。

本章小结

本章介绍了在处理金融时间序列数据时构造动态模型的方法。首先第一节介绍了 ARDL 模型的概念、优点及构造过程，着重介绍了 ARDL 模型检验不同阶变量之间长期关系的方法。在第二节中我们主要介绍了如何利用 BJ 建模方法建立 ARIMA 模型，并介绍了 ARIMA 模型的一些特点。我们可以看到，ARIMA 模型可广泛地应用于时间序列数据，并在预测方面有独特的优势。我们在第三节中主要介绍了 VAR 模型，它是一种不同于结构联立方程组的多方程模型，同 ARIMA 模型一样，它也是缺乏理论依据的，主要用于预测，VAR 模型的出现使得现在的文献中已经很少看到利用联立方程模型建模。最后一节介绍了(G)ARCH 模型，(G)ARCH 模型在金融领域的应用极为广泛，本书中介绍了(G)ARCH 模型多种形式，着重以实例说明(G)ARCH 模型的作用。

关键术语

ARDL　AIC 准则　SBC 准则　ARIMA　自相关函数　偏自相关函数
特征方程　BJ 方法论　信息准则　似然比检验　脉冲响应　SVAR
VECM　可逆性　LB 统计量　ARCH　GARCH　GARCH - M
TARCH　EGARCH　易变性　丛集性

思考题

1. 说明 ARDL 模型检验变量间长期关系比一般的协整检验的优点。
2. 说出 BJ 建模方法的主要步骤。
3. VAR 模型主要有哪些优点和缺点？
4. GARCH 类模型有哪些类型？各自的适用领域是什么？
5. 利用递归叠代法将可逆的 MA(1)过程转化为 AR(∞)过程。

练习题

1. 利用提供的数据，应用“Dynamic”方法对第二节实例进行 2004 年 1 月—2005 年 1 月的预测，并与实例结果相比较。

2. 比照第四节的实例，考虑选用其他类型的股票指数数据能否得到近似的结论。

延伸阅读

第七章　联立方程模型的概念和构造

本章要点

联立性偏误的定义。

识别的定义及识别的阶条件和秩条件。

内生变量和外生变量的定义及联立性检验的步骤。

联立方程模型的估计方法(单一方程法和系统方程法)。

递归模型的特点及普通最小二乘估计方法。

本章导读

本书的前面部分所讨论的都是单方程模型,这类模型只能描述金融、经济变量之间的单向因果关系,即若干解释变量的变化引起被解释变量的变化。但对于大多数金融、经济现象而言,许多变量之间存在的是交错的双向或多向因果关系,单向的因果关系是没有多大意义的。例如货币需求的变化会影响均衡利率水平,而利率水平的变化也会影响货币需求。为了描述变量之间的多向因果关系,就需要建立由多个相互联系的单方程组成的多方程模型,即联立方程模型(simultaneous equation model)。

前面介绍的单方程是联立方程模型的基础,许多关于单方程的概念可直接或只需稍作修改即可应用于联立方程模型,但联立方程模型并不是单方程的简单重复或堆砌,它有其自身的特殊理论问题,其中主要是模型的识别(identification)和估计(estimation)问题。因此在本章第一节介绍联立方程模型的几个基本概念的基础上,第二节将介绍模型的识别问题,第三节主要介绍联立方程模型的估计问题,将介绍能够使我们得到模型参数一致估计量的几种估计方法，第四节将就联立方程模型在金融数据中的应用举一个例子。

第一节 联立方程模型的基本概念

首先考虑一个由三个方程组成的简单的市场供需模型(假定市场总是出清)。

$$\text{供给方程：} Q_t^S = \alpha_1 + \alpha_2 P_t + \alpha_3 P_{t-1} + \varepsilon_t$$
$$\text{需求方程：} Q_t^D = \beta_1 + \beta_2 P_t + \beta_3 Y_t + u_t$$
$$\text{均衡方程：} Q_t^S = Q_t^D \tag{7.1}$$

其中，P_t 和 P_{t-1} 分别表示 t 期和 $t-1$ 期某商品的价格，Q_t^S 和 Q_t^D 分别表示 t 期该商品的供给量和需求量，Y_t 代表 t 期的收入。按照经济理论，对于一般商品，供给量与价格同方向变化，需求量与价格反方向变化，即 α_2 和 β_2 应满足 $\alpha_2>0$，$\beta_2<0$。以下将利用该模型说明联立方程模型的几组概念。

一、内生变量、外生变量和前定变量

在联立方程模型中，某些变量可能是一个方程中的解释变量，同时又是另一个方程中的被解释变量，为明确起见，需要对变量重新进行分类。一般而言，可将联立方程模型中的变量划分为以下几类。

（一）内生变量

由模型系统决定其取值的变量称为内生变量(endogenous variables)。内生变量受模型中其他变量的影响，也可能影响其他内生变量，即内生变量既可以是被解释变量，也可以是解释变量。内生变量受模型内随机误差项的影响，是随机变量。在模型(7.1)中，Q_t^S、Q_t^D、P_t 的值是由模型决定的，因而是内生变量。

（二）外生变量

由模型系统以外的因素决定其取值的变量称为外生变量(exogenous variables)。外生变量也可以表述为：独立于该变量所在方程前期、当期、未来各期随机误差项的变量。外生变量只影响系统内的其他变量，而不受其他变量的影响，因此在方程中只能做解释变量，不能做被解释变量。由定义可以看出，外生变量不受模型中随机误差项的影响。在模型(7.1)中，t 期的收入 Y_t 是由模型外的因素决定的，因而在该模型中 Y_t 是外生变量。

（三）前定变量

所谓前定变量(predetermined variables)，是指独立于变量所在方程当期和未来各期随机误差项的变量。由定义可知，外生变量属于前定变量，另外还有一类变量也属于前定变量，即滞后的内生变量，因为滞后的内生变量仅与方程前期的随机误差项相关而与方程当期、未来各期的随机误差项无关。[①] 前定变量也只能在现期的方程中做解释变量，并且不受随机误差项的影响。在模型(7.1)中，P_{t-1} 作为滞后的内生变量，Y_t 作为外生变量都属于前定变量。

二、完备方程组

如果一个模型中方程的个数等于内生变量的个数，则称这个模型为完备方程组(complete system of equations)。我们可以估计完备方程组中的所有参数，但对于非完备方程组，我们不能估计或只能估计它的一部分参数。在上述市场供需模型中，共有 Q_t^S、Q_t^D、P_t 三个内生变量，同时有三个方程，因此该模型是一完备方程组，所有参数均可估计。

三、随机方程式和非随机方程式

联立方程模型中的方程可以分为两类：一类是含有随机误差项和未知参数的方程，称为随机方程式，也即行为方程(behavior equation)，它主要描述了金融、经济模型中某一部分的行为，随机方程式中的参数需要估计；另一类是不含随机误差项和未知参数的方程，称为非随机方程式，主要是恒等式(identity)，非随机方程式不需要估计参数。在模型(7.1)中，供给方程、需求方程中含有随机误差项和未知参数，并且分别描述了某商品市场供给方和需求方的行为，因此是随机方程式，即行为方程。而均衡方程则属于非随机方程式。

四、结构式模型和简化式模型

联立方程模型有两种形式：结构式模型(structural form model)和简化式模型(reduced form model)。

所谓结构式模型，是指在一定的经济理论基础上建立的，能够反映经济变量之间结构形式的一类联立方程模型。模型(7.1)即为结构式模型。结构式模型中的方程称为结构方程(structural equation)，结构方程中变量的系数称为结构参数(structural parameters)，它表示的是结构方程中的解释变量对被解释变量的直接影响。所有的结构参数组成的矩阵成为结构参数矩阵。对于模型(7.1)，若将常数项看作变量 1 的

---

① 假定随机误差项不存在序列相关。

系数，则模型可以表示为：

$$Q_t^S + 0\times Q_t^D - \alpha_1\times 1 - \alpha_2 P_t - \alpha_3 P_{t-1} + 0\times Y_t = \varepsilon_t$$
$$0\times Q_t^S + Q_t^D - \beta_1\times 1 - \beta_2 P_t + 0\times P_{t-1} - \beta_3 Y_t = u_t$$
$$Q_t^S - Q_t^D + 0\times 1 + 0\times P_t + 0\times P_{t-1} + 0\times Y_t = 0$$

因此结构参数矩阵为：

$$\begin{array}{cccccc} Q_t^S & Q_t^D & 1 & P_t & P_{t-1} & Y_t \end{array}$$
$$\begin{bmatrix} 1 & 0 & -\alpha_1 & -\alpha_2 & -\alpha_3 & 0 \\ 0 & 1 & -\beta_1 & -\beta_2 & 0 & -\beta_3 \\ 1 & -1 & 0 & 0 & 0 & 0 \end{bmatrix}$$

从模型(7.1)可以看出，在结构式模型中，结构方程左边是内生变量，而右边则既有外生变量又有内生变量。

对于模型(7.1)，若以 Q_t 表示 t 时刻供给量 Q_t^S 和需求量 Q_t^D 的均衡值，则模型(7.1)可表示为：

$$\begin{aligned} &\text{供给方程：} Q_t = \alpha_1 + \alpha_2 P_t + \alpha_3 P_{t-1} + \varepsilon_t \\ &\text{需求方程：} Q_t = \beta_1 + \beta_2 P_t + \beta_3 Y_t + u_t \end{aligned} \tag{7.2}$$

若将模型(7.2)中的内生变量 Q_t 和 P_t 只用模型中的前定变量和随机误差项表示出来，则可以得到如下形式(模型 7.3)：

$$Q_t = \frac{\alpha_2\beta_1 - \alpha_1\beta_2}{\alpha_2 - \beta_2} + \frac{\alpha_2\beta_3}{\alpha_2 - \beta_2}Y_t - \frac{\alpha_3\beta_2}{\alpha_2 - \beta_2}P_{t-1} + \frac{\alpha_2 u_t - \beta_2\varepsilon_t}{\alpha_2 - \beta_2} \tag{7.3.1}$$

$$P_t = \frac{\beta_1 - \alpha_1}{\alpha_2 - \beta_2} + \frac{\beta_3}{\alpha_2 - \beta_2}Y_t - \frac{\alpha_3}{\alpha_2 - \beta_2}P_{t-1} + \frac{u_t - \varepsilon_t}{\alpha_2 - \beta_2} \tag{7.3.2}$$

模型(7.3)就是结构式模型(7.1)或(7.2)所对应的简化式模型。一般来说，简化式模型就是把结构式模型中的内生变量表示为前定变量和随机误差项的函数的联立方程模型。简化式模型中的方程称为简化式方程(reduced-form equation)。简化式方程中变量的待估系数称为简化式参数(reduced-form parameters)，它表示的是简化式方程中的前定变量对内生变量的总的影响(包括直接影响和间接影响)的大小。所有的简化式参数组成的矩阵称为简化式参数矩阵，同结构参数矩阵的表示方法一样，模型(7.3)中的简化式参数矩阵可表示为：

$$
\begin{array}{ccccc}
Q_t & P_t & 1 & Y_t & P_{t-1}
\end{array}
$$

$$
\begin{bmatrix}
1 & 0 & -\dfrac{\alpha_2\beta_1-\alpha_1\beta_2}{\alpha_2-\beta_2} & -\dfrac{\alpha_2\beta_3}{\alpha_2-\beta_2} & \dfrac{\alpha_3\beta_2}{\alpha_2-\beta_2} \\
0 & 1 & -\dfrac{\beta_1-\alpha_1}{\alpha_2-\beta_2} & -\dfrac{\beta_3}{\alpha_2-\beta_2} & \dfrac{\alpha_3}{\alpha_2-\beta_2}
\end{bmatrix}
$$

五、联立性偏误

用普通最小二乘法(OLS)对经典线性回归模型进行回归将得到最优线性无偏估计量。但在结构式模型中，由于内生变量既可作为解释变量又可作为被解释变量，经典线性回归模型的一个基本假设——解释变量与随机误差项不相关——将得不到满足，因此若仍对结构式模型中的每个结构方程分别运用 OLS 进行估计，所得到的参数估计值将是有偏和不一致的，即存在联立性偏误(simultaneity bias)或联立方程偏误(simultaneous equations bias)。[①] 以下我们将以模型(7.2)为例证明解释变量 P_t 与随机误差项 ε_t 的相关性(P_t 与 u_t 的相关性同理可证)，并证明普通最小二乘法估计值的有偏性和不一致性。

首先假定 ε_t 满足经典线性回归方程的其他假设，即 $\mathrm{E}(\varepsilon_t)=0$，$\mathrm{var}(\varepsilon_t)=\sigma^2$，$\mathrm{cov}(\varepsilon_t,\varepsilon_{t+i})=0$，其中 $i\neq 0$，同时假定 ε_t、u_t 不相关。

由简化式方程(7.3.2)以及协方差的性质，

$$
\begin{aligned}
\mathrm{cov}(P_t,\varepsilon_t)=&\mathrm{cov}\left(\frac{\beta_1-\alpha_1}{\alpha_2-\beta_2},\varepsilon_t\right)+\mathrm{cov}\left(\frac{\beta_3}{\alpha_2-\beta_2}Y_t,\varepsilon_t\right)+\mathrm{cov}\left(-\frac{\alpha_3}{\alpha_2-\beta_2}P_{t-1},\varepsilon_t\right)\\
&+\mathrm{cov}\left(\frac{u_t-\varepsilon_t}{\alpha_2-\beta_2},\varepsilon_t\right)\\
=&0+\frac{\beta_3}{\alpha_2-\beta_2}\mathrm{cov}(Y_t,\varepsilon_t)-\frac{\alpha_3}{\alpha_2-\beta_2}\mathrm{cov}(P_{t-1},\varepsilon_t)+\frac{1}{\alpha_2-\beta_2}\mathrm{cov}(u_t,\varepsilon_t)\\
&-\frac{1}{\alpha_2-\beta_2}\mathrm{var}(\varepsilon_t)
\end{aligned}
$$

由外生变量及前定变量的定义，$\mathrm{cov}(Y_t,\varepsilon_t)=0$，$\mathrm{cov}(P_{t-1},\varepsilon_t)=0$，由假设 $\mathrm{cov}(u_t,\varepsilon_t)=0$，$\mathrm{var}(\varepsilon_t)=\sigma^2$，可得：

$$
\mathrm{cov}(P_t,\varepsilon_t)=-\frac{\sigma^2}{\alpha_2-\beta_2}\neq 0
$$

① 需要注意的是，由于简化式模型中内生变量只作为被解释变量，因而不存在联立性偏误问题，我们将在下一节中继续讨论这个问题。

则可知 P_t、ε_t 是相关的。

下面将证明由于 P_t 和 ε_t 的相关性，α_2 的最小二乘估计值 $\hat{\alpha}_2$ 将是不一致的，为简化分析，将模型(7.2)中供给方程中的滞后价格项去掉(并不影响分析结果)。由 OLS 回归计算公式，并记 $\bar{P}$ 和 $\bar{Q}$ 分别为 P 与 Q 的样本均值，可得：

$$\hat{\alpha}_2=\frac{\sum(P_t-\bar{P})(Q_t-\bar{Q})}{\sum(P_t-\bar{P})^2}=\frac{\sum(P_t-\bar{P})[(\alpha_1+\alpha_2P_t+\varepsilon_t)-(\alpha_1+\alpha_2\bar{P})]}{\sum(P_t-\bar{P})^2}$$

$$=\alpha_2+\frac{\sum(P_t-\bar{P})\varepsilon_t}{\sum(P_t-\bar{P})^2}$$

其中第二个等式是将 $Q_t=\alpha_1+\alpha_2P_t+\varepsilon_t$，$\bar{Q}=\alpha_1+\alpha_2\bar{P}$ 代入得到，对等式两边取期望值，可得 $\mathrm{E}(\hat{\alpha}_2)=\alpha_2+\mathrm{E}\left(\frac{\sum(P_t-\bar{P})\varepsilon_t}{\sum(P_t-\bar{P})^2}\right)$，由于乘积的期望值不等于期望值的乘积，因此我们无法计算 $\mathrm{E}\left(\frac{\sum(P_t-\bar{P})\varepsilon_t}{\sum(P_t-\bar{P})^2}\right)$ 是否为零，但我们可以考察当样本容量 n 趋于无限大时 $\hat{\alpha}_2$ 的性质，即考察 $\hat{\alpha}_2$ 是否具有一致性。由一致性的定义，当一个估计量的概率极限(简记为 $p\lim$)等于它的真实值时，它就是一致的。① 对上面等式两边取极限概率，可得：

$$p\lim(\hat{\alpha}_2)=p\lim(\alpha_2)+p\lim\left(\frac{\sum(P_t-\bar{P})\varepsilon_t}{\sum(P_t-\bar{P})^2}\right)=p\lim(\alpha_2)+p\lim\left(\frac{\sum(P_t-\bar{P})\varepsilon_t/n}{\sum(P_t-\bar{P})^2/n}\right)$$

$$=\alpha_2+\frac{p\lim\sum(P_t-\bar{P})\varepsilon_t/n}{p\lim\sum(P_t-\bar{P})^2/n}$$

其中第二个等式的分子、分母分别除以样本容量 n，以使分子、分母分别表示 P_t 和 ε_r 的样本协方差以及 P_t 的样本方差。当样本容量 n 趋向于无限大时，P_t 和 ε_t 的样本协方差将趋向于 P_t 与 ε_t 的总体协方差，而前面已计算得其总体协方差为 $-\frac{\sigma^2}{\alpha_2-\beta_2}$。同样，$P_t$ 的样本方差也将趋向于其总体方差，记为 σ_p^2，则原方程等于：

---

① 令 $\{X_1, X_2, \cdots, X_T\}$ 表示一个随机变量序列，其被称作按概率收敛到 c，如果对于每一个 $\varepsilon>0$ 和 $\delta>0$，存在一个数 N，使得对于所有的 $T\geqslant N$，都有 $P\{|X_T-c|>\delta\}<\varepsilon$。当该式满足时，数 c 被称作序列 $\{X_1, X_2, \cdots, X_T\}$ 的概率极限，或 $p\lim$。我们将用到概率极限的一个性质：$p\lim(A/B)=p\lim(A)/p\lim(B)$ (在这一点上不同于期望算子)，关于概率极限的性质，请参阅相关概率理论书籍。

$$p\lim(\hat{\alpha}_2)=\alpha_2-\frac{\sigma^2}{\alpha_2-\beta_2}\times\frac{1}{\sigma_p^2}$$

因为 $\frac{\sigma^2}{\alpha_2-\beta_2}\times\frac{1}{\sigma_p^2}\neq 0$，所以 $\hat{\alpha}_2$ 的概率极限并不等于它的真实值 α_2，因此，$\hat{\alpha}_2$ 并不是一致估计量，即 $\hat{\alpha}_2$ 是个有偏估计量，并且这个偏误不会随样本容量的增大而消失。

第二节　联立方程模型的识别

一、识别问题

从上节可以看到，在结构式模型中，由于内生变量既可作为解释变量又可以作为被解释变量，因此在利用 OLS 估计参数时会产生联立性偏误。但对于简化式模型，由于内生变量仅作为被解释变量出现在方程的左边，方程右边仅包括前定变量和随机误差项，而随机误差项和前定变量是不相关的，因此在利用 OLS 对简化式参数进行估计时将不会产生联立性偏误，可以得到最优线性无偏估计量。但在很多情况下，简化式参数并没有多大意义，真正有意义的是简化式模型对应的结构式模型的结构参数。可以证明，如果能够通过简化式参数估计值及其与结构式参数估计值的关系式求得结构式参数估计值，则所求得的结构式参数估计值将是有偏但一致的。然而通过简化式参数并非一定能够求得结构式参数，这里存在模型的识别问题(problem of identification)。所谓识别问题，是指结构方程参数的数值估计，是否能够从估计的简化式参数求得。如果能够求得，我们就说此结构方程是可以识别的。特别的，如果能够得到结构参数估计值的唯一解，则称该结构方程是恰好识别的(exactly identified)；如果可以得到结构参数估计值的多个解，则称该结构方程是过度识别的(overidentified)；如果不能通过简化式参数估计值求得结构式参数值，则称该结构方程是不可识别的(unidentified)或不足识别的(underidentified)。识别问题之所以出现，是因为同样的数据集适用于不同的结构系数集，也就是适合于不同的模型。例如，在一个价格只对数量的回归中，很难说人们是在估计供给函数还是需求函数，因为价格和数量同样进入两个方程。

另外，也可以通过结构方程的统计形式是否确定来定义可识别性：若要识别的结构方程具有确定的统计形式(即模型中，不能通过部分或全部方程的线性组合导出一个与被识别方程有完全相同的变量的方程)，则称该结构式方程可识别，否则，称为不可识别。下面将通过举例分别予以说明。

(一) 不可识别和过度识别

对模型(7.2)进行修改，该商品的供给量仅受当期价格影响，而不再受前一期价格的影响。该商品的需求量则不仅受当期价格和当期收入的影响，还受前一期价格的影响。于是可以得到以下模型。

$$
\begin{aligned}
&\text{供给方程：} Q_t = \alpha_1 + \alpha_2 P_t + \varepsilon_t \\
&\text{需求方程：} Q_t = \beta_1 + \beta_2 P_t + \beta_3 Y_t + \beta_4 P_{t-1} + u_t
\end{aligned} \tag{7.4}
$$

将模型(7.4)中的内生变量 Q_t 和 P_t 表示成前定变量 Y_t 和 P_{t-1} 与随机误差项 ε_t 和 u_t 的函数，于是可以求得模型(7.4)所对应的简化式模型：

$$
P_t = \frac{\beta_1 - \alpha_1}{\alpha_2 - \beta_2} + \frac{\beta_3}{\alpha_2 - \beta_2} Y_t + \frac{\beta_4}{\alpha_2 - \beta_2} P_{t-1} + \frac{u_t - \varepsilon_t}{\alpha_2 - \beta_2} = \pi_{11} + \pi_{12} Y_t + \pi_{13} P_{t-1} + v_t
$$

$$
\begin{aligned}
Q_t &= \frac{\alpha_2\beta_1 - \alpha_1\beta_2}{\alpha_2 - \beta_2} + \frac{\alpha_2\beta_3}{\alpha_2 - \beta_2} Y_t + \frac{\alpha_2\beta_4}{\alpha_2 - \beta_2} P_{t-1} + \frac{\alpha_2 u_t - \beta_2\varepsilon_t}{\alpha_2 - \beta_2} \\
&= \pi_{21} + \pi_{22} Y_t + \pi_{23} P_{t-1} + w_t
\end{aligned}
$$

其中，

$$
\begin{aligned}
\pi_{11} &= \frac{\beta_1 - \alpha_1}{\alpha_2 - \beta_2},\ \pi_{12} = \frac{\beta_3}{\alpha_2 - \beta_2},\ \pi_{13} = \frac{\beta_4}{\alpha_2 - \beta_2},\ v_t = \frac{u_t - \varepsilon_t}{\alpha_2 - \beta_2} \\
\pi_{21} &= \frac{\alpha_2\beta_1 - \alpha_1\beta_2}{\alpha_2 - \beta_2},\ \pi_{22} = \frac{\alpha_2\beta_3}{\alpha_2 - \beta_2},\ \pi_{23} = \frac{\alpha_2\beta_4}{\alpha_2 - \beta_2},\ w_t = \frac{\alpha_2 u_t - \beta_2\varepsilon_t}{\alpha_2 - \beta_2}
\end{aligned} \tag{7.5}
$$

根据上述关系式，若已知 π_{11}、π_{12}、π_{13}、π_{21}、π_{22}、π_{23}，则可求得：

$$
\alpha_2 = \frac{\pi_{22}}{\pi_{12}} \text{ 或 } \alpha_2 = \frac{\pi_{23}}{\pi_{13}}, \alpha_1 = \pi_{21} - \pi_{11} \times \alpha_2
$$

但我们却无法求得 β_1、β_2、β_3、β_4 的值。

分别利用 OLS 估计模型(7.5)的两个方程，可以获得最优无偏估计值 $\hat{\pi}_{11}$、$\hat{\pi}_{12}$、$\hat{\pi}_{13}$、$\hat{\pi}_{21}$、$\hat{\pi}_{22}$、$\hat{\pi}_{23}$。则 α_2 的估计量 $\hat{\alpha}_2$，α_1 的估计量 $\hat{\alpha}_1$ 为：

$$
\hat{\alpha}_2 = \frac{\hat{\pi}_{22}}{\hat{\pi}_{12}} \text{ 或 } \hat{\alpha}_2 = \frac{\hat{\pi}_{23}}{\hat{\pi}_{13}},\ \hat{\alpha}_1 = \hat{\pi}_{21} - \hat{\pi}_{11} \times \hat{\alpha}_2
$$

无法求得估计值 $\hat{\beta}_1$、$\hat{\beta}_2$、$\hat{\beta}_3$、$\hat{\beta}_4$。

可以看到，通过简化式参数估计值以及参数关系式可以求得结构式模型(7.4)中供给方程参数的两个估计值，因此供给方程是过度识别的；但我们却无法求得需求方程参数的估计值，因此需求方程是不可识别的。从例子中也可以看到，识别性是针对结构方程而言的，在同一个结构式模型中，有的结构方程可以识别，有的结构方程不可以识别，有的结构方程则不用识别(例如恒等式)。如果某个结构式模型中所有的方程都是可以识别的，则称此结构式模型是可以识别的；如果有一个或几个方程是不可识别的，则称这个结构式模型是不可识别的。

对模型(7.4)的结构方程我们也可以通过其统计形式判断其可识别性。对于供给方程,我们无法通过供给方程和需求方程的线性组合获得与其具有相同变量的式子,因此供给方程是可以识别的。对于需求方程,我们取线性组合:$\lambda\times$供给方程$+(1-\lambda)\times$需求方程(其中$\lambda\neq1$),可得:

$$
\begin{aligned}
Q_t=&[\lambda\alpha_1+(1-\lambda)\beta_1]+[\lambda\alpha_2+(1-\lambda)\beta_2]P_t+[(1-\lambda)\beta_3]Y_t+\\
&[(1-\lambda)\beta_4]P_{t-1}+[\lambda\varepsilon_t+(1-\lambda)u_t]
\end{aligned}
$$

可以看到上式与需求方程具有完全相同的变量,因此,需求方程是不可识别的。

(二)恰好识别

让我们回到模型(7.2),

$$
\begin{aligned}
&\text{供给方程:}Q_t=\alpha_1+\alpha_2P_t+\alpha_3P_{t-1}+\varepsilon_t\\
&\text{需求方程:}Q_t=\beta_1+\beta_2P_t+\beta_3Y_t+u_t
\end{aligned}
$$

其对应的简化式模型(7.3):

$$
P_t=\frac{\beta_1-\alpha_1}{\alpha_2-\beta_2}+\frac{\beta_3}{\alpha_2-\beta_2}Y_t-\frac{\alpha_3}{\alpha_2-\beta_2}P_{t-1}+\frac{u_t-\varepsilon_t}{\alpha_2-\beta_2}=\theta_{11}+\theta_{12}Y_t+\theta_{13}P_{t-1}+v'_t
$$

$$
\begin{aligned}
Q_t&=\frac{\alpha_2\beta_1-\alpha_1\beta_2}{\alpha_2-\beta_2}+\frac{\alpha_2\beta_3}{\alpha_2-\beta_2}Y_t-\frac{\alpha_3\beta_2}{\alpha_2-\beta_2}P_{t-1}+\frac{\alpha_2u_t-\beta_2\varepsilon_t}{\alpha_2-\beta_2}\\
&=\theta_{21}+\theta_{22}Y_t+\theta_{23}P_{t-1}+w'_t
\end{aligned}
$$

其中,

$$
\theta_{11}=\frac{\beta_1-\alpha_1}{\alpha_2-\beta_2},\ \theta_{12}=\frac{\beta_3}{\alpha_2-\beta_2},\ \theta_{13}=-\frac{\alpha_3}{\alpha_2-\beta_2},\ v'_t=\frac{u_t-\varepsilon_t}{\alpha_2-\beta_2}
$$

$$
\theta_{21}=\frac{\alpha_2\beta_1-\alpha_1\beta_2}{\alpha_2-\beta_2},\ \theta_{22}=\frac{\alpha_2\beta_3}{\alpha_2-\beta_2},\ \theta_{23}=-\frac{\alpha_3\beta_2}{\alpha_2-\beta_2},\ w'_t=\frac{\alpha_2u_t-\beta_2\varepsilon_t}{\alpha_2-\beta_2}
$$

由上述关系式,若已知θ_{11}、θ_{12}、θ_{13}、θ_{21}、θ_{22}、θ_{23},可以求得:

$$
\alpha_2=\frac{\theta_{22}}{\theta_{12}},\ \beta_2=\frac{\theta_{23}}{\theta_{13}},\ \alpha_3=-\theta_{13}\times(\alpha_2-\beta_2),\beta_3=\theta_{12}\times(\alpha_2-\beta_2),
$$

$$
\alpha_1=\theta_{21}-\alpha_2\times\theta_{11},\ \beta_1=\theta_{21}-\beta_2\times\theta_{11}
$$

分别用 OLS 估计简化式模型的两个方程,可以得到最优无偏估计值$\hat{\theta}_{11}$、$\hat{\theta}_{12}$、$\hat{\theta}_{13}$、$\hat{\theta}_{21}$、$\hat{\theta}_{22}$、$\hat{\theta}_{23}$,则α_2、β_2、α_3、β_3、α_1、β_1的一致估计量可得:

$$
\hat{\alpha}_2=\frac{\hat{\theta}_{22}}{\hat{\theta}_{12}},\hat{\beta}_2=\frac{\hat{\theta}_{23}}{\hat{\theta}_{13}},\ \hat{\alpha}_3=-\hat{\theta}_{13}(\hat{\alpha}_2-\hat{\beta}_2),\ \hat{\beta}_3=\hat{\theta}_{12}(\hat{\alpha}_2-\hat{\beta}_2),
$$

$$
\hat{\alpha}_1=\hat{\theta}_{21}-\hat{\alpha}_2\times\hat{\theta}_{11},\ \hat{\beta}_1=\hat{\theta}_{21}-\hat{\beta}_2\times\hat{\theta}_{11}
$$

由结果可以看到，可以通过结构式参数估计值和参数关系式求得模型(7.2)中供给方程和需求方程参数估计值的唯一解，因此两个结构方程都是恰好识别的，而模型(7.2)也是可以识别的。

同样可以通过结构式方程的统计形式来判别可识别性。在模型(7.2)中，无论是供给方程还是需求方程，都不能通过模型中另一方程或两方程的组合获得与之具有完全相同变量的式子，因此，两个方程都是可以识别的。

识别性问题对于联立方程模型来说是非常重要的。因为若某个结构方程是不可识别的，则无法对其进行估计求得参数估计值。因此在对联立方程模型进行估计之前，首先要对模型中方程的可识别性进行判断，由此简单有效地判断可识别性的规则或方法就显得必要，我们接下来将介绍识别规则。

二、识别规则

从以上的讨论可以看出，可以利用可识别性的定义来判断结构式模型中某一方程的可识别性，但这个过程比较繁琐，实际中常用的识别方法是通过排除准则(exclusion restrictions)，即通过一些内生变量和前定变量包含在某些结构方程中而不包含在另外一些结构方程中来判断，我们将介绍其中的阶条件(order condition)和秩条件(rank condition)。

(一) 阶条件

可识别性的阶条件是一个必要但非充分条件，也即有时方程虽然满足阶条件，但仍有可能是不可识别的。阶条件有多种表述方式，以下引用的两种表述方式分别来自Chris Brooks① 和 Jeffrey M. Wooldridge，②并略作修改。

表述1：令 G 表示模型中结构方程的个数，如果某结构方程中所不包含的内生变量和前定变量的个数为 $G-1$，则该方程是恰好识别的；若不包含的变量个数大于 $G-1$，则该方程是过度识别的；若不包含的变量个数小于 $G-1$，则该方程是不可识别的。

表述2：在一个线性联立方程模型中，某方程可识别的一个必要条件(阶条件)是该方程所不包含的前定变量的个数必须不少于方程右边所包含的内生变量的个数。若该方程所不包含的前定变量的个数等于方程右边所包含的内生变量的个数，则该方程是恰好识别的；若大于，则该方程是过度识别的。

可以证明两种表述方式是等价的。下面通过一个例子说明可识别性的阶条件[模

---

① Brooks C. *Introductory Econometrics for Finance*[M]. Cambridge University Press, 2002: 308.

② Wooldridge J M. *Econometric Analysis of Cross Section and Panel Data* [M]. MIT Press, 2010: 215.

型(7.6)]。

$$Y_1 = \alpha_0 + \alpha_1 Y_2 + \alpha_2 X_1 + \alpha_3 X_2 + \varepsilon_1 \tag{7.6.1}$$

$$Y_2 = \beta_0 + \beta_1 Y_3 + \beta_2 X_3 + \varepsilon_2 \tag{7.6.2}$$

$$Y_3 = \gamma_0 + \gamma_1 Y_1 + \gamma_2 Y_2 + \gamma_3 X_2 + \gamma_4 X_3 + \varepsilon_3 \tag{7.6.3}$$

在该模型中,X_1、X_2、X_3 表示外生变量,Y_1、Y_2、Y_3 表示内生变量,方程的个数为 3,共有 X_1、X_2、X_3、Y_1、Y_2、$Y_3$6 个变量,则根据阶条件表述 1,有:

方程(7.6.1):不包含 2 个变量 X_3、Y_3,因此,该方程是恰好识别的。

方程(7.6.2):不包含 3 个变量 X_1、X_2、Y_1,因此,该方程是过度识别的。

方程(7.6.3):不包含 1 个变量 X_1,因此该方程是不可识别的。

根据阶条件表述 2,有:

方程(7.6.1):不包含 1 个前定变量 X_3,方程右边包含一个内生变量 Y_2,因此,该方程是恰好识别的。

方程(7.6.2):不包含 2 个前定变量 X_1、X_2,方程右边包含 1 个内生变量 Y_3,因此,该方程是过度识别的。

方程(7.6.3):不包含前定变量 X_1,方程右边包含 2 个内生变量 Y_1、Y_2,因此,该方程是不可识别的。

(二) 秩条件

阶条件是判断可识别性的必要但非充分条件,即有时候某方程满足可识别性的阶条件但实际上却是不可识别的,在此情况下,判断可识别性的充分条件就显得必要。而秩条件正是判断可识别性的充分必要条件。秩条件的表述如下:对于一个由 G 个方程组成的联立方程模型中的某个结构方程而言,如果模型中其他方程所含而该方程不含的诸变量的系数矩阵的秩为 $G-1$,则该结构方程是可识别的,若秩小于 $G-1$,则该结构方程是不可识别的。

对某结构式模型中的第 i 个方程利用秩条件判断其可识别性,可按以下步骤进行:

(1) 写出结构模型对应的结构参数矩阵(常数项可看作变量 1 的系数,不包含在方程中的变量的参数取零)。

(2) 删去第 i 个结构方程对应系数所在的一行。

(3) 删去第 i 个结构方程对应系数所在行中非零系数所在的各列。

(4) 对余下的子矩阵,如果它的秩等于方程个数减去 1 的差,则第 i 个结构方程就是可识别的;如果它的秩小于方程个数减去 1 的差,则第 i 个结构方程就是不可识别的。

利用秩条件可以判别结构方程是否可识别，但不能确定是恰好识别还是过度识别，而且可以看到秩条件的应用较为复杂。因此在对方程的可识别性进行判断时，一般是将阶条件和秩条件结合起来运用。首先对结构方程应用阶条件，由于阶条件是可识别性的必要条件，若通过阶条件判断某结构方程是不可识别的，则该结构方程一定是不可识别的。若通过阶条件判断某结构方程是恰好识别或过度识别的，则进一步应用秩条件进行判断：若该结构方程满足可识别的秩条件，则该结构方程一定是恰好识别或过度识别的；若不满足秩条件，则该结构方程是不可识别的。

下面举例说明阶条件和秩条件的结合运用[模型(7.7)]。

$$Y_1 = a_1 + a_2 Y_3 + a_3 Y_4 + \varepsilon_1 \tag{7.7.1}$$

$$Y_2 = b_1 + b_2 Y_4 + b_3 X_1 + \varepsilon_2 \tag{7.7.2}$$

$$Y_3 = c_1 + c_2 Y_4 + \varepsilon_3 \tag{7.7.3}$$

$$Y_4 = d_1 + d_2 Y_1 + d_3 Y_2 + d_4 X_2 + \varepsilon_4 \tag{7.7.4}$$

同模型(7.6)，Y_i 表示内生变量，X_i 表示外生变量，模型包含 4 个方程，包含 Y_1、Y_2、Y_3、Y_4 4 个内生变量，X_1、X_2 2 个外生变量共 6 个变量，以下考虑各方程的可识别性。

首先写出模型的结构参数矩阵：

$$\begin{array}{ccccccc} Y_1 & Y_2 & Y_3 & Y_4 & X_1 & X_2 & 1 \end{array}$$
$$\begin{bmatrix} 1 & 0 & -a_2 & -a_3 & 0 & 0 & -a_1 \\ 0 & 1 & 0 & -b_2 & -b_3 & 0 & -b_1 \\ 0 & 0 & 1 & -c_2 & 0 & 0 & -c_1 \\ -d_2 & -d_3 & 0 & 1 & 0 & -d_4 & -d_1 \end{bmatrix}$$

方程(7.7.1)：按阶条件，其不包含 3 个变量 X_1、X_2、Y_2，因此是恰好识别的。然后看秩条件，删去参数矩阵第一行和第一、三、四、七各列，得子矩阵：

$$\begin{bmatrix} 1 & -b_3 & 0 \\ 0 & 0 & 0 \\ -d_3 & 0 & -d_4 \end{bmatrix}$$

它的秩为 2<3，因此秩条件不满足，该方程是不可识别的。

方程(7.7.2)：按阶条件，其不包含 3 个变量 X_2、Y_1、Y_3，因此恰好识别。按秩条件，删去矩阵第二行和第二、四、五、七列，得子矩阵：

$$\begin{bmatrix} 1 & -a_2 & 0 \\ 0 & 1 & 0 \\ -d_2 & 0 & -d_4 \end{bmatrix}$$

它的秩为 3，满足秩条件，因此该方程是恰好识别的。

方程(7.7.3)：按阶条件，其不包含 4 个变量 X_1、X_2、Y_1、Y_2，因此该方程是过度识别的。按秩条件，去掉矩阵第三行和第三、四、七列，得子矩阵：

$$\begin{bmatrix} 1 & 0 & 0 & 0 \\ 0 & 1 & -b_3 & 0 \\ -d_2 & -d_3 & 0 & -d_4 \end{bmatrix}$$

它的秩为 3，满足秩条件，因此该方程是过度识别的。

方程(7.7.4)：按阶条件，其不包含两个变量 X_1、Y_3，因此是不可识别的，则不用考虑秩条件，该方程一定是不可识别的。

通过以上例子可以看出，秩条件虽然是判断可识别性的充分条件，但其运用过程是比较繁琐的，特别是对于方程数较多的大型联立方程模型更是如此。实际上，对于金融和经济中的大多数联立方程模型而言，它的结构方程一般是过度识别的，不可识别性并不经常遇到。因此，在运用中仅靠阶条件往往就能得到正确的结果。

三、联立性检验

在建立联立方程模型的过程中，正确地设定一个变量是内生变量还是外生变量是十分重要的。因为若某变量本应为内生变量但在建模过程中却错误地设定为外生变量，则该变量与随机误差项实际上存在相关关系，在估计过程中就会产生联立性偏误。而若某变量实际为外生变量但却设定其为内生变量，若运用工具变量法和两阶段最小二乘法等存在联立性的情况下使用的估计方法，尽管可以得到一致估计量，但却无法得到最优估计量，而在此情况下运用普通最小二乘法却可以得到最优线性无偏估计量。因此使用何种估计方法将取决于是否存在联立性，在决定使用其他估计方法而非普通最小二乘法之前应检验联立性的存在与否。

前面提到，联立性偏误的产生是由于某些内生变量作解释变量，从而与随机误差项存在相关性而产生的，因而联立性检验就归结为可能是内生变量的解释变量（待检验变量）与随机误差项的相关性检验。通常用 Hausman 设定误差检验（Hausman specification test）检验联立性。考虑前面提到的模型(7.4)。

供给方程：

$$Q_t = \alpha_1 + \alpha_2 P_t + \varepsilon_t \tag{7.4.1}$$

需求方程：

$$Q_t = \beta_1 + \beta_2 P_t + \beta_3 Y_t + \beta_4 P_{t-1} + u_t \tag{7.4.2}$$

假定 Y_t 为外生变量，误差项不存在序列相关，因而 P_{t-1} 为前定变量。考虑供给方程，若不存在联立性，即 Q_t 和 P_t 相互独立，则 P_t 与 ε_t 是不相关的；而若存在联立性，则 P_t 和 ε_t 是相关的。利用 Hausman 检验判断是哪种情况的程序如下：

第一步，求得模型的简化式形式[模型(7.8)]。

$$P_t = a_1 + a_2 Y_t + a_3 P_{t-1} + V_t \tag{7.8.1}$$

$$Q_t = b_1 + b_2 Y_t + b_3 P_{t-1} + W_t \tag{7.8.2}$$

其中，a_i 和 b_i 为相应的系数，V_t 和 W_t 为随机误差项。.

第二步，应用普通最小二乘法估计方程(7.8.1)，得到 P_t 的估计值 $\hat{P}_t$。

第三步，将 $\hat{P}_t$ 作为附加变量加入方程(7.4.1)中，得：

$$Q_t = \alpha_1 + \alpha_2 P_t + \alpha_3 \hat{P}_t + \varepsilon_t$$

对其应用普通最小二乘法进行回归，并建立零假设和备择假设（H_0：$\alpha_3 = 0$，H_1：$\alpha_3 \neq 0$）。

第四步，对 α_3 的估计值 $\hat{\alpha}_3$ 进行 t 检验。若它是显著的，则拒绝 H_0，说明将 P_t 作为内生变量并通过简化式形式回归得到的 $\hat{P}_t$ 含有额外的重要信息，因而应将 P_t 作为内生变量，即存在联立性；若不显著，则不能拒绝原假设，说明将 P_t 作为内生变量并不能得到额外的有用信息，因此应将 P_t 作为外生变量，即不存在联立性。

需要注意的是，若需要检验的变量多于一个，则第二步中应分别求得相应的拟合值，并将所有的拟合值作为附加变量加入待检验的结构式方程，则第四步中就需对全部拟合值系数进行 F 检验，检验系数是否同时为零。

第三节　联立方程模型的估计

在对模型内结构方程的可识别性作出判断后，下一步就是对可识别的模型选择合适的方法进行参数估计。根据是否同时对所有的结构方程进行估计，可把常用的估计方法分为单一方程法与系统方程法两类。单一方程法又称有限信息法（limited information method），是只利用联立方程系统中待估结构方程的信息，而不利用其他方程的信息，对结构方程逐个进行估计的方法，包括普通最小二乘法(ordinary least squares, OLS)、间接最小二乘法(indirect least squares, ILS)、工具变量法(instrumental variables method, IV)、两阶段最小二乘法(two-stage least squares method)以及有限信息极大似然法(limited information maximum likelihood method, LIML)等。系统方程法又称为完全信息法，是对整个联立方程模型中的所有结构方程同时进行估计，一次估计出模型全部系数的方法，包括三阶段最小二乘法(three-stage least squares method, 3SLS)和完全信息极大似然法(full information maximum likelihood method, FIML)等。以下我们将介绍其中的一些方法。[①]

一、单一方程法

在单一方程法中，我们将主要介绍间接最小二乘法、工具变量法、两阶段最小二乘法。间接最小二乘法只适用于恰好识别的结构方程，工具变量法和两阶段最小二乘法则既可应用于结构方程恰好识别的情况，也可应用于结构方程过度识别的情况。但在介绍它们之前，我们将首先介绍普通最小二乘法在一种特殊模型——递归模型中的应用。

(一) 普通最小二乘法在递归模型中的应用

考虑如下的模型[模型(7.9)]：

$$Y_{1t}=a_1+a_2X_{1t}+a_3X_{2t}+u_{1t} \tag{7.9.1}$$

$$Y_{2t}=b_1+b_2X_{1t}+b_3X_{2t}+b_4Y_{1t}+u_{2t} \tag{7.9.2}$$

$$Y_{3t}=c_1+c_2X_{1t}+c_3X_{2t}+c_4Y_{1t}+c_5Y_{2t}+u_{3t} \tag{7.9.3}$$

其中，Y_{it} 表示内生变量，X_{it} 表示外生变量，假定同期各方程的随机误差项互不相关，即：

$$\text{cov}(u_{1t},\ u_{2t})=\text{cov}(u_{1t},\ u_{3t})=\text{cov}(u_{2t},\ u_{3t})=0$$

第一眼看上去该模型是一个联立方程模型，方程右边包含有内生变量，因而似乎不能用普通最小二乘法进行估计。但实际上，考虑结构方程(7.9.1)，由于它的右边不包含内生变量，因此可以用普通最小二乘法进行估计。再考虑方程(7.9.2)，它的右边不仅包含外生变量 X_{1t}、X_{2t}，还包含内生变量 Y_{1t}，因此似乎不满足解释变量与随机误差项不相关的基本假定。但实际上，根据方程(7.9.1)，Y_{1t} 仅与 u_{1t} 相关，而前提已经假定 u_{1t}、u_{2t} 不相关，因此 Y_{1t} 与 u_{2t} 是不相关的，满足基本假定，可以用普通最小二

---

① 对于本书未介绍的方法，有兴趣的同学可参阅 W. H. Greene 的 *Econometric Analysis* (Prentice Hall, 2002)一书。

乘法进行估计。同样的道理,对于方程(7.9.3),Y_{1t}、Y_{2t} 也是与 u_{3t} 不相关的,因而也可以用普通最小二乘法进行估计。所以对于整个模型中的结构方程都可以用普通最小二乘法进行估计。

实际上,在模型(7.9)中,并不存在联立方程系统中各内生变量之间的相互依赖性,而是存在一种单向的因果依赖性,例如 Y_{1t} 影响 Y_{2t} 而 Y_{2t} 并不影响 Y_{1t},Y_{1t} 和 Y_{2t} 影响 Y_{3t} 但 Y_{3t} 并不影响 Y_{1t} 和 Y_{2t},这种模型被称为递归模型(recursive model)或三角模型(triangular model),也因其单向因果性而被称为因果性模型(causal model)。递归模型貌似联立方程模型但实际上并不是联立方程模型,因而也不存在联立性问题,可以直接应用普通最小二乘法估计其参数。

(二)间接最小二乘法

对于递归模型的每一个结构方程我们可以应用普通最小二乘法估计其参数,但在实际金融和经济模型中递归模型并不多见,因而需要其他的估计方法对真正的联立方程模型进行估计。间接最小二乘法就是一种应用于结构方程恰好识别状况的估计方法。

间接最小二乘法的基本思想是:尽管不可以直接对结构方程应用普通最小二乘法,但对于由结构式方程导出的简化式方程,可以应用普通最小二乘法得到参数估计值,然后利用简化式参数估计值和参数关系式求得结构参数的估计值。应用间接最小二乘法的具体步骤如下:

第一步,将结构式模型转化为简化式模型。

第二步,对每个简化式方程应用普通最小二乘法,得到简化式参数的估计值。

第三步,根据简化式参数与结构式参数之间的关系式以及简化式参数估计值,求得结构式参数估计值。

需要注意的是,在应用间接最小二乘法之前必须确定被估计的结构式方程是恰好识别的,其随机误差项满足经典线性回归的基本假定。在满足这些条件的前提下,得到的结构式参数估计值是一致的和渐进有效的,但却是有偏的,原因是结构式参数与简化式参数之间的关系式是非线性的,而期望算子是非线性的,因此简化式参数非线性组合的期望值并不等于简化式参数期望值的非线性组合。因此尽管得到的简化式参数估计值是无偏的,但结构式参数估计值却是有偏的。

间接最小二乘法的原理直观易懂,但应用却并不广泛,主要原因有以下两个方面:

(1) 对于一个大型金融、经济模型而言,由于外生变量较多,利用间接最小二乘法求解结构式参数的计算过程是复杂冗长的,特别是如果样本容量相对较少,此时参数估计的精度将会降低,甚至无法进行估计。

(2) 如前所述,金融、经济中的大多数联立方程模型都是过度识别的,而间接最小二乘法只能应用于恰好识别的结构方程，原因是对于过度识别的结构方程，间接最小二乘法将得到结构参数的多个估计值，而并没有理论来决定这些估计值的取舍。

在前面利用定义判断可识别性的例子中，求结构参数估计值的计算过程就是间接最小二乘法的计算过程。

（三）工具变量法

间接最小二乘法只适用于恰好识别的结构方程，对于过度识别的结构方程，可以采用的一种估计方法是工具变量法。工具变量法的基本思想是：用适当的前定变量作为工具变量代替结构方程中作为解释变量的内生变量，从而降低解释变量与随机误差项之间的相关程度，再利用普通最小二乘法进行估计。工具变量法的关键是工具变量的选取，一般而言，工具变量应满足如下条件：

（1）工具变量与所替代的内生变量之间高度相关。

（2）工具变量是联立方程模型中真正的外生变量，即它与结构方程中的随机误差项不相关。

（3）同一方程使用多个工具变量时，它们之间的多重共线性程度要低。

（4）工具变量与结构方程中其他解释变量的多重共线性程度也要低。

实际中，在应用工具变量法估计联立方程模型时，一般选择模型中的某个或某些前定变量作为工具变量，而运用不止一个工具变量（工具变量组）又是比较常用的方法。

以下以国民收入模型为例，说明工具变量法的应用。

$$\begin{aligned}&\text{消费函数：}C_t=\alpha_0+\alpha_1 Y_t+\varepsilon_{1t}\\&\text{投资函数：}I_t=\beta_0+\beta_1 Y_t+\beta_2 i_t+\varepsilon_{2t}\\&\text{国民收入定义式：}Y_t=C_t+I_t+G_t\end{aligned}\tag{7.10}$$

其中，C_t、Y_t、I_t、i_t、G_t 分别表示 t 期的消费、国民收入、投资、利率和政府购买支出。假定 ε_{1t} 和 ε_{2t} 互不相关，若要估计消费函数，Y_t 作为内生变量，与 ε_{1t} 存在相关性，因此不能用普通最小二乘法；消费函数是过度识别的，也不能采用间接最小二乘法，若使用工具变量法，可按如下步骤进行：

第一步，选择合适的工具变量。一般而言，联立方程模型中的前定变量可以作为工具变量，因此选择政府购买支出作为工具变量。

第二步，将国民收入 Y_t 对政府购买支出 G_t 进行回归，求得 Y_t 的拟合值 $\hat{Y}_t$，即运用普通最小二乘法估计方程 $Y_t=\gamma_0+\gamma_1 G_t+u_t$，得到拟合值 $\hat{Y}_t$。

第三步，将消费方程中的 Y_t 用其拟合值 $\hat{Y}_t$ 代替，得 $C_t=\alpha_0+\alpha_1\hat{Y}_t+\varepsilon_{1t}$，由于 $\hat{Y}_t$ 与 ε_{1t} 是不相关的，因此，用普通最小二乘法估计该方程，就可以得到 α_0 和 α_1 的估计值 $\hat{\alpha}_0$ 和 $\hat{\alpha}_1$。

同样,我们也可以估计投资方程的参数估计值,具体过程略。

按照上述步骤求得的参数估计值具有如下的统计性质:小样本时估计值是有偏的,大样本时估计值是一致的。

工具变量法计算简单,原理易于理解,所得的估计值尽管是有偏但却是一致的,但该方法也有一些缺点。

(1) 工具变量的选择具有任意性,因而使得估计结果也具有任意性。

(2) 工具变量法只考虑了一些前定变量对相应的内生变量(被替代变量)的影响,而事实上该内生变量还可能受其他一些前定变量的影响。联立方程模型的本质特征是描述变量之间的交错因果关系,每个内生变量都影响模型内的其他内生变量,每个前定变量都直接或间接地影响所有的内生变量。而在工具变量法中,未被选为工具变量的某些前定变量,它们对内生变量的影响被忽略了。

(3) 由于随机误差项是不可观测的,因此无法判断所选择的工具变量(组)与随机误差项之间是否存在相关性,这也是选择工具变量的难点所在。

(四) 两阶段最小二乘法

两阶段最小二乘法是估计联立方程模型最常用的单一方程法,它由 Henri Theil 和 Robert Basmann 分别于 1953 年和 1957 年独立提出①。两阶段最小二乘法的基本思想是利用简化式模型求得内生变量的拟合值,以消除随机误差项的影响,然后将结构方程右边的内生变量替换为相应的拟合值,并对替换后的结构方程分别运用普通最小二乘法估计参数。应用两阶段最小二乘法应满足如下条件:

(1) 所考虑的结构方程是可以识别的。

(2) 结构方程中的随机误差项满足零均值,方差为常数,序列不相关。

(3) 前定变量多重共线性程度低。

(4) 样本容量要足够大,至少要不少于方程中出现的前定变量的个数。

下面仍以模型(7.10)为例说明两阶段最小二乘法的应用步骤。

第一阶段,由结构式模型求得简化式模型:

$$Y_t = a_0 + a_1 i_t + a_2 G_t + V_{1t}$$
$$C_t = b_0 + b_1 i_t + b_2 G_t + V_{2t}$$
$$I_t = c_0 + c_1 i_t + c_2 G_t + V_{3t}$$

并用普通最小二乘法分别估计各方程,求得各内生变量的拟合值:

---

① Theil H. *Linear Aggregation of Economic Relations*[M]. North Holland Publishing Company, 1954.

$$\hat{Y}_t = \hat{a}_0 + \hat{a}_1 i_t + \hat{a}_2 G_t$$
$$\hat{C}_t = \hat{b}_0 + \hat{b}_1 i_t + \hat{b}_2 G_t$$
$$\hat{I}_t = \hat{c}_0 + \hat{c}_1 i_t + \hat{c}_2 G_t$$

第二阶段，将原结构方程右边的内生变量替换为它的拟合值（国民收入定义式因不要估计而不必替换），得：

$$C_t = \alpha_0 + \alpha_1 \hat{Y}_t + \varepsilon_{1t}$$
$$I_t = \beta_0 + \beta_1 \hat{Y}_t + \beta_2 i_t + \varepsilon_{2t} \tag{7.11}$$

由于 $\hat{Y}_t$ 与 ε_{1t}、ε_{2t} 是渐进不相关的，因而可以用普通最小二乘法分别估计模型（7.11）的方程，从而求得结构方程的参数估计值。

可以证明，按上述步骤求得的两阶段最小二乘估计值是有偏但一致的。

需要注意的是，在应用两阶段最小二乘法时，如果第一阶段回归的 R^2 很高，比方说高于 0.8，那么普通最小二乘估计法和两阶段最小二乘法的估计结果将相差无几。因为两阶段最小二乘法第一阶段回归的基本思想就是除去随机误差项的影响，这一阶段的 R^2 比较高，意味着原结构方程中随机误差项对内生变量有较小的影响，因而两者的相关性也较低，应用普通最小二乘法估计的偏差就会比较小。但是如果第一阶段回归的 R^2 很低，说明用拟合值代表真实值的代表性很差，此时应用两阶段最小二乘法得到的结果是没有意义的。两阶段最小二乘法的不足之处在于它对误差的反应比较敏感，而且需要大量的样本观测值才能估计。

（五）间接最小二乘法、工具变量法和两阶段最小二乘法的比较

（1）两阶段最小二乘法实际上是工具变量法的一种特殊形式，在两阶段最小二乘法中，工具变量是第一阶段的拟合值。

（2）在恰好识别的情况下，可以证明三种方法是等价的。①

（3）在过度识别的情况下，间接最小二乘法不能应用；按照工具变量选择的不同，工具变量法可以得到多个估计值；而两阶段最小二乘法则可以充分利用模型信息，得到结构参数的唯一估计值。

二、系统方程法

前面所提到的单一方程法的各种估计方法，尽管可以得到参数的一致估计量，但一般来说它们都不能得到有效估计量，因为这些估计方法只利用了模型的部分信息，

---

① 关于间接最小二乘法和两阶段最小二乘法在恰好识别情况下等价性的证明，有兴趣的同学可以参阅范德成的《联立方程计量经济学模型 ILS 和 2SLS 估计等价性的证明》（《哈尔滨工程大学学报》2000 年第 3 期）一文。

而没有考虑诸如误差项的跨方程相关等问题，为获得更有效的估计量，接下来我们将介绍系统方程法，其中最重要的一种方法是三阶段最小二乘法。

三阶段最小二乘法是由 H. Theil 和 A. Zellner 于 1962 年提出的，是两阶段最小二乘法的一种推广。[①] 它的基本思想是：两阶段最小二乘法只使用了模型的部分信息，而忽视了模型结构对其他方程的参数值所施加的全部约束条件，特别是当联立方程模型各方程的随机误差项同期相关时，两阶段最小二乘法将不再有效，此时需要引入广义最小二乘法(GLS)，以克服各方程之间的联立性偏误。应用三阶段最小二乘法，应该满足如下假定。

(1) 每个结构式方程都必须是可识别的。

(2) 所有的恒等式已通过代换等方式消去。

(3) 每个结构方程的随机误差项满足零均值、同方差性以及无自相关性。

(4) 不同结构方程的随机误差项是同期相关的。如果不相关，三阶段最小二乘法将等价于两阶段最小二乘法。

应用三阶段最小二乘法的基本步骤如下。[②]

第一阶段：利用普通最小二乘法估计结构式模型对应的简化式模型，并求得各内生变量的拟合值。

第二阶段：将结构方程右边的内生变量用其拟合值代替，再利用普通最小二乘法估计替代后的方程，得到结构参数估计值。然后计算各方程的残差值，利用残差值求得误差项方差以及跨方程协方差的一致估计值。

第三阶段：根据第二阶段得到的误差项方差估计值以及跨方程协方差估计值，应用广义最小二乘法得到三阶段最小二乘估计值。

可以证明，虽然三阶段最小二乘估计值也是有偏的，但比两阶段最小二乘估计值更有效。

尽管系统方程估计值比单一方程估计值更为有效，但在实际中系统方程法并不常用(这也是本书将重点放在单一方程法的原因)，主要是由于以下原因。

(1) 系统方程法常常导致参数的高度非线性解，以至于有时难以确定。

(2) 如果方程组中的一个或多个方程有设定误差(例如，漏掉有关变量或采取了错误的函数形式)，则误差将传递至其余的方程，即系统方程法对设定误差很敏感。

(3) 计算量较大。

---

① Theil H, Zellner A. Three-stage least squares: simultaneous estimation of simultaneous equations[J]. *Econometrica*, 1962(30): 54 - 78.

② 三阶段最小二乘法参数估计的计算过程较为复杂，超出本书范围，因而本书仅给出方法的基本思想和步骤，有兴趣深入了解的同学可参阅 W. H. Greene 的 *Econometric Analysis* (Prentice Hall, 2002)中的相关章节。

第四节　实例——联立方程模型在金融数据中的应用

在本节中，我们将通过一个实例说明联立方程模型在金融数据中的应用，并结合这个例子，说明如何在 EViews 中应用两阶段最小二乘法估计联立方程模型。

一、理论回顾

货币政策与股票市场相互之间的关系一直是货币政策研究的前沿问题。对于这个问题的研究主要有三个角度：一是研究货币政策与股票市场之间的相互关系，二是侧重研究货币政策对股票市场的影响，三是研究股票市场对货币政策的影响。本文主要是从角度一出发研究我国货币政策与股票市场之间的相互关系。由于我国的货币政策是以货币供应量作为中介目标，同时我们以股票价格（股票指数）反映股票市场的变化，因此本文主要利用联立方程模型研究货币供应量与股票价格之间的相互关系。

理论上，货币供应量对股票价格的影响主要可以通过以下途径实现：

首先，货币供应量的变化可以通过资产组合效应对股票价格产生影响。这种观点将货币看作资产的一种，货币与股票等其他资产一起共同组成投资者的资产组合，理性投资者为达到投资效用最大化，总是不断调整组合中各种资产的比例以形成均衡。中央银行实行宽松的货币政策，以快于正常速度增加货币供应量时，会打破原有资产组合的均衡。这时，人们所持有的货币量会增加，而单位货币的边际效用会递减。在其他条件不变的情况下，投资者会通过在货币和股票持有量之间的相互替代来形成新的均衡，其结果是促使新增加的部分资金进入股票市场寻求高收益，导致股市价格的上涨。

其次，货币供给量增加引起社会商品的价格上涨，股份公司的销售收入及利润相应增加，从而使得以货币形式表现的股利（即股票的名义收益）会有一定幅度的上升，使股票需求增加，从而股票价格也相应上涨。

再次，从预期的角度，央行通过公开市场操作或其他手段增加货币供应量时，会使投资者产生预期，即货币供应量的增加会使未来的股票价格上升，为赚取现在与未来的价格差，投资者将在现期买入股票，在股票供应量短期一定的情况下，需求量的增加也会提高当期股票的价格。

由理论可以看出，货币供应量既可以影响当期的股票价格，也可以影响以后期的股票价格。根据国内外的研究，货币政策的时滞一般在 6 个月，因此本文取股票价格作为被解释变量时，取当月和前面第六个月的货币供应量为解释变量，建立如下方程：

$$SCI_t = \alpha_0 + \alpha_1 M_t^S + \alpha_2 M_{t-6}^S + u_{1t}$$

其中，SCI_t 表示第 t 月的上证综合指数，M_t^S 表示第 t 月的货币供应量，M_{t-6}^S 表示第

$t-6$ 月的货币供应量。①

与此同时，股票价格也会对货币需求产生影响，主要通过三条途径：一是财富效应。股票价格的上升意味着人们名义财富的增加，居民收入上升，货币需求相应增加。二是交易效应。股票作为一种金融商品，其交易也需要凭借媒介物——货币的作用来实现。股价的上涨往往伴随着股市交易量的扩张。成交量越大，需要用来完成媒介作用的货币就越多，相应地，对货币的需求也就越大。三是替代效应。股票价格上涨，会使得人们调整自己的资产结构，以多持有股票而少持有货币，货币在人们资产组合中的比重下降，从而降低货币需求。股价变动对货币需求的净影响由这三方面的效应共同决定，财富效应和交易效应增大了货币需求，而替代效应则减少了货币需求。一般而言，财富效应大于替代效应，所以，股价上扬一般会增加对货币的需求。在股票市场对货币需求产生的财富效应、资产组合效应、交易效应、替代效应等不同方向的作用力中，增加货币需求的力量（财富效应、交易效应等）超过降低货币需求的力量（替代效应）。

另外，根据货币需求理论，我们以每月的工业增加值代表影响货币需求的规模变量②。选择一年期定期存款利率和通货膨胀率作为货币需求的机会成本变量，之所以包含两个变量而没有只用定期存款利率来表示，是因为目前我国的存款利率是由人民银行决定的，调整缓慢，不能充分反映通货膨胀率的变化。因此若以货币需求量为被解释变量，可以建立如下的方程：

$$M_t^D = \beta_0 + \beta_1 SCI_t + \beta_2 \text{Ⅱ} V_t + \beta_3 IR_t + \beta_4 R_t + u_{2t}$$

其中，M_t^D 代表 t 月的货币需求量，$\text{Ⅱ}V_t$ 代表 t 月的工业增加值，IR_t 代表第 t 月的通货膨胀率，R_t 代表第 t 月的一年期定期存款利率。

在我国，尽管利率是由中央银行控制的，无法达到及时调节货币需求的目的，但中央银行对贷款的特殊的调控模式（贷款限额），国有企业能否获得贷款的预期，以及我国货币市场上特殊的需求对供给的"倒逼"现象结合在一起共同起到了利率的本来作用。因此，从总体上来说，货币需求和货币供给还是保持均衡的，即 $M_t^S = M_t^D$，因此若以 M_t 表示两者的均衡值，并代入到前面两个方程中，我们可以建立如下的联立方程模型[模型(7.12)]：

$$SCI_t = \alpha_0 + \alpha_1 M_t + \alpha_2 M_{t-6} + u_{1t} \quad (7.12.1)$$

$$M_t = \beta_0 + \beta_1 SCI_t + \beta_2 \text{Ⅱ} V_t + \beta_3 IR_t + \beta_4 R_t + u_{2t} \quad (7.12.2)$$

---

① 之所以以上证综合指数代表股票价格，是由于深圳证券市场和上海证券市场的高度相关性，以及上证综合指数的广泛代表性及数据资料的易得性，以往的研究也多如此。

② 取工业增加值而非 GDP 作为影响货币需求的规模变量，主要是因为 GDP 只有季度数据而缺乏月度数据，而在我国，第二产业在国民经济中占据主导地位，工业增加值能够较好地代表 GDP。

二、实证分析

以下利用数据进行经验分析。本文采用从1997年1月到2004年3月各变量的月度数据。[1] 除一年期定期存款利率和通货膨胀率以外,其余变量均为消除了物价因素的实际变量。尤其是工业增加值,由于季节趋势较明显,因而运用季节调整技术进行了调整,以消除季节趋势。本文中第 t 期的通货膨胀率的计算方法是:用 t 期的物价指数与 $t-1$ 期的零售物价指数之差除以 $t-1$ 期的零售物价指数(零售物价指数以1997年1月为100)。我们将分别检验流通中现金 $M0$、狭义货币 $M1$、广义货币 $M2$ 作为货币量与上证指数的关系。

我们将在 EViews 中利用两阶段最小二乘法估计上述联立方程模型,这个过程主要分两个步骤:首先利用普通最小二乘法求得内生变量的拟合值,然后用拟合值代替内生变量再利用两阶段最小二乘法求得结构参数估计值。我们将以 $M0$ 代表货币量说明模型在 EViews 中的估计过程,然后对于 $M1$、$M2$ 仅列出结果。

打开 EViews,建立相应的工作组并输入数据,然后在菜单中选择"Quick"→"Estimate Equation",在"Method"中选择"LS"(普通最小二乘法)将会出现如图7-1所示的窗口。

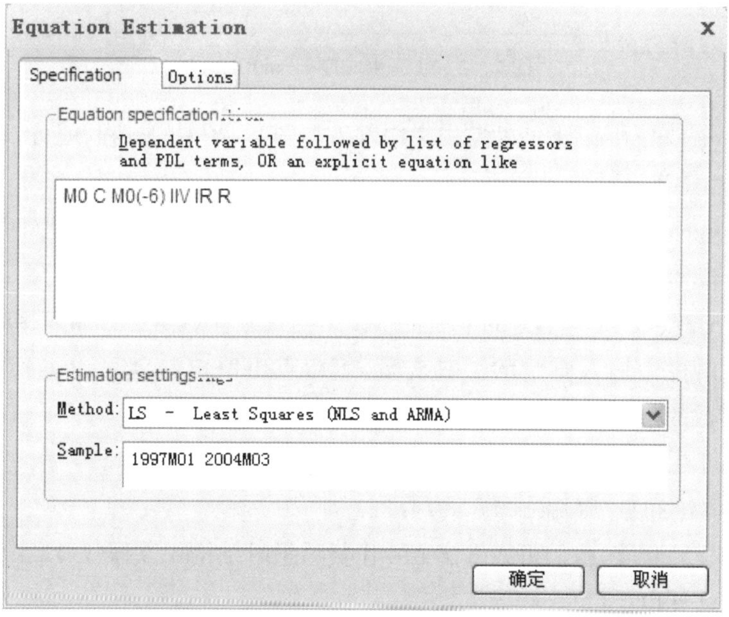

图7-1　回归方程设定

---

① 本例题数据可在上海财经大学出版社网站(http://www.sufep.com)下载,Excel格式的文件名为Ex7.1.xls,EViews生成的wf1格式的文件名为Ex7.1.wf1。

在"Estimation Settings"上方空白处首先输入被解释变量 $M0$，然后输入作为解释变量的外生变量(各变量的下标已除去)，注意不要忘记常数项(如图 7－1 所示)。然后点击"OK"，即可以得到估计结果如下(括号内为 t 统计量，下同)：

$$\hat{M}0_t = 9\,680.11 + 2.46 II\,V_t + 206.70 IR_t - 771.64 R_t + 0.11 M0_{t-6} \quad R^2 = 0.92$$
$$(7.92) \quad (6.52) \quad (1.93) \quad (-6.64) \quad (0.95)$$

点击"Quick"→"Generate Series"，得到如图 7－2 所示的窗口。

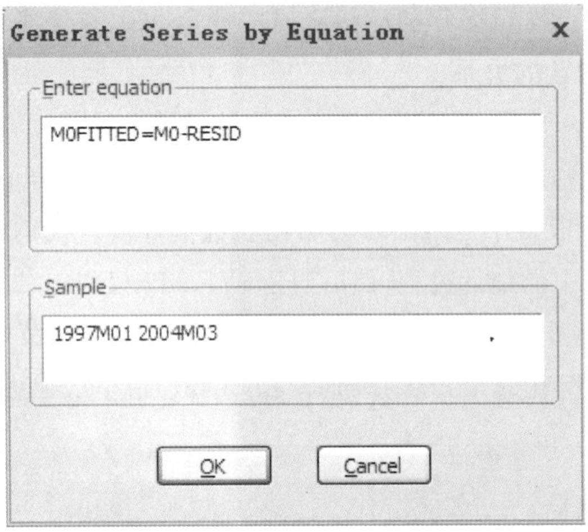

图 7－2　快速生成序列"m0fitted"

在"Enter Equation"下面的空白栏中键入如图 7－2 中的方程，就可以得到 $M0$ 的拟合值"m0fitted"。

点击"Quick"→"Estimate Equation"，在"Method"中选择"TSLS"(两阶段最小二乘法)，将出现如图 7－3 所示的窗口。

在"Instrument List"上方的空白栏中按结构式方程(7.12.1)输入相应的变量，在其下方的空白栏中输入图示的工具变量，然后点击"OK"，就可以得到结构式方程(7.12.1)参数的两阶段最小二乘估计值：

$$S\hat{C}I_t = 1\,022.49 - 0.001 M0_t + 0.04 M0_{t-6}$$
$$(7.39) \quad (-0.04) \quad (1.32)$$

按照同样的步骤，我们可以求出 $M0$ 作货币量时结构式方程(7.12.2)参数的两阶段最小二乘估计值：

$$\hat{M}0_t = 5\,968.43 + 2.02 SCI_t + 3.05 II\,V_t + 248.48 IR_t - 539.10 R_t$$
$$(1.07) \quad (0.85) \quad (7.98) \quad (1.77) \quad (-1.44)$$

同样，对于狭义货币 $M1$ 作为货币量代表，我们可以得到估计模型：

$$S\hat{C}I_t = 1\,239.33 + 0.01 M1_t - 0.01 M1_{t-6}$$
$$(11.14) \quad (0.38) \quad (-0.22)$$

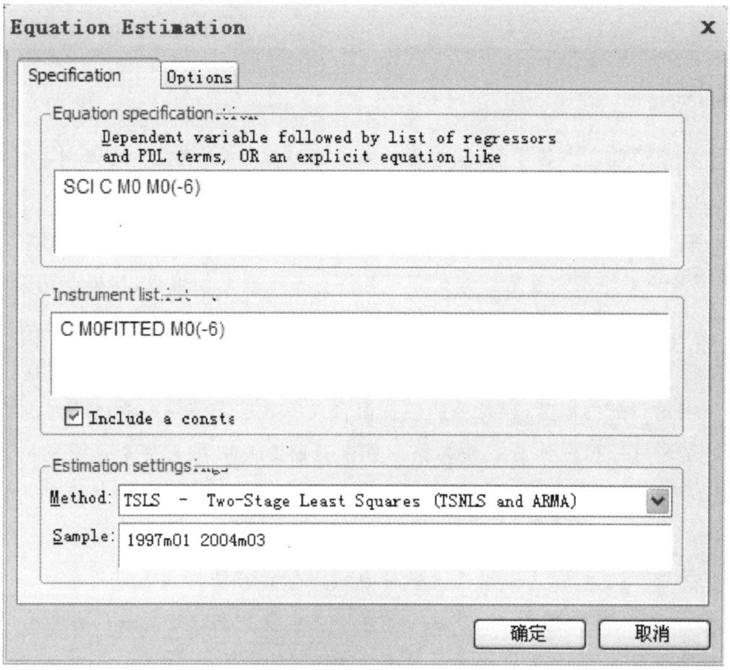

图 7－3　选择两阶段最小二乘法估计方程

$$\hat{M}1_t = 24\ 823.27 - 1.68SCI_t + 17.42\text{Ⅱ}V_t - 3\ 009.34R_t - 163.79IR_t$$ [①]

(5.44)　(−0.93)　(0.43)　(−8.30)　(−0.56)

对于广义货币 $M2$ 作为货币量代表，同样可以得到估计模型：

$$S\hat{C}I_t = 1\ 210.96 + 0.04M2_t - 0.03M2_{t-6}$$

(8.49)　(1.24)　(−1.17)

$$\hat{M}2_t = 320\ 877.8 - 115.12SCI_t - 4\ 935.05IR_t + 32.31\text{Ⅱ}V_t - 24\ 362.84R_t$$

(2.70)　(−2.26)　(−1.76)　(4.06)　(−3.06)

三、分析

可以看出，无论是流通中现金 $M0$、狭义货币 $M1$，还是广义货币 $M2$，无论是当月值还是过去第 6 个月的值，在对股票价格的解释中，它们的系数都是不显著的。因此，可以认为货币供应量对股票指数影响微乎其微。另一方面，股票指数在对流通中现金 $M0$、狭义货币 $M1$ 的解释中，其系数也是不显著的，但在对广义货币的解释中，股票指数的系数则是显著的，因此，可以认为，股票指数对流通中现金 $M0$、狭义货币 $M1$ 是没有影响的，而对广义货币量则是有影响的。

---

①　需要注意的是，在应用 TSLS 可能会出现序列相关，此时可在工具变量中加入被解释变量以及内生变量的滞后项，以消除序列相关。

本章小结

本章中我们介绍了联立方程模型，与前面的单方程模型不同，联立方程模型中变量之间的关系是交错的或双向的因果关系，即某个变量在一个方程中以解释变量出现，而在另一个方程中则以被解释变量出现。联立方程的这个特点使得经典线性回归中解释变量与随机误差项不相关的假定遭到破坏，因此在用普通最小二乘法估计结构方程时将会产生联立性偏误，即得到的估计值将是有偏和不一致的。

在估计联立方程模型前一个重要的问题是识别问题，因为对于不可识别的方程，我们是无法进行估计的。可以利用识别的概念，即是否能够从简化式参数求得结构式参数来判断可识别性，但过程繁琐。常用的是利用可识别的阶条件和秩条件来判断。其中阶条件是可识别的必要非充分条件，而秩条件则是可识别的充分必要条件。但在实际金融、经济模型中，往往只利用阶条件就能够得到正确的结果。

判断完模型是否可以识别，下一步就是选择合适的估计方法对模型进行估计。根据是否同时对所有的方程进行估计，可以把估计的方法分为单一方程法和系统方程法。顾名思义，单一方程法就是逐个对方程进行估计，它主要包括普通最小二乘法、间接最小二乘法、工具变量法和两阶段最小二乘法等。其中普通最小二乘法主要是应用于一种特殊的模型——递归模型，间接最小二乘法只能应用于恰好识别的方程，而在联立方程模型中最常用的是两阶段最小二乘法，它是工具变量法的一种特殊形式，既可以应用于恰好识别的情况，也可以适用于过度识别的情况。这几种方法都能得到参数的一致估计值。系统方程法中最常用的方法是三阶段最小二乘法，它是对两阶段最小二乘法的扩展，用于不同方程随机误差项同期相关的情况。尽管系统方程法比单一方程法能够得到更有效的估计量，但总的说来，在实际中常用的是单一方程法。

关键术语

内生变量　外生变量　前定变量　结构式模型　简化式模型　联立性偏误
恰好识别　过度识别　不可识别　阶条件　秩条件　Hausman 设定误差检验
单一方程法　系统方程法　递归模型　间接最小二乘法　工具变量法
两阶段最小二乘法　三阶段最小二乘法

思考题

1. 什么是联立性偏误？
2. 联立方程模型中的变量分为几类？其各自的含义是什么？
3. 利用秩条件判断结构方程是否可以识别的主要步骤是什么？
4. 利用工具变量法估计结构式参数的主要步骤是什么？
5. 常用的单方程估计方法有哪些？各有何优缺点？

练习题

1. 考虑如下的一个国民收入决定模型。

消费函数：$C_t = \alpha_0 + \alpha_1 Y_t + \alpha_2 C_{t-1} + \varepsilon_{1t}$

投资函数：$I_t = \beta_0 + \beta_1 Y_t + \beta_2 i_t + \beta_3 I_{t-1} + \varepsilon_{2t}$

货币市场利率：$i_t = \gamma_0 + \gamma_1 Y_t + \gamma_2 M_t + \varepsilon_{3t}$

国民收入定义式：$Y_t = C_t + I_t + G_t$

其中，M_t、G_t 分别表示 t 期的货币供应量和政府支出。

(1) 指出模型中的内生变量、外生变量和前定变量。

(2) 将模型化成简化式形式。

(3) 讨论各方程的可识别性。

2. 考虑如下的三方程联立模型：

$y_1 = \alpha_0 + \alpha_1 y_2 + \alpha_2 y_3 + \alpha_3 x_1 + \alpha_4 x_2 + u_1$

$y_2 = \beta_0 + \beta_1 y_1 + \beta_2 x_1 + u_2$

$y_3 = \gamma_0 + \gamma_1 x_1 + \gamma_2 x_2 + u_3$

(1) 求模型的结构式系数矩阵。

(2) 求模型的简化式模型。

(3) 讨论各方程的可识别性。

延伸阅读

第八章　实证性文章的写作

本章导读

学习金融计量学的目的是为了更好地进行实证研究，但是初学者可能还没有一个系统地写作实证研究类文章的经验。①

本章将介绍一些实证性文章的写作技巧，首先是介绍具有代表性的实证文章框架，其次强调了在写作中的注意点，同时推荐了几个值得研究的课题，最后提供了按照文中介绍的步骤和要点完成的实证文章。

第一节　实证性论文框架的构建

一、典型的实证性文章框架

如今，各行各业都可见经济学家的身影。不管是研究生、本科生，还是学术研究者，甚至是政府和中央银行的政策制定者都会面临同样的任务——写分析经济数据的实证性文章。因为有不同的文章主题，面对各异的目标读者，这些文章的格式是多种多样的，因此对实证性文章来说，没有万能格式来套用。鉴于此，下文提供了写实证性文章的常见要点。当然，要写一篇实证文章，并不一定必须包括所有的要素。

（一）简要介绍

许多文章都是以介绍开头。扼要描述选题的原因和意义，研究方法和结果，研究

① Redman P. *Good Essay Writing: a Social Sciences Guide*[M]. Sage Publications Ltd.，2006.

的创新之处等，甚至论文的框架。介绍不要用专业性语言，尽量少用统计和经济术语。此领域的非专业人士也应该能读懂，读完能了解该领域的大概研究状况。

（二）文献综述

介绍已研究过此方向的专家的研究成果。最好能比较3～5篇有实证分析的文献，比较其中的计量模型，介绍要简单明了、切中主题。

（三）经济学和金融学原理

如果文章是以经济学金融学原理为背景的，其中包含正式的理论模型，往往在这部分介绍。对于政策报告，作者不需要介绍正式的数学模型，通常需要在这个部分详细介绍经济学金融学专业知识。这部分将比前面两部分技术性更强，因为这一部分的目标读者是作者研究领域的专家，因此往往包括一些统计与经济金融术语。

（四）数据

描述数据，同时详细介绍数据来源。在这里需要注意的是，在经济研究中，对研究的资料往往是需要做一些整理的，对于那些异常的、不合理的数据往往是采取剔除的方法解决。对文章中使用到的所有资料，其来源、性质、整理方式都要详细地说明，最好能将整理后的资料附在文章的附录中，以便他人查阅。

（五）模型介绍

介绍如何使用数据来检验在第三部分论述的经济学金融学原理。模型介绍部分的形式多种多样，取决于文章主题和目标读者群。一般要考虑模型中解释变量与被解释变量之间的因果关系。举个例子，对于一个特定的回归过程，某个变量是被解释变量，而在其他的模型中则是解释变量。同样地，在宏观时间序列回归中，研究人员希望各变量之间是协整关系，出于此考虑，人们往往通过协整检验来验证数据之间是否是协整关系。一言以蔽之，在“模型介绍”中要为以后篇幅中使用的检验技术作铺垫，为什么使用这些检验技术，如何使用都在“模型介绍”中要有所铺垫。

（六）实证研究结果

这一部分是文章的核心。在本部分中，包含有统计信息与经济金融原理，首先要描述作者的实证研究发现，并将它们与经济原理联系起来。有了经济原理，不仅可以在两个变量之间进行系数估计，或者发现是否存在协整关系，而且也可以寻找研究结果预示了怎样的经济原理。统计信息包含假设检验结果：系数估计是否显著，滞后阶数的正确选择，删除不显著解释变量的理由，模型拟合度（R^2）的讨论等。许多信息可以通过图表的形式呈现出来。通常文章以一些简单的图表开头，比如一系列时间序列数据，然后提供描述性的统计表格，包括均值、标准差、每个变量的极值和协方差矩阵等。如果采用OLS检验方法，软件会呈现给我们更正式的统计报表，其中有t检验，R^2和F检验作为总体回归显著性检验也是很有用处的。

（七）结论

简要地概括一下文章讨论的问题，着重强调实证研究发现和结果。

二、需要特别注意的地方

下面将介绍写作实证性文章的注意点。主要是介绍一篇好的实证文章包括的要点以及如何更好地呈现实证研究结果。

首先，要强调的是事实上没有完全正确或者完全错误的实证研究。实证研究的结果是客观存在的，即使研究结果与我们的期望不一样，也不必失望。在理想状态下，研究人员推导出一个理论，然后用实际数据来论证他的新理论，如果统计上很显著，就说明他的理论是有代表性的。但是在实际中，很少出现这样的情况。计量方法的好坏不在于其复杂程度，而在于它是否能够帮助我们得到正确的估计值，以了解资料中所包含的真正信息。

在实际工作中，我们期望统计显著的解释变量往往不显著，我们期望变量之间是协整关系，但往往并不如此。期望为正的系数往往回归出来是负数。这种情况是经常出现的，但是这不该成为继续研究的障碍。我们应该知道：发现一个理论并不意味着统计研究结果同理论一样理想——统计显著。我们在回归过程中，要不断地取舍解释变量，尝试修正模型的形式。比如是采用对数形式、指数形式还是幂函数形式。但是同时要考虑到经济理论的合理性，也不能完全为了提高模型的适度，作不合理的转变。

另外，实证结果往往是让人觉得迷茫的。比如，一个统计检验说明了一种情况存在，而另一个统计检验却得出不同的结论。某个解释变量在一个回归中是显著的，而在另一个回归中却是不显著的，遇到这样的情况，只有如实报告检验结果，尽量解释出现这种冲突的原因。

大多数经济学家很少编造他们的研究结果，但是在计量经济金融研究中，他们常常会因为要使研究结果与期望相差无几，而稍加修饰。比如，研究者常常用许多不同的解释变量来做大量的回归，总的来说，这是很明智的，表明研究者在从不同的角度，大量地、细致地挖掘数据信息。但是，研究者往往最终采用某一种符合某些要求的回归形式，而不是其他不符合某些要求的回归形式，这样的做法往往是误导读者的。

对于统计研究结果的展现方式，简洁明了是毋庸置疑的。很明显，大学教授、公务员、政策制定者以及公司员工都是公务繁忙，他们不愿意花时间阅读冗长的、组织不严密以及用词不精确的研究报告。

写作一篇好的研究报告的关键是要有选择性。比如，通过回归分析，得出回归系数和许多检验结果。写作研究报告需要决定哪些信息对目标读者是重要的，哪些又是不重要的。在研究报告中需要提供得出结论的重要信息，需要强调的是，要如实地展示结果。

第二节　典型研究课题的简介

以下提供了三个可以研究的课题。

一、利用协整理论检验购买力平价理论

学习金融专业的同学都知道购买力平价(Purchasing Power Parity，PPP)理论，瑞典经济学家古斯塔夫·卡塞尔(Gustav Cassel)于1922年对其进行了系统地阐述。其基本思想是：货币的价值在于其购买力，因此不同货币之间的兑换率取决于其购买力之比，也就是说，汇率与各国的价格水平之间具有直接的关系。

在实证研究中，一般只有在高通货膨胀时期(如20世纪20年代)，PPP才能较好成立。而对战后尤其是20世纪70年代以来工业化国家汇率的分析，一般的结论是：

第一，在短期内，高于或低于购买力平价的偏差经常发生，并且偏离幅度很大；

第二，从长期来看，没有明显的迹象表明购买力平价成立；

第三，汇率变动非常剧烈，这一变动幅度远远超过价格变动的幅度，一般两国间的相对通货膨胀率在一年中可能会达到4%～5%，而汇率在一天的变化就可能达到10%甚至更多。

我们利用1855—1987年英国市场数据，检验每单位劳动的实际工资(即下文中的WPYE)是否平稳。按照PPP理论，其应该是存在平稳的。

利用Microfit自带的数据库中PHILLIPS. FIT数据，文件中给出了英国的就业人数(E)、物价(P)、工资(W)以及实际国民生产总值(Y)的对数值。

在PROCESS中，键入：

C=1;WP=W-P;YE=Y-E;WPYE=WP-YE;DWPYE=WPYE-WPYE(-1)

在本题中，协整关系的零假设检验是：WPYE=W-P-Y+E不存在协整关系，也就是WPYE包含单位根。

接着运行“ADF WPYE(4)”得到结果如图8-1所示。

从结果可以看出：在带有趋势项的情况下，ADF(1)的检验结果拒绝零假设。我们通过画图“PLOT WPYE”得到如图8-2所示的结果。

可以看到，在第二次世界大战之后，WPYE的整体水平上升了，因而WPYE不平稳，即W-P-Y+E之间不存在协整关系。我们也进一步验证了前人的研究结论。

二、资本资产定价模型中β系数的确定

资本资产定价模型(Capital Asset Pricing Model，CAPM)是金融学形成和发展中的

```
                     Unit root tests for variable WPYE
      The Dickey-Fuller regressions include an intercept but not a trend
******************************************************************************
 128 observations used in the estimation of all ADF regressions.
 Sample period from 1860 to 1987
******************************************************************************
        Test Statistic      LL           AIC           SBC           HQC
 DF         -1.6854      267.2550      265.2550      262.4030      264.0962
 ADF(1)     -2.4481      272.5111      269.5111      265.2331      267.7729
 ADF(2)     -1.9485      273.8123      269.8123      264.1083      267.4947
 ADF(3)     -1.5082      275.4135      270.4135      263.2834      267.5165
 ADF(4)     -1.3525      275.6501      269.6501      261.0940      266.1738
******************************************************************************
 95% critical value for the augmented Dickey-Fuller statistic =  -2.8840
 LL  = Maximized log-likelihood       AIC = Akaike Information Criterion
 SBC = Schwarz Bayesian Criterion     HQC = Hannan-Quinn Criterion

                     Unit root tests for variable WPYE
     The Dickey-Fuller regressions include an intercept and a linear trend
******************************************************************************
 128 observations used in the estimation of all ADF regressions.
 Sample period from 1860 to 1987
******************************************************************************
        Test Statistic      LL           AIC           SBC           HQC
 DF         -2.9562      270.7909      267.7909      263.5129      266.0527
 ADF(1)     -3.8079      277.0338      273.0338      267.3298      270.7163
 ADF(2)     -3.3022      277.9466      272.9466      265.8165      270.0496
 ADF(3)     -2.8785      279.3377      273.3377      264.7816      269.8613
 ADF(4)     -2.7328      279.5868      272.5868      262.6047      268.5310
******************************************************************************
 95% critical value for the augmented Dickey-Fuller statistic =  -3.4452
 LL  = Maximized log-likelihood       AIC = Akaike Information Criterion
 SBC = Schwarz Bayesian Criterion     HQC = Hannan-Quinn Criterion
```

图 8－1　WPYE 的单位根检验结果

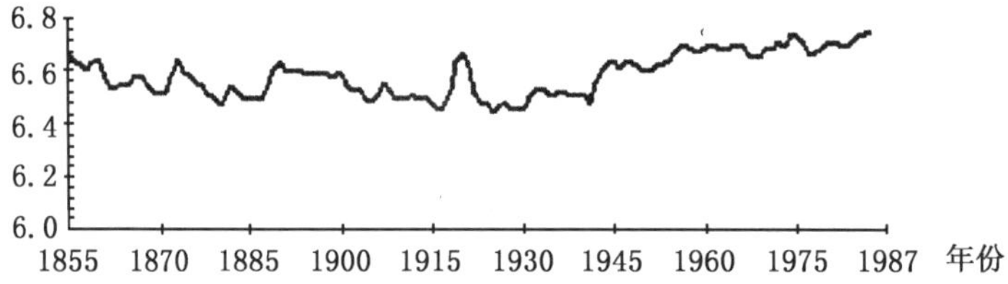

图 8－2　WPYE 线性图

里程碑。① 它第一次使人们可以量化市场的风险程度，并且能够对风险进行具体定价。

资本资产定价模型的研究对象，是充分组合情况下风险与要求的收益率之间的均衡关系。根据投资理论将风险分为系统风险和非系统风险，知道了在高度分散化的资本市场中只有系统风险，并且会得到相应的回报。

度量一项资产系统风险的指标是贝塔系数，用希腊字母 β 表示。β 系数被定义为某个资产的收益率与市场组合之间的相关性。根据数理统计的线性回归原理，β 系数可以通过同一时期内的资产收益率和市场组合收益率的历史数据，使用线性回归方程预测出来。β 系数就是该线性回归方程的回归系数。换句话说，就是利用市场模型来估计 β。

① William Sharpe 由此于 1990 年获得诺贝尔经济学奖，同年获奖的还有 Merton Miller 和 Harry Markowitz。

本书截取了上证指数以及宝钢(股票代码：600019)从 2000 年 12 月 13 日起到 2005 年 3 月 18 日的日收益率，分别作为解释变量与被解释变量，利用 EViews 软件进行回归。其中股指的日收益率为 RATE1，个股的日收益率为 RATE2。[①]

先将个股与股指的数据导入 Excel 中，因为派息和召开股东大会，都有停盘的规定，因此，个股资料中残缺的部分，利用相隔数据平均处理获得。在 EViews 中建立一个新文件，并导入两组数据，进行回归。获得的结果如图 8－3 所示。

Dependent Variable: RATE2
Method: Least Squares
Sample: 1 1021
Included observations: 1021

Variable	Coefficient	Std. Error	t-Statistic	Prob.
RATE1	0.850971	0.027263	31.21302	0.0000
C	0.000486	0.000368	1.320927	0.1868

R-squared	0.488775	Mean dependent var	0.000132
Adjusted R-squared	0.488274	S.D. dependent var	0.016441
S.E. of regression	0.011761	Akaike info criterion	-6.046047
Sum squared resid	0.140956	Schwarz criterion	-6.036393
Log likelihood	3088.507	F-statistic	974.2526
Durbin-Watson stat	1.838667	Prob(F-statistic)	0.000000

图 8－3　模型回归结果

只要稍微关注股市的人，都有这样的感觉：宝钢作为大盘股，一直走势平稳，基于以上所描述的 CAPM 模型，可以得知，宝钢股票的 β 系数应该是小于 1 的。事实也证明了这一点，在 $RATE2=\alpha+\beta RATE1$ 中，β 系数为 $0.85<1$。平均而言，大盘在原来的基础上上涨 1%，个股则在原来价格的基础上上涨 0.85%；同理，如果大盘下跌 1% 的话，个股则在原来价格的基础上只下跌 0.85%。β 系数较大的个股，其系统风险较大；β 系数较小的个股，其系统风险较小。β 系数较小的个股往往容易被保守型基金看重，列入其股票池中，β 系数较大的个股则往往容易被攻击型基金看重。

三、股价低估之谜

投资者和金融家都很想知道股市是如何对一家公司的股票定价的。从基本理论上来说，股票的价格由投资者对该企业将来的赢利能力的预期决定。然而，对于将来赢利能力的预期数据是没有的，因此，实证金融研究就利用当前的收入、销售额以及公司的资产负债率作为解释变量来研究股价。

除了股票定价的问题，近几年来金融学家也关注到另一个问题。在股市上流通的

---

① 本例题相关数据可在上海财经大学出版社网站(http://www.sufep.com)下载，Excel 格式的文件名为 EX8.1.xls；EViews 生成的 wf1 格式的文件名为 EX8.1.wf1。

股票大多是早已发行的老股票。然而,上市公司会增发新股,常被称为“季节性发售”(seasoned equity offerings, SEOs),还有一些公司以前从来没有发售过股票,也通过这样的方式发行,这被称为“首发”(initial public offerings, IPOs)。一些研究学者在实证研究的基础上发现“首发”与“季节发售”相比,价值往往是被低估的(然而最近有些研究的结论是相反的)。

在这个研究课题中,可以使用以下的数据集来进行实证研究分析。

EX8.2.XLS 文件集①包含了 1996 年在美国上市的 309 个公司的交易数据。有些是“季节性发售”,有些是“首发”。以下的变量在数据集中都有,除了“季节性发售”公司的变量,其他变量单位都是百万美元。

(1) VALUE 是在外流通的新旧股票的总价值,这是通过每股价格乘以股数得到的。

(2) DEBT 是公司的长期负债。

(3) SALES 是公司的总销售额。

(4) INCOME 是公司的净收入。

(5) ASSETS 是公司的资产账面价值。

(6) SEO 是一个虚拟变量,如果新发行的股票是 SEO 则该变量为 1,如果是 IPO 则为 0。

附录一 中国供应链金融缓解中小企业融资约束的实证研究

一、引言

(一)研究背景及意义

1. 研究背景

(略)

2. 研究意义

在理论意义上,本文以融资约束理论为基础,主要从信息不对称角度探讨中小企业在传统银行借贷中处于不利地位的原因和供应链金融纾解中小企业融资约束的作用机理,为中小企业融资难困境寻找合适的解决渠道。在实践意义上,本文期待能为我国中小企业提供拓展有效融资渠道、改善自身经营模式、提高供应链能力的思路和建议。

---

① 本文件可在上海财经大学出版社网站(http://www.sufep.com)下载。

（二）文献综述

1. 中小企业融资约束问题的文献综述

学术界关于中小企业融资约束的理论研究主要集中在成因及解决办法上，Modigliani 和 Miller（1958）认为，企业可以从外部和内部两种渠道获得融资，且在完美的资本市场中没有差别。而信息不对称和代理问题使得企业外部融资成本往往高于内部。基于信息不对称理论，Stiglitz（1981）认为，银行在面对市场上相对过剩的信贷需求时，会实行配给。在解决办法上，Berger 和 Udell（1995）提出了关系型借贷①，中小型银行可以通过收集企业非量化的软信息减少信息不对称。

2. 供应链金融的文献综述

Allen N. Berger（2004）最先提出供应链金融的概念并建立起供应链金融框架。国内学者闫俊宏（2007）介绍了供应链金融的三种模式的流程和特点。Luca、Ronald 和 Michiel（2019）则认为当前文献主要集中探讨企业参与某一种供应链金融的业务模式的好处，他们发现企业应该同时参与多种供应链金融的模式。

3. 供应链金融与融资约束的文献综述

在定性研究中，国外学者 Allen（2004）根据供应链金融的运作方式分析供应链金融能缓解企业融资约束。定量研究则主要集中在以下模型中，从现金-现金流敏感性角度出发，周卉等（2017）证实供应链金融对成长性、竞争性和小规模企业的融资约束缓解作用更为明显。在投资-现金流敏感性模型下，刘可、缪宏伟（2013）验证供应链金融的发展能够有效缓解企业的融资约束。熊熊、马佳（2009）则运用主成分分析法和 Logistic 回归方法检验得出供应链金融下企业守约概率高于传统银行信贷。

4. 文献评述

目前国内外学者对中小企业融资约束、供应链金融的研究集中在信息不对称、融资约束的度量等方面；对供应链金融对中小企业融资影响的研究集中在中小企业信贷能力提升、核心企业信用辐射等方面，但是从信息角度及网络关系分析供应链金融融资约束影响作用的研究较少。在实证研究部分，在笔者的检索范围内，国内学者多从企业其他特征进行实证分析，集中在中小企业融资约束研究的比较少。因此，本文研究有一定理论和实际意义。

二、中小企业融资约束和供应链金融的理论分析

Modigliani 和 Miller（1958）认为，在完美资本市场下，企业从内部和外部获得融

---

① 关系型借贷指的是银行通过长期、密切且相对封闭的关系收集企业的信息并基于此做出贷款决策。Berger 和 Udell（1995）发现与银行保持长期关系的企业，其贷款利率与抵押率都较低。

资所付出的成本没有差异。然而，由于信息不对称问题的存在，提供信息少的企业的外部融资成本会高于内部融资，这些企业被迫选择提取公司内部资金融资，这一现象也被称作优序融资①。从信息不对称的角度出发，中小企业面临的融资难问题主要有三个考验：

第一是贷前的信息不对称以及银行规避逆向选择问题。

在信息不对称的角度下，银行会偏向于大型企业，这样不仅减少了成本，也降低了信贷流向财务造假的劣质中小企业的概率。而通过信贷筛选的中小企业，也因为被银行认定为存在风险而面临较高的信贷利率。

第二是贷后的信息不对称以及道德风险问题。

对于银行来说，作为监管方，很难管控中小企业的违约行为，需要派专人实地考察，这无疑又增加了银行贷后监管的成本。因此，银行缺乏经济有效约束中小企业道德风险的手段。为了规避道德风险，减少坏账，银行对中小企业的贷款审查也会更加严格，甚至减少贷款数量。

第三是逆向选择与道德风险带来的信贷配给问题。

信贷配给（Stiglitz，1981）理论有两种类型，一种是对信贷额度的部分满足，另一种则是信息不对称角度下的差别对待，对于信息披露程度高、银行掌握信息多的企业，银行能够满足他们的信贷需求，而拒绝那些缺乏足够信息的企业的信贷需求。在中国，往往是第二种信贷配给现象加剧了中小企业的融资困境。吴献忠（2018）指出，我国早期占主导地位的国有行“准财政”的职能，在对国有企业和政府的政策性贷款业务压力下，往往优先满足大型国企的贷款，对中小企业实行信贷配给。

三、供应链金融破解中小企业融资约束的作用机理

（略）

四、实证研究

（一）实证研究设计

1. 研究假设

如前文所述，笔者认为中小企业融资约束主要由信息不对称导致，因而作出如下假设：

H_1：我国中小板上市企业存在融资约束

---

① Myers 和 Majluf（1984）认为权益融资会传递企业经营的负面信息，而且外部融资要多支付各种成本，因而企业融资一般会遵循内源融资（企业内部自然形成的现金流）、债务融资、权益融资的顺序。

H_2:信息不对称程度高的中小企业受到的融资约束更大

同时,笔者认为引入供应链金融能够减少双方的信息不对称程度,从而帮助中小企业提高融资绩效。

H_3:引入供应链金融后,中小企业信息不对称程度降低

H_4:供应链金融能缓解中小企业融资约束

2. 融资约束模型的选取

笔者选取现金-现金流敏感性模型,按照詹雷和何娟(2013)的建议,在模型中加入研究主题——供应链金融发展指标与现金流的交乘项。

3. 模型设定

(1)中小企业与融资约束度量模型的选择:

本文在 Almeida(2004)提出的模型基础上考虑到中国国情进行了适当修改与扩充。Almeida 提出的基准模型如下:

$$\Delta CASH_{i,t}=\alpha_0+\alpha_1 CashFlow_{i,t}+\alpha_2 Q_{i,t}+\alpha_3 Size_{i,t}+\alpha_4 Expenditures_{i,t}+\alpha_5 Acquisitions_{i,t}+\alpha_6 \Delta NWC_{i,t}+\alpha_7 \Delta ShortDebt_{i,t}+\varepsilon_{i,t} \tag{8.1}$$

在基准模型中,Almeida 以企业的托宾 Q 值来衡量企业的未来增长,但是在中国学者的检验当中,托宾 Q 并非一个准确反映投资机会的指标。侯雪芹(2010)通过实证发现,企业的托宾 Q 与投资机会并非呈现出正向关系,甚至还出现了反托宾 Q 现象。这是由于:一方面,我国经济发展还处于初步阶段,企业投资并非完全理性,存在非市场因素制约;另一方面,我国股票市值普遍虚高,以托宾 Q 来衡量企业投资并不合理。因此,考虑到以上两点原因,本文以企业营业收入的增长率(growth)代替。做出的修改的现金-现金流敏感性模型如下:

$$\Delta CASH_{i,t}=\alpha_0+\alpha_1 CF_{i,t}+\alpha_2 GROWTH_{i,t}+\alpha_3 Size_{i,t}+\alpha_4 Expen_{i,t}+\alpha_5 \Delta NWC_{i,t}+\alpha_6 \Delta SD_{i,t}+\varepsilon_{i,t} \tag{8.2}$$

加入供应链金融发展指标后的扩充模型如下:

$$\Delta CASH_{i,t}=\alpha_0+\alpha_1 CF_{i,t}+\alpha_2 GROWTH_{i,t}+\alpha_3 Size_{i,t}+\alpha_4 Expen_{i,t}+\alpha_5 \Delta NWC_{i,t}+\alpha_6 \Delta SD_{i,t}+\alpha_7 SCF_{i,t}+\alpha_8 SCF_{i,t}*CF_{i,t}+\varepsilon_{i,t} \tag{8.3}$$

(2)信息不对称模型:

关于假设三:供应链金融能减少企业的银企信息不对称程度,笔者参考的是姚王信、夏娟、孙婷婷(2017)的模型,引入企业总资产增长率(TAGR)、企业规模(SIZE)和资产负债率(LEV)。

$$DIS_{i,t}=\alpha_0+\alpha_1 TAGR_{i,t}+\alpha_2 Size_{i,t}+\alpha_3 LEV_{i,t}+\varepsilon_{i,t} \tag{8.4}$$

为研究供应链金融模式能否降低银企信息不对称程度,在上述模型中加入 SCF,如果 $\alpha_1<0$,则假设三成立。

$$DIS_{i,t}=\alpha_0+\alpha_1 SCF_{i,t}+\alpha_2 TAGR_{i,t}+\alpha_3 Size_{i,t}+\alpha_4 LEV_{i,t}+\varepsilon_{i,t} \quad (8.5)$$

关于本模型中DIS(信息不对称程度)和SCF变量的度量选择将在下一部分进行分析阐述。

4. 变量说明

主要变量说明见表8-1。

表8-1 主要变量说明

变量名称	变量含义	变量解释与处理
		因变量
$\Delta CASH_{i,t}$	现金变动	现金和现金等价物的变动/T期总资产
		自变量
$CF_{i,t}$	现金流量	T期经营活动产生的现金流量净额/T期总资产
$SCF_{i,t}$	供应链金融发展程度	(企业当年应收账款+短期借款+应付票据)/T期总资产
$GROWTH_{i,t}$	未来投资机会	[T年营业收入-(T-1)年营业收入]/T期总资产
$SIZE_{i,t}$	公司规模	T年末总资产的自然对数
$EXPEN_{i,t}$	资本支出	(购建固定、无形资产与其他资产支出的现金-处置收回的现金)/T期总资产
$\Delta NWC_{i,t}$	非现金营运资本变动	[T年非现金营运资本-(T-1)年非现金营运资本]/T期总资产
$\Delta SD_{i,t}$	短期借款变动	(本期流动负债-上期流动负债)/T期总资产
$DIS_{i,t}$	企业信息不对称测度	每年分析师预测EPS的标准差
$TAGR_{i,t}$	未来投资机会	企业的总资产增长率
$LEV_{i,t}$	资产负债率	公司年末的资产/当期年末总负债

5. 样本数据说明

本文选取2008—2018年深市中小板上市公司为研究样本,采用的统计数据全部摘取于中小板上市公司年度财务报表,数据来源于CSMAR国泰安和Wind数据库,使用SQL Server数据库对数据进行初步处理与筛选,并用EViews10对模型进行回归分析,检验假设。

为消除“噪音”影响因素,笔者对样本数据做了如下处理:

剔除分类为ST类和金融行业,上市时间以2018年为基准不满3年和在研究期间内存在资不抵债的公司。考虑到研究对象为全部中小板上市公司,可能存在极端值的情况,样本连续数据均经过EViews10插件缩尾处理,采用winsorize 1%的标准。最后筛选出84家研究时间范围内数据完善的中小板公司,得到919个年度观测值。

(二)实证检验结果

1. 描述性统计分析

(略)

2. 相关性分析

各变量之间相关系数较低，可以排除变量间的多重共线性情况。同时，由相关系数我们发现，现金变动 ΔCASH 与现金流 CF 的相关系数为正，符合预期的假设。

3. 实证结果

(1)中小企业的融资约束研究：

基准模型回归结果见表 8—2。

表 8-2 融资约束基准模型回归结果

Variable	Coefficient	t-Statistic	Prob.
C	-0.1153	-2.1416	0.0326
CF	0.1960	5.8109	0.0000
EXPEN	0.3515	5.5135	0.0000
GROWTH	0.0951	6.6796	0.0000
ΔNWC	-0.1554	-5.1252	0.0000
ΔSD	-0.1594	-8.1983	0.0000
SIZE	0.0057	2.2246	0.0264
R-squared	0.1853	F-statistic	27.9291
Adjusted R-squared	0.1786	Prob(F-statistic)	0.0000

在 1%的显著性水平下，现金流系数为正，说明中小板企业现金流与现金变动呈正向变化，当预计未来资金不足时，企业会倾向于从经营现金流中提取现金。因此，假设一成立，即中小板企业受到一定的融资约束。

(2)中小企业信息不对称与融资约束：

对样本企业 DIS 值[①]进行排序，得到信息程度不对称高和低两组，并用基准模型分组回归。回归结果见表 8-3 和表 8-4。

表 8-3 低信息不对称程度组回归结果

Variable	Coefficient	t-Statistic	Prob.
C	-0.0419	-0.7505	0.4533
CF	0.1639	3.7821	0.0002
EXPEN	0.3180	4.5022	0.0000
GROWTH	0.0694	2.9360	0.0035
ΔNWC	-0.2193	-5.2308	0.0000
ΔSD	-0.1502	-2.7272	0.0066
SIZE	0.0024	0.9149	0.3607
R-squared	0.1156	F-statistic	10.8716
Adjusted R-squared	0.1038	Prob(F-statistic)	0.0000

① 对企业每年 DIS 值取平均值进行排序。

表 8－4 高信息不对称程度组回归结果

Variable	Coefficient	t-Statistic	Prob.
C	0.0254	0.3769	0.7065
CF	0.2000	5.0894	0.0000
EXPEN	0.4679	8.0318	0.0000
GROWTH	0.0720	3.5183	0.0005
ΔNWC	−0.2474	−6.0116	0.0000
ΔSD	−0.0867	−2.3070	0.0216
SIZE	−0.0009	−0.2894	0.7724
R-squared	0.2740	F-statistic	21.9582
Adjusted R-squared	0.2616	Prob(F-statistic)	0.0000

在1%的显著性水平下，信息不对称程度较低的样本企业CF系数仅为0.16，低于高信息不对称组的0.2。因此，假设二，即信息不对称程度越高，企业面临更为严峻的融资约束的假设成立。

（3）供应链金融与信息不对称：

对模型（4）、（5）进行回归得到结果如表8－5和表8－6所示。

表 8－5 信息不对称基准模型回归结果

Variable	Coefficient	t-Statistic	Prob.
C	−1.6299	−4.3827	0.0000
TAGR	0.1541	2.2889	0.0229
SIZE	0.0820	4.8194	0.0000
LEV	0.0031	1.8769	0.0617
R-squared	0.1206	F-statistic	11.7490
Adjusted R-squared	0.1103	Prob(F-statistic)	0.0000

表 8－6 供应链金融与信息不对称回归结果

Variable	Coefficient	t-Statistic	Prob.
C	−1.0254	−4.3968	0.0000
SCF	−0.1762	−2.9358	0.0035
TAGR	0.1763	3.6927	0.0002
SIZE	0.0569	5.2959	0.0000
LEV	0.0003	0.8005	0.4238
R-squared	0.1281	F-statistic	16.7251
Adjusted R-squared	0.1205	Prob(F-statistic)	0.0000

在信息不对称模型中加入 SCF 后，其他变量的符号并未发生改变，并且在 1%的显著性水平下，SCF 的符号为负，表明供应链金融的引入有效降低了企业的信息不对称程度。该结果与姚王信(2017)对科技型企业回归得到的结果一致。

(4)供应链金融与企业融资约束：

在融资约束基准模型的基础上，加入 SCF 及 SCF 与现金流的交互项，得到结果如表 8-7 所示。

表 8-7　融资约束扩展模型回归结果

Variable	Coefficient	t-Statistic	Prob.
C	−0.0519	−1.2146	0.2248
CF	0.2626	5.2544	0.0000
SCF * CF	−0.1116	−2.2677	0.0236
GROWTH	0.0927	7.4706	0.0000
EXPEN	0.3329	8.3001	0.0000
SCF	0.0235	3.6487	0.0003
ΔNWC	−0.1638	−5.6649	0.0000
ΔSD	−0.1292	−3.6271	0.0003
SIZE	0.0018	0.9284	0.3534
R-squared	0.1446	F-statistic	19.2058
Adjusted R-squared	0.1371	Prob(F-statistic)	0.0000

加入供应链金融发展指标和其与现金流的交乘项后，在 5%显著性水平上交乘项的系数为负，支持假设二，说明在供应链金融的支持下，企业的融资约束得到缓解。并且交乘项的系数与现金流的系数绝对值之比达到了 40%，说明在样本企业中，供应链金融业务的开展能够有效缓解企业自有资金的压力。

(三)实证小结

本文选取了现金-现金流敏感性模型作为企业融资约束的度量，并构建中小企业信息不对称程度模型，对我国深市中小板企业 2008—2018 年的面板数据进行了实证检验，同时也引入信息不对称程度和供应链金融的量化指标，作为交乘项加入上述模型当中。结合本文内容，笔者就信息不对称、企业融资约束与供应链金融作出了相关假设，实证结果表明：

在企业融资上，我国中小板企业呈现较为敏感的现金-现金流敏感性，即融资约束较强；

在信息不对称程度上，中小企业的融资约束受到信息不对称程度影响，信息不对称程度越高，企业面临的融资约束更强；

引入供应链金融指标后研究发现，供应链金融能改善银企间信息不对称程度，并且中小企业的融资约束明显缓解。

五、研究结论

本文通过对中小企业融资困境理论分析、供应链金融破解中小企业机理研究及实证检验，得出结论如下：

一是中小企业融资难的症结在于银企信息不对称。从信息不对称造成的逆向选择与道德风险入手，本文发现中小企业由于信息不对称在传统信贷审查中处于被动地位，银行出于降低风险的考虑倾向于对中小企业实行信贷配给。

二是供应链金融创新之处能破解融资困境。本文通过对供应链金融模式梳理及特点分析发现，供应链金融纾解融资困境有以下几个方面：首先，供应链金融模式下银行信贷筛选流程与标准更有利于中小企业；其次，供应链金融引入了核心企业与物流公司，银行能以较低成本与人力获取企业信息，降低双方信息不对称程度；再次，供应链金融特有的网络共生模式能够提升供应链上中小企业的信贷能力，降低逆向选择与道德风险。

三是实证结果发现，我国中小企业存在较为明显的融资约束，且随着信息不对称程度的增加，企业受到的约束更强，但引入供应链金融之后，企业信息不对称程度有效降低，因此，其破解中小企业融资困境的论述得到验证。而在融资约束模型中，笔者加入供应链金融与现金流的交乘项，发现中小企业融资约束也得到缓解。

四是发展供应链金融助力中小企业融资，推动中小企业发展。供应链金融融资模式不仅在融资上优化产业资金流，缩短企业现金流周期，也能盘活企业流动资产，提高资产配置效率，同时借助核心企业信用辐射增强中小企业信用，在供应链网络共生模式下获得更多成长机会。

参考文献：

[1]顾群．供应链金融缓解融资约束效应研究——来自科技型中小企业的经验证据[J]．财经论丛．2016(5)：28—34.

[2]韩民，高戌煦．供应链金融对企业融资约束的缓解作用——产融企业与非产融企业的对比分析[J]．金融经济学研究，2017，32(4)：59—69.

[3]侯雪芹．托宾Q与企业投资关系的实证分析——基于中国上市公司数据[J]．新财经(理论版)，2011(12)：73—73.

[4]胡跃飞，黄少卿．供应链金融：背景、创新与概念界定[J]．财经问题研究．2009(8)：76—82.

[5]连玉君,程建. 投资 现金流敏感性:融资约束还是代理成本? [J]. 财经研究. 2007(2):37—46.

[6]连玉君,苏治,丁志国. 现金-现金流敏感性能检验融资约束假说吗? [J]. 统计研究,2008(10):92—99.

[7]梁艳,温瑶,张广思,等. 供应链金融的融资约束缓解效应研究——基于中国创业板数据的实证分析[J]. 新疆财经,2020(1):53—61.

[8]刘可,缪宏伟. 供应链金融发展与中小企业融资——基于制造业中小上市公司的实证分析[J]. 金融论坛,2013,18(1):36—44.

[9]吴献忠. 中小企业信贷配给的原因及对策研究[J]. 商场现代化. 2018(12):167—168.

[10]熊熊,马佳,赵文杰,等. 供应链金融模式下的信用风险评价[J]. 南开管理评论,2009,12(4):92—98,106.

[11]闫俊宏,许祥秦. 基于供应链金融的中小企业融资模式分析[J]. 上海金融. 2007(2):14—16.

[12]杨晏忠. 论商业银行供应链金融的风险防范[J]. 金融管理与研究,2007(11):52—55.

[13]詹雷,何娟. 融资约束度量方法及其运用[J]. 财会月刊,2013(6):104—106.

[14]张翠华,杨佰强. 供应链关系及其对企业绩效的影响分析[J]. 工业技术经济,2006(7):79—82.

[15]张伟斌,刘可. 供应链金融发展能降低中小企业融资约束吗? ——基于中小上市公司的实证分析[J]. 经济科学,2012(3):108—118.

[16]周卉,谭跃,鄢波. 供应链金融与企业融资约束:效果、作用机理及调节因素[J]. 商业研究,2017(9):163—169.

[17]朱秋华,杨毅,杨婷. 信息披露质量、供应链金融与中小企业融资约束——基于创业板上市公司的经验证据[J]. 企业经济. 2019(6):89—96.

[18]Almeida H, Campello M, Weisbach M S. The Cash Flow Sensitivity of Cash[J]. *The Journal of Finance*. 2004, 59(4):1777 - 1804.

[19]Berger A N, Udell G F. Relationship Lending and Lines of Credit in Small Firm Finance[J]. *The Journal of Business*. 1995, 68(3):351 - 81.

[20]Berger A N, Udell G F. A More Complete Conceptual Framework for SME Finance[J]. *Journal of Banking & Finance*, Elsevier, 2006, 30(11):2945 - 2966.

[21]Mathis F, Cavinato J. Financing the Global Supply Chain: Growing Need for Management Action[J]. *Thunderbird International Business*, 2010, 52(6):467 - 474.

[22]Kaplan S N, Zingales L. Do Investment-Cash Flow Sensitivities Provide Useful Measures of Financing Constraints? [J]. *The Quarterly Journal of Economics*, 1997, 112(1):169 - 215.

[23]Gelsomino L M, de Boer R, Steeman M, et al. An Optimisation Strategy for Concurrent Supply Chain Finance Schemes[J]. *Journal of Purchasing and Supply Management*, 2019, 25(2).

[24]Lamoureux M. A Supply Chain Finance Prime[J]. *Supply Chain Finance*, 2007

(4):34－48.

[25]Modigliani F,Miller M H. The Cost of Capital, Corporation Finance and the Theory of Investment[J]. *The American Economic Review*. 1958,48(3):261－97.

[26]Fazzari S M, et al. Financing Constraints and Corporate Investment[J]. *Brookings Papers on Economic Activity*,1988(1):141－195.

[27]Myers S C,Majluf N S. Corporate Financing and Investment Decisions when Firms Have Information that Investors Do Not Have[J]. *Journal of Financial Economics*, 1984, 13(2):187－221.

[28]Stiglitz J E, Weiss A. Credit Rationing in Markets with Imperfect Information[J]. *The American Economic Review*. 1981(3):393－410.

[29]Whited T M, Wu G. *Financial Constraints Risk*[M]. Social Science Electronic Publishing, 2005.

附录二 我国上市公司控制权与现金流权分离

——理论研究与实证检验

Theoretical and Empirical Studies on the Division of Control Right and Cash Flow Right of the Listed Companies in China

摘 要: 在集中的股权结构下,上市公司的控股股东享有的控制权可能超过其持有的现金流权,造成控制权和现金流权的"两权分离"。两权分离使股权结构变得更加复杂,为控股股东关联交易、淘空上市公司和利润转移等行为提供了便利。本文从理论的角度考察了控制权与现金流权分离对企业价值及资本结构的影响,并以上市公司为样本,运用面板数据分析方法分别对控制权和现金流权的分离与企业价值及资本结构的关系进行实证研究,试图为我国上市公司治理结构的完善以及中小股东利益保护提供一些有益的思考。

关键词: 控制权 现金流权 最终控制人 上市公司

Abstract: In concentrated ownership structure, the control right held by controlling holders of listed companies may exceed their cash flow right, which leads to the division of the two rights. Such division complicates the ownership structure, and provides convenience for affiliated transactions, tunneling and profit transfer. Theoretically this paper studies the effects of the division between control right and cash flow right on corporate value and corporate structure. Also, through panel data empirical analysis, the paper tries to test the theoretical results using listed companies' samples and gives some suggestions for the improvement of corporate governance structure and the protection of minority shareholders' interests in China.

Key words: control right cash flow right ultimate controlling shareholder listed companies

一、引言

自 Means(1932)提出现代公司的股权结构特征是分散的,因此普遍存在所有权与控制权分离的观点以来,由于分离造成的所有者与管理者间的委托代理问题就成为公司治理研究的一大热点。随着股权结构研究的深入,学者们发现在大多数国家,股权集中的现象更为普遍,在集中的股权结构下,控股股东享有的对公司的控制权可能超过其持有的股权(现金流权),造成另一种形式的"两权分离"①。这种两权分离产生了另一种形式的委托代理关系,即控股股东与少数股东和债权人之间的委托代理关系,控股股东与管理者成为公司的内部人,少数股东及债权人成为外部人,公司治理机制也成为保护外部人利益不受内部人侵害的机制。

此后,La Porta(1999)首次提出了最终控制人的概念,由于控制权和现金流权的分离,在分析股权结构问题时,应当通过股权控制链条找到企业的最终控制人,而不是简单地以第一大股东作为控股股东。他的研究在最终控制人的控制权与现金流权分离方面取得了开创性的成果。Claessens(2000)对东亚 9 个经济体 2 980 家上市公司的研究发现,公司绩效与最终控制人的现金流权正相关,与控制权负相关,现金流权与控制权的较大差异导致公司绩效较大的下降。

除了分析控制权与现金流权分离对公司绩效的影响,有学者将研究重点转向控制权和现金流权分离对融资决策和资本结构的影响。Julan Du 和 Yi Dai(2005)对公司财务杠杆和最终所有权结构的关系特别是控制权和现金流权的分离对资本结构的影响进行了研究,发现拥有较少股权的控股股东倾向于获取外部融资,提高财务杠杆而不稀释其控股权,两权的分离导致控股股东选择风险高的资本结构。

近年来,国内上市公司股权集中的现象及控股股东的控制权问题日益受到学术界的重视,出现了大量的理论和实证研究的文献。前期研究主要停留在大股东层面,并没有追溯到最终控股股东。其中比较重要的文献如许小年、王燕(2000),孙永祥、黄祖

---

① 如果没有特别说明,本文中两权分离均指控制权和现金流权的分离,而非所有权和控制权的分离。

辉(1999),陈小悦、徐晓东(2001)等,自2001年上市公司开始公布最终控股股东资料以来,从最终控制权角度进行的研究开始出现,实证研究并未形成一致的结论。如王鹏、周黎安(2006)从最终控制人的角度研究了控股股东的控制权与所有权对公司绩效的影响及控股股东股权结构与上市公司资金占用的关系。国内对两权分离与公司绩效以外的其他因素(如资本结构等)的关系的专门研究目前还很少见。

最终控制人对公司的控制具有隐秘性和复杂性,他们往往通过交叉持股、金字塔持股等方式,使控制权和现金流权发生分离达到以较小的股份获取公司实际控制权的目的。目前我国证券市场上市公司存在的许多不规范问题,包括控股股东侵占中小股东利益问题,很大程度都与控制权和现金流权分离密切相关。

本文就从最终控制人的角度,采取理论分析与实证研究相结合的方法,对最终控制人拥有的控制权与现金流权及其分离程度对企业价值及资本结构选择行为的影响进行理论分析,并以我国上市公司为样本,运用面板数据分析方法对上述理论分析进行实证检验,试图为我国上市公司治理结构的完善以及中小股东利益保护提供一些有益的思考。

二、最终控制人的控制权与现金流权及其分离的理论分析

(一)两权分离对企业价值的影响

La Porta(1999)等对两权分离产生的侵占效应和激励效应对上市公司绩效的影响进行了研究,他们认为控股股东侵占其他股东利益的同时也会损害整个上市公司的利益,进而损害自身的现金流收益,在其他条件一定时,较高的现金流权会激励控股股东提高上市公司绩效,减少侵占行为,因此公司绩效或企业价值与控股股东的现金流权呈正向关系,这称为“正的激励效应”。另一方面,当控股股东通过交叉持股、金字塔持股等方式使控制权和现金流权出现分离时,较大的控制权将使控股股东有较大的动力去侵占其他股东的利益,而较小的现金流权却降低了侵占带来的损失,因此公司绩效与控股股东的控制权和现金流权的分离呈负相关关系,这称为“负的侵占效应”。

(二)两权分离对企业资本结构的影响

近几年的实证研究发现,我国上市公司的融资顺序表现为股权融资——债权融资——内部融资。股权融资偏好的成因比较复杂,从我国上市公司股权结构特征的角度分析,股权高度集中和内部人控制是我国上市公司的普遍问题,陆正飞等(2005)研究发现,内部人控制是股权融资偏好的重要原因。在内部人控制的企业中,企业的内部人有意通过资本结构的安排,选择以增发配股等方式进行股权融资,以确保自己对企业的控制权及相应的隐性收益不受损害,而将付出的成本转移到中小股东身上。

另外,原本企业若采取股权融资,则有可能使最终控制人所占股份比例下降,削弱

其对公司的控制。但在一股独大的企业，最终控制人掌握了其他股东无法抗衡的股票份额，即使最终控制人的控制权和现金流权发生了分离，最终控制人没有在现金流权上获得对企业的绝对控制，但仍然可以形成对企业的控制，不用担心控制权的稀释问题。在这种情况下，提高企业财务杠杆比例，破产风险增加给最终控制人带来的损失就会减少，债务融资对内部人的约束作用将被削弱，由最终控制人任命的经理也不会因财务危机或破产受到严厉处罚，而发行股票融资的限制条件较多，筹资所需时间长。因此，在盲目扩张或牟取私利的动机下，债权融资比例很可能随之增加。

三、两权分离与企业价值关系的实证研究

（一）回归变量定义和研究假设

回归中用到的变量的具体含义见表 8-8。

表 8-8　变量定义与说明

变量名称	变量定义
托宾 q 值 1($q1$)	$q1$＝年末市场价值/重置成本 年末市场价值＝年末流通股市场价值＋年末非流通股股数×年末 A 股收盘价×a＋年末负债总额 重置成本＝公司年末总资产（a＝0.3，0.2）
托宾 q 值 2($q2$)	定义与 $q1$ 相同，但： 年末市场价值＝年末流通股市场价值＋每股净资产×年末非流通股股数＋年末负债总额
控制权和现金流权的分离程度(d)	控制权比例($ctrl$)与现金流权比例($cash$)之差
公司规模($size$)	年末总资产的自然对数
资产负债率(ad)	年末总负债/年末总资产
业务增长率($grow$)	当年年末主营业务收入/上年末主营业务收入－1
非流通股比例(uf)	年末非流通股股数/年末总股本
独立董事率(ind)	上市公司年末独立董事数/年末全部董事数

国际研究的惯例是采用托宾 q 值作为企业价值的衡量指标，国内研究也表明在我国市场上托宾 q 值在一定程度上有效地反映了公司价值。如徐晓东和陈小悦(2003)在分析上市公司流通股比例及结构后，认为托宾 q 值能在一定程度上代表公司的价值水平；白重恩等(2005)构建了一个反映上市公司治理水平的综合指标——G 指标，发现治理水平高的公司，托宾 q 值也高。托宾 q 值是市场价值与重置成本的比值，考虑到我国上市公司特有的非流通股的存在，非流通股没有市场化的数据，因此本文采用两种定义分别计算托宾 q 值。第一种定义是将非流通股价值

按流通股价值20%折价，第二种定义是以净资产作为非流通股的市场价格，因为非流通股的转让价通常以净资产为基准。为加强结论的稳健性，同时引入非流通股比例作为控制变量。

用控制权比例、现金流权比例以及二者的分离程度作为解释变量，具体计算方法沿袭La Porta等(1999)的定义，控制权是在股权结构图中金字塔结构的股权控制链条上的最小持股份额。现金流权在股权结构图中是金字塔链条上所有持股份额的乘积。通常认可的存在最终控股股东的控制权标准是10%以上，一方面因为这是投票权重要性的关键点，另一方面大多数国家将10%的控股权作为强制披露的下限。

同时参考已有学术研究成果，选择以下变量作为回归分析的控制变量：公司规模、业务增长率、资产负债率、非流通股比例和独立董事率。考虑到上市公司的最终控制人类型不同可能对回归结果造成影响，将控制人类型分为国资委、地方国资委、地方政府、中央国有企业和地方国有企业五类，由于中央国有企业数量太少将其剔除，然后引入3个虚拟变量分别代表四种控制人类型。同时考虑了年份的影响，引入年份虚拟变量。

根据上文的理论分析，我们提出如下假设：

假设1：给定控制权比例，控股股东现金流权比例α越大，控股股东行为产生的代理成本越小，公司价值越高。

假设2：给定现金流权比例，控股股东控制权比例越大，控股股东行为产生的代理成本越大，公司价值越低。

（二）样本数据收集和整理

样本数据拟从上证180指数中采集，由于金融行业上市公司的股权结构比较特殊，样本不包括金融行业的上市公司。又因上市公司年报自2001年起才开始公布有关最终控制人的信息，因此样本期选择2001—2005年。选取时有如下要求：第一，上市公司的控股股东要能够确定，且控股股东的性质限定为国有，包括中央或地方政府和机构直接控制，国有企业间接控制两者模式；第二，样本控制人在样本期2001—2005年5年内未发生变化；第三，上市公司非ST公司。最后，删除异常值和数据缺失的公司，最终样本数量为66家上市公司。

控制权和现金流权的数据以及独立董事率根据上海证券交易所的网站①和巨潮

① 上海证券交易所网站：http：//www.sse.com.cn/sseportal/ps/zhs/home.html.

咨询网站[①]提供的上市公司年报手工整理得到，其他财务数据来源于万得数据库。[②]

（三）变量描述统计

通过对 66 家上市公司 5 年共 322 个观测值的描述性统计发现（结果见表 8－9）：控制权与现金流权比例均较高，超过 50％，一方面，因为我国上市公司股权集中度普遍较高，另一方面，样本选取的是国有控股的上市公司，其股权集中度高于全部上市公司的平均值。[③] 样本上市公司现金流权与控制权的分离程度用现金流权与控制权之比表示的均值为 0.942 5，分离程度相对而言不高，控制权与现金流权发生分离的公司仅占少数，共 17 家，占 25.76％，这一小部分公司发生分离的程度较大，最高控制权与现金流权分离程度达 23.495 1％，用比例衡量为 0.612 1。

表 8－9　变量描述性统计

	控制权比例	现金流权比例	分离程度	独立董事率	托宾 q 值 1
平均值	0.558 452	0.529 256	0.029 197	0.271 229	1.166 651
中位数	0.581 9	0.542 5	0	0.333 333	1.047 133
最大值	0.85	0.85	0.234 951	0.533 333	4.376 939
最小值	0.176 2	0.123 776	0	0	0.444 069
	托宾 q 值 2	公司规模	业务增长率	资产负债率	非流通股比例
平均值	1.202 96	22.374 07	1.607 299	0.432 114	0.631 003
中位数	1.123 138	22.355 41	0.243 676	0.427 45	0.672 106
最大值	3.372 076	26.978 19	400.677 1	0.933 831	0.908 198
最小值	0.444 069	19.838 24	－0.943 858	0.033 03	0

（四）回归分析与假设检验

本文采用面板数据分析中固定效应模型进行回归。在控制了公司规模、业务增值率、资产负债率、独立董事率及非流通股比例后，来考察控制权比例、现金流权比例及它们的分离对公司价值的影响，并对假设一和假设二进行检验。考虑到横截面数据可能存在异方差问题，采用广义最小二乘估计。面板数据分析中有固定效应模型和随机效应模型之分。固定效应模型分析主要适用于对总体所有单位的研究，或者仅对样本自身进行分析研究，而随机效应模型分析是随机从总体中抽取一个样本，借助样本结

① 巨潮咨讯网站：http：//gsgg. cninfo. com. cn/xxgg/sznbqw. html.

② 万得咨讯网站：http：//www. wind. com. cn/product/windDB. htm.

③ 叶勇等(2005)以 2003 年 12 月 31 日全部中国上市公司为样本的描述性统计表明，现金流权和控制权的平均值分别为 39.33％、43.67％。

果对总体进行分析研究。鉴于本文样本的选取是非随机的,也就是说,由于本文样本构造的特征和研究的目的,选择固定效应模型的回归分析比较合适。

(五)实证结果分析

回归结果列在表 8-10 和表 8-11。表 8-10 为分别用两种定义的托宾 q 值与控制权比例、现金流权比例的回归结果,表四为两种托宾 q 值与控制权和现金流权分离程度的回归结果。非流通股按流通股市值 20%计算的回归结果与表 8-10 和表 8-11 基本一致,限于篇幅,没有展示。虚拟变量的回归结果也没有汇报。

表 8-10 回归结果(1)

被解释变量: $Q1$			
解释变量	系数	t 值	p 值
C	1.930 536	2.918 982	0.003 9
$CTRL$	−0.590 661	−1.703 011	0.089 9
$CASH$	0.892 392	3.715 285	0.000 3
IND	−0.307 205	−2.908 183	0.004
$SIZE$	−0.038 453	−1.974 32	0.049 5
$GROW$	0.044 796	1.868 276	0.063
AD	0.137 409	1.276 225	0.203 2
UF	0.342 115	4.751 717	0
拟合优度 $R-sq$	0.934 885	F 统计量	35.737 6
被解释变量: $Q2$			
解释变量	系数	t 值	p 值
C	3.225 188	5.832 853	0
$CTRL$	−0.919 425	−3.761 647	0.000 2
$CASH$	0.770 329	3.969 733	0.000 1
IND	−0.236 891	−4.129 06	0.000 1
$SIZE$	−0.136 039	−4.650 973	0
$GROW$	0.031 618	2.226 623	0.026 9
AD	−0.092 046	−1.191 543	0.234 7
UF	0.673 666	15.390 99	0
拟合优度 R^2	0.940 58	F 统计量	41.911 64

表 8-11 回归结果(2)

被解释变量：*Q*1			
解释变量	系数	*t* 值	*p* 值
C	2.756 582	2.991 367	0.003 1
D	−1.069 746	−3.640 023	0.000 3
IND	−0.104 126	−0.937 007	0.349 7
SIZE	−0.221 107	−4.206 692	0
GROW	0.063 998	2.878 868	0.004 4
AD	0.151 856	1.049 763	0.294 9
UF	0.440 583	6.452 699	0
拟合优度 R^2	0.880 49	*F* 统计量	21.126 04

被解释变量：*Q*2			
解释变量	系数	*t* 值	*p* 值
C	2.752 551	4.788 01	0
D	−0.979 108	−4.445 222	0
IND	−0.253 159	−4.686 951	0
SIZE	−0.142 887	−5.072 625	0
GROW	0.030 333	2.035 784	0.042 9
AD	−0.088 479	−1.182 985	0.238
UF	0.608 285	15.557 81	0
拟合优度 R^2	0.932 074	*F* 统计量	38.715 48

从以上回归分析结果可看出，两种托宾 q 值的回归结果基本一致，可以得到以下结论：第一，最终控制人的控制权比例与企业价值负相关，体现出负的侵占效应，现金流权比例与企业价值正相关，体现出正的激励效应，相关关系都较显著。这一结果验证了假设一和假设二，并与 Claessens 等(2002)的结论一致。第二，控制权与现金流权的分离导致企业价值下降，可见分离程度的增加降低了最终控制人侵占公司利益的成本，这也与 Claessens 等(2002)的结论一致。

此外，我们也发现了其他几个影响企业价值的因素，在控制其他变量以后，企业价值与公司规模负相关，显著性水平达到 5%以上，这说明规模小的公司成长性可能更好。主营业务收入增长率与企业价值正相关并在 5%左右的水平上显著。资产负债率与企业价值的相关关系在用不同的 q 值定义的结论不一致且结果均不显著，可能的原因是我国上市公司财务杠杆的选择影响因素比较复杂，导致不同的融资方式对企业价值的影响具有很大的不确定性。非流通股比例与企业价值显著正相关，这一结果与理论及以往的研究结果(王鹏和周黎安,2006)都不相符,可能是由于样本选取的不同造成的。独立董事率与企业价值负相关且在表四模型中不显著,这一关系与理论的结果相矛盾,很有可能是由于独立董事的增加是出于满足政策要求的考虑,独立董事的作用也未能在企业价值中得以显现。

四、两权分离与资本结构关系的实证研究

(一) 回归变量定义和研究假设

变量定义如表 8-12 所示。分别选择资产负债率和长期负债率作为资本结构的衡量方法。由于上市公司非流通股的存在,加上中国债券市场不发达,资产和债务的市场价值难以确定,我们采用账目价值来表示负债比率。

表 8-12 变量定义与说明

变量名称	变量定义
资产负债率 *ad*	年末总负债/年末总资产
长期负债率 *lad*	年末长期负债/年末总资产
公司规模 *size*	年末总资产的自然对数
成长性 *growth*	资产增长率=当年年末总资产/上年末总资产-1
盈利能力 *prof*	主营业务利润率=主营利润/主营收入
资产担保价值 *guar*	(存货+固定资产净额)/总资产 固定资产净额=原值-折旧-减值准备
非负债税盾 *shield*	折旧/总资产

解释变量与上一模型相同,为控制权比例、现金流权比例。同时,还引入如下变量作为控制变量:公司规模、盈利能力、成长性、担保价值、非负债税盾。考虑到资产负债率受行业的影响较大,引入行业虚拟变量。同时,也引入年份虚拟变量。

根据上文的理论分析,我们提出如下假设:

假设 3:给定控制权比例,最终控制人现金流权比例越高,企业越有可能选择股权融资。

假设 4:给定现金流权比例,最终控制人的控制权比例越高,越有可能选择债权融资。

(二) 样本数据收集和整理

样本数据从上证 180 指数中采集,筛选条件与上一模型基本相同,考虑到行业差别,引入行业虚拟变量,为避免结论的偏向性,剔除了一些数量过少的行业的公司,最终样本数量为 52 家上市公司。

（三）变量描述统计

通过对样本总数为 52 家上市公司共 248 个观测值的描述性统计(见表 8－13)发现：样本上市公司的资产负债率平均值为 43.90%，中位数为 42.76%，说明外部资金来源中，债务融资的比率较低，样本上市公司没有充分利用财务杠杆，也从一定程度上反映了样本上市公司的股权融资偏好。长期负债率平均值仅为 9.73%，最大值也只有 47.12%，可见样本上市公司负债融资的短期行为十分严重，更有甚者，不少样本上市公司都没有考虑负债的期限结构与资产期限结构的匹配，或者说长期融资更加倾向于股权融资，进一步表现出股权融资偏好。偏高的短期负债水平将使上市公司在金融市场环境发生变化，如利率波动时面临资金周转困难的局面，从而增加了公司的信用风险和流动性风险。

表 8－13　描述性统计

	资产负债率	长期负债率	控制权比例	现金流权比例	分离程度
平均值	0.439 003	0.097 261	0.530 625	0.484 303	0.046 322
中位数	0.427 592	0.063 138	0.555 6	0.504	0
最大值	0.893 55	0.471 247	1	1	0.248 159
最小值	0.033 03	0	0.176 2	0.040 323	−0.045 8
	公司规模	盈利能力	成长性	资产担保价值	非负债税盾
平均值	22.346 52	0.301 853	0.255 367	0.562 817	0.177 958
中位数	22.239 01	0.291 74	0.146 244	0.578 062	0.124 454
最大值	26.978 19	0.735 099	3.103 312	0.941 437	1.037 448
最小值	19.665 03	0.023 147	−0.175 309	0.088 08	0.001 625

另外，控制权比例和现金流权比例也在一定程度上发生了分离，这与上一模型的情况类似，此外，不再赘述。

（四）回归分析与假设检验

采用面板数据下的固定效应回归，在控制了公司规模、成长性、盈利能力、资产担保价值及非负债税盾等因素后，考察控制权比例、现金流权比例对资本结构的替代变量——资产负债率和长期负债率的影响，并对假设 3 和假设 4 进行检验。考虑到横截面数据可能存在异方差问题，采用广义最小二乘估计。

（五）实证结果分析

回归结果如表 8－14 所示，分别用资产负债率和长期资产负债率作为因变量进行回归，虚拟变量的结果没有汇报。

表 8-14 回归结果

被解释变量：*AD*			
解释变量	系数	t 值	p 值
C	−5.899 298	−17.890 09	0
CTRL	0.722 201	6.575 223	0
CASH	−0.342 866	−3.555 732	0.000 5
SIZE	0.151 181	9.817 003	0
PROF	−0.048 209	−0.826 964	0.409 5
GROWTH	0.008 75	0.901 453	0.368 7
GUAR	−0.031 043	−1.195 078	0.233 8
SHIELD	−13.527 79	−5.468 188	0
拟合优度 $R-sq$	0.978 818	F 统计量	92.984 18

被解释变量：*LAD*			
解释变量	系数	t 值	p 值
C	−3.331 272	−14.696 93	0
CTRL	0.408 242	4.986 327	0
CASH	−0.377 734	−5.462 991	0
SIZE	0.029 053	3.604 437	0.000 4
PROF	−0.047 133	−1.626 52	0.105 7
GROWTH	−0.031 384	−4.282 368	0
GUAR	0.008 883	0.505 929	0.613 6
SHIELD	−0.023 226	−0.424 478	0.671 8
拟合优度 $R-sq$	0.981 805	F 统计量	108.578 9

从以上回归结果可以看出，两个资本结构替代变量的回归结果略有差别，结论如下：

第一，最终控制人的控制权比例与资产负债率（长期负债率）正相关，现金流权比例与资产负债率（长期负债率）负相关，且两个模型都在1%水平上显著。这一结论表明在控制其他影响因素的情况下，控制权比例越高，负债融资比例越高，现金流权比例越高，负债融资比例越低，这与假设3和假设4是一致的。

第二，其他影响资本结构的因素中，公司规模与资产负债率（长期负债率）在1%的显著性水平下正相关，鉴于我国债券市场不发达，企业主要债权融资来源于银行贷款，这一结果也从另一个侧面反映了银行贷款发放的倾向：大型企业贷款取得相对中小型企业要容易。

第三，代表成长性的资产增长率与长期负债率在1%水平上显著负相关，表明成长性越强，企业越能够有充足的内部资金用于再生产，减少债权融资。资产增长率与资产负债率的关系不显著可能是由于资产负债率包含了短期负债的因素，描述统计的分析表明短期负债在总负债中占了很大的比重，而成长性体现的是长期的趋势。

第四，非负债税盾与资产负债率显著负相关，理论研究认为，非负债税盾可以作为负债税盾的替代，也就是说，当企业非税盾收益较大时，企业就不会过多地考虑增加负债来达到减税的目的。这一影响具有短期的性质，这有可能解释了长期负债率与非负债税盾的关系不显著的原因。盈利能力及资产担保价值与资本结构的相关关系都不显著。

五、研究结论、局限性和政策建议

（一）研究结论

本文从分析我国上市公司的股权结构特征出发，在理论研究公司最终控制人的控制权与现金流权的分离的形式及其对企业价值及资本结构的影响的基础上，运用面板数据分析方法对理论假设进行了检验，最终得出如下结论：

我国上市公司最终控制人的控制权水平较高，控制权与现金流权存在一定程度的分离。分别通过企业价值、资本结构与两权分离的回归分析发现，在其他条件不变情况下，企业价值与最终控制人拥有的现金流权之间显著正相关，而与控制权比例显著负相关，同时，最终控制人的控制权与现金流权的分离程度与企业价值显著负相关。在其他条件不变情况下，企业资产负债率与最终控制人拥有的现金流权显著负相关，与控制权比例显著正相关。

本文的研究也存在一定的局限性，上市公司实际控制人的数据从2001年才开始公布，样本的时间序列长度受到局限，样本仅仅局限在上证180指数中选择，这些都给实证分析结果的有效性和稳定性造成了影响。同以往的研究一样，本文研究中用到的所有财务数据都来自上市公司公布的年报，因此研究的结论建立在年报披露真实的前提之下。

（二）政策建议

上市公司最终控制人利用其控制权，通过各种掏空行为侵害中小股东利益，攫取控制权私人收益，而最终控制人通过金字塔持股、交叉持股等方式实现控制权与现金流权的分离，更增大了代理成本，降低了企业价值，同时对上市公司资本结构的选择行为也造成了不利的影响。

因此，我国上市公司治理结构进一步改善的方向之一是适当降低最终控股股东的控制权，减少其控制权与现金流权的分离，降低内部人对外部人特别是中小股东利益的侵占，以提高上市公司的绩效。要实现这一目标，完善上市公司的治理结构和优化股权结构，需要包括证监会、个人和机构投资者以及上市公司本身的共同努力，只有内部机制和外部机制的同时完善，才能真正促进上市公司健康长远发展，保护外部人的利益。

参考文献：

[1] 白重恩，刘俏，陆洲，等. 中国上市公司治理结构的实证研究[J]. 经济研究，2005，2(5)：81—91.

[2] 陈晓，江东. 股权多元化，公司业绩与行业竞争性[J]. 经济研究，2000，8：28—35.

[3] 陆正飞. 中国上市公司融资行为与融资结构研究[M]. 北京：北京大学出版社，2005.

[4] 孙永祥，黄祖辉. 上市公司的股权结构与绩效[J]. 经济研究，1999，12：23—30.

[5] 王鹏，周黎安. 控股股东的控制权，所有权与公司绩效：基于中国上市公司的证据[J]. 金融研究，2006 (2)：88—98.

[6] 许小年，王燕. 中国上市公司的所有制结构与公司治理[J]. 经济研究，1998，7：105—127.

[7] 叶勇，胡培，黄登仕. 中国上市公司终极控制权及其与东亚、西欧上市公司的比较分析[J]. 南开管理评论，2005，8(3)：25—31.

[8] Claessens S，Djankov S，Lang L H P. The separation of ownership and control in East Asian corporations[J]. *Journal of Financial Economics*，2000，58(1-2)：81-112.

[9] Du J，Dai Y. Ultimate corporate ownership structures and capital structures：evidence from East Asian economies[J]. *Corporate Governance: An International Review*，2005，13(1)：60-71.

[10] La Porta R，Lopez-de-Silanes F，Shleifer A. Corporate ownership around the world[J]. *The Journal of Finance*，1999，54(2)：471-517.

[11] Means G. *The Modern Corporation and Private Property* [M]. New York：McMillan，1932.

延伸阅读

附　表

表 1　标准正态分布表

$P(z > 1.0) = 0.158\ 7$

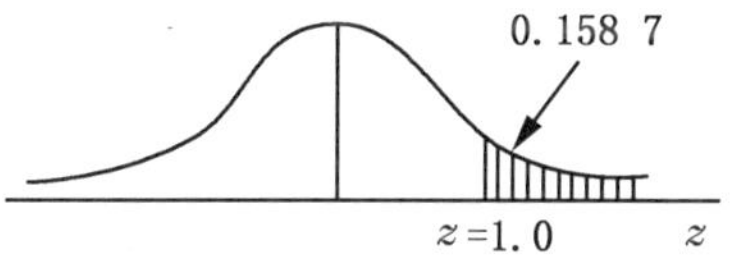

z	.00	.01	.02	.03	.04	.05	.06	.07	.08	.09
0.0	.500 0	.496 0	.492 0	.488 0	.484 0	.480 1	.476 1	.475 1	.468 1	.464 1
0.1	.460 2	.456 2	.452 2	.448 3	.444 3	.440 4	.436 4	.432 5	.428 6	.424 7
0.2	.420 7	.416 8	.412 9	.409 0	.405 2	.401 3	.397 4	.393 6	.389 7	.385 9
0.3	.382 1	.378 3	.374 5	.370 7	.366 9	.363 2	.359 4	.355 7	.352 0	.348 3
0.4	.344 6	.340 9	.337 2	.333 6	.330 0	.326 4	.322 8	.319 2	.315 6	.312 1
0.5	.308 5	.305 0	.301 5	.298 1	.294 6	.291 2	.287 7	.284 3	.281 0	.277 6
0.6	.274 3	.270 9	.267 6	.264 3	.261 1	.257 8	.254 6	.251 4	.248 3	.245 1
0.7	.242 0	.200 9	.235 8	.232 7	.229 6	.226 6	.223 6	.220 6	.217 7	.214 8
0.8	.211 9	.209 0	.206 1	.203 3	.200 5	.197 7	.194 9	.192 2	.189 4	.186 7
0.9	.181 1	.181 4	.178 8	.176 2	.173 6	.171 1	.168 5	.166 0	.163 5	.161 1
1.0	.158 7	.156 2	.153 9	.151 5	.149 2	.146 9	.144 6	.142 3	.140 1	.137 9
1.1	.135 7	.133 5	.131 4	.129 2	.127 1	.125 1	.123 0	.121 0	.119 0	.117 0
1.2	.115 1	.113 1	.111 2	.109 3	.107 5	.105 6	.103 8	.102 0	.100 3	.098 5
1.3	.096 8	.095 1	.093 4	.091 8	.090 1	.088 5	.086 9	.085 3	.083 8	.082 3
1.4	.080 8	.079 3	.077 8	.076 4	.074 9	.073 5	.072 1	.070 8	.069 4	.068 1
1.5	.066 8	.065 5	.064 3	.063 0	.061 8	.060 6	.059 4	.058 2	.057 1	.055 9
1.6	.054 8	.053 7	.052 6	.051 6	.050 5	.049 5	.048 5	.047 5	.046 5	.045 5
1.7	.046 6	.043 6	.042 7	.041 8	.040 9	.040 1	.039 2	.038 4	.037 5	.036 7
1.8	.035 9	.035 1	.034 4	.036 6	.032 9	.032 2	.031 4	.030 7	.030 1	.029 4
1.9	.028 7	.028 1	.027 4	.026 8	.026 2	.025 6	.025 0	.024 4	.023 9	.023 3
2.0	.022 8	.022 2	.021 7	.021 2	.020 7	.020 2	.019 7	.019 2	.018 8	.018 3
2.1	.017 9	.017 4	.017 0	.016 6	.016 2	.015 8	.015 4	.015 0	.014 6	.014 3
2.2	.013 9	.013 6	.013 2	.012 9	.012 5	.012 2	.011 9	.011 6	.011 3	.011 0
2.3	.010 7	.010 4	.010 2	.009 9	.009 6	.009 4	.009 1	.008 9	.008 7	.008 4
2.4	.008 2	.008 0	.007 8	.007 5	.007 3	.007 1	.006 9	.006 8	.006 6	.006 4
2.5	.006 2	.006 0	.005 9	.005 7	.005 5	.005 4	.005 2	.005 1	.004 9	.004 8
2.6	.004 7	.004 5	.004 4	.004 3	.004 1	.004 0	.003 9	.003 8	.003 7	.003 6
2.7	.003 5	.003 4	.003 3	.003 2	.003 1	.003 0	.002 9	.002 8	.002 7	.002 6
2.8	.002 6	.002 5	.002 4	.002 3	.002 3	.002 2	.002 1	.002 1	.002 0	.001 9
2.9	.001 3	.001 3	.001 3	.001 2	.001 2	.001 1	.001 1	.001 1	.001 0	.001 0

表 2 χ^2 分布百分位数表

f	α							
	0.99	0.975	0.95	0.90	0.10	0.05	0.025	0.01
1	0.0^316	0.001	0.004	0.016	2.706	3.841	5.024	6.635
2	0.020	0.051	0.103	0.211	4.605	5.991	7.378	9.210
3	0.115	0.216	0.352	0.584	6.251	7.815	9.348	11.345
4	0.297	0.484	0.711	1.064	7.779	9.488	11.143	13.277
5	0.554	0.831	1.145	1.610	9.236	11.071	12.833	15.086
6	0.872	1.237	1.635	2.204	10.645	12.592	14.449	16.812
7	1.239	1.690	2.167	2.833	12.017	14.067	16.013	18.475
8	1.646	2.180	2.733	3.490	13.362	15.507	17.535	20.090
9	2.088	2.700	3.325	4.168	14.684	16.919	19.023	21.666
10	2.558	3.247	3.940	4.865	15.987	18.307	20.483	23.209
11	3.053	3.816	4.575	5.578	17.275	19.675	21.920	24.725
12	3.571	4.404	5.226	6.304	18.549	21.026	23.337	26.217
13	4.107	5.009	5.892	7.042	19.812	22.362	24.736	27.688
14	4.660	5.629	6.571	7.790	21.064	23.685	26.119	29.141
15	5.229	6.262	7.261	8.547	22.307	24.996	27.488	30.578
16	5.812	6.908	7.962	9.312	23.542	26.296	28.845	32.000
17	6.408	7.564	8.672	10.085	24.769	27.587	30.191	33.409
18	7.015	8.231	9.390	10.865	25.989	28.869	31.526	34.805
19	7.633	8.907	10.117	11.651	27.204	30.144	32.852	36.191
20	8.260	9.591	10.851	12.443	28.412	31.410	34.170	37.566
21	8.897	10.283	11.591	13.240	29.615	32.671	36.479	38.932
22	9.542	10.982	12.338	14.042	30.813	33.924	36.781	40.289
23	10.196	11.689	13.091	14.848	32.007	35.172	38.076	41.638
24	10.856	12.401	13.848	15.659	33.196	36.415	39.364	42.980
25	11.524	13.120	14.611	16.473	34.382	37.652	40.646	44.314
26	12.198	13.844	15.379	17.292	35.563	38.885	41.923	45.642
27	12.879	14.573	16.151	18.114	36.741	40.113	43.194	46.963
28	13.565	15.308	16.928	18.939	37.916	41.337	44.461	48.278
29	14.257	16.047	17.708	19.768	39.087	42.557	45.722	49.588
30	14.954	16.791	18.493	20.599	40.256	43.773	46.979	50.892
40	22.164	24.433	26.509	29.051	51.805	55.758	59.342	63.691
50	29.71	32.36	34.76	37.69	63.17	67.50	71.42	76.15
60	37.48	40.48	43.19	46.46	74.40	79.08	83.30	88.38
70	45.44	48.76	51.74	55.33	85.53	90.53	95.02	100.4
80	53.54	57.15	60.39	64.28	96.58	101.9	106.6	112.3
90	61.75	65.65	69.13	73.29	107.6	113.1	118.1	124.1
100	70.06	74.22	77.93	82.36	118.5	124.3	129.6	135.8

注：$P\{\chi^2 > \chi^2_{\alpha(n)}\} = \alpha$，其中 α 表示显著性水平，n 表示自由度。

表 3 t 分布百分位数表

f	α					
	0.25	0.10	0.05	0.025	0.01	0.005
1	1.00	3.08	6.31	12.71	31.82	63.66
2	0.82	1.89	2.92	4.30	6.96	9.93
3	0.76	1.64	2.35	3.18	4.54	5.84
4	0.74	1.53	2.13	2.78	3.75	4.60
5	0.73	1.48	2.02	2.57	3.37	4.03
6	0.72	1.44	1.94	2.45	3.14	3.71
7	0.71	1.42	1.90	2.37	3.00	3.50
8	0.71	1.40	1.86	2.31	2.90	3.36
9	0.70	1.38	1.83	2.26	2.82	3.25
10	0.70	1.37	1.81	2.23	2.76	3.17
11	0.70	1.36	1.80	2.20	2.72	3.11
12	0.70	1.36	1.78	2.18	2.68	3.06
13	0.69	1.35	1.77	2.16	3.65	3.01
14	0.69	1.35	1.76	2.15	2.62	3.00
15	0.69	1.34	1.75	2.13	2.60	2.95
16	0.69	1.34	1.75	2.12	2.58	2.92
17	0.69	1.33	1.74	2.11	2.57	2.90
18	0.69	1.33	1.73	2.10	2.55	2.88
19	0.69	1.33	1.73	2.09	2.54	2.86
20	0.69	1.33	1.73	2.09	2.53	2.85
22	0.69	1.32	1.72	2.07	2.51	2.82
24	0.68	1.32	1.71	2.06	2.49	2.80
26	0.68	1.32	1.71	2.06	2.48	2.78
28	0.68	1.31	1.70	2.05	2.47	2.76
30	0.68	1.31	1.70	2.04	2.46	2.75
32	0.68	1.31	1.69	2.04	2.45	2.74
34	0.68	1.31	1.69	2.03	2.44	2.73
36	0.68	1.34	1.69	2.03	2.43	2.72
38	0.68	1.30	1.69	2.02	2.43	2.71
40	0.68	1.30	1.68	2.02	2.42	2.70
60	0.68	1.30	1.67	2.00	2.39	2.66
120	0.68	1.29	1.66	1.98	2.36	2.62
∞	0.67	1.28	1.65	1.96	2.33	2.58

注：$P\{t > t_{\alpha(n)}\} = \alpha$，其中 α 表示显著性水平，n 表示自由度。

表 4-1　F 分布百分位数表($\alpha=0.05$)

n_2	n_1									
	1	2	3	4	5	6	8	10	20	∞
1	161.4	199.5	215.7	224.6	230.2	234.0	238.9	241.9	248.0	254.3
2	18.51	19.00	19.16	19.25	19.30	19.33	19.37	19.40	19.45	19.50
3	10.13	9.55	9.28	9.12	9.01	8.94	8.85	8.79	8.66	8.53
4	7.71	6.94	6.59	6.39	6.26	6.16	6.04	5.96	5.80	5.63
5	6.61	5.79	5.41	5.19	5.05	4.95	4.82	4.74	4.56	4.36
6	5.99	5.14	4.76	4.53	4.39	4.28	4.15	4.06	3.87	3.67
7	5.59	4.74	4.35	4.12	3.97	3.87	3.73	3.64	3.44	3.23
8	5.32	4.46	4.07	3.84	3.69	3.58	3.44	3.35	3.15	2.93
9	5.12	4.26	3.86	3.63	3.48	3.37	3.23	3.14	2.94	2.71
10	4.96	4.10	3.71	3.48	3.33	3.22	3.07	2.98	2.77	2.54
11	4.84	3.98	3.59	3.36	3.20	3.09	2.95	2.85	2.65	2.40
12	4.75	3.89	3.49	3.26	3.11	3.00	2.85	2.75	2.54	2.30
13	4.67	3.81	3.41	3.18	3.03	2.92	2.77	2.67	2.46	2.21
14	4.60	3.74	3.34	3.11	2.96	2.85	2.70	2.60	2.39	2.13
15	4.54	3.68	3.29	3.06	2.90	2.79	2.64	2.54	2.33	2.07
16	4.49	3.63	3.24	3.01	2.85	2.74	2.59	2.49	2.28	2.01
17	4.45	3.59	3.20	2.96	2.81	2.70	2.55	2.45	2.23	1.96
18	4.41	3.55	3.16	2.93	2.77	2.66	2.51	2.41	2.19	1.92
19	4.38	3.52	3.13	2.90	2.74	2.63	2.48	2.38	2.16	1.88
20	4.35	3.49	3.10	2.87	2.71	2.60	2.45	2.35	2.12	1.84
22	4.30	3.44	305	2.82	2.66	2.55	2.40	2.30	2.07	1.78
24	4.26	3.40	3.01	2.78	2.62	2.51	2.36	2.25	2.03	1.73
26	4.23	3.37	2.98	2.74	2.59	2.47	2.32	2.22	1.99	1.69
28	4.20	3.34	2.95	2.71	2.56	2.45	2.29	2.19	1.96	1.65
30	4.17	3.32	2.92	2.69	2.53	2.42	2.27	2.16	1.93	1.62
40	4.08	3.23	2.84	2.61	2.45	2.34	2.18	2.08	1.84	1.51
50	4.03	3.18	2.79	2.56	2.40	2.29	2.13	2.03	1.78	1.44
60	4.00	3.15	2.76	2.53	2.37	2.25	2.10	1.99	1.75	1.39
80	3.96	3.11	2.72	2.49	2.33	2.21	2.06	1.95	1.70	1.32
100	3.94	3.09	2.70	2.46	2.31	2.19	2.03	1.93	1.68	1.28
125	3.92	3.07	2.68	2.44	2.29	2.17	2.01	1.91	1.65	1.25
150	3.90	3.06	2.66	2.43	2.27	2.16	2.00	1.89	1.64	1.22
200	3.89	3.04	2.65	2.42	2.26	2.14	1.98	1.88	1.62	1.19
300	3.87	3.03	2.63	2.40	2.24	2.13	1.97	1.86	1.61	1.15
500	3.86	3.01	2.62	2.39	2.23	2.12	1.96	1.85	1.59	1.11
∞	3.84	3.00	2.60	2.37	2.21	2.10	1.94	1.83	1.57	1.00

注：$P\{F>F_{0.05(f_1,f_2)}\}=0.05$，其中 f_1 表示分子自由度，f_2 表示分母自由度。

表 4-2 F 分布百分位数表($\alpha=0.01$)

f_2	f_1									
	1	2	3	4	5	6	8	10	20	∞
1	4 052	5 000	5 403	5 625	5 764	5 859	5 981	6 056	6 209	6 366
2	98.50	99.00	99.17	99.25	99.03	99.33	99.37	99.40	99.45	99.50
3	34.12	30.82	29.46	28.71	28.24	27.91	27.49	27.23	26.69	26.13
4	21.20	18.00	16.69	15.95	15.52	15.21	14.80	14.55	14.02	13.46
5	16.26	13.27	12.06	11.39	10.97	10.67	10.29	10.05	9.55	9.02
6	13.75	10.92	9.78	9.15	8.75	8.47	8.10	7.87	7.40	6.88
7	12.25	9.55	8.45	7.85	7.46	7.19	6.84	6.62	6.16	5.65
8	11.26	8.65	7.59	7.01	6.63	6.37	6.03	5.81	5.36	4.86
9	10.56	8.02	6.99	6.42	6.06	5.80	5.47	5.26	4.81	4.31
10	10.04	7.56	6.55	5.99	5.64	5.39	5.06	4.85	4.41	3.91
11	9.65	7.21	6.22	5.67	5.32	5.07	4.74	4.54	4.10	3.60
12	9.33	6.93	5.95	5.41	5.06	4.82	4.50	4.30	3.86	3.36
13	9.07	6.70	5.74	5.21	4.86	4.62	4.30	4.10	3.66	3.17
14	8.86	6.51	5.56	5.04	4.69	4.46	4.14	3.94	3.51	3.00
15	8.68	6.36	5.42	4.89	4.56	4.32	4.00	3.80	3.37	3.87
16	8.53	6.23	5.29	4.77	4.44	4.20	3.89	3.69	3.26	2.75
17	8.40	6.11	5.18	4.67	4.34	4.10	3.79	3.59	3.16	2.65
18	8.29	6.01	5.09	4.58	4.25	4.01	3.71	3.51	3.08	2.57
19	8.18	5.93	5.01	4.50	4.17	3.94	3.63	3.43	3.00	2.49
20	8.10	5.85	4.94	4.43	4.10	3.87	3.56	3.37	2.94	2.42
21	8.02	5.78	4.87	4.37	4.04	3.81	3.51	3.31	2.88	2.36
22	7.95	5.72	4.82	4.31	3.99	3.76	3.45	3.26	2.83	2.31
23	7.88	5.66	4.76	4.26	3.94	3.71	3.41	3.21	2.78	2.26
24	7.82	5.61	4.72	4.22	3.90	3.67	3.36	3.17	2.74	2.21
25	7.77	5.57	4.68	4.18	3.85	3.63	3.32	3.13	2.70	2.17
26	7.72	5.53	4.64	4.14	3.82	3.59	3.29	3.09	2.66	2.13
27	7.68	5.49	4.60	4.11	3.78	3.56	3.26	3.06	2.63	2.10
28	7.64	5.45	4.57	4.07	3.75	3.53	3.23	3.03	2.60	2.06
29	7.60	5.42	4.54	4.04	3.73	3.50	3.20	3.00	2.57	2.03
30	7.56	5.39	4.51	4.02	3.70	3.47	3.17	2.98	2.55	2.01
40	7.31	5.18	4.31	3.83	3.51	3.29	2.99	2.80	2.37	1.80
50	7.17	5.06	4.20	3.72	3.41	3.19	2.89	2.70	2.27	1.68
60	7.08	4.98	4.13	3.65	3.34	3.12	2.82	2.63	2.20	1.60
80	6.96	4.88	4.04	3.56	3.26	3.04	2.74	2.55	2.12	1.49
100	6.90	4.82	3.98	3.51	3.21	2.99	2.69	2.50	2.07	1.43
200	6.76	4.71	3.88	3.41	3.11	2.89	2.60	2.41	1.97	1.28
300	6.72	4.68	3.85	3.38	3.08	2.86	2.52	2.38	1.94	1.22
500	6.69	4.65	3.82	3.36	3.05	2.84	2.55	2.36	1.92	1.16
∞	6.63	4.61	3.78	3.32	3.02	2.80	2.51	2.32	1.88	1.00

注：$P\{F>F_{0.01(f_1,f_2)}\}=0.01$，其中 f_1 表示分子自由度，f_2 表示分母自由度。

表 5 Pesaran F 统计量

Case Ⅰ: no intercept and no trend

k	90%		95%		97.5%		99%	
	I(0)	I(1)	I(0)	I(1)	I(0)	I(1)	I(0)	I(1)
0.000	3.016	3.016	4.136	4.136	5.347	5.347	7.381	7.381
1.000	2.458	3.342	3.145	4.153	3.893	4.927	5.020	6.006
2.000	2.180	3.211	2.695	3.837	3.258	4.458	3.939	5.341
3.000	2.022	3.112	2.459	3.625	2.901	4.161	3.372	4.797
4.000	1.919	3.016	2.282	3.474	2.618	3.924	3.061	4.486
5.000	1.825	2.943	2.157	3.340	2.481	3.722	2.903	4.261
6.000	1.760	2.862	2.082	3.247	2.367	3.626	2.744	4.124
7.000	1.718	2.827	2.003	3.199	2.288	3.536	2.595	3.909
8.000	1.678	2.789	1.938	3.133	2.198	3.445	2.481	3.826
9.000	1.640	2.774	1.873	3.072	2.122	3.351	2.396	3.725
10.000	1.606	2.738	1.849	3.026	2.076	3.291	2.319	3.610

Case Ⅱ: intercept and no trend

k	90%		95%		97.5%		99%	
	I(0)	I(1)	I(0)	I(1)	I(0)	I(1)	I(0)	I(1)
0.000	6.597	6.597	8.199	8.199	9.679	9.679	11.935	11.935
1.000	4.042	4.788	4.934	5.764	5.776	6.732	7.057	7.813
2.000	3.182	4.126	3.793	4.855	4.404	5.524	5.288	6.309
3.000	2.711	3.800	3.219	4.378	3.727	4.898	4.385	5.615
4.000	2.425	3.574	2.850	4.049	3.292	4.518	3.817	5.122
5.000	2.262	3.367	2.649	3.805	3.056	4.267	3.516	4.781
6.000	2.141	3.250	2.476	3.646	2.823	4.069	3.267	4.540
7.000	2.035	3.153	2.365	3.553	2.665	3.871	3.027	4.296
8.000	1.956	3.085	2.272	3.447	2.533	3.753	2.848	4.126
9.000	1.899	3.047	2.163	3.349	2.437	3.657	2.716	3.989
10.000	1.840	2.964	2.099	3.270	2.331	3.569	2.607	3.888

Case Ⅲ: intercept and trend

k	90%		95%		97.5%		99%	
	I(0)	I(1)	I(0)	I(1)	I(0)	I(1)	I(0)	I(1)
0.000	9.830	9.830	11.722	11.722	13.503	13.503	16.133	16.133
1.000	5.649	6.335	6.606	7.423	7.643	8.451	9.063	9.786
2.000	4.205	5.109	4.903	5.872	5.672	6.554	6.520	7.584
3.000	3.484	4.458	4.066	5.119	4.606	5.747	5.315	6.414
4.000	3.063	4.084	3.539	4.667	4.004	5.172	4.617	5.786
5.000	2.782	3.827	3.189	4.329	3.573	4.782	4.011	5.331
6.000	2.578	3.646	2.945	4.088	3.277	4.492	3.668	4.978
7.000	2.410	3.492	2.752	3.883	3.044	4.248	3.418	4.694
8.000	2.290	3.383	2.604	3.746	2.882	4.081	3.220	4.411
9.000	2.192	3.285	2.467	3.614	2.723	3.898	3.028	4.305
10.000	2.115	3.193	2.385	3.524	2.607	3.812	2.885	4.135

实验手册

实验一　异方差的检验与修正

一、实验目的

了解异方差（heteroscedasticity）、Goldfeld – Quandt 检验、Spearman rank correlation 检验、Park 检验、Glejser 检验、Breusch – Pagan 检验、White 检验、加权最小二乘法（weighted least squares，简记 WLS）、模型对数变换法等基本概念及异方差产生的原因和后果。

掌握异方差的检验与修正方法以及如何运用 EViews 软件在实证研究中实现相关检验与修正。

二、基本概念

异方差（heteroscedasticy）就是对同方差假设（assumption of homoscedasticity）的违反。经典回归中同方差是指随着样本观察点 X 的变化，线性模型中随机误差项的方差并不改变，保持为常数。

异方差的检验有图示法及解析法，检验异方差的解析方法的共同思想是，由于不同的观察值随机误差项具有不同的方差，因此检验异方差的主要问题是判断随机误差项的方差与解释变量之间的相关性。

异方差的修正方法有加权最小二乘法和模型对数变换法等，其基本思路是变异方差为同方差，或者尽量缓解方差变异的程度。

三、实验内容及要求

（一）实验内容

根据北京市 1978—1998 年人均储蓄与人均收入的数据资料，若假定 X 为人均收入（元），Y 为人均储蓄（元），通过建立一元线性回归模型分析人均储蓄受人均收入的线性影响，并讨论异方差的检验与修正过程。

（二）实验要求

（1）深刻理解上述基本概念；

（2）思考：异方差的各种检验方法所适用的情况及如何运用加权最小二乘法（WLS）修正异方差？

（3）熟练掌握相关 EViews 操作。

四、实验指导

(一) 用 OLS 估计法估计参数

1. 导入数据

打开 EViews 软件,选择“File”菜单中的“New - Workfile”选项,出现“Workfile Range”对话框,在“Workfile frequency”框中选择“Annual”,在“Start date”和“End date”框中分别输入“1978”和“1998”,如图 1-1 所示。

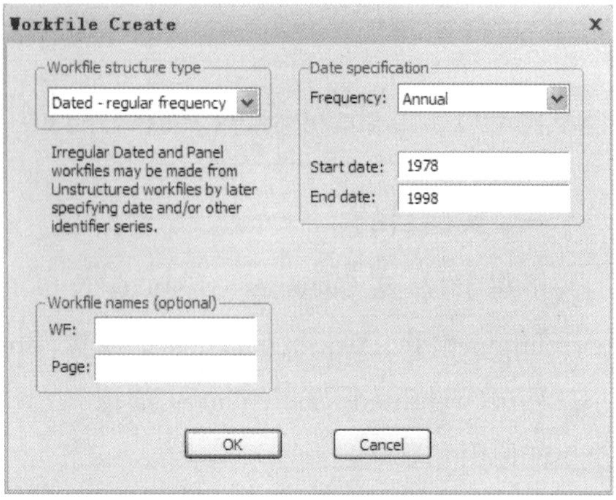

图 1-1 建立新文件

然后单击“OK”,弹出如下窗口(见图 1-2)。

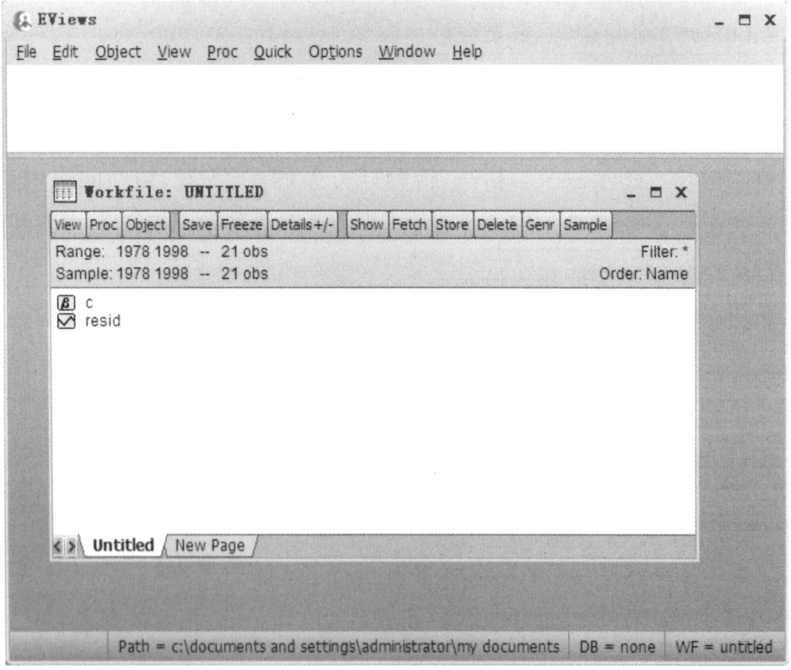

图 1-2 建立新文件

选择“File”菜单中的“Import - Read Text - Lotus - Excel”选项,找到要导入的名为 EX3.2.xls 的 Excel 文档,单击“打开”出现“Excel Spreadsheet Import”对话框并在其中输入“x”和“y”,如图 1-3 所示。

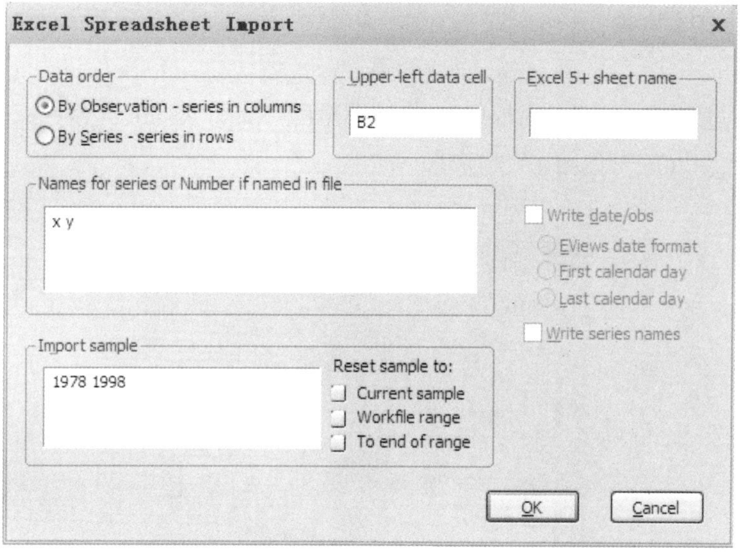

图 1－3　导入数据

再单击“OK”完成数据导入。

2. 回归数据估计方程

设模型为$Y=\beta_1+\beta_2X+\mu$，在 EViews 命令窗口中输入“LS Y C X”并回车，得到如下结果，见图 1－4。

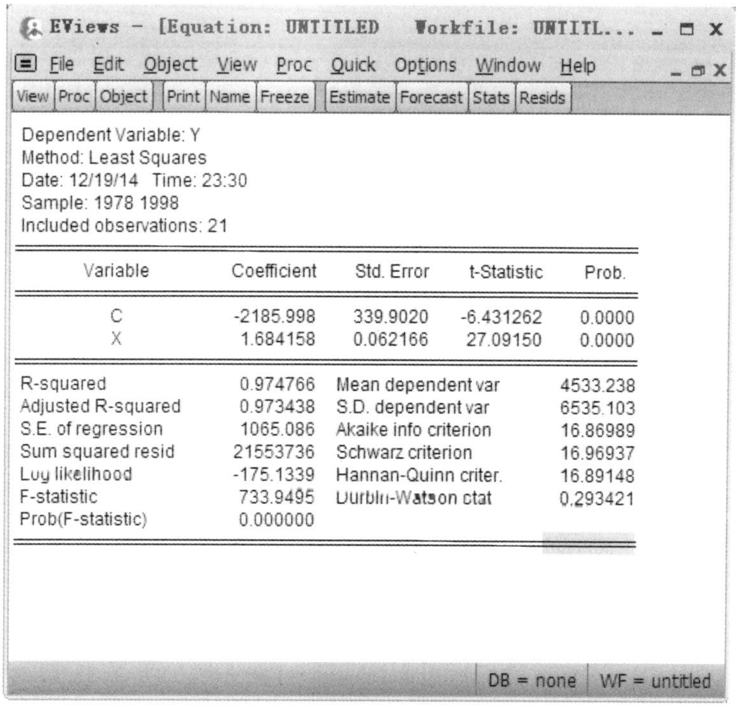

图 1－4　EViews 回归结果

（二）异方差检验

1. 图示法

首先通过“Equation”对话框中“Procs”菜单的“Make Residual Series”命令生成残差序列 E，点击“OK”，如图 1－5 所示。

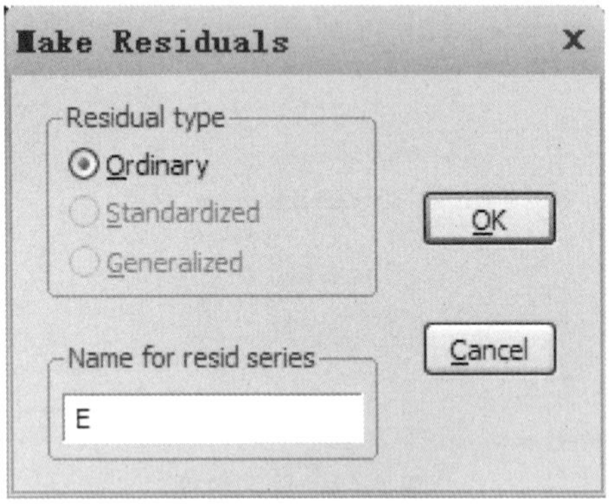

图 1－5　生成残差序列

然后在“Quick”菜单中选“Graph”选项，再在弹出的对话框中输入“X E^2”，并单击“OK”即可得到图 1－6 所示结果。

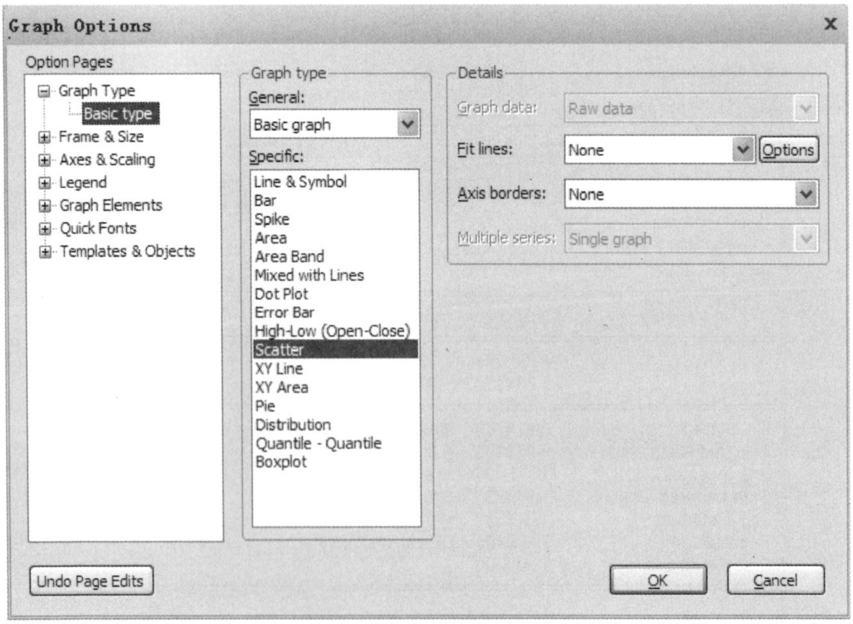

图 1－6　残差序列图示法

再在“Graph Type”框中选择散点图（Scatter Diagram），并单击“OK”即可得到图 1－7 所示的结果。

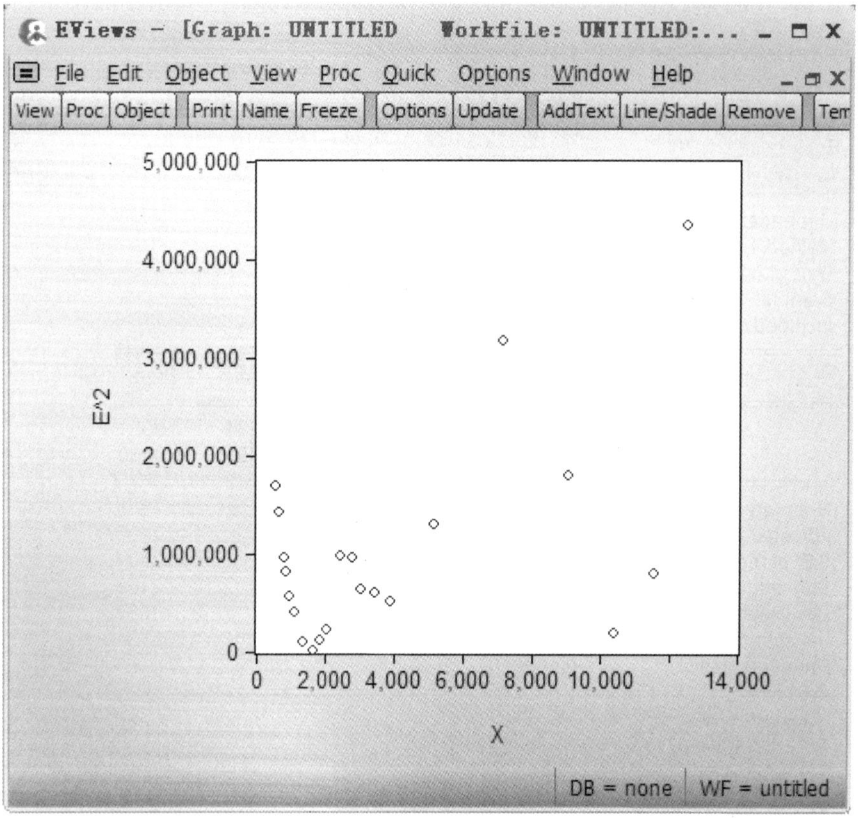

图 1-7 残差序列的散点图

2. Goldfeld-Quandt 检验

首先将时间定义为"1978—1985",方法如下:在"Workfile"对话框中选择"Procs"菜单的"sample"选项,弹出如下窗口并把期间改为"1978 1985",如图 1-8 所示。

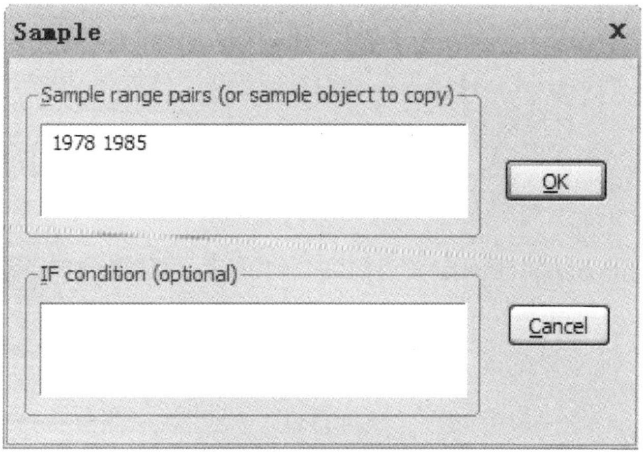

图 1-8 样本范围的设定

再在 EViews 命令区输入命令“LS Y C X”回车得到图 1－9 所示的结果。

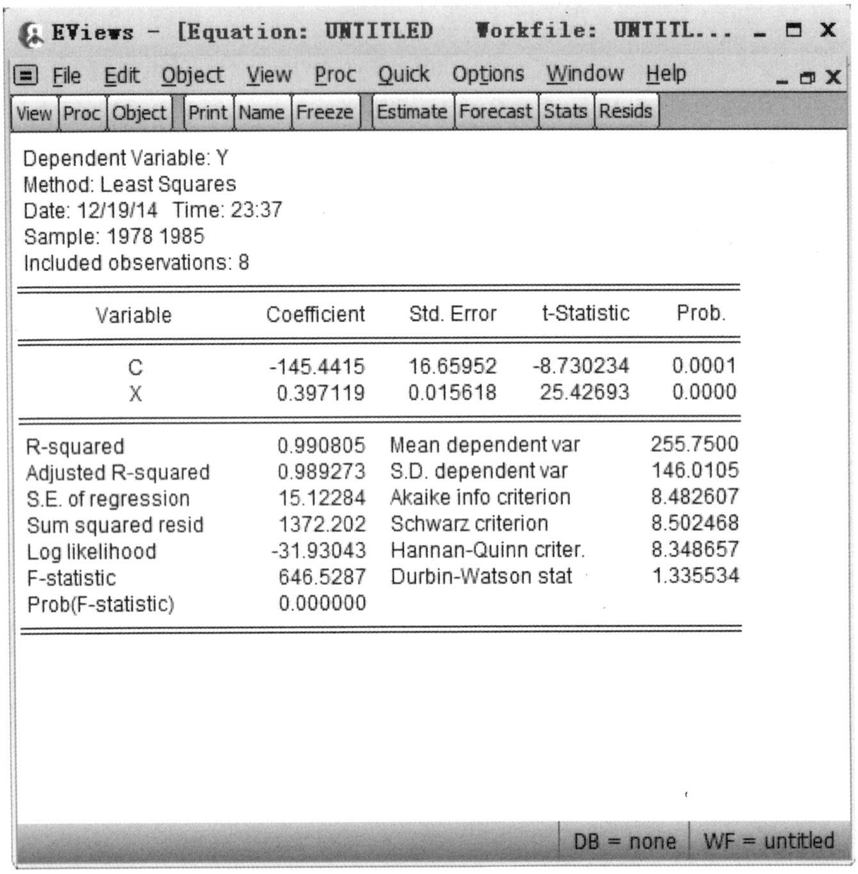

Dependent Variable: Y
Method: Least Squares
Date: 12/19/14 Time: 23:37
Sample: 1978 1985
Included observations: 8

Variable	Coefficient	Std. Error	t-Statistic	Prob.
C	-145.4415	16.65952	-8.730234	0.0001
X	0.397119	0.015618	25.42693	0.0000

R-squared	0.990805	Mean dependent var	255.7500
Adjusted R-squared	0.989273	S.D. dependent var	146.0105
S.E. of regression	15.12284	Akaike info criterion	8.482607
Sum squared resid	1372.202	Schwarz criterion	8.502468
Log likelihood	-31.93043	Hannan-Quinn criter.	8.348657
F-statistic	646.5287	Durbin-Watson stat	1.335534
Prob(F-statistic)	0.000000		

图 1－9　1978—1995 年数据的回归结果

即用 OLS 方法可求得下列结果：

$$Y = -145.4415 + 0.3971X \qquad (1978—1985)$$
$$(-8.7302) \quad (25.4269)$$
$$R^2 = 0.9908 \quad \sum e_1^2 = 1372.202$$

其次用相同的方法将时间定义为“1991—1998”，回归得到如下结果，如图 1－10 所示。

即：

$$Y = -4602.365 + 1.9525X \qquad (1991—1998)$$
$$(-5.0660) \quad (18.4094)$$
$$R^2 = 0.9826 \quad \sum e_2^2 = 5811189$$

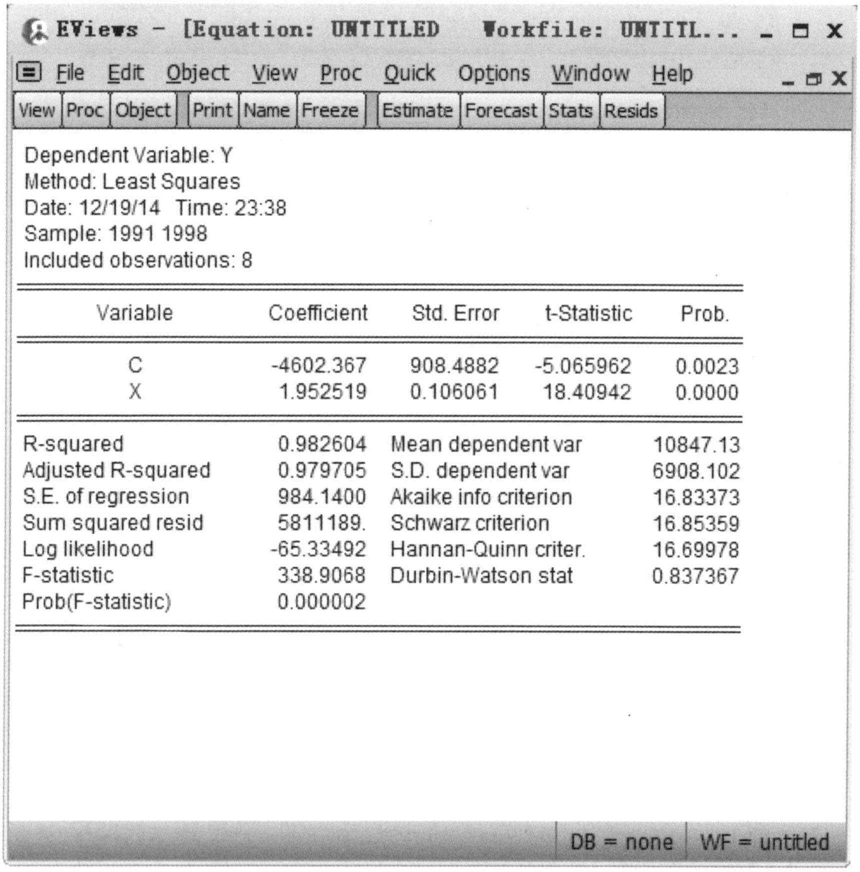

Dependent Variable: Y
Method: Least Squares
Date: 12/19/14 Time: 23:38
Sample: 1991 1998
Included observations: 8

Variable	Coefficient	Std. Error	t-Statistic	Prob.
C	-4602.367	908.4882	-5.065962	0.0023
X	1.952519	0.106061	18.40942	0.0000

R-squared	0.982604	Mean dependent var	10847.13
Adjusted R-squared	0.979705	S.D. dependent var	6908.102
S.E. of regression	984.1400	Akaike info criterion	16.83373
Sum squared resid	5811189.	Schwarz criterion	16.85359
Log likelihood	-65.33492	Hannan-Quinn criter.	16.69978
F-statistic	338.9068	Durbin-Watson stat	0.837367
Prob(F-statistic)	0.000002		

图 1－10　1991—1998 年数据的回归结果

求 F 统计量：$F=\dfrac{\sum e_2^2}{\sum e_1^2}=4334.9370$，查 F 分布表，给定显著性水平 $\alpha=0.05$，得临界值 $F_{0.05}(6,6)=4.28$，比较 $F=4334.9370>F_{0.05}(6,6)=4.28$ 则拒绝 $H_0: \sigma_1^2=\sigma_2^2$，表明随机误差项显著存在异方差。

3. ARCH 检验

在窗口的“View”菜单中选择—“Residual Tests”—“ARCH LM Test”选项，然后在弹出的对话框中选择滞后阶数为 3 阶，即可得到图 1－11。

从中可知 $Obs*R^2=10.186$，P 值为 0.017，表明模型随机误差项存在异方差性。

（三）异方差的修正

1. WLS 估计法

选择“Equation”对话框中“Estimate”菜单的“Option”选项，填入权重 X^(－0.5)即可得到图 1－12。

Heteroskedasticity Test: ARCH

F-statistic	6.083602	Prob. F(3,14)	0.0072
Obs*R-squared	10.18624	Prob. Chi-Square(3)	0.0170

Test Equation:
Dependent Variable: RESID^2
Method: Least Squares
Date: 12/19/14 Time: 23:42
Sample (adjusted): 1981 1998
Included observations: 18 after adjustments

Variable	Coefficient	Std. Error	t-Statistic	Prob.
C	242407.2	372654.8	0.650487	0.5259
RESID^2(-1)	1.229916	0.329833	3.728905	0.0022
RESID^2(-2)	-1.408992	0.378753	-3.720081	0.0023
RESID^2(-3)	1.018754	0.327542	3.110302	0.0077

R-squared	0.565902	Mean dependent var	971588.3
Adjusted R-squared	0.472881	S.D. dependent var	1130306.
S.E. of regression	820635.6	Akaike info criterion	30.26668
Sum squared resid	9.43E+12	Schwarz criterion	30.46454
Log likelihood	-268.4001	Hannan-Quinn criter.	30.29396
F-statistic	6.083602	Durbin-Watson stat	2.125335
Prob(F-statistic)	0.007182		

图 1－11　ARCH 检验结果

Dependent Variable: Y
Method: Least Squares
Date: 02/28/15 Time: 00:54
Sample: 1978 1998
Included observations: 21
Weighting series: X^(-0.5)
Weight type: Inverse standard deviation (EViews default scaling)

Variable	Coefficient	Std. Error	t-Statistic	Prob.
C	-1378.962	220.3181	-6.258959	0.0000
X	1.481876	0.083896	17.66326	0.0000

Weighted Statistics

R-squared	0.942597	Mean dependent var	2384.938
Adjusted R-squared	0.939575	S.D. dependent var	2695.511
S.E. of regression	832.7163	Akaike info criterion	16.37766
Sum squared resid	13174913	Schwarz criterion	16.47713
Log likelihood	-169.9654	Hannan-Quinn criter.	16.39925
F-statistic	311.9908	Durbin-Watson stat	0.165765
Prob(F-statistic)	0.000000	Weighted mean dep.	1182.530

Unweighted Statistics

R-squared	0.960704	Mean dependent var	4533.238
Adjusted R-squared	0.958636	S.D. dependent var	6535.103
S.E. of regression	1329.123	Sum squared resid	33564815
Durbin-Watson stat	0.237190		

图 1－12　WLS 估计结果

2. 对数变换法

在“Equation”窗口中“Estimate”菜单的对话框直接输入“LOG(Y)C LOG(X)”，再单击“OK”后，就可以得到线性模型对数变换后的结果如图 1－13 所示。

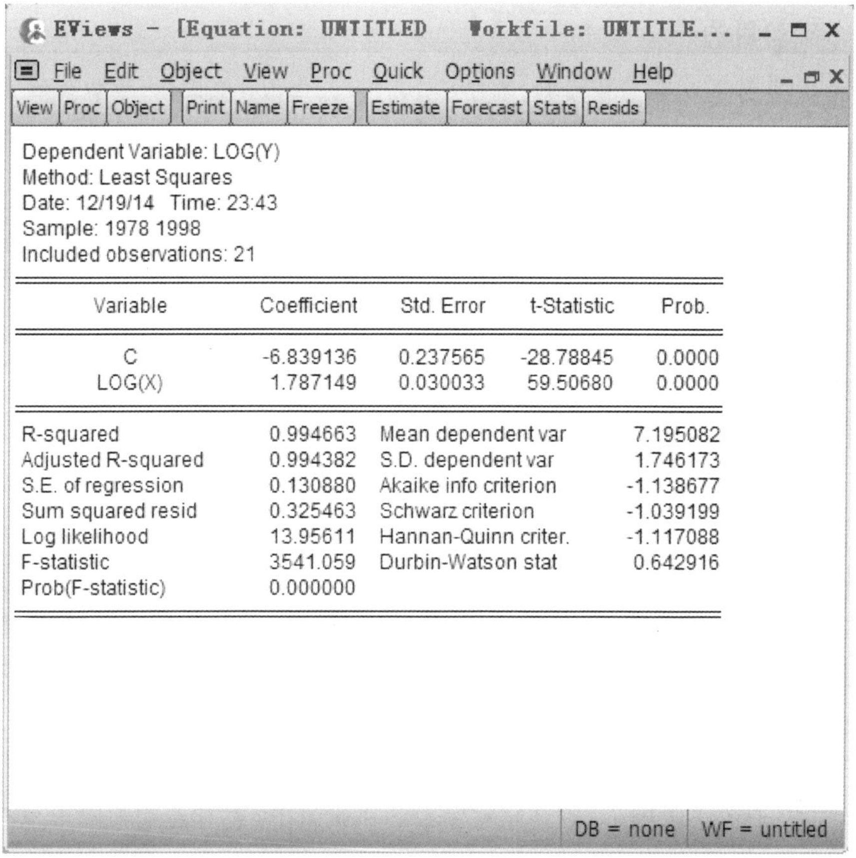

Dependent Variable: LOG(Y)
Method: Least Squares
Date: 12/19/14 Time: 23:43
Sample: 1978 1998
Included observations: 21

Variable	Coefficient	Std. Error	t-Statistic	Prob.
C	-6.839136	0.237565	-28.78845	0.0000
LOG(X)	1.787149	0.030033	59.50680	0.0000

R-squared	0.994663	Mean dependent var	7.195082
Adjusted R-squared	0.994382	S.D. dependent var	1.746173
S.E. of regression	0.130880	Akaike info criterion	-1.138677
Sum squared resid	0.325463	Schwarz criterion	-1.039199
Log likelihood	13.95611	Hannan-Quinn criter.	-1.117088
F-statistic	3541.059	Durbin-Watson stat	0.642916
Prob(F-statistic)	0.000000		

图 1－13　对数变换估计结果

比较上述两种修正方法，对数变换后的结果在拟合优度和系数显著性都要好于加权最小二乘法得到的结果，这说明人均收入与人均储蓄的关系更接近于对数关系。

实验二　虚拟变量在金融数据处理中的作用

一、实验目的

了解虚拟变量、方差分析模型、协方差分析模型、虚拟变量陷阱、季节调整、分段线性回归、级差截距、级差斜率系数、周内效应等基本概念及虚拟变量的引入原则、虚拟变量模型中参数的意思。

掌握虚拟变量模型在回归分析中的应用，及如何在 EViews 中实现相应的操作。

二、基本概念

由于其不能直接度量，为研究方便，可构造一个变量，令其取值为 1 或为 0，取值为 0 时表示某一性质出现（不出现），取值为 1 时表示某性质不出现（出现），该变量即为虚拟变量（dummy variables），也称指标变量（indicator variables）、二值变量（binary variables）、定性变量（qualitative variables）和二分变量（dichotomous variables），通常我们记为 D。一般来说，在虚拟变量的设置中，基础类型、否定类型取值为“0”，称为基底（base）类、基准（benchmark）类或参考（reference）类；而比较类型、肯定类型取值“1”。

许多按月度或季度数据表示的金融时间序列，常呈现出季节变化的规律性，如公司销售额、通货膨胀率、节假日储蓄额等。在研究中，有时需要消除季节性因素的影响，即需要进行季节调整（seasonal adjustment），利用虚拟变量进行季节调整是较为简单的一种。另外，在金融理论中，常常会出现一种情况：当某影响因素越过某一临界值，或时间过了某一临界点之后，因变量对影响因素的变化率将发生变化，在图形中就表现为斜率不同的两段连续折线，利用虚拟变量模型进行分段线性回归可有效地解决在分界点处两边因变量取值不相等，与理论图形不一致这个问题。

三、实验内容及要求

（一）实验内容

利用上海股票市场上证指数 1997 年 1 月 1 日—2004 年 12 月 31 日的日收盘价数据，共 1 926 个观测值，通过建立虚拟变量模型，来检验实行涨跌停板制度后的上海股票市场是否存在周内效应。

（二）实验要求

（1）深刻理解上述基本概念；

（2）思考：虚拟变量模型的各种不同运用情形，及虚拟变量法与邹式检验的异同；

（3）熟练掌握相关 EViews 操作；

（4）根据表 4-10 我国 1994 年第一季度至 2004 年第四季度的零售物价指数（以上年同期为 100）数据，请利用虚拟变量模型进行季节调整（如果需要）。

四、实验指导

（一）简单理论回顾

根据 Fama 的有效市场理论，在有效市场中，由于股票价格能够及时地反映所有的信息，因此股价将会呈现出随机波动的特征。并且在有效市场中，由于投资者能够随时获取所需要的信息，因此将不存在套利的机会，股票的价格将反映价值。按照有效市场理论，一周内每天的收益率将是随机波动、没有规律的。

自从 Fama1965 年提出有效市场概念以来，各国学者分别利用各国的证券市场数据对其进行了实证检验，结果发现许多与有效市场理论相背离的现象，周内效应就是其中之一。

在我国，许多学者也利用上海股票市场、深圳股票市场的数据对周内效应进行了检验，检验结果大多表明存在周内效应。下面我们将利用虚拟变量模型对这一现象进行实证检验。

（二）实证检验

1. 数据说明

我们利用的是上海股票市场上证指数 1997 年 1 月 1 日—2004 年 12 月 31 日的日收盘价数据，共 1 926 个观测值。之所以采用 1997 年来的日数据，是因为 1996 年 12 月 16 日股票市场实施了涨跌停板制度，而上证指数也具有广泛的代表性。关于收益率的计算，我们采用的是连续收益率法，计算公式如下：

$$R_t = \ln P_t - \ln P_{t-1}$$

其中 P_t 为 t 时期的收盘价，P_{t-1} 为 $t-1$ 时期的收盘价。

2. 数据导入

打开 EViews 软件，选择“File”菜单中的“New - Workfile”选项，出现“Workfile Range”对话框，在“Workfile frequency”框中选择“Undated or irregular”，在“Start observation”和“End observation”框中分别输入“1”和“1926”，单击“OK”，出现一个新的工作文件。

然后选择“File”菜单中的“Import - Read Text - Lotus - Excel”选项，找到要导入的名为EX4.3.xls的Excel文档，单击“打开”出现“Excel Spreadsheet Import”对话框并在其中输入“D1”“D2”“D4”“D5”和“R”，如图2-1所示。

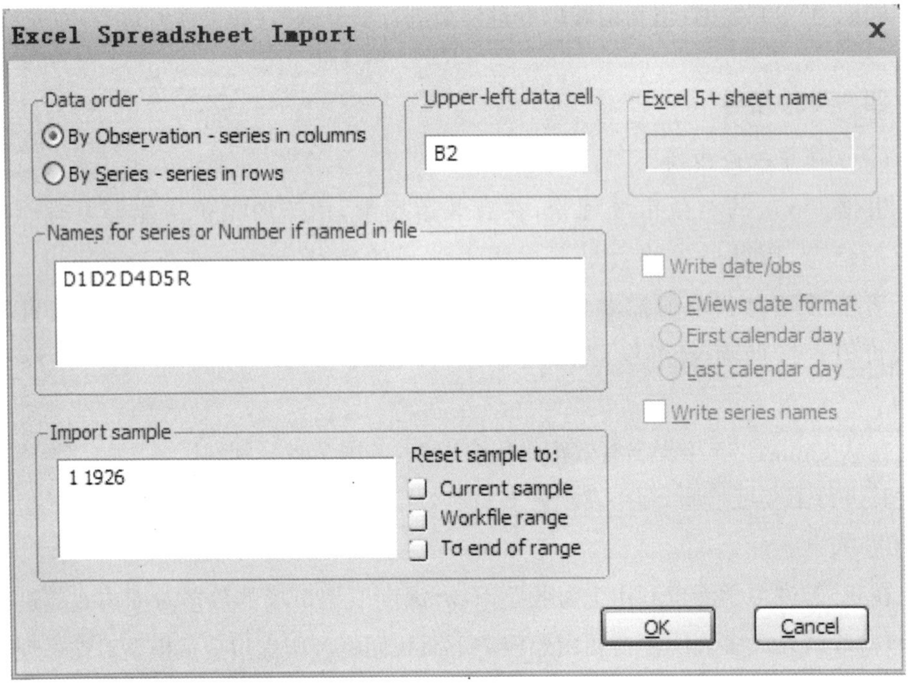

图2-1 数据导入

再单击“OK”完成数据导入。

3. 数据统计特征描述

下面分别描述上证指数1997年1月1日—2004年12月31日收益率(R)的统计特征以及日收益率按时间排列的序列图，具体操作如下：

首先双击“R”序列，出现如图2-2所示的窗口。

其次选择“Series：R”窗口的“View”菜单中的“Descriptive - Statistic - histogram and stats”选项，可以得到日收益率(R)的统计特征图，如图2-3所示。

图2-3中数据可列表如表2-1所示。

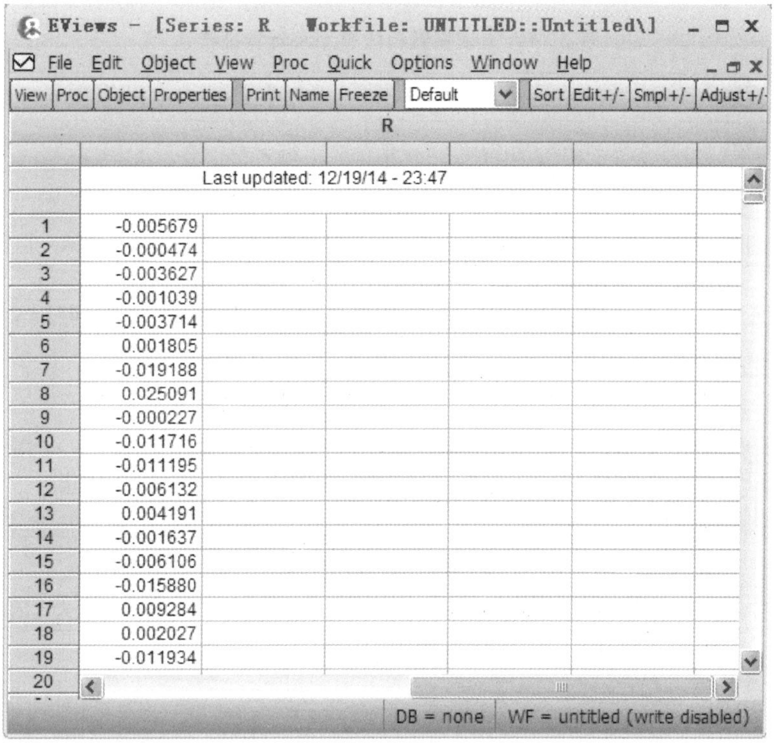

图 2-2　序列 *R* 的统计数据

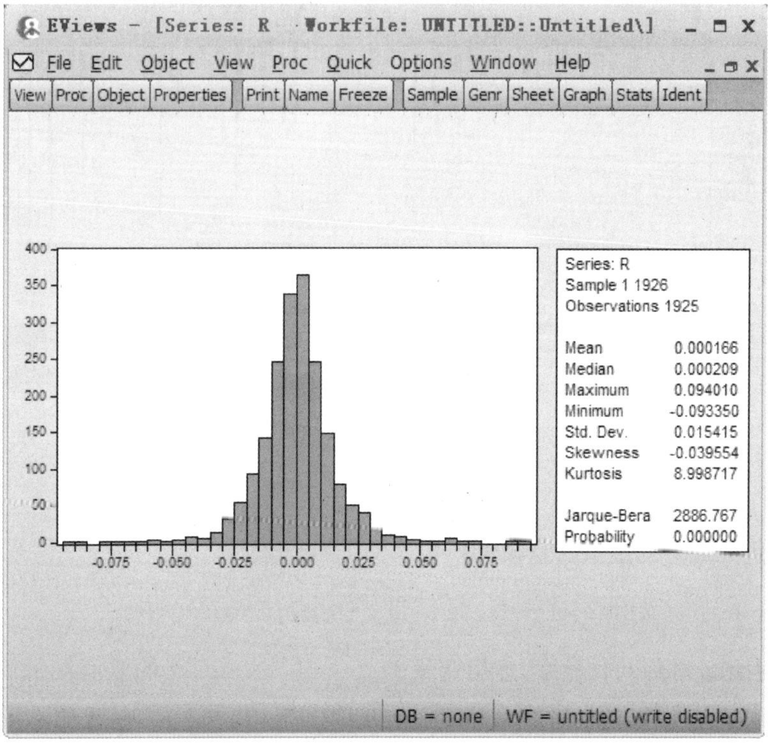

图 2-3　日收益率(*R*)的统计特征图

表 2－1　上证指数日收益率统计特征描述

均　值	0.000166	中位数	0.000209
最大值	0.094010	最小值	－0.093350
标准差	0.015415	偏　度	－0.039554
峰　度	8.998717	Jarque－Bera 值	2886.767

再选择“Series: R”窗口的“View”菜单中的“Line Graph”选项，可得到日收益率线性图，如图 2－4 所示。

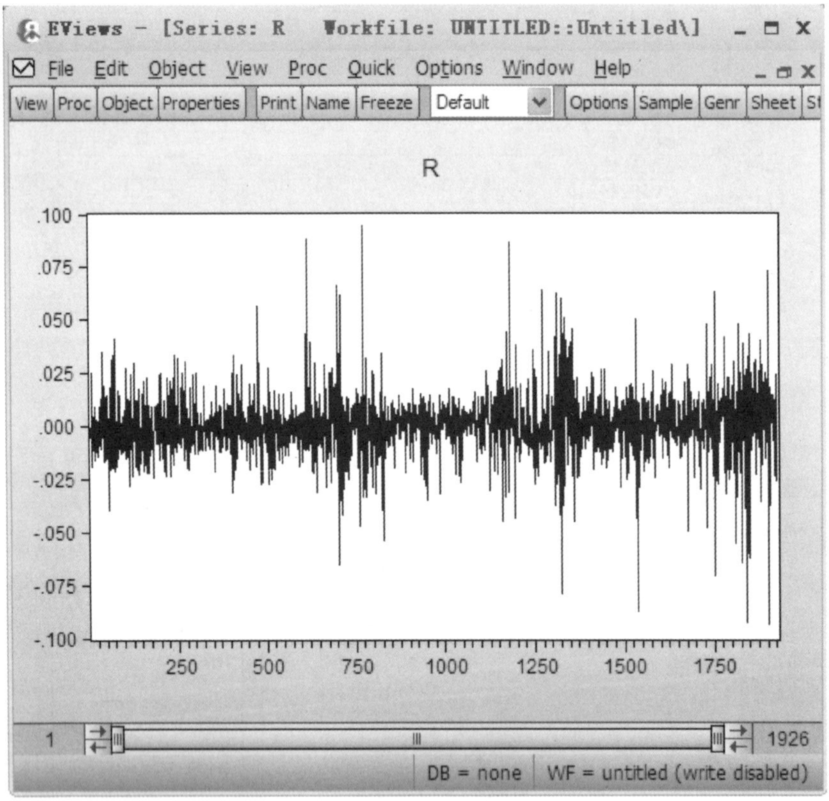

图 2－4　日收益率(R)的线性图

4. 回归数据估计方程

我们建立如下的虚拟变量模型：

$$R_t = \alpha_0 + \alpha_1 D_{1t} + \alpha_2 D_{2t} + \alpha_3 D_{4t} + \alpha_4 D_{5t} + \varepsilon_t$$

其中，R_t 表示 t 时刻的收益率，虚拟变量 D_{it}($i=1, 2, 4, 5$) 的取值在每周的第 i 天(一周五天)取值为 1，其余时刻取值为 0。从模型可以看到，α_0 表示的是周三的平均收益，而 α_1、α_2、α_3、α_4 分别表示的是星期一、星期二、星期四、星期五与星期三平均收益的差异。若差异是显著的，则可以表明上海股票市场存在周内效应。

使用 EViews 软件对上述模型进行 OLS 回归，具体操作如下：

在 EViews 命令窗口中输入“LS R C D1 D2 D4 D5”并回车，得到如图 2－5 所示结果。即：(括号内为相应的 t 值)

$$R_t = 0.001107 - 0.001495D_{1t} - 0.000793D_{2t} - 0.001982D_{4t} - 0.000445D_{5t}$$
$$(1.41) \quad (-1.35) \quad (-0.72) \quad (-1.78) \quad (-0.40)$$

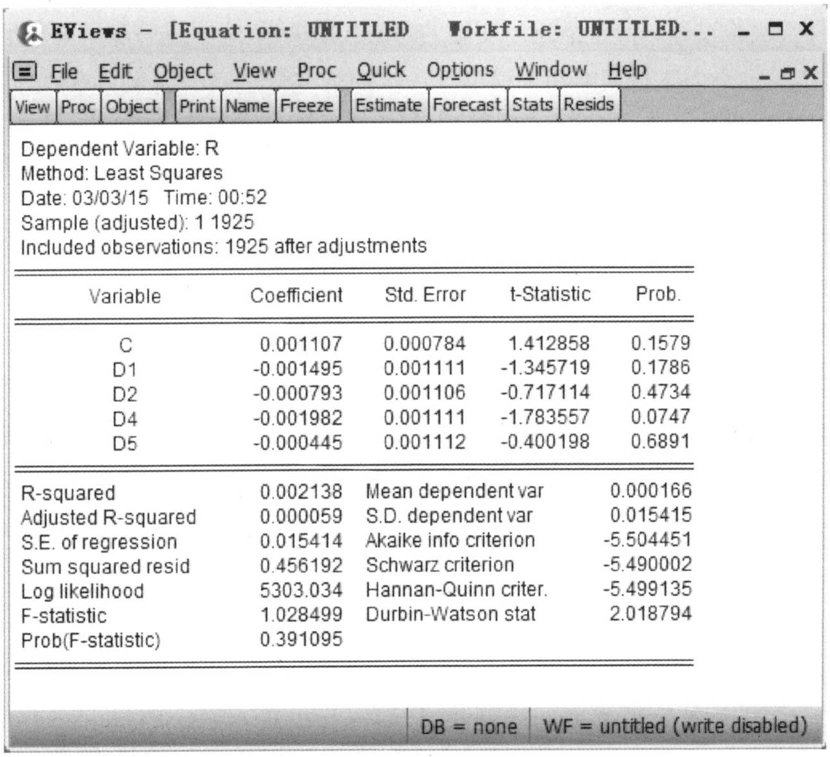

Dependent Variable: R
Method: Least Squares
Date: 03/03/15 Time: 00:52
Sample (adjusted): 1 1925
Included observations: 1925 after adjustments

Variable	Coefficient	Std. Error	t-Statistic	Prob.
C	0.001107	0.000784	1.412858	0.1579
D1	-0.001495	0.001111	-1.345719	0.1786
D2	-0.000793	0.001106	-0.717114	0.4734
D4	-0.001982	0.001111	-1.783557	0.0747
D5	-0.000445	0.001112	-0.400198	0.6891

R-squared	0.002138	Mean dependent var	0.000166
Adjusted R-squared	0.000059	S.D. dependent var	0.015415
S.E. of regression	0.015414	Akaike info criterion	-5.504451
Sum squared resid	0.456192	Schwarz criterion	-5.490002
Log likelihood	5303.034	Hannan-Quinn criter.	-5.499135
F-statistic	1.028499	Durbin-Watson stat	2.018794
Prob(F-statistic)	0.391095		

图 2－5　虚拟变量模型回归结果

对模型各系数估计值进行联合 F 检验，看各系数值是否同时为零，结果的到 F 值为 1.03，其概率值为 0.39，因此不能拒绝各系数值同时为零的假设，则可以得出结论，上海股票市场不存在周内效应。

实际上，这个模型是相当粗糙的，因此结论也可能不具有代表性。因为在使用最小二乘法进行回归时，我们假定随机误差项满足同方差的假定，但大量的研究表明，金融数据中这一假定往往不能得到满足。更深入的研究涉及自回归条件异方差模型(ARCH)以及扩展的自回归条件异方差模型(GARCH)，我们将在后面的章节中予以介绍，有兴趣的同学那时也可以重新对上海股票市场的周内效应作出检验。

实验三　金融数据的平稳性检验

一、实验目的

理解经济时间序列存在的不平稳性，掌握 ADF 检验平稳性的方法。认识不平稳的序列容易导致伪回归问题，掌握为解决伪回归问题引出的协整检验，协整的概念和具体的协整检验过程。协整描述了变量之间的长期关系，为了进一步研究变量之间的短期均衡是否存在，掌握误差纠正模型方法。理解变量之间的因果关系的计量意义，掌握格兰杰因果检验方法。

二、基本概念

如果一个随机过程的均值和方差在时间过程上都是常数，并且在任何两时期的协方差值仅依赖于该两时期间的距离或滞后，而不依赖于计算这个协方差的实际时间，就称它为平稳的。强调平稳性是因为将一个随机游走变量（即非平稳数据）对另一个随机游走变量进行回归可能导致荒谬的结果，传统的显著性检验将告知我们变量之间的关系是不存在的。这种情况就称为“伪回归”。

有时虽然两个变量都是随机游走的，但它们的某个线形组合却可能是平稳的，在这种情况下，我们称这两个变量是协整的。

因果检验用于确定一个变量的变化是否为另一个变量变化的原因。

三、实验内容及要求

（一）实验内容

用 EViews 来分析上海证券市场 A 股成分指数（简记 SHA）和深圳证券市场 A 股成分指数（简记 SZA）之间的关系，包括：

（1）对数据进行平稳性检验；

（2）协整检验；

（3）因果检验；

（4）误差纠正机制 ECM。

（二）实验要求

在认真理解本章内容的基础上，通过实验掌握 ADF 检验平稳性的方法，具体的协整检验过程，掌握格兰杰因果检验方法，以及误差纠正模型方法。

四、实验指导

(一) 对数据进行平稳性检验

首先导入数据，将上海证券市场A股成分指数记为SHA，深圳证券市场A股成分指数记为SZA(若已有wf1文件则直接打开该文件)。

在workfile中按住ctrl选择要检验的二变量，右击，选择“open-as group”。此时可在弹出的窗口中对选中的变量进行检验。检验方法有：

(1) 画折线图。“View”—“graph”—“line”，如图3-1所示。

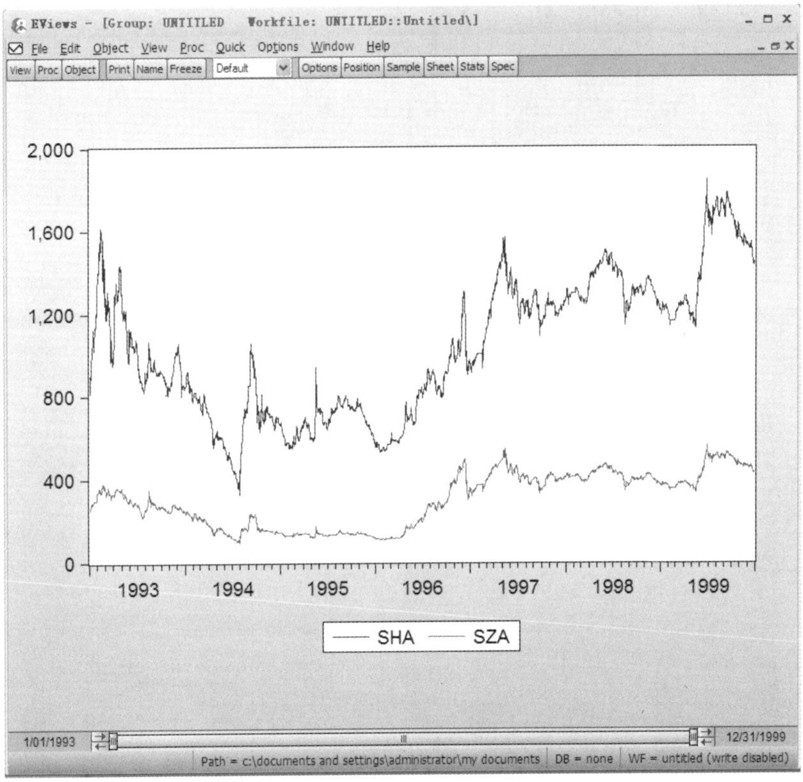

图3-1 SHA和SZA原始数值线性图

(2) 画直方图。在workfile中按住选择要检验的变量，右击，选择“open”，或双击选中的变量，“view”-“descriptive statistic”-“histogram and stats”；注意到图中的JB统计量，其越趋向于0，则图越符合正态分布，也就说明数据越平稳，如图3-2和图3-3所示。

(3) 用ADF检验。方法一：“view”—“unit root test”；方法二：点击菜单中的“quick”—“series statistic”—“unit root test”。分析原则即比较值的大小以及经验法则。点击“OK”，如图3-4、表3-1、表3-2所示。

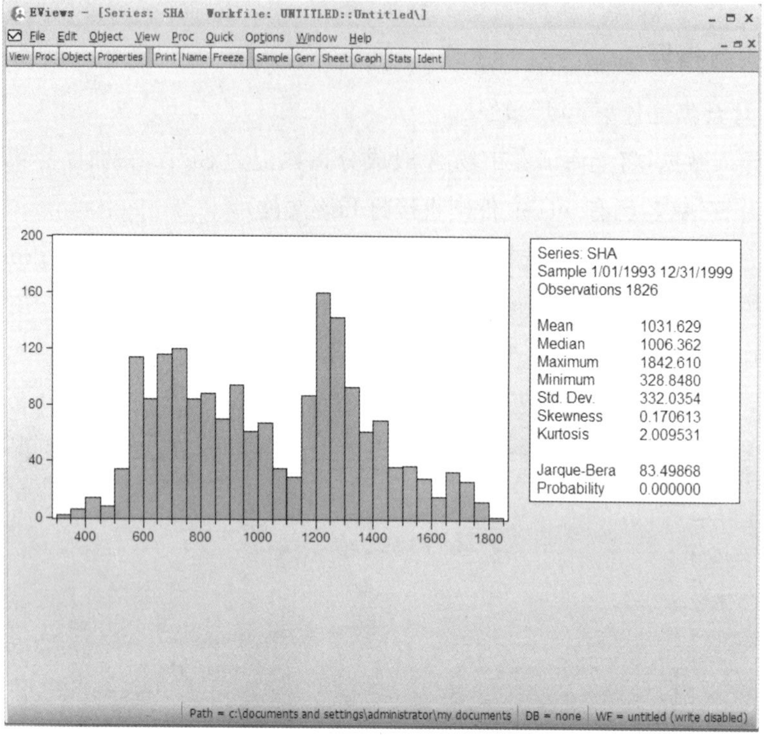

图 3-2 SHA 原始数值直方图

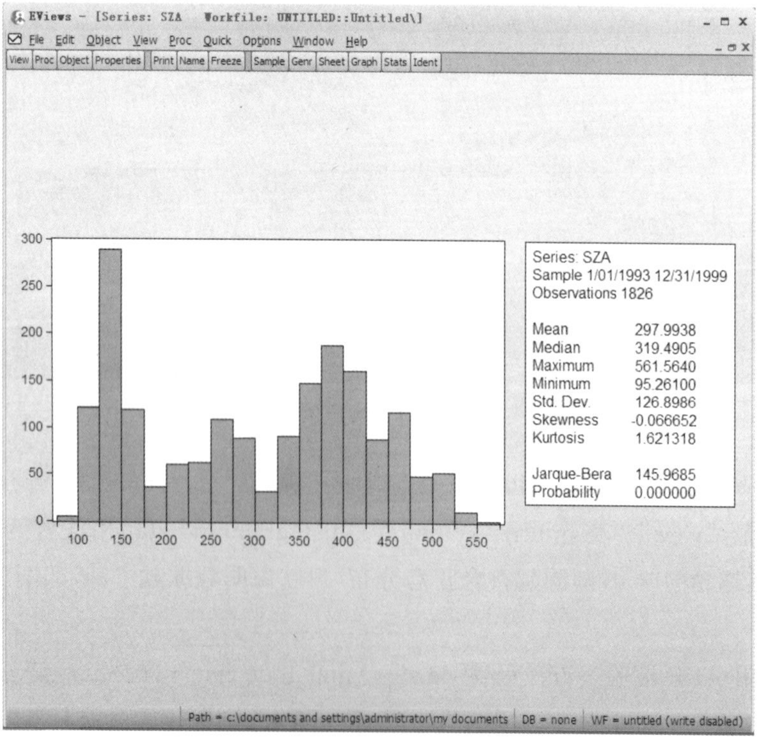

图 3-3 SZA 原始数值直方图

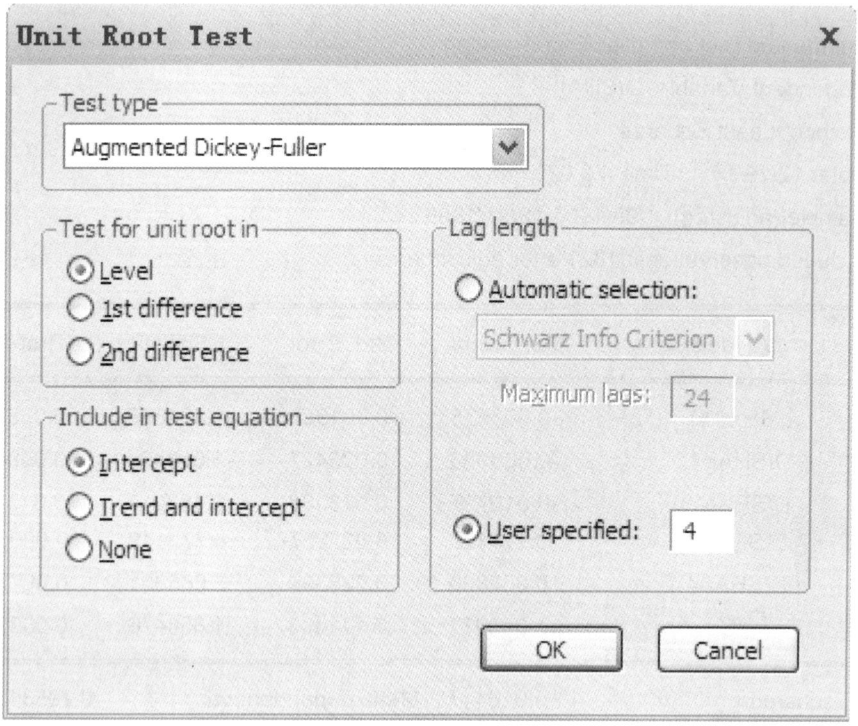

图 3-4 单位根检验对话框

表 3-1 SHA 数值的 ADF 检验结果

Null Hypothesis: SHA has a unit root

Exogenous: Constant

Lag Length: 4 (Fixed)

		t-Statistic	Prob.*
Augmented Dickey-Fuller test statistic		-1.824806	0.3687
Test critical values:	1% level	-3.433739	
	5% level	-2.862924	
	10% level	-2.567554	

*MacKinnon (1996) one-sided p-values.

（续表）

Augmented Dickey-Fuller Test Equation
Dependent Variable: D(SHA)
Method: Least Squares
Date: 12/19/14 Time: 23:02
Sample (adjusted): 1/08/1993 12/31/1999
Included observations: 1821 after adjustments

Variable	Coefficient	Std. Error	t-Statistic	Prob.
SHA(-1)	-0.003575	0.001959	-1.824806	0.0682
D(SHA(-1))	-0.038736	0.023427	-1.653464	0.0984
D(SHA(-2))	-0.010797	0.023308	-0.463217	0.6433
D(SHA(-3))	0.111127	0.023287	4.772149	0.0000
D(SHA(-4))	0.062380	0.023399	2.665901	0.0077
C	3.943077	2.121673	1.858476	0.0633

R-squared	0.018447	Mean dependent var	0.295316
Adjusted R-squared	0.015743	S.D. dependent var	27.87568
S.E. of regression	27.65538	Akaike info criterion	9.480807
Sum squared resid	1388148.	Schwarz criterion	9.498952
Log likelihood	-8626.275	Hannan-Quinn criter.	9.487501
F-statistic	6.822257	Durbin-Watson stat	2.001095
Prob(F-statistic)	0.000003		

表 3-2 SZA 数值的 ADF 检验结果

Null Hypothesis: SZA has a unit root
Exogenous: Constant
Lag Length: 4 (Fixed)

		t-Statistic	Prob.*
Augmented Dickey-Fuller test statistic		-1.386897	0.5902
Test critical values:	1% level	-3.433739	
	5% level	-2.862924	
	10% level	-2.567554	

*MacKinnon (1996) one-sided p-values.

（续表）

Augmented Dickey-Fuller Test Equation
Dependent Variable: D(SZA)
Method: Least Squares
Date: 12/19/14 Time: 23:03
Sample (adjusted): 1/08/1993 12/31/1999
Included observations: 1821 after adjustments

Variable	Coefficient	Std. Error	t-Statistic	Prob.
SZA(-1)	-0.001999	0.001441	-1.386897	0.1656
D(SZA(-1))	-0.028638	0.023396	-1.224056	0.2211
D(SZA(-2))	0.029664	0.023325	1.271755	0.2036
D(SZA(-3))	0.084650	0.023327	3.628817	0.0003
D(SZA(-4))	0.081428	0.023390	3.481380	0.0005
C	0.667786	0.466362	1.431905	0.1523

R-squared	0.015405	Mean dependent var	0.087348
Adjusted R-squared	0.012693	S.D. dependent var	7.839108
S.E. of regression	7.789199	Akaike info criterion	6.946643
Sum squared resid	110119.0	Schwarz criterion	6.964788
Log likelihood	-6318.918	Hannan-Quinn criter.	6.953337
F-statistic	5.679524	Durbin-Watson stat	1.998663
Prob(F-statistic)	0.000033		

粗略观察数据并不平稳。此时应对数据取对数(取对数的好处在于：即可以将间距很大的数据转换为间距较小的数据，也便于后面的取差分)，再对新变量进行平稳性检验。点击 EViews 中的“quick”—“generate series”，键入 logsha＝log(sha)，同样的方法得到 logsza。此时，logsha 和 logsza 为新变量，对其进行平稳性检验方法如上，发现也是不平稳的，如图 3－5 所示。

用 ADF 方法检验 logsha 和 logsza 的平稳性。通过比较检验值和不同显著性下的关键值来得出结论。如表 3－3 和表 3－4 所示，检验值大于关键值，则得出数据不平稳，反之平稳。

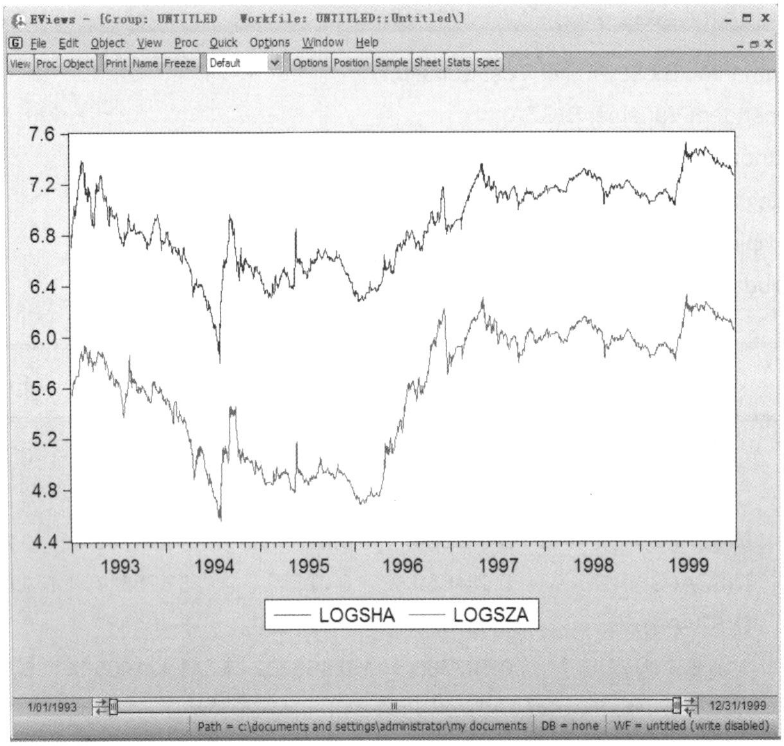

图 3-5　SHA 和 SZA 对数值线性图

表 3-3　SHA 对数值的 ADF 检验结果

Null Hypothesis: LOGSHA has a unit root

Exogenous: Constant

Lag Length: 4 (Fixed)

		t-Statistic	Prob.*
Augmented Dickey-Fuller test statistic		-1.795526	0.3831
Test critical values:	1% level	-3.433739	
	5% level	-2.862924	
	10% level	-2.567554	

*MacKinnon (1996) one-sided p-values.

Augmented Dickey-Fuller Test Equation

Dependent Variable: D(LOGSHA)

Method: Least Squares

Date: 12/19/14　　Time: 23:04

Sample (adjusted): 1/08/1993 12/31/1999

（续表）

Included observations: 1821 after adjustments

Variable	Coefficient	Std. Error	t-Statistic	Prob.
LOGSHA(-1)	-0.003583	0.001995	-1.795526	0.0727
D(LOGSHA(-1))	-0.034725	0.023459	-1.480261	0.1390
D(LOGSHA(-2))	0.020525	0.023427	0.876128	0.3811
D(LOGSHA(-3))	0.065236	0.023404	2.787354	0.0054
D(LOGSHA(-4))	0.034323	0.023421	1.465476	0.1430
C	0.024892	0.013751	1.810156	0.0704

R-squared	0.008123	Mean dependent var	0.000254
Adjusted R-squared	0.005391	S.D. dependent var	0.029001
S.E. of regression	0.028923	Akaike info criterion	-4.245075
Sum squared resid	1.518313	Schwarz criterion	-4.226929
Log likelihood	3871.140	Hannan-Quinn criter.	-4.238380
F-statistic	2.972845	Durbin-Watson stat	2.001003
Prob(F-statistic)	0.011179		

表 3－4 SZA 对数值的 ADF 检验结果

Null Hypothesis: LOGSZA has a unit root

Exogenous: Constant

Lag Length: 4 (Fixed)

		t-Statistic	Prob.*
Augmented Dickey-Fuller test statistic		-1.236119	0.6608
Test critical values:	1% level	-3.433739	
	5% level	-2.862924	
	10% level	-2.567554	

*MacKinnon (1996) one-sided p-values.

Augmented Dickey-Fuller Test Equation

Dependent Variable: D(LOGSZA)

Method: Least Squares

Date: 12/19/14 Time: 23:04

（续表）

Sample (adjusted): 1/08/1993 12/31/1999

Included observations: 1821 after adjustments

Variable	Coefficient	Std. Error	t-Statistic	Prob.
LOGSZA(-1)	-0.001645	0.001331	-1.236119	0.2166
D(LOGSZA(-1))	-0.010639	0.023402	-0.454600	0.6495
D(LOGSZA(-2))	0.043671	0.023391	1.866982	0.0621
D(LOGSZA(-3))	0.033284	0.023393	1.422825	0.1550
D(LOGSZA(-4))	0.078284	0.023392	3.346659	0.0008
C	0.009404	0.007463	1.260037	0.2078

R-squared	0.009984	Mean dependent var	0.000252
Adjusted R-squared	0.007257	S.D. dependent var	0.027998
S.E. of regression	0.027897	Akaike info criterion	-4.317335
Sum squared resid	1.412468	Schwarz criterion	-4.299190
Log likelihood	3936.934	Hannan-Quinn criter.	-4.310641
F-statistic	3.660782	Durbin-Watson stat	2.001713
Prob(F-statistic)	0.002675		

（二）协整检验

首先要提取残差：点击菜单中的“quick”—“estimate equation”键入“logsha c logsza”，得到结果如表 3－5 所示。

表 3－5 logsza 对 logsha 的最小二乘回归

Dependent Variable: LOGSHA

Method: Least Squares

Date: 12/19/14 Time: 23:05

Sample: 1/01/1993 12/31/1999

Included observations: 1826

Variable	Coefficient	Std. Error	t-Statistic	Prob.
C	3.185265	0.026985	118.0392	0.0000
LOGSZA	0.661851	0.004811	137.5733	0.0000

（续表）

R-squared	0.912098	Mean dependent var	6.883358
Adjusted R-squared	0.912050	S.D. dependent var	0.340928
S.E. of regression	0.101107	Akaike info criterion	-1.744184
Sum squared resid	18.64600	Schwarz criterion	-1.738149
Log likelihood	1594.440	Hannan-Quinn criter.	-1.741958
F-statistic	18926.43	Durbin-Watson stat	0.041307
Prob(F-statistic)	0.000000		

接着在窗口中点击“procs”—“make residual series”来对残差 resid01 进行提取和保存；然后对残差进行 ADF 检验（方法同上），得到结果如表 3－6 所示。你会发现数据通过了检验，残差 resid01 是平稳的，所以 logsha 同 logsza 有协整关系。

表 3－6　残差 resid01 的 ADF 检验结果

Null Hypothesis: RESID01 has a unit root

Exogenous: Constant

Lag Length: 4 (Fixed)

		t-Statistic	Prob.*
Augmented Dickey-Fuller test statistic		-4.132316	0.0009
Test critical values:	1% level	-3.433739	
	5% level	-2.862924	
	10% level	-2.567554	

*MacKinnon (1996) one-sided p-values.

Augmented Dickey-Fuller Test Equation

Dependent Variable: D(RESID01)

Method: Least Squares

Date: 12/19/14　Time: 23:06

Sample (adjusted): 1/08/1993 12/31/1999

Included observations: 1821 after adjustments

Variable	Coefficient	Std. Error	t-Statistic	Prob.
RESID01(-1)	-0.019808	0.004793	-4.132316	0.0000
D(RESID01(-1))	-0.089306	0.023497	-3.800810	0.0001

（续表）

D(RESID01(-2))	-0.020115	0.023563	-0.853691	0.3934
D(RESID01(-3))	0.064304	0.023497	2.736735	0.0063
D(RESID01(-4))	0.022089	0.023396	0.944140	0.3452
C	9.14E-05	0.000476	0.192199	0.8476

R-squared	0.023020	Mean dependent var	8.71E-05
Adjusted R-squared	0.020329	S.D. dependent var	0.020512
S.E. of regression	0.020303	Akaike info criterion	-4.952841
Sum squared resid	0.748139	Schwarz criterion	-4.934695
Log likelihood	4515.561	Hannan-Quinn criter.	-4.946146
F-statistic	8.553192	Durbin-Watson stat	1.996742
Prob(F-statistic)	0.000000		

接下来以同样的方法协整 logsza c logsha，得到残差 resid02，经过检验也是平稳的，如表 3－7 所示。

表 3－7 残差 resid02 的 ADF 检验结果

Null Hypothesis: RESID02 has a unit root

Exogenous: Constant

Lag Length: 4 (Fixed)

		t-Statistic	Prob.*
Augmented Dickey-Fuller test statistic		-3.900100	0.0021
Test critical values:	1% level	-3.433739	
	5% level	-2.862924	
	10% level	-2.567554	

*MacKinnon (1996) one-sided p-values.

Augmented Dickey-Fuller Test Equation

Dependent Variable: D(RESID02)

Method: Least Squares

Date: 12/19/14 Time: 23:09

（续表）

Sample (adjusted): 1/08/1993 12/31/1999

Included observations: 1821 after adjustments

Variable	Coefficient	Std. Error	t-Statistic	Prob.
RESID02(-1)	-0.017724	0.004544	-3.900100	0.0001
D(RESID02(-1))	-0.095416	0.023495	-4.061081	0.0001
D(RESID02(-2))	-0.024582	0.023577	-1.042621	0.2973
D(RESID02(-3))	0.059774	0.023511	2.542356	0.0111
D(RESID02(-4))	0.022353	0.023395	0.955429	0.3395
C	-0.000105	0.000652	-0.160597	0.8724

R-squared	0.022832	Mean dependent var	-9.79E-05
Adjusted R-squared	0.020140	S.D. dependent var	0.028126
S.E. of regression	0.027841	Akaike info criterion	-4.321324
Sum squared resid	1.406845	Schwarz criterion	-4.303179
Log likelihood	3940.566	Hannan-Quinn criter.	-4.314630
F-statistic	8.481765	Durbin-Watson stat	1.996185
Prob(F-statistic)	0.000000		

（三）因果检验

在 workfile 中同时选中"logsha"和"logsza"，右击，选择"open"—"as group"，在弹出的窗口中点击"view"—"granger causality"并选择滞后阶数（此处我们根据以往的实证检验结果选择滞后值为 5），点击 OK，结果如表 3－8 所示。

表 3－8 格兰杰因果检验结果

Pairwise Granger Causality Tests

Date: 12/19/14 Time: 23:11

Sample: 1/01/1993 12/31/1999

Lags: 5

Null Hypothesis:	Obs	F-Statistic	Prob.
LOGSZA does not Granger Cause LOGSHA	1821	3.60184	0.0030
LOGSHA does not Granger Cause LOGSZA		0.70399	0.6205

根据 F 检验值和相应的 P 值，在本例中即 logsza 是 logsha 变化的原因；而 logsha 不影响 logsza。

（四）误差纠正机制 ECM(error correction mechanism)

即使两个变量之间有长期均衡关系，但在短期内也会出现失衡(例如受突发事件的影响)。此时，我们可以用 ECM 来对这种短期失衡加以纠正。

具体做法是：首先要提取残差，从"sha c sza"中提取残差"resid03"，接着点击"quick"—"estimate equation"，在弹出得窗口中输入："d(sha)c d(sza)resid03(－1)"。Resid03(－1)中的(－1)指的是滞后一阶，结果如表 3－9 所示。

表 3－9　误差修正模型结果

Dependent Variable: D(SHA)
Method: Least Squares
Date: 12/19/14　Time: 23:18
Sample (adjusted): 1/04/1993 12/31/1999
Included observations: 1825 after adjustments

Variable	Coefficient	Std. Error	t-Statistic	Prob.
C	0.109030	0.468941	0.232503	0.8162
D(SZA)	2.462137	0.059863	41.12931	0.0000
RESID03(-1)	-0.021581	0.004824	-4.473995	0.0000

R-squared	0.484705	Mean dependent var	0.348548
Adjusted R-squared	0.484139	S.D. dependent var	27.89010
S.E. of regression	20.03164	Akaike info criterion	8.834145
Sum squared resid	731107.4	Schwarz criterion	8.843202
Log likelihood	-8058.157	Hannan-Quinn criter.	8.837486
F-statistic	856.9180	Durbin-Watson stat	2.172798
Prob(F-statistic)	0.000000		

resid03(－1)的系数为－0.021 581，且通过了 t 检验(4.648231＞2)，其表明 sha 的实际值与长期或均衡值之间的差异约有 2.158 1%得以纠正。从这也可以看出 resid03(－1)的系数必须为负值。

从表面上看，SZA 对 SHA 的影响要更强一点，SHA 对 SZA 的依赖也更多一点，但总体看来两个市场的联系还是很紧密的。SZA 走在前面的原因可能是因为深圳的地理位置，与海外市场联系更密切一些。所以海外市场大市变化的信息最先传递和影响深圳市场，经过一段时间，蔓延到内陆地区。从整体上看，就形成 SHA 跟在 SZA 后面变动的局面。而两个市场的投资者包括投资理念等各方面都是类似的，总体对价格信息的表现也大同小异，两个市场相关度很高可以理解。

值得指出的是，目前一般认为，深市股指是随沪市股指而动，与我们上面的检验结论相反。但应该注意到的是，我们上边研究中的样本范围为 1993—1999 年，而现在的情况已经发生了很大变化。所以，若要研究当前股指的联动效应，需选择最新的样本范围。有兴趣的同学不妨一试，看是否会得出新的结论。

实例四　基于 Microfit 的 ARDL 模型应用

一、实验目的

理解 ARDL 模型的原理与应用条件，运用 ARDL 模型，估计变量之间长期关系的系数。注意，只有当能够确定第一步所估计的变量间的长期关系是肯定存在的，而不是伪回归，那么才能应用该模型进行估计。

二、基本概念

ARDL(autoregressive distributed lag)称为自回归分布滞后模型。ARDL 模型的一大优点，就是我们不用管变量是否同阶单整，都可以用 ARDL 模型来检验变量之间的长期关系，而这是标准的协整检验所做不到的。

三、实验内容及要求

（一）实验内容

运用 ARDL 模型研究美国非耐用消费品支出 LC(取对数形式)与真实可支配收入 LY(取对数形式)，通胀率 DP 之间的关系，数据为 1960 年第一季度到 1994 年第一季度的季度数据。

（二）实验要求

在认真理解本章内容的基础上，通过实验掌握 ARDL 模型的实际应用方法，并熟悉 Microfit 软件的基本使用方法。

四、实验指导

ARDL 模型的主要优点在于不管回归项是 $I(0)$ 还是 $I(1)$，都可以进行检验和估计。

首先，我们调用 Microfit 软件读入 EX6.1 的数据文件。对原始数据进行取对数作差分的处理。

由于观测值是季度数据，ARDL 模型中最大滞后阶数取 4 阶，利用 1960 年第一季度到 1992 年第四季度的样本区间进行估计，1993 年第一季度到 1994 年第一季度的数据进行预测。

对应于 ARDL(4,4,4)中变量 LC，LY 和 DP 的误差修正模型(ECM)如下：

$$DLC_t = \alpha_0 + \sum_{i=1}^{4} b_i DLC_{t-i} + \sum_{i=1}^{4} d_i DLY_{t-i} + \sum_{i=1}^{4} e_i DPI_{t-i} + \delta_1 LC_{t-1} + \delta_2 LY_{t-1} + \delta_3 PI_{t-1} + u_t \tag{6.4}$$

检验的原假设是：变量间不存在稳定的长期关系，即：$H_0: \delta_1 = \delta_2 = \delta_3 = 0$。

备择假设是：$H_1: \delta_1 \neq 0$ 或 $\delta_2 \neq 0$ 或 $\delta_3 \neq 0$。

检验 δ_1、δ_2、δ_3 联合显著的统计量就是我们熟悉的 F 统计量。为了计算 F 统计量，在 Microfit 中选择 Single，在编辑窗中输入：

DLC　INPT　DLC{1—4}　DLY{1—4}　DPI{1—4}

选择估计样本期 1960 年第一季度到 1992 年第四季度，按 START，然后点击 OK，就得到了用 OLS 估计的一阶差分的回归结果，这个结果对我们没有直接的用途。按 CLOSE 回到选择菜单，选"2. Move to hypothesis testing menu"，如图 4-1 所示。

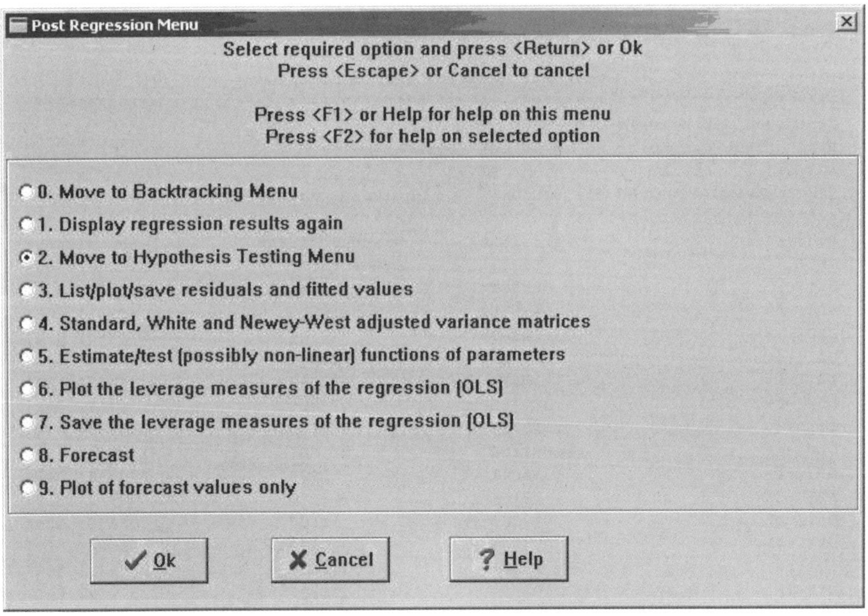

图 4-1　选择假设检验

点击"OK"出现以下窗口，如图 4-2 所示。

选"6. Variable addition test"，点击"OK"后在"Input text"窗口中输入长期变量的滞后值：

LC(−1)　LY(−1)　PI(−1)

点击"OK"后出现以下的估计结果，如图 4-3 所示。

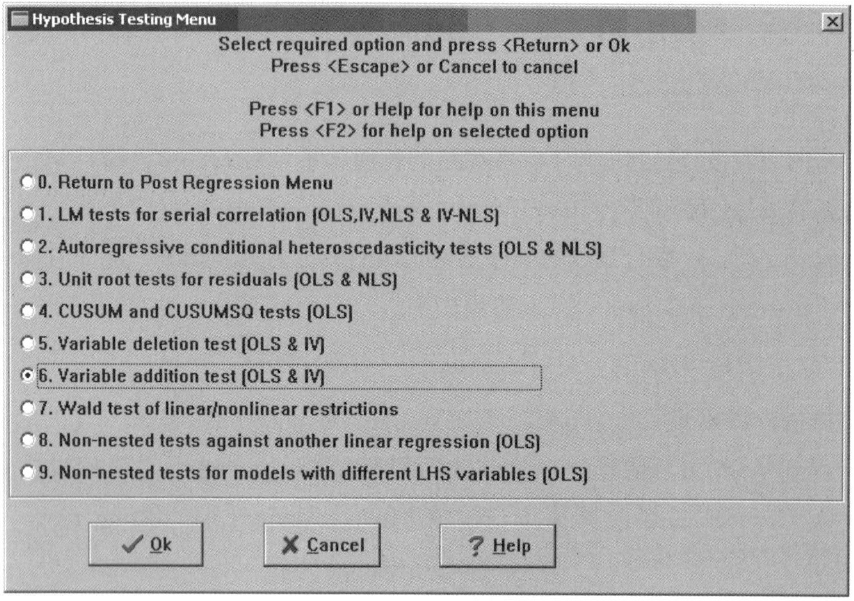

图 4－2　假设检验窗口

```
                        Variable Addition Test (OLS case)
*******************************************************************************
 Dependent variable is DLC
 List of the variables added to the regression:
 LC(-1)            LY(-1)            PI(-1)
 126 observations used for estimation from 1961Q3 to 1992Q4
*******************************************************************************
 Regressor              Coefficient       Standard Error         T-Ratio[Prob]
 INPT                       .18833            .061053            3.0847[.003]
 DLC(-1)                    .22537             .10246            2.1996[.030]
 DLC(-2)                  -.045573             .10512           -.43353[.665]
 DLC(-3)                    .20189             .10364            1.9480[.054]
 DLC(-4)                  -.067611            .098364           -.68736[.493]
 DLY(-1)                    .10464            .072392            1.4455[.151]
 DLY(-2)                  -.087969            .074826           -1.1757[.242]
 DLY(-3)                  -.012725            .075130           -.16937[.866]
 DLY(-4)                  -.082102            .071981           -1.1406[.257]
 DPI(-1)                    .24041             .11833            2.0316[.045]
 DPI(-2)                    .29154             .12176            2.3943[.018]
 DPI(-3)                   .025833             .11587            .22296[.824]
 DPI(-4)                   .034089            .095690            .35624[.722]
 LC(-1)                    -.12997            .046251           -2.8101[.006]
 LY(-1)                    .088399            .032299            2.7369[.007]
 PI(-1)                    -.31301            .091620           -3.4164[.001]
*******************************************************************************
 Joint test of zero restrictions on the coefficients of additional variables:
 Lagrange Multiplier Statistic      CHSQ( 3)=  16.2601[.001]
 Likelihood Ratio Statistic         CHSQ( 3)=  17.4093[.001]
 F Statistic                    F(   3, 110)=   5.4329[.002]
*******************************************************************************
```

图 4－3　假设检验结果

F 统计量出现在该结果的最后一行。F 统计量用于检验原假设：所有水平变量的系数为零(即水平变量之间不存在长期关系)，我们记作 $F(LC \mid LY, PI)=5.43$。在原假设 $H_0: \delta_1=\delta_2=\delta_3=0$ 成立时，F 统计量服从一个非标准的分布，而不管 LC、

LY 和 PI 是 $I(0)$ 还是 $I(1)$ 过程。Pesaran 已经计算出了该检验的临界范围表，参见附表 5。查表可知，在 95% 的置信水平该 F 统计量的范围在 3.793～4.855。因为 $F(LC \mid LY, PI) = 5.43$ 超出了临界值上界，我们就能拒绝 LC，LY 和 PI 之间没有长期关系的原假设，而不管它们是 $I(0)$ 还是 $I(1)$ 过程。

以上我们已经证明 LY 和 PI 对 LC 有长期的影响。同时，我们还要考虑：LC 和 PI 对 LY 是否有长期的影响？LC 和 LY 对 PI 是否有长期的影响？重复以上的过程，只是把因变量 DLC 分别替换成 DLY 和 DPI，我们可以得到以下结果：

$F(LY \mid LC, PI) = 2.631 \quad F(PI \mid LY, LC) = 1.359$

以上两个统计量都低于临界范围的下界 3.793，从而我们无法拒绝原假设：在 DLY 和 DPI 作为因变量的方程中，加入长期变量是不显著的。同样，该结论的成立不依赖它们是 $I(0)$ 还是 $I(1)$ 过程。

以上的检验结果显示：LC 和 LY，PI 之间存在长期关系，LY 和 PI 对 LC 有长期的影响。

现在，我们用 Microfit 软件中的 ARDL 选项来估计变量间的长期系数以及相应的误差修正模型 ECM。在 Univariate 菜单中选择 6. ARDL approach to cointegration，清空编辑窗口，然后键入：

LC　LY　PI　&　INPT

选择样本期 1960 年第一季度到 1992 年第四季度进行估计，最大滞后值取 4，点击 START。Microfit 软件估计了 125 个回归方程，即共 $(4+1)^{2+1}$ 个回归方程，并提供了以下选择菜单，如图 4-4 所示。

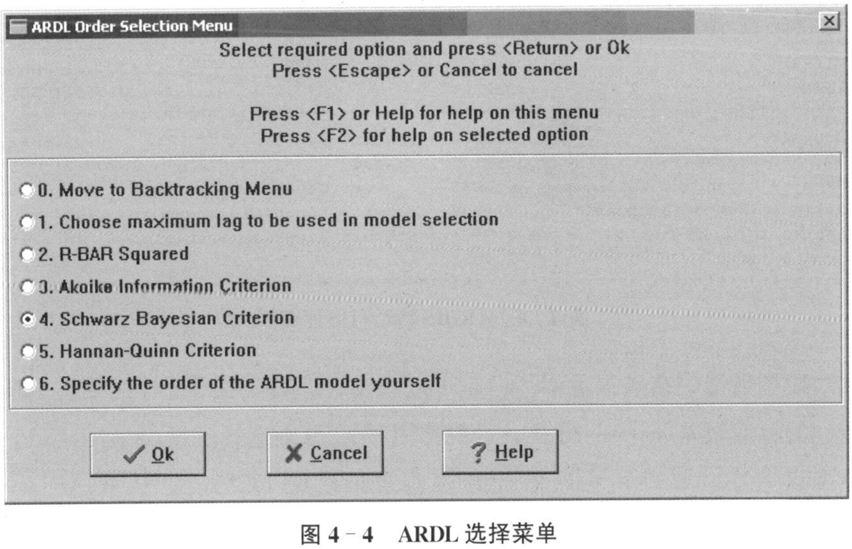

图 4-4　ARDL 选择菜单

用 SBC 准则选择的模型为 ARDL(1，2，0)，用 AIC 准则选择的模型为 ARDL(2,2,3)，估计的变量之间长期关系的系数分别如图 4－5 和图 4－6 所示。

```
                    Autoregressive Distributed Lag Estimates
          ARDL(1,2,0) selected based on Schwarz Bayesian Criterion
******************************************************************************
 Dependent variable is LC
 127 observations used for estimation from 1961Q2 to 1992Q4
******************************************************************************
 Regressor              Coefficient       Standard Error         T-Ratio[Prob]
 LC(-1)                      .91210              .035045          26.0265[.000]
 LY                          .28429              .056735           5.0108[.000]
 LY(-1)                    -.031577              .077772          -.40603[.685]
 LY(-2)                     -.19179              .054818          -3.4986[.001]
 PI                         -.22807              .057159          -3.9901[.000]
 INPT                        .11742              .046931           2.5019[.014]
******************************************************************************
 R-Squared                     .99925   R-Bar-Squared                   .99922
 S.E. of Regression          .0056198   F-stat.    F(  5, 121)  32083.0[.000]
 Mean of Dependent Variable    6.6849   S.D. of Dependent Variable      .20060
 Residual Sum of Squares     .0038214   Equation Log-likelihood       480.9132
 Akaike Info. Criterion      474.9132   Schwarz Bayesian Criterion    466.3807
 DW-statistic                  1.7919   Durbin's h-statistic      1.2766[.202]
******************************************************************************
```

图 4－5　ARDL(1,2,0)估计结果

```
                    Autoregressive Distributed Lag Estimates
          ARDL(2,2,3) selected based on Akaike Information Criterion
******************************************************************************
 Dependent variable is LC
 127 observations used for estimation from 1961Q2 to 1992Q4
******************************************************************************
 Regressor              Coefficient       Standard Error         T-Ratio[Prob]
 LC(-1)                      .99052              .088563          11.1843[.000]
 LC(-2)                     -.11651              .085463          -1.3633[.175]
 LY                          .26694              .056676           4.7098[.000]
 LY(-1)                    -.012513              .077669          -.16110[.872]
 LY(-2)                     -.16621              .060825          -2.7326[.007]
 PI                         -.18461              .080063          -2.3058[.023]
 PI(-1)                     .085733              .089530           .95759[.340]
 PI(-2)                     .063324              .086584           .73136[.466]
 PI(-3)                     -.25269              .078663          -3.2123[.002]
 INPT                        .15989              .047712           3.3511[.001]
******************************************************************************
 R-Squared                     .99932   R-Bar-Squared                   .99927
 S.E. of Regression          .0054148   F-stat.    F(  9, 117)  19200.3[.000]
 Mean of Dependent Variable    6.6849   S.D. of Dependent Variable      .20060
 Residual Sum of Squares     .0034305   Equation Log-likelihood       487.7664
 Akaike Info. Criterion      477.7664   Schwarz Bayesian Criterion    463.5455
 DW-statistic                  1.9835
******************************************************************************
```

图 4－6　ARDL(2,2,3)估计结果

两个模型估计的结果很近似。但是可以看出，用 AIC 准则选择的模型 ARDL(2,2,3)估计的标准误差(Standard Error)要比用 SBC 准则选择的模型 ARDL(1,2,0)估计的标准误差小。要得到长期估计的误差修正模型 ECM，在“Post ARDL Model Selection Menu”中选 3，如图 4－7 所示。

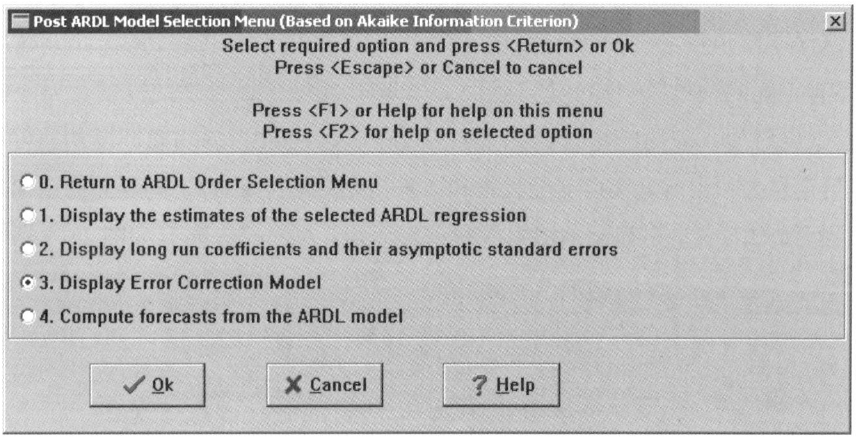

图 4－7　选择建立误差修正模型

用 AIC 准则选择的误差修正模型的结果如图 4－8 所示。

```
          Error Correction Representation for the Selected ARDL Model
          ARDL(2,2,3) selected based on Akaike Information Criterion
*******************************************************************************
 Dependent variable is dLC
 127 observations used for estimation from 1961Q2 to 1992Q4
*******************************************************************************
 Regressor              Coefficient       Standard Error         T-Ratio[Prob]
 dLC1                       .11651            .085463             1.3633[.175]
 dLY                        .26694            .056676             4.7098[.000]
 dLY1                       .16621            .060825             2.7326[.007]
 dPI                       -.18461            .080063            -2.3058[.023]
 dPI1                       .18936            .087764             2.1576[.033]
 dPI2                       .25269            .078663             3.2123[.002]
 dINPT                      .15989            .047712             3.3511[.001]
 ecm(-1)                   -.12599            .036172            -3.4832[.001]
*******************************************************************************
 List of additional temporary variables created:
 dLC = LC-LC(-1)
 dLC1 = LC(-1)-LC(-2)
 dLY = LY-LY(-1)
 dLY1 = LY(-1)-LY(-2)
 dPI = PI-PI(-1)
 dPI1 = PI(-1)-PI(-2)
 dPI2 = PI(-2)-PI(-3)
 dINPT = INPT-INPT(-1)
 ecm = LC    -.70016*LY +    2.2877*PI    -1.2690*INPT
*******************************************************************************
 R-Squared                      .46234   R-Bar-Squared                   .42098
 S.E. of Regression           .0054148   F-stat.    F(  7, 119)   14.3727[.000]
 Mean of Dependent Variable   .0055870   S.D. of Dependent Variable    .0071160
 Residual Sum of Squares      .0034305   Equation Log-likelihood       487.7664
 Akaike Info. Criterion       477.7664   Schwarz Bayesian Criterion    463.5455
 DW-statistic                   1.9835
*******************************************************************************
 R-Squared and R-Bar-Squared measures refer to the dependent variable
 dLC and in cases where the error correction model is highly
 restricted, these measures could become negative.
```

图 4－8　AIC 准则选定的误差修正模型结果

除了 DLC1 的系数外，其他系数都是统计显著的。ARDL 模型也通过了所有的诊断检验。误差修正项 ECM 的系数，估计为−0.12599(0.036172)，是统计上高度显著的，并且有正确的符号(负号)。这表明了一个向均衡收敛的合适的速度。误差修正项系数越大(绝对值)，表明经济受到冲击以后(once shocked)，向均衡回复的速度越快。

在给定过去和当前真实可支配收入和通胀变化的条件下，以上的误差修正模型也能用来预测消费的变化，在"Post ARDL Model Selection Menu"中选 4，如图 4 - 9 所示。

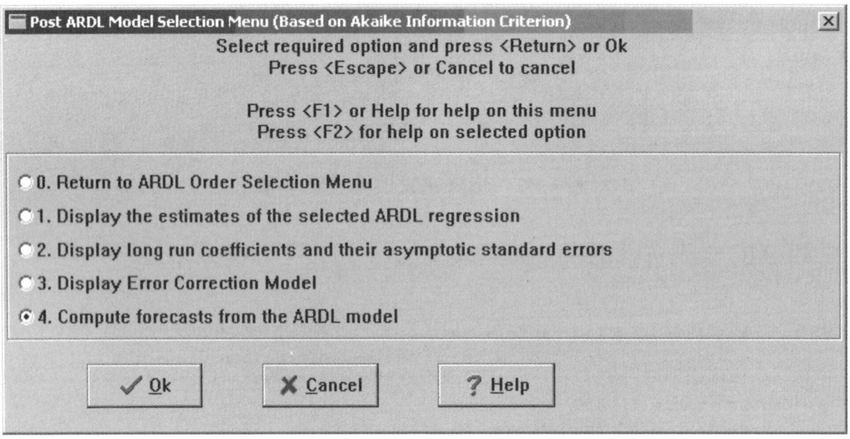

图 4 - 9　选择利用 ARDL 模型预测

然后点击"OK"，得到结果如图 4 - 10 所示。

```
                    Dynamic forecasts for the change in LC
*******************************************************************************
 Based on 127 observations from 1961Q2 to 1992Q4.
 ARDL(2,2,3) selected using Akaike Information Criterion.
 Dependent variable in the ARDL model is LC included with a lag of 2.
 List of other regressors in the ARDL model:
 LY              LY(-1)          LY(-2)          PI              PI(-1)
 PI(-2)          PI(-3)          INPT
*******************************************************************************
 Observation             Actual              Prediction              Error
  1993Q1               -.0053759               .0034962            -.0088721
  1993Q2                .0065768               .0026170             .0039598
  1993Q3                .0090587               .0078788             .0011798
  1993Q4                .0066042               .0048395             .0017647
  1994Q1                 .010188               .0078575             .0023304
*******************************************************************************

              Summary Statistics for Residuals and Forecast Errors
*******************************************************************************
                        Estimation Period             Forecast Period
                         1961Q2 to 1992Q4             1993Q1 to 1994Q1
*******************************************************************************
 Mean                        -.1712E-8                     .7253E-4
 Mean Absolute                .0040512                     .0036214
 Mean Sum Squares             .2701E-4                     .2087E-4
 Root Mean Sum Squares        .0051973                     .0045679
*******************************************************************************
```

图 4 - 10　预测结果

预测期间(1993Q1 to 1994Q1)误差平方和均值的平方根(root mean sum squares)大约为每季度 0.45%,优于估计期间(1961Q2 to 1992Q4)0.519%的水平。然而,模型没有预测到 1993 年第一季度非耐用品消费支出的下降。

实验五　ARIMA 模型的概念和构造

一、实验目的

了解 AR,MA 以及 ARIMA 模型的特点,了解三者之间的区别联系,以及 AR 与 MA 的转换,掌握如何利用自相关系数和偏自相关系数对 ARIMA 模型进行识别,利用最小二乘法等方法对 ARIMA 模型进行估计,利用信息准则对估计的 ARIMA 模型进行诊断,以及如何利用 ARIMA 模型进行预测。掌握在实证研究如何运用 EViews 软件进行 ARIMA 模型的识别、诊断、估计和预测。

二、基本概念

所谓 ARIMA 模型,是指将非平稳时间序列转化为平稳时间序列,然后将因变量仅对它的滞后值以及随机误差项的现值和滞后值进行回归所建立的模型。ARIMA 模型根据原序列是否平稳以及回归中所含部分的不同,包括移动平均过程(MA)、自回归过程(AR)、自回归移动平均过程(ARMA)以及 ARIMA 过程。

在 ARIMA 模型的识别过程中,我们主要用到两个工具:自相关函数(简称 ACF),偏自相关函数(简称 PACF)以及它们各自的相关图(即 ACF、PACF 相对于滞后长度描图)。对于一个序列$\{Y_t\}$来说,它的第 j 阶自相关系数(记作 ρj)定义为它的 j 阶自协方差除以它的方差,即 $\rho_j = \gamma_j / \gamma_0$,它是关于 j 的函数,因此我们也称之为自相关函数,通常记 ACF(j)。偏自相关函数 PACF(j)度量了消除中间滞后项影响后两滞后变量之间的相关关系。

三、实验内容及要求

(一) 实验内容

根据 1991 年 1 月—2005 年 1 月我国货币供应量(广义货币 M2)的月度时间数据来说明在 EViews 软件中如何利用 BJ 方法论建立合适的 ARIMA(p, d, q)模型,并利用此模型进行数据的预测。

(二) 实验要求

(1) 深刻理解上述基本概念;

(2) 思考:如何通过观察自相关,偏自相关系数及其图形,利用最小二乘法,以及信息准则建立合适的 ARIMA 模型;如何利用 ARIMA 模型进行预测;

(3) 熟练掌握相关 EViews 操作。

四、实验指导

(一) ARIMA 模型的识别

1. 导入数据

打开 EViews 软件,选择"File"菜单中的"New - Workfile"选项,出现"Workfile Range"对话框,在"Workfile frequency"框中选择"Monthly",在"Start date"和"End date"框中分别输入"1991: 01"和"2005: 01",然后单击"OK",选择"File"菜单中的"Import - Read Text - Lotus - Excel"选项,找到要导入的名为 EX6.2.xls 的 Excel 文档,单击"打开"出现"Excel Spreadsheet Import"对话框并在其中输入相关数据名称(M2),再单击"OK",完成数据导入。

2. 模型的识别

首先利用 ADF 检验,确定 d 值,判断 M2 序列为 2 阶非平稳过程(由于具体操作方法我们在第五章中予以说明,此处略),即 d 的值为 2,将两次差分后得到的平稳序列命名为 $W2$;下面我们来看 $W2$ 的自相关、偏自相关函数图。打开 $W2$ 序列,点击"View"—"Correlogram"菜单,会弹出如图 5 - 1 所示的窗口,我们选择滞后项数为 36,然后点击"OK",就得到了 $W2$ 的自相关函数图和偏自相关函数图,如图 5 - 2 所示。

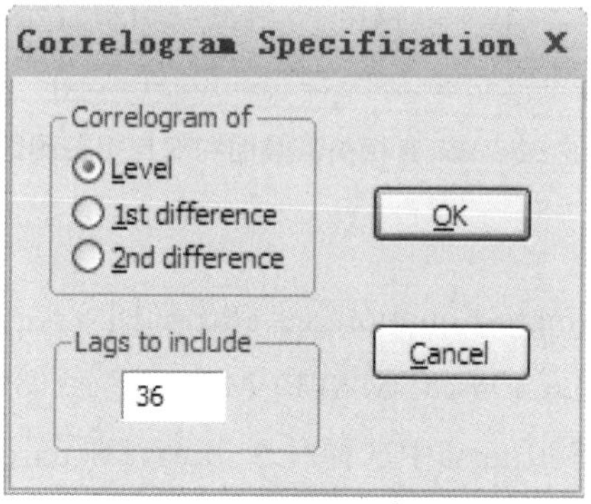

图 5 - 1　自相关形式设定

从 $W2$ 的自相关函数图和偏自相关函数图中我们可以看到,他们都是拖尾的,因此可设定为 ARMA 过程。$W2$ 的自相关函数 1—5 阶都是显著的,并且从第 6 阶开始下降很大,数值也不太显著,因此我们先设定 q 值为 5。$W2$ 的偏自相关函数 1—2 阶都很显著,并且从第 3 阶开始下降很大,因此我们先设定 p 的值为 2,于是对于序列 $W2$,我们初步建立了 ARMA(2, 5)模型。

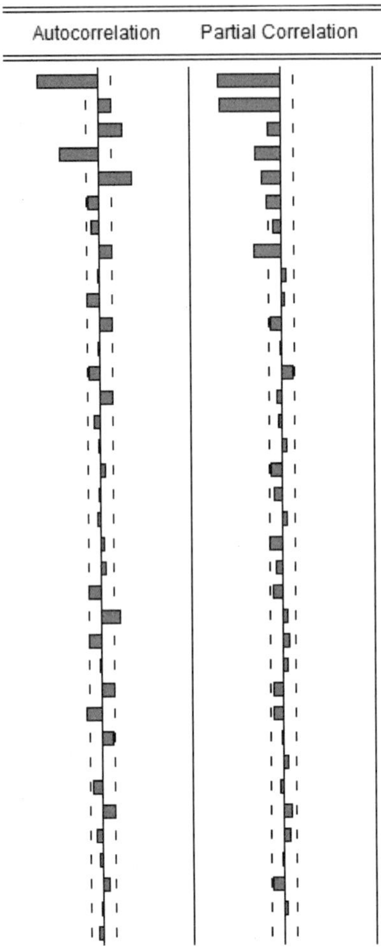

	AC	PAC	Q-Stat	Prob
1	-0.701	-0.701	83.437	0.000
2	0.141	-0.688	86.814	0.000
3	0.277	-0.143	100.04	0.000
4	-0.453	-0.295	135.53	0.000
5	0.371	-0.224	159.50	0.000
6	-0.135	-0.156	162.69	0.000
7	-0.085	-0.095	163.97	0.000
8	0.143	-0.304	167.59	0.000
9	-0.010	0.052	167.61	0.000
10	-0.142	0.029	171.24	0.000
11	0.143	-0.121	174.96	0.000
12	-0.011	-0.015	174.98	0.000
13	-0.115	0.122	177.42	0.000
14	0.138	-0.050	180.96	0.000
15	-0.075	-0.031	182.01	0.000
16	-0.014	0.054	182.05	0.000
17	0.056	-0.130	182.63	0.000
18	-0.023	-0.097	182.72	0.000
19	-0.030	0.057	182.89	0.000
20	0.028	-0.152	183.04	0.000
21	0.042	-0.082	183.38	0.000
22	-0.140	-0.104	187.19	0.000
23	0.208	0.042	195.66	0.000
24	-0.154	0.070	200.35	0.000
25	-0.019	0.048	200.42	0.000
26	0.154	-0.103	205.20	0.000
27	-0.175	-0.103	211.41	0.000
28	0.117	-0.019	214.17	0.000
29	-0.002	0.062	214.17	0.000
30	-0.099	-0.032	216.20	0.000
31	0.131	0.085	219.77	0.000
32	-0.081	0.067	221.16	0.000
33	-0.028	-0.015	221.32	0.000
34	0.075	-0.118	222.50	0.000
35	-0.012	0.026	222.53	0.000
36	-0.055	0.008	223.18	0.000

图 5－2　W2 自相关函数图和偏自相关函数图

（二）模型的估计

点击“Quick”—“Estimate Equation”，会弹出如图 5－3 所示的窗口，在“Equation Specification”空白栏中键入“ W2 C MA(1) MA(2) MA(3) MA(4) MA(5) AR(1) AR(2)”，在“Estimation Settings”中选择“LS－Least Squares(NLS and ARMA)”，然后点击“OK”，得到如表 5－1 所示的估计结果。

可以看到，除常数项外，其他解释变量的系数估计值在 15%的显著性水平下都是显著的。

（三）模型的诊断

点击“View”-“Residual test”-“Correlogram－Q－statistics”，在弹出的窗口中选择滞后阶数为 36，点击“OK”，就可以得到 Q 统计量，此时为 30.96，p 值为 0.367，因此不能拒绝原假设，可以认为模型较好地拟合了数据。

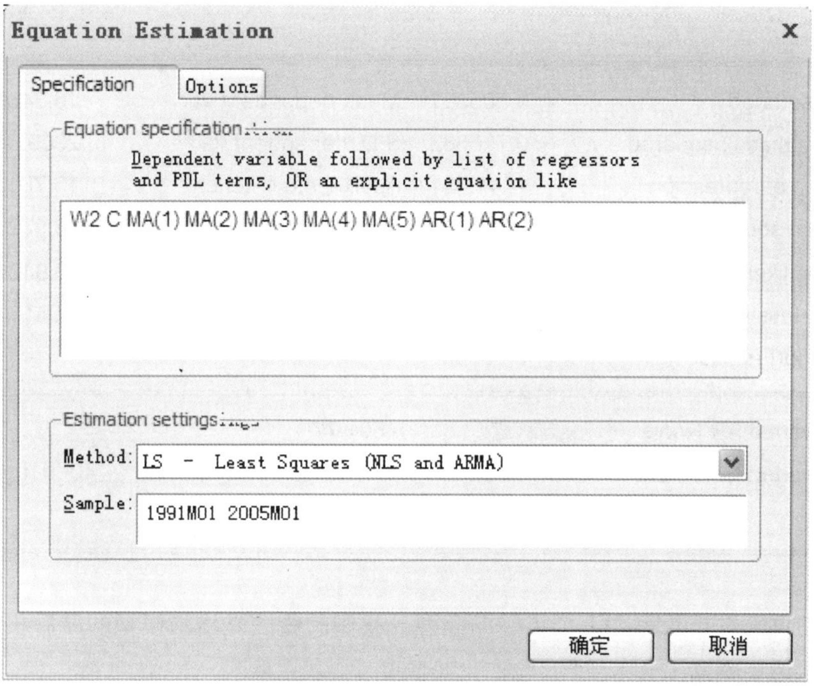

图 5-3 回归方程设定

表 5-1 ARMA(2, 5)回归结果

Dependent Variable: W2

Method: Least Squares

Date: 12/21/14 Time: 02:05

Sample (adjusted): 1991M05 2005M01

Included observations: 165 after adjustments

Convergence achieved after 50 iterations

MA Backcast: 1990M12 1991M04

Variable	Coefficient	Std. Error	t-Statistic	Prob.
C	14.44319	10.74065	1.344723	0.1807
AR(1)	-0.995579	0.055305	-18.00153	0.0000
AR(2)	-0.837713	0.047357	-17.68914	0.0000
MA(1)	-0.436708	0.096208	-4.539223	0.0000
MA(2)	0.175063	0.104359	1.677513	0.0954
MA(3)	-0.880075	0.052403	-16.79446	0.0000
MA(4)	0.322618	0.100005	3.226012	0.0015
MA(5)	0.190454	0.096508	1.973453	0.0502

（续表）

R-squared	0.805361	Mean dependent var	16.34363
Adjusted R-squared	0.796682	S.D. dependent var	2309.544
S.E. of regression	1041.391	Akaike info criterion	16.78177
Sum squared resid	1.70E+08	Schwarz criterion	16.93236
Log likelihood	-1376.496	Hannan-Quinn criter.	16.84290
F-statistic	92.80278	Durbin-Watson stat	2.041303
Prob(F-statistic)	0.000000		

Inverted AR Roots	-.50-.77i	-.50+.77i		
Inverted MA Roots	.77+.22i	.77-.22i	-.30	-.40-.91i
	-.40+.91i			

我们再来看是否存在一个更好的模型。我们的做法是增加模型的滞后长度，然后根据信息值来判断。表 5－2 是我们试验的几个 p、q 值的 AIC 信息值。

表 5－2　不同 p、q 值的 AIC 信息值

p	2	3	4	2	2	2	3	3	3	4	4	4
q	5	5	5	6	7	8	6	7	8	6	7	8
AIC	16.78	16.75	16.77	16.76	16.76	16.77	16.77	16.78	16.79	16.75	16.79	16.78

可以看到，根据 AIC 信息值，我们应选择 $p=3$，$q=5$，或 $p=4$，$q=6$，但是按照后者建立的模型中有的解释变量的系数估计值是不显著的，而按照前者建立的模型其解释变量的系数值都是显著的（如表 5－3 所示），因此我们最终建立的模型是 ARMA(3,5)。

（四）模型的预测

点击“Forecast”，会弹出如图 5－4 所示的窗口。在 EViews 中有两种预测方式：“Dynamic”和“Static”，前者是根据所选择的一定的估计区间，进行多步向前预测；后者是只滚动的进行向前一步预测，即每预测一次，用真实值代替预测值，加入估计区间，再进行向前一步预测。我们首先用前者来估计 2003 年 1 月—2005 年 1 月的 $W2$，在“Sample range for forecast”空白栏中键入“2003：01 2005：01”（如图 5－4 所示），选择“Dynamic”，其他的一些选项诸如预测序列的名称以及输出结果的形式等，我们可以根据目的自行选择，不再介绍，点击“OK”，得到如图 5－5 所示的预测结果。

表 5-3 ARMA(3,5)回归结果

Dependent Variable: W2
Method: Least Squares
Date: 12/21/14 Time: 02:28
Sample (adjusted): 1991M06 2005M01
Included observations: 164 after adjustments
Convergence achieved after 38 iterations
MA Backcast: 1991M01 1991M05

Variable	Coefficient	Std. Error	t-Statistic	Prob.
C	14.49885	9.044380	1.603079	0.1110
AR(1)	-1.695549	0.115673	-14.65814	0.0000
AR(2)	-1.509088	0.142387	-10.59848	0.0000
AR(3)	-0.595019	0.110749	-5.372669	0.0000
MA(1)	0.291050	0.115673	2.516134	0.0129
MA(2)	-0.213353	0.073117	-2.917948	0.0040
MA(3)	-0.634653	0.050426	-12.58573	0.0000
MA(4)	-0.392415	0.101135	-3.880121	0.0002
MA(5)	0.484989	0.079475	6.102419	0.0000

R-squared	0.815177	Mean dependent var	16.18107
Adjusted R-squared	0.805638	S.D. dependent var	2316.617
S.E. of regression	1021.315	Akaike info criterion	16.74888
Sum squared resid	1.62E+08	Schwarz criterion	16.91900
Log likelihood	-1364.409	Hannan-Quinn criter.	16.81794
F-statistic	85.45525	Durbin-Watson stat	2.024308
Prob(F-statistic)	0.000000		

Inverted AR Roots	-.48+.76i	-.48-.76i	-.74	
Inverted MA Roots	.72-.14i	.72+.14i	-.40-.91i	-.40+.91i
	-.93			

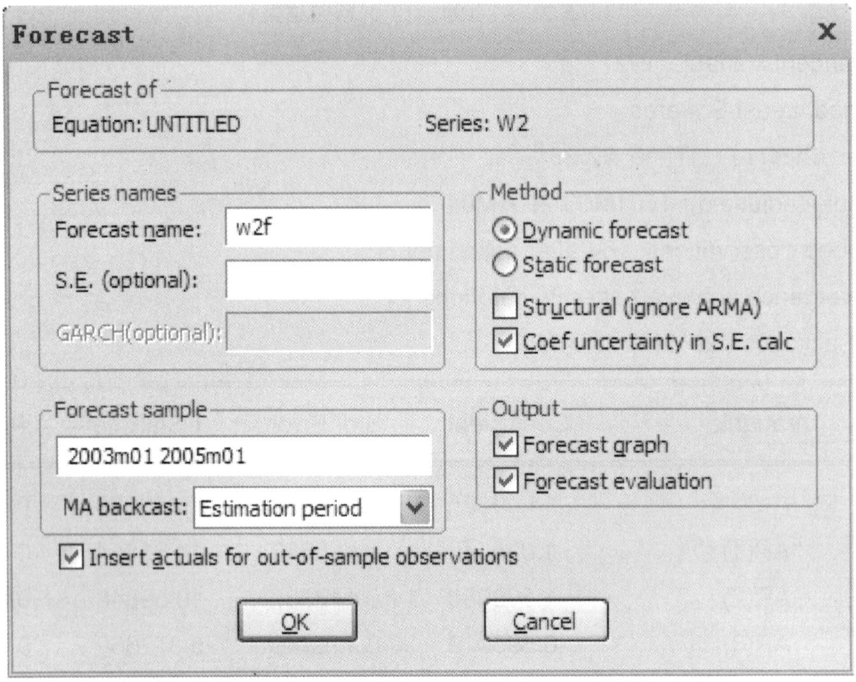

图 5-4　ARMA(3,5)模型预测设定

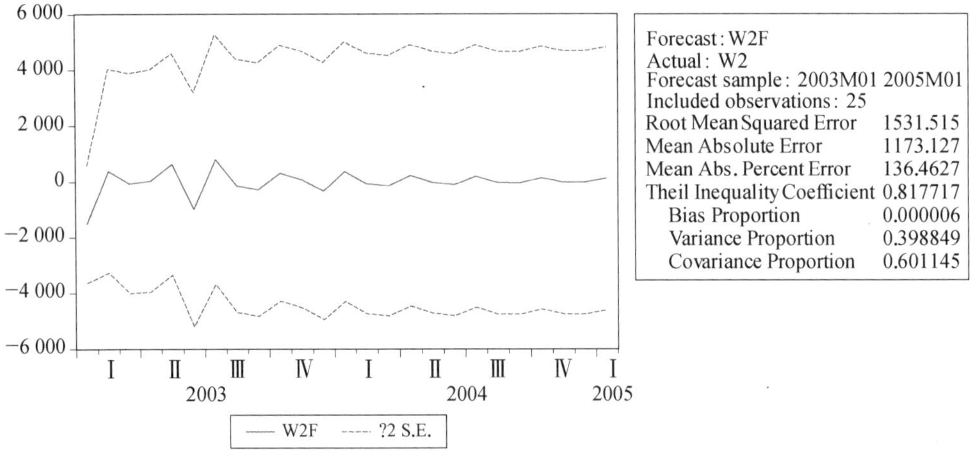

图 5-5　Dynamic 预测方式结果

图 5-5 中，实线代表的是 W2 的预测值，两条虚线则提供了 2 倍标准差的置信区间。可以看到，正如我们在前面所讲的，随着预测时间的增长，预测值很快趋向于序列的均值(接近 0)。图的右边列出的是评价预测的一些标准，如平均预测误差平方和的平方根(RMSE)，Theil 不相等系数及其分解。可以看到，Theil 不相等系数为 0.82，表明模型的预测能力不太好，而对它的分解表明偏误比例很小，方差比例较大，说明实际序列的波动较大，而模拟序列的波动较小，这可能是由于预测时间过长。

下面我们再利用“Static”方法来估计 2004 年 1 月—2005 年 1 月的 W2(操作过程略),我们可以得到如图 5－6 所示的结果。从图中可以看到,“Static”方法得到的预测值波动性要大;同时,方差比例的下降也表明较好地模拟了实际序列的波动,Theil 不相等系数为 0.62,其中协方差比例为 0.70,表明模型的预测结果较理想。

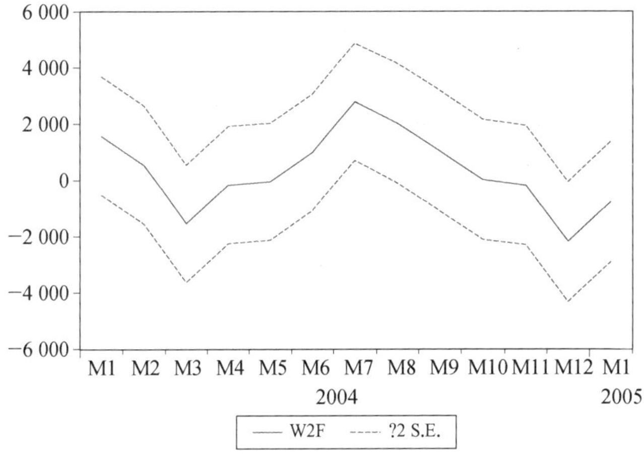

Forecast: W2F
Actual: W2
Forecast sample: 2004M01 2005M01
Included observations: 13

Root Mean Squared Error	1280.967
Mean Absolute Error	1061.574
Mean Abs. Percent Error	872.9085
Theil Inequality Coefficient	0.618320
Bias Proportion	0.045897
Variance Proportion	0.246135
Covariance Proportion	0.707968

图 5－6　Static 预测方式结果

实验六　VAR 模型的概念和构造

一、实验目的

理解 VAR 模型的概念，掌握 VAR 模型的形式和特点，掌握 VAR 模型的识别、估计、检验和预测，了解似然比检验法，掌握脉冲响应的作用和应用，掌握使用 EViews 软件进行相关的检验。

二、基本概念

VAR 模型即向量自回归模型由希姆斯(C. A. Sims)提出，在一个含有 n 个方程(被解释变量)的 VAR 模型中，每个被解释变量都对自身以及其他被解释变量的若干期滞后值回归，若令滞后阶数为 k，则 VAR 模型的一般形式可用下式表示：

$$Z_t = \sum_{i=1}^{k} A_i Z_{t-i} + V_t$$

其中，Z_t 表示由第 t 期观测值构成的 n 维列向量；A_i 为 $n * n$ 系数矩阵，V_t 是由随机误差项构成的 n 维列向量，其中随机误差项 V_i ($i=1, 2, \cdots, n$)为白噪音过程，且满足 $E(v_{it}v_{jt})$ ($i, j=1, 2, \cdots, n$，且 $i \neq j$)。

对某变量全部滞后项系数的联合检验能够告诉我们该变量是否对被解释变量有显著的影响，但是不能告诉我们这种影响是正还是负，也不能告诉我们这种影响发生作用所需要的时间。为解决这一问题，经常应用的方法是测量脉冲响应。脉冲响应度量的是被解释变量对单位冲击的响应。

三、实验内容及要求

(一) 实验内容

在 EViews 软件中利用 VAR 模型对我国货币政策的有效性进行检验。取我国狭义货币供应量 M1，商品零售物价指数 P，以及代表产出水平的国内生产总值 GDP 的季度数据，时间为 1994 年第一季度到 2004 年第二季度。所有的数据我们都取它们的增长率，以保证序列的平稳性。

(二) 实验要求

(1) 深刻理解 VAR 模型的基本概念，以及脉冲响应的基本概念；

(2) 思考如何建立适当的 VAR 模型，如何利用 VAR 模型进行预测；

(3) 熟练掌握相关 EViews 操作。

四、实验指导

(一) 导入数据

打开 EViews 软件,点击"File"—"New - Workfile"选项,出现"Workfile Range"对话框,在"Workfile frequency"框中选择"Quarterly",在"Start date"和"End date"框中分别输入"1994：1"和"2004：2",然后单击"OK"。点击"File"—"Import - Read Text - Lotus - Excel",找到要导入的名为 EX6.3.xls 的 Excel 文档,单击"打开"出现"Excel Spreadsheet Import"对话框并在其中输入"CPI""GDP"和"M1",单击"OK",完成数据导入。

为保证序列的平稳性,所有的数据我们都取它们的增长率。在命令框输入命令 genr CPIDL＝DLOG(CPI),生成 CPI 增长率序列 CPIDL。同样的方法生成 GDPDL、M1DL 序列。

(二) 建立模型

点击"Quick"-"Estimate VAR",弹出如图 6 - 1 所示的窗口。在左边"VAR Specification"中我们选择"Unrestricted VAR",滞后长度我们从一阶试起,在右边"Endogenous"空白栏中我们键入变量名称"cpidl m1dl gdpdl",在"Exdogenous"空白栏中保留常数项"C",点击"OK",即可以得到估计结果。

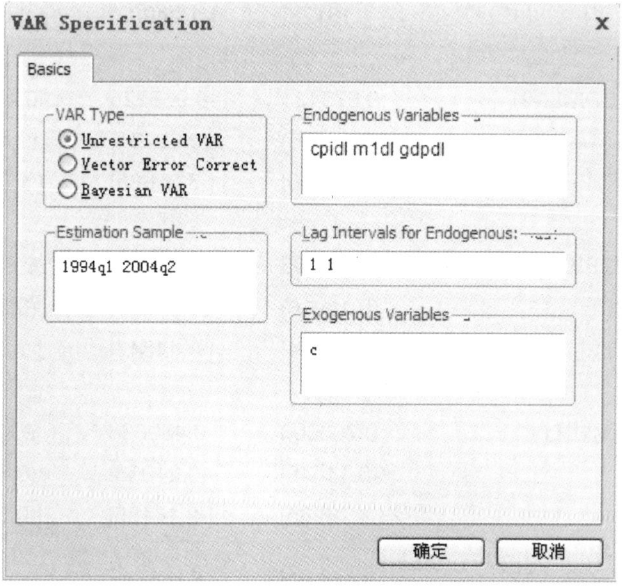

图 6 - 1 VAR 模型设定

在选择滞后项时,我们应用信息准则,表 6 - 1 中是我们试验的几个滞后项(根据金融理论,货币效应时滞在一年左右,所以我们选择最大 5 阶)及相应的信息值。

表 6－1　不同滞后值下的 AIC 值和 SC 值

滞后值	1	2	3	4	5
AIC 值	−10.32	−11.53	−12.45	−12.73	−13.20
SC 值	−9.81	−10.64	−11.16	−11.03	−11.09

由表 6－1，根据 AIC 信息准则，我们应选择滞后项为 5，根据 SC 信息准则，我们应选择滞后项为 3，考虑到 3 阶后 AIC 值下降较缓，因此我们根据 SC 值选择滞后项为 3，然后进行估计，得到如表 6－2 所示的结果。

表 6－2　VAR 模型估计结果

Vector Autoregression Estimates
Date: 02/24/15　Time: 21:34
Sample (adjusted): 1995Q1 2004Q2
Included observations: 38 after adjustments
Standard errors in ( ) & t-statistics in [ ]

	CPIDL	M1DL	GDPDL
CPIDL(-1)	0.231545	-0.454025	0.331327
	(0.19939)	(0.36350)	(0.54581)
	[1.16128]	[-1.24902]	[0.60704]
CPIDL(-2)	0.076421	-0.969225	0.476782
	(0.16326)	(0.29764)	(0.44692)
	[0.46809]	[-3.25635]	[1.06682]
CPIDL(-3)	0.079005	0.154853	0.697243
	(0.18940)	(0.34529)	(0.51846)
	[0.41714]	[0.44847]	[1.34484]
M1DL(-1)	0.203608	-0.460036	0.171646
	(0.11549)	(0.21056)	(0.31616)
	[1.76295]	[-2.18485]	[0.54291]
M1DL(-2)	-0.289403	-0.125967	-0.049720
	(0.10444)	(0.19041)	(0.28590)
	[-2.77099]	[-0.66157]	[-0.17391]

（续表）

M1DL(-3)	-0.003083	-0.173310	-0.023864
	(0.12024)	(0.21921)	(0.32914)
	[-0.02564]	[-0.79063]	[-0.07250]
GDPDL(-1)	0.092482	-0.002143	-1.110726
	(0.04169)	(0.07600)	(0.11412)
	[2.21838]	[-0.02820]	[-9.73287]
GDPDL(-2)	0.114096	-0.142067	-0.792235
	(0.04670)	(0.08514)	(0.12784)
	[2.44308]	[-1.66858]	[-6.19690]
GDPDL(-3)	0.066997	-0.053859	-0.439512
	(0.03172)	(0.05782)	(0.08682)
	[2.11235]	[-0.93144]	[-5.06215]
C	-0.002466	0.071970	0.071507
	(0.00991)	(0.01807)	(0.02713)
	[-0.24885]	[3.98290]	[2.63549]
R-squared	0.638976	0.607271	0.848922
Adj. R-squared	0.522933	0.481036	0.800361
Sum sq. resids	0.007643	0.025402	0.057272
S.E. equation	0.016521	0.030120	0.045227
F-statistic	5.506358	4.810661	17.48161
Log likelihood	107.8004	84.97973	69.53331
Akaike AIC	-5.147388	-3.946302	-3.133332
Schwarz SC	-4.716444	-3.515358	-2.702388
Mean dependent	0.003255	0.033820	0.014668
S.D. dependent	0.023920	0.041811	0.101221
Determinant resid covariance (dof adj.)		4.06E-10	
Determinant resid covariance		1.62E-10	
Log likelihood		266.5314	
Akaike information criterion		-12.44902	
Schwarz criterion		-11.15619	

在表 6－2 中我们也可以看到，在同一变量不同的滞后项，有的是显著的，有的是不显著的，有的符号是相反的，验证了我们所说的 VAR 模型是缺乏理论依据的，我们无法直接得出某种结论。

首先，对于物价 CPI，上期的货币供应量对其的影响是显著的，并且系数为正，与理论相符，说明货币供应量的增加将使物价水平上升。

其次，对于货币供应量来说，GDP 和物价水平对其影响不显著，说明货币供应量不受上期的产出和物价水平的影响，是一个独立的外生变量，由央行控制，不受实体经济要素的影响。

再次，对于 GDP，上期的货币供应量对其没有影响，这也施的稳健的货币政策效果是不大的，而上期物价水平则对产出有显著的正的影响。

（三）检验脉冲响应

在 EViews 软件点击“Impulse”菜单，就会弹出如图 6－2 所示的窗口。

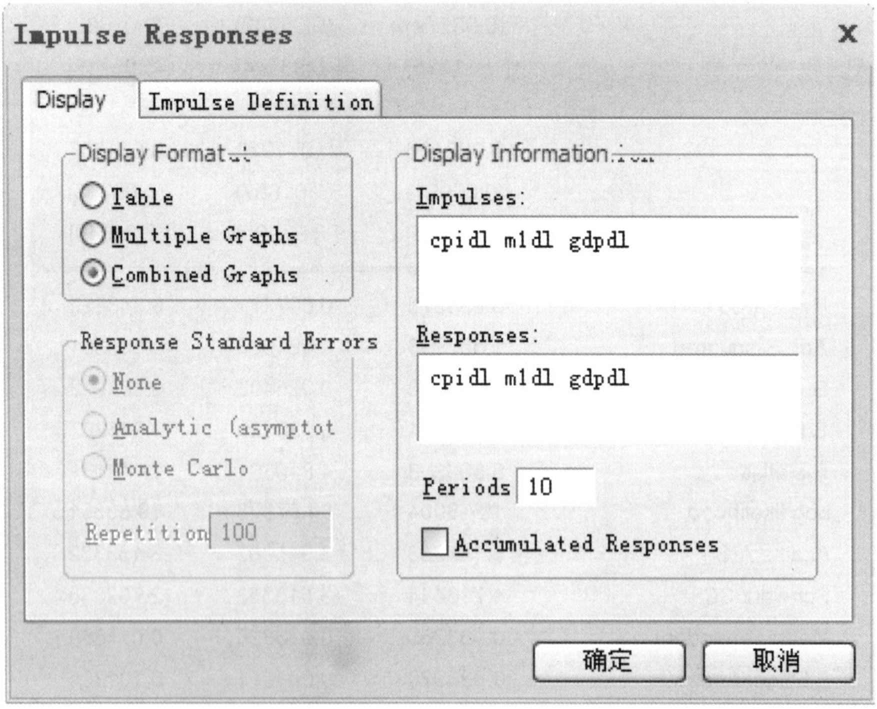

图 6－2　VAR 脉冲响应设定

我们选择对三个变量都进行脉冲响应测试，冲击也分别来自三个变量，然后选择时期为 10（其他各项可根据需要选择），点击“OK”，得到如图 6－3 所示的脉冲测试结果。

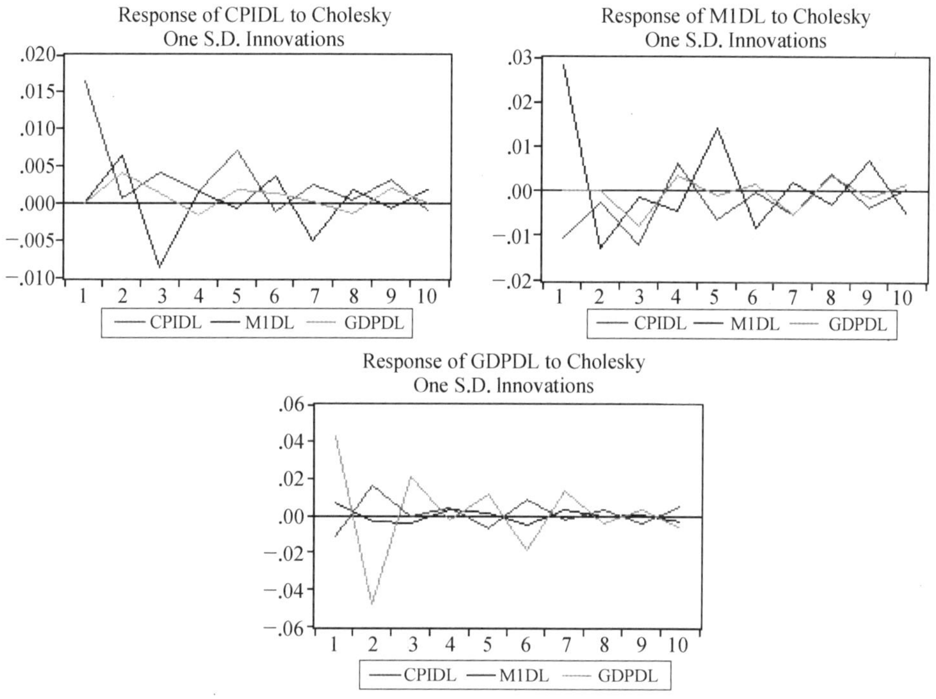

图 6-3　VAR 脉冲响应结果

实验七　(G)ARCH 模型在金融数据中的应用

一、实验目的

理解自回归异方差(ARCH)模型的概念及建立的必要性和适用的场合。

了解(G)ARCH 模型的各种不同类型,如 GARCH－M 模型(GARCH in Mean),EGARCH 模型 (Exponential GARCH)和 TARCH 模型 (Threshold ARCH)。掌握对(G)ARCH 模型的识别、估计及如何运用 EViews 软件在实证研究中实现。

二、基本概念

p 阶自回归条件异方程 ARCH(p)模型,其定义由均值方程(7.1)和条件方差方程(7.2)给出:

$$y_t = \beta x_t + \varepsilon_t \tag{7.1}$$

$$h_t = \mathrm{var}(\varepsilon_t \mid \Omega_{t-1}) = a_0 + a_1\varepsilon_{t-1}^2 + a_2\varepsilon_{t-2}^2 + \cdots + a_p\varepsilon_{t-p}^2 \tag{7.2}$$

其中,Ω_{t-1} 表示 $t-1$ 时刻所有可得信息的集合,h_t 为条件方差。方程(7.2)表示误差项 ε_t 的方差 h_t 由两部分组成:一个常数项和前 p 个时刻关于变化量的信息,用前 p 个时刻的残差平方表示(ARCH 项)。

广义自回归条件异方差 GARCH(p, q)模型可表示为:

$$y_t = \beta x_t + \varepsilon_t \tag{7.3}$$

$$h_t = \mathrm{var}(\varepsilon_t \mid \Omega_{t-1}) = a_0 + a_1\varepsilon_{t-1}^2 + \cdots + a_p\varepsilon_{t-p}^2 + \lambda_1 h_{t-1} + \cdots + \lambda_q h_{t-q} \tag{7.4}$$

三、实验内容及要求

(一) 实验内容

以上证指数和深证成分指数为研究对象,选取 1997 年 1 月 2 日—2002 年 12 月 31 日共 6 年每个交易日上证指数和深证成份指数的收盘价为样本,完成以下实验步骤:

(1) 沪深股市收益率的波动性研究;

(2) 股市收益波动非对称性的研究;

(3) 沪深股市波动溢出效应的研究。

(二) 实验要求

(1) 深刻理解本章的概念;

(2) 对实验步骤中提出的问题进行思考;

(3) 熟练掌握实验的操作步骤,并得到有关结果。

四、实验指导

(一) 沪深股市收益率的波动性研究

1. 描述性统计

(1) 导入数据,建立工作组。打开 EViews 软件,选择“File”菜单中的“New Workfile”选项,在“Workfile frequency”框中选择“undated or irregular”,在“Start observation”和“End observation”框中分别输入“1”和“1444”,单击“OK”。选择“File”菜单中的“Import - Read Text - Lotus - Excel”选项,找到要导入的名为 EX6. 4. xls 的 Excel 文档完成数据导入。

(2) 生成收益率的数据列。在 EViews 窗口主菜单栏下的命令窗口中键入如下命令:genr rh=log(sh/sh(-1)),回车后即形成沪市收益率的数据序列 *rh*,同样的方法可得深市收益数剧序列 *rz*。

(3) 观察收益率的描述性统计量。双击选取“rh”数据序列,在新出现的窗口中点击“View”-“Descriptive Statistics”-“Histogram and Stats”,则可得沪市收益率 *rh* 的描述性统计量,如图 7-1 所示。

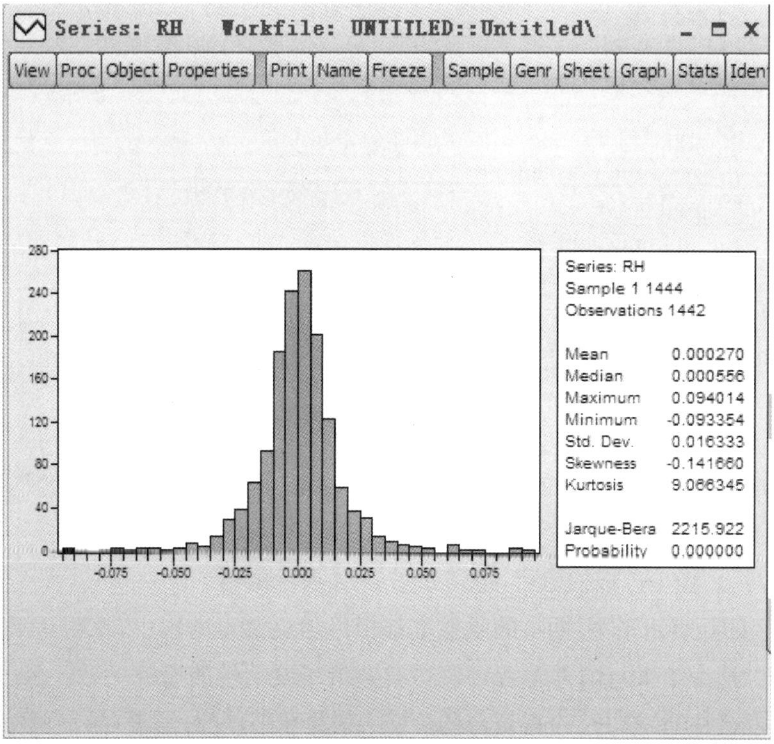

图 7-1 沪市收益率 *rh* 的描述性统计量

同样的步骤可得深市收益率 *rz* 的描述性统计量。观察这些数据，我们可以发现：样本期内沪市收益率均值为 0.027%，标准差为 1.63%，偏度为－0.146，左偏峰度为 9.07，远高于正态分布的峰度值 3，说明收益率 *rh* 具有尖峰和厚尾特征。JB 正态性检验也证实了这点，统计量为 2 216，说明在极小水平下，收益率 *rh* 显著异于正态分布；深市收益率均值为－0.012%，标准差为 1.80%，偏度为－0.027，左偏峰度为 8.172，收益率 *rz* 同样具有尖峰厚尾特征。深市收益率的标准差大于沪市，说明深圳股市的波动更大。

2. 平稳性检验

再次双击选取 *rh* 序列，点击“View”—“Unit Root Test”，出现如图 7－2 所示的窗口。

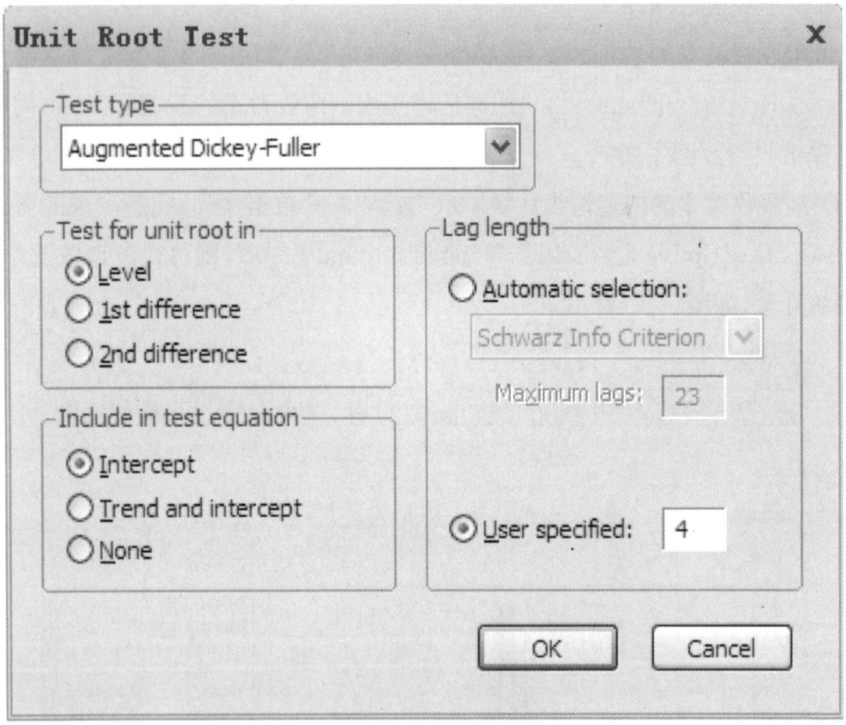

图 7－2　单位根检验

对该序列进行 ADF 单位根检验，选择滞后 4 阶，带截距项而无趋势项，所以采用窗口的默认选项，得到如图 7－3 所示的结果。

同样对 *rz* 做单位根检验后，得到如图 7－4 所示的结果。

在 1%的显著水平下，两市的收益率都拒绝随机游走的假设，说明是平稳的时间序列数据。这个结果与国外学者对发达成熟市场波动性的研究一致。Pagan(1996)和 Bollerslev(1994)指出：金融资产的价格一般是非平稳的，经常有一个单位根(随机游走)，而收益率序列通常是平稳的。

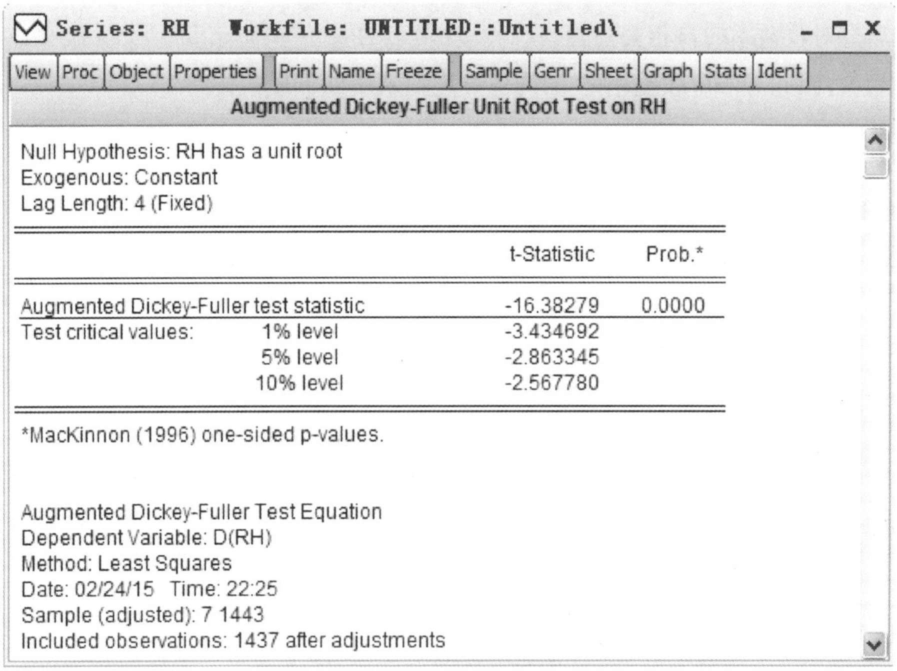

Series: RH　Workfile: UNTITLED::Untitled\

View | Proc | Object | Properties | Print | Name | Freeze | Sample | Genr | Sheet | Graph | Stats | Ident

Augmented Dickey-Fuller Unit Root Test on RH

Null Hypothesis: RH has a unit root
Exogenous: Constant
Lag Length: 4 (Fixed)

		t-Statistic	Prob.*
Augmented Dickey-Fuller test statistic		-16.38279	0.0000
Test critical values:	1% level	-3.434692	
	5% level	-2.863345	
	10% level	-2.567780	

*MacKinnon (1996) one-sided p-values.

Augmented Dickey-Fuller Test Equation
Dependent Variable: D(RH)
Method: Least Squares
Date: 02/24/15　Time: 22:25
Sample (adjusted): 7 1443
Included observations: 1437 after adjustments

图 7－3　*rh* ADF 检验结果

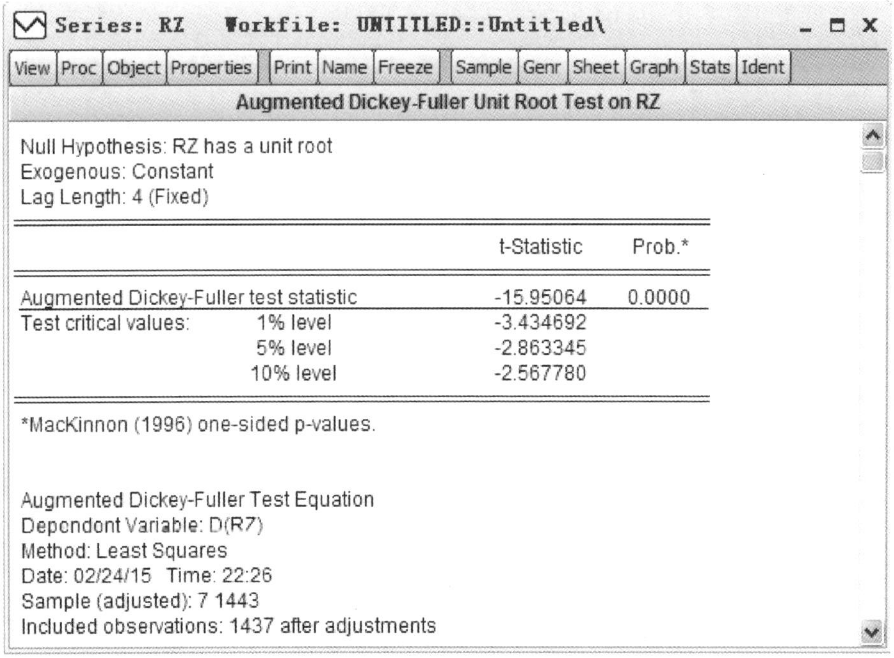

Series: RZ　Workfile: UNTITLED::Untitled\

View | Proc | Object | Properties | Print | Name | Freeze | Sample | Genr | Sheet | Graph | Stats | Ident

Augmented Dickey-Fuller Unit Root Test on RZ

Null Hypothesis: RZ has a unit root
Exogenous: Constant
Lag Length: 4 (Fixed)

		t-Statistic	Prob.*
Augmented Dickey-Fuller test statistic		-15.95064	0.0000
Test critical values:	1% level	-3.434692	
	5% level	-2.863345	
	10% level	-2.567780	

*MacKinnon (1996) one-sided p-values.

Augmented Dickey-Fuller Test Equation
Dependent Variable: D(RZ)
Method: Least Squares
Date: 02/24/15　Time: 22:26
Sample (adjusted): 7 1443
Included observations: 1437 after adjustments

图 7－4　*rz* ADF 检验结果

3. 均值方程的确定及残差序列自相关检验

通过对收益率的自相关检验，我们发现两市的收益率都与其滞后 15 阶存在显著的自相关，因此对两市收益率 r_t 的均值方程都采用如下形式：

$$r_t = c + ar_{t-15} + \varepsilon_t \tag{7.5}$$

（1）对收益率做自回归。在 EViews 主菜单中选择“Quick”—“Estimation Equation”，出现如图 7－5 所示的窗口。

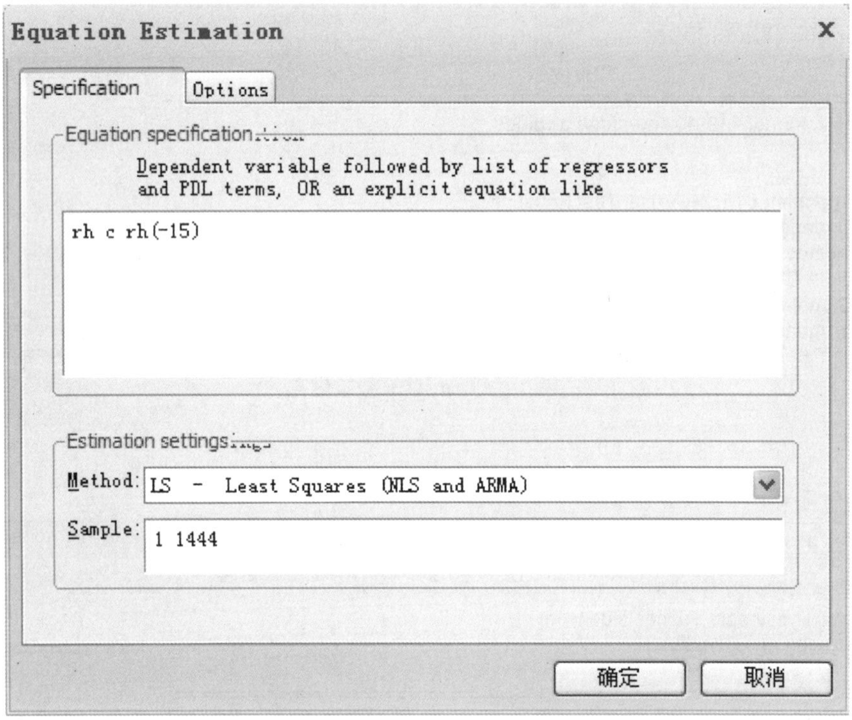

图 7－5 对收益率 *rh* 做自回归

在“Method”中选择 LS(即普通最小二乘法)，然后在“Estimation settings”上方空白处输入图 7－5 所示变量，单击“OK”，则出现图 7－6 所示的结果。

（2）用 Ljung－Box Q 统计量对均值方程拟和后的残差及残差平方做自相关检验。点击“View”—“Residual Test”—“Correlogram－Q－statistics”，选择 10 阶滞后，则可得沪市收益率 *rh* 残差项的自相关系数 *acf* 值和 *pacf* 值，如图 7－7 所示。

点击“View”—“Residual Test”—“Correlogram Squared Residuals”，选择 10 阶滞后，则可得沪市收益率 *rh* 残差平方的自相关系数 *acf* 值和 *pacf* 值，如图 7－8 所示。

采用同样的方法，可得深市收益率 *rz* 的回归方程及残差、残差平方的 *acf* 值和 *pacf* 值。结果表明两市的残差不存在显著的自相关，而残差平方有显著的自相关。

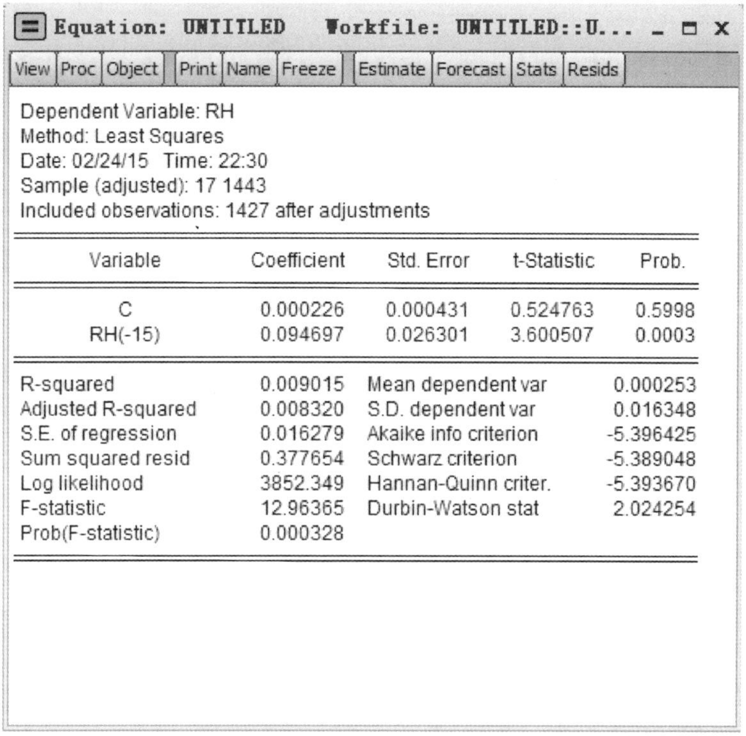

Equation: UNTITLED　Workfile: UNTITLED::U...

View | Proc | Object | Print | Name | Freeze | Estimate | Forecast | Stats | Resids

Dependent Variable: RH
Method: Least Squares
Date: 02/24/15 Time: 22:30
Sample (adjusted): 17 1443
Included observations: 1427 after adjustments

Variable	Coefficient	Std. Error	t-Statistic	Prob.
C	0.000226	0.000431	0.524763	0.5998
RH(-15)	0.094697	0.026301	3.600507	0.0003

R-squared	0.009015	Mean dependent var	0.000253
Adjusted R-squared	0.008320	S.D. dependent var	0.016348
S.E. of regression	0.016279	Akaike info criterion	-5.396425
Sum squared resid	0.377654	Schwarz criterion	-5.389048
Log likelihood	3852.349	Hannan-Quinn criter.	-5.393670
F-statistic	12.96365	Durbin-Watson stat	2.024254
Prob(F-statistic)	0.000328		

图 7－6　收益率 *rh* 回归结果

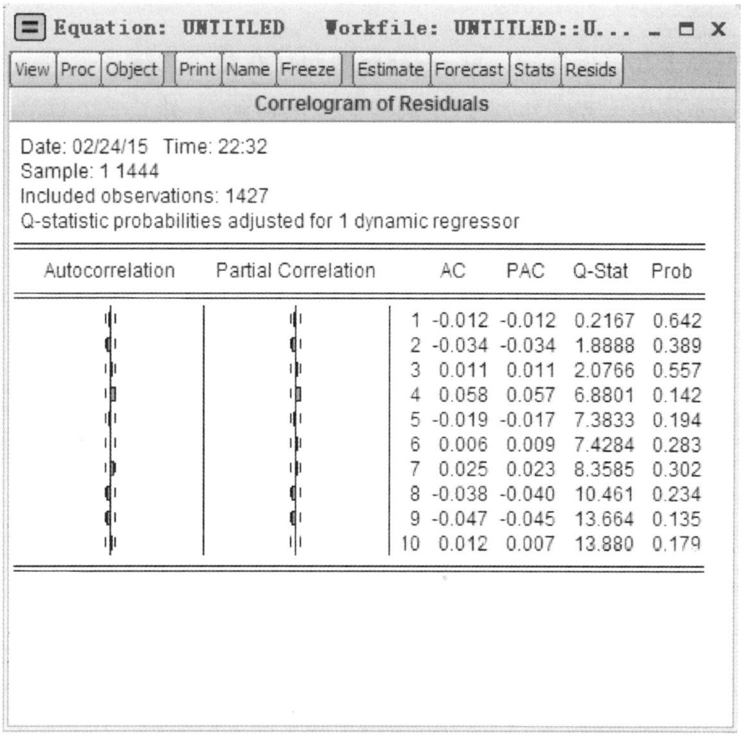

Equation: UNTITLED　Workfile: UNTITLED::U...

View | Proc | Object | Print | Name | Freeze | Estimate | Forecast | Stats | Resids

Correlogram of Residuals

Date: 02/24/15 Time: 22:32
Sample: 1 1444
Included observations: 1427
Q-statistic probabilities adjusted for 1 dynamic regressor

Autocorrelation	Partial Correlation		AC	PAC	Q-Stat	Prob
		1	-0.012	-0.012	0.2167	0.642
		2	-0.034	-0.034	1.8888	0.389
		3	0.011	0.011	2.0766	0.557
		4	0.058	0.057	6.8801	0.142
		5	-0.019	-0.017	7.3833	0.194
		6	0.006	0.009	7.4284	0.283
		7	0.025	0.023	8.3585	0.302
		8	-0.038	-0.040	10.461	0.234
		9	-0.047	-0.045	13.664	0.135
		10	0.012	0.007	13.880	0.179

图 7－7　沪市收益率 *rh* 残差项的自相关系数 *acf* 值和 *pacf* 值

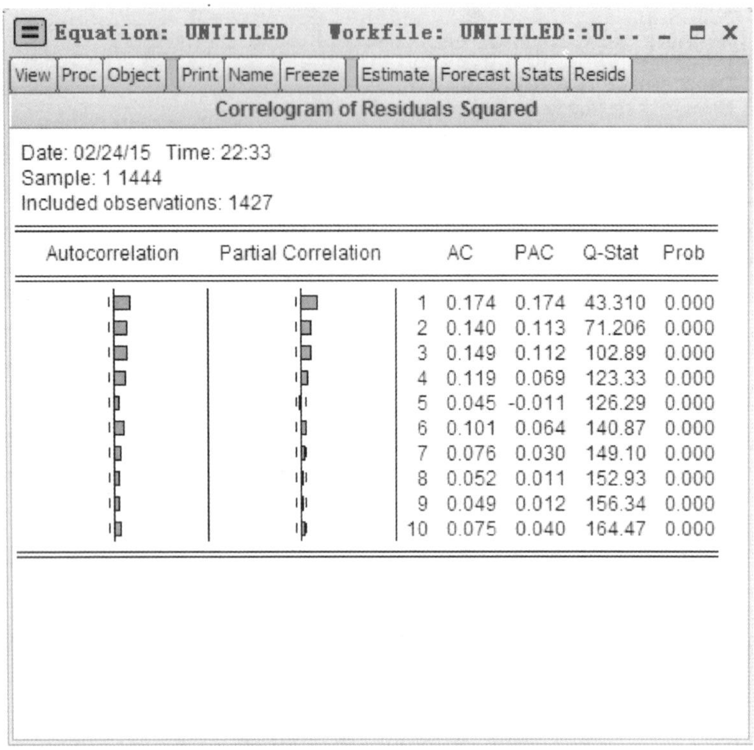

Equation: UNTITLED Workfile: UNTITLED::U...

View | Proc | Object | Print | Name | Freeze | Estimate | Forecast | Stats | Resids

Correlogram of Residuals Squared

Date: 02/24/15 Time: 22:33
Sample: 1 1444
Included observations: 1427

Autocorrelation	Partial Correlation		AC	PAC	Q-Stat	Prob
		1	0.174	0.174	43.310	0.000
		2	0.140	0.113	71.206	0.000
		3	0.149	0.112	102.89	0.000
		4	0.119	0.069	123.33	0.000
		5	0.045	-0.011	126.29	0.000
		6	0.101	0.064	140.87	0.000
		7	0.076	0.030	149.10	0.000
		8	0.052	0.011	152.93	0.000
		9	0.049	0.012	156.34	0.000
		10	0.075	0.040	164.47	0.000

图 7-8 沪市收益率 *rh* 残差平方的自相关系数 *acf* 值和 *pacf* 值

(3) 对残差平方做线性图。对 *rh* 进行回归后在命令栏输入命令：genr res1=resid^2，得到 *rh* 残差平方序列 *res*1，用同样的方法得到 *rz* 残差平方序列 *res*2。双击选取序列 *res*1，在新出现的窗口中选择“View”—“Line Graph”，得到 *res*1 的线性图如图 7-9 所示。

同理得到 *rz* 残差平方线状图，如图 7-10 所示。

可见 ε_t^2 的波动具有明显的时间可变性和波动丛簇性，适合用 GARCH 类模型来建模。

(4) 对残差进行 ARCH-LM Test。依照步骤(1)，再对 *rh* 做一次滞后 15 阶的回归，在出现的“Equation”窗口中点击“View”—“Residual Test”—“ARCH LM Test”，选择一阶滞后，得到如图 7-11 所示的结果。

对 *rz* 方程回归后的残差项同样可做 ARCH-LM Test，结果表明残差中 ARCH 效应是很显著的。

4. GARCH 类模型建模

(1) GARCH(1,1)模型估计结果。点击“Quick”—“Estimate Equation”，在出现的窗口中“Method”选项选择“ARCH”，可以得到如图 7-12 所示的对话框。

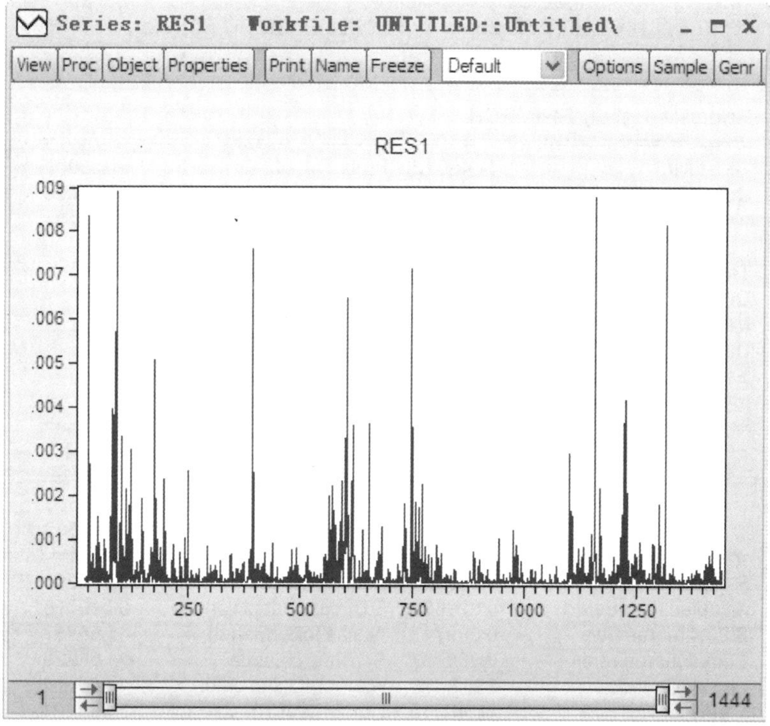

图 7-9 *rh* 残差平方线状图

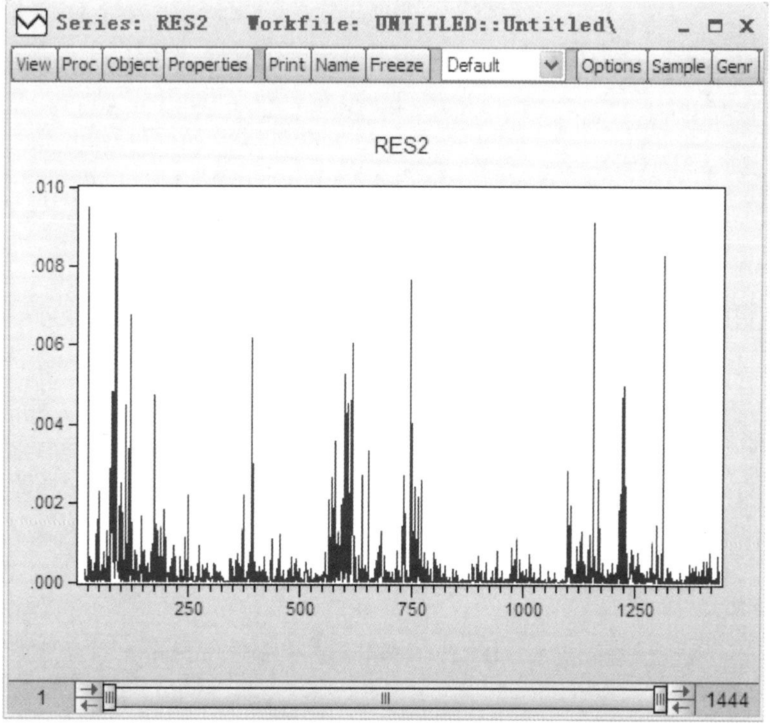

图 7-10 *rz* 残差平方线状图

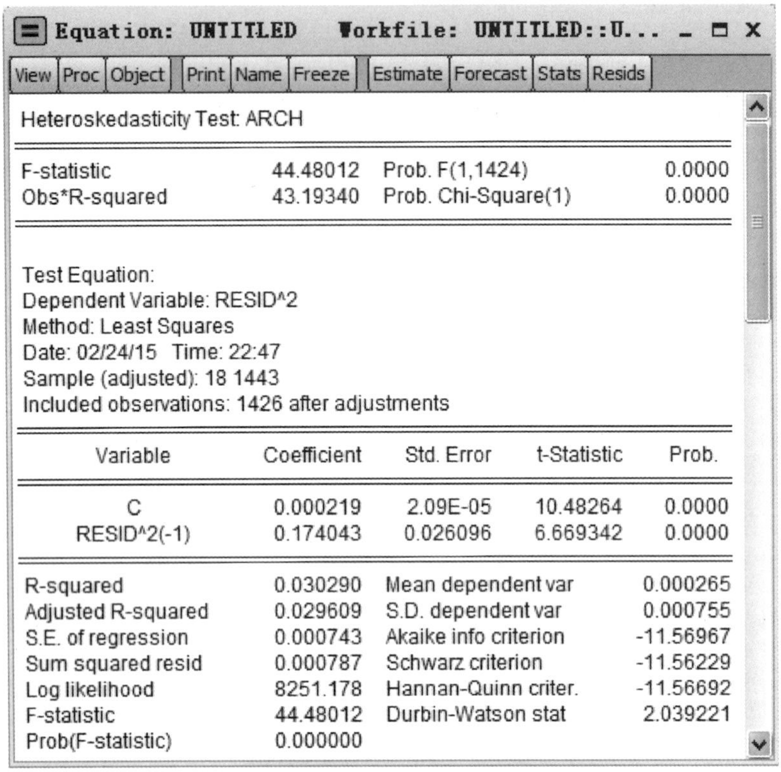

Equation: UNTITLED Workfile: UNTITLED::U...

View | Proc | Object | Print | Name | Freeze | Estimate | Forecast | Stats | Resids

Heteroskedasticity Test: ARCH

F-statistic	44.48012	Prob. F(1,1424)	0.0000
Obs*R-squared	43.19340	Prob. Chi-Square(1)	0.0000

Test Equation:
Dependent Variable: RESID^2
Method: Least Squares
Date: 02/24/15 Time: 22:47
Sample (adjusted): 18 1443
Included observations: 1426 after adjustments

Variable	Coefficient	Std. Error	t-Statistic	Prob.
C	0.000219	2.09E-05	10.48264	0.0000
RESID^2(-1)	0.174043	0.026096	6.669342	0.0000

R-squared	0.030290	Mean dependent var	0.000265
Adjusted R-squared	0.029609	S.D. dependent var	0.000755
S.E. of regression	0.000743	Akaike info criterion	-11.56967
Sum squared resid	0.000787	Schwarz criterion	-11.56229
Log likelihood	8251.178	Hannan-Quinn criter.	-11.56692
F-statistic	44.48012	Durbin-Watson stat	2.039221
Prob(F-statistic)	0.000000		

图 7-11 *rh* ARCH-LM Test

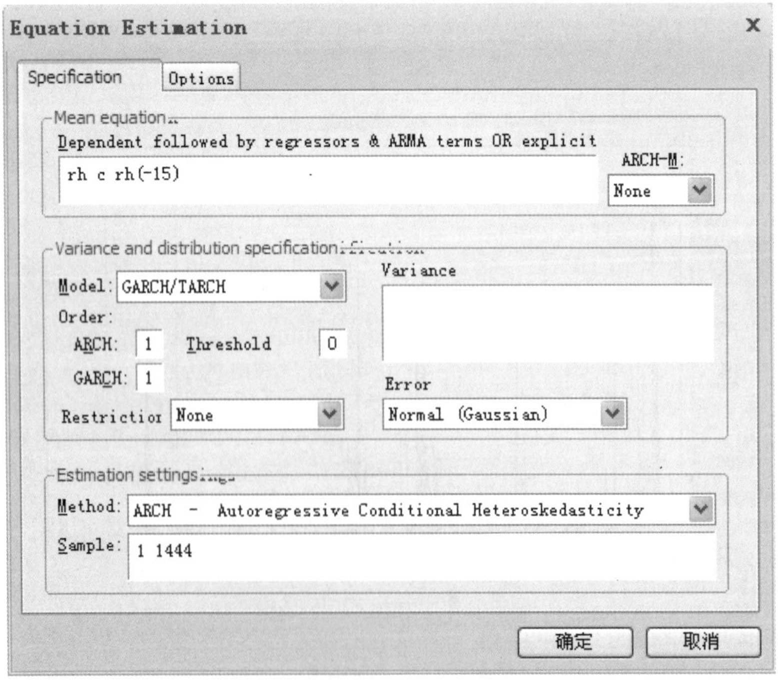

图 7-12 Equation Specification 窗口

在这个对话框中要求用户输入建立 GARCH 类模型相关的参数："Mean Equation Specification"栏需要填入均值方差的形式；"ARCH－M term"栏需要选择 ARCH－M 项的形式，包括方差、标准差和不采用三种；"ARCH Specification"栏需要选择 ARCH 和 GARCH 项的阶数，以及估计方法包括 GARCH、TARCH 和 EGARCH 等等；"Variance Regressors"栏需要填如结构方差的形式，由于 EViews 默认条件方差方程中包含常数项，因此在此栏中不必要填入"C"。我们现在要用 GARCH(1,1)模型建模，以沪市为例，只需要在"Mean Equation Specification"栏输入均值方差"RH C RH(－15)"，其他选择默认即可，得到如图 7－13 和图 7－14 所示的结果。

可见，沪深股市收益率条件方差方程中 ARCH 项和 GARCH 项都是高度显著的，表明收益率序列具有显著的波动丛簇性。沪市中 ARCH 项和 GARCH 项系数之和为 0.98，深市也为 0.98，均小于 1。因此，GARCH(1,1)过程是平稳的，其条件方差表现出均值回复(mean-reversion)，即过去的波动对未来的影响是逐渐衰减。

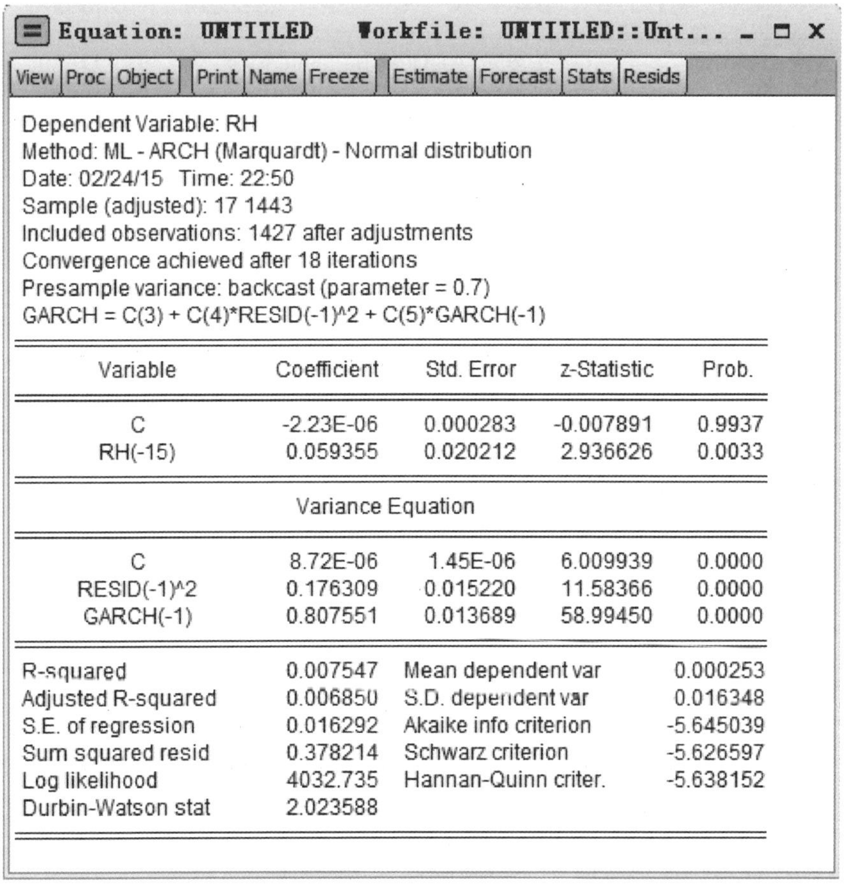
Equation: UNTITLED　Workfile: UNTITLED::Unt...

View | Proc | Object | Print | Name | Freeze | Estimate | Forecast | Stats | Resids

Dependent Variable: RH
Method: ML - ARCH (Marquardt) - Normal distribution
Date: 02/24/15 Time: 22:50
Sample (adjusted): 17 1443
Included observations: 1427 after adjustments
Convergence achieved after 18 iterations
Presample variance: backcast (parameter = 0.7)
GARCH = C(3) + C(4)*RESID(-1)^2 + C(5)*GARCH(-1)

Variable	Coefficient	Std. Error	z-Statistic	Prob.
C	-2.23E-06	0.000283	-0.007891	0.9937
RH(-15)	0.059355	0.020212	2.936626	0.0033
		Variance Equation		
C	8.72E-06	1.45E-06	6.009939	0.0000
RESID(-1)^2	0.176309	0.015220	11.58366	0.0000
GARCH(-1)	0.807551	0.013689	58.99450	0.0000

R-squared	0.007547	Mean dependent var	0.000253
Adjusted R-squared	0.006850	S.D. dependent var	0.016348
S.E. of regression	0.016292	Akaike info criterion	-5.645039
Sum squared resid	0.378214	Schwarz criterion	-5.626597
Log likelihood	4032.735	Hannan-Quinn criter.	-5.638152
Durbin-Watson stat	2.023588		

图 7－13　沪市收益率 GARCH(1,1)模型估计结果

Equation: UNTITLED Workfile: UNTITLED::U...

View | Proc | Object | Print | Name | Freeze | Estimate | Forecast | Stats | Resids

Dependent Variable: RZ
Method: ML - ARCH (Marquardt) - Normal distribution
Date: 02/24/15 Time: 22:51
Sample (adjusted): 17 1443
Included observations: 1427 after adjustments
Convergence achieved after 17 iterations
Presample variance: backcast (parameter = 0.7)
GARCH = C(3) + C(4)*RESID(-1)^2 + C(5)*GARCH(-1)

Variable	Coefficient	Std. Error	z-Statistic	Prob.
C	-0.000578	0.000327	-1.767382	0.0772
RZ(-15)	0.057618	0.021915	2.629194	0.0086
		Variance Equation		
C	6.34E-06	1.29E-06	4.914888	0.0000
RESID(-1)^2	0.122121	0.009786	12.47964	0.0000
GARCH(-1)	0.863589	0.009235	93.50794	0.0000

R-squared	0.005937	Mean dependent var	-0.000173
Adjusted R-squared	0.005240	S.D. dependent var	0.017933
S.E. of regression	0.017886	Akaike info criterion	-5.476727
Sum squared resid	0.455883	Schwarz criterion	-5.458285
Log likelihood	3912.645	Hannan-Quinn criter.	-5.469839
Durbin-Watson stat	1.914371		

图 7-14 深市收益率 GARCH(1,1)模型估计结果

(2) GARCH-M(1,1)估计结果。依照前面的步骤只要在“ARCH-M term”栏选择方程作为 ARCH-M 项的形式,即可得到 GARCH-M(1,1)模型的估计结果,如图 7-15 和图 7-16 所示。

可见,沪深两市均值方程中条件方差项 GARCH 的系数估计分别为 5.937 671 和 5.162 608,而且都是显著的。这反映了收益与风险的正相关关系,说明收益有正的风险溢价。而且上海股市的风险溢价要高于深圳,这说明上海股市的投资者更加厌恶风险,要求更高的风险补偿。

(二) 股市收益波动非对称性的研究

1. TARCH 模型估计结果

在图 7-12 的“ARCH Specification”下拉列表中选择“TARCH”,即可得到 *rh*、*rz* 的 TARCH 模型估计结果,如图 7-17 和图 7-18 所示。

Equation: UNTITLED　Workfile: UNTITLED::Untit...

View | Proc | Object | Print | Name | Freeze | Estimate | Forecast | Stats | Resids

Dependent Variable: RH
Method: ML - ARCH (Marquardt) - Normal distribution
Date: 02/24/15 Time: 23:17
Sample (adjusted): 17 1443
Included observations: 1427 after adjustments
Convergence achieved after 35 iterations
Presample variance: backcast (parameter = 0.7)
GARCH = C(4) + C(5)*RESID(-1)^2 + C(6)*GARCH(-1)

Variable	Coefficient	Std. Error	z-Statistic	Prob.
GARCH	5.393201	2.229364	2.419166	0.0156
C	-0.000901	0.000470	-1.919788	0.0549
RH(-15)	0.058052	0.019591	2.963217	0.0030
Variance Equation				
C	9.53E-06	1.64E-06	5.816806	0.0000
RESID(-1)^2	0.186266	0.016265	11.45214	0.0000
GARCH(-1)	0.796661	0.014985	53.16511	0.0000

R-squared	0.015188	Mean dependent var	0.000253
Adjusted R-squared	0.013805	S.D. dependent var	0.016348
S.E. of regression	0.016234	Akaike info criterion	-5.648340
Sum squared resid	0.375302	Schwarz criterion	-5.626210
Log likelihood	4036.091	Hannan-Quinn criter.	-5.640075
Durbin-Watson stat	2.016243		

图 7－15　沪市收益率 GARCH－M(1,1)模型估计结果

Equation: UNTITLED　Workfile: UNTITLED::Untit...

View | Proc | Object | Print | Name | Freeze | Estimate | Forecast | Stats | Resids

Dependent Variable: RZ
Method: ML - ARCH (Marquardt) - Normal distribution
Date: 02/24/15 Time: 23:16
Sample (adjusted): 17 1443
Included observations: 1427 after adjustments
Convergence achieved after 30 iterations
Presample variance: backcast (parameter = 0.7)
GARCH = C(4) + C(5)*RESID(-1)^2 + C(6)*GARCH(-1)

Variable	Coefficient	Std. Error	z-Statistic	Prob.
GARCH	4.594723	2.053713	2.237276	0.0253
C	-0.001463	0.000545	-2.685754	0.0072
RZ(-15)	0.057913	0.021850	2.650517	0.0080
Variance Equation				
C	6.49E-06	1.32E-06	4.935549	0.0000
RESID(-1)^2	0.123269	0.009872	12.48647	0.0000
GARCH(-1)	0.862239	0.009246	93.25964	0.0000

R-squared	0.009552	Mean dependent var	-0.000173
Adjusted R-squared	0.008161	S.D. dependent var	0.017933
S.E. of regression	0.017860	Akaike info criterion	-5.479087
Sum squared resid	0.454225	Schwarz criterion	-5.456956
Log likelihood	3915.328	Hannan-Quinn criter.	-5.470822
Durbin-Watson stat	1.908661		

图 7－16　深市收益率 GARCH－M(1,1)模型估计结果

Equation: UNTITLED Workfile: UNTITLED::Untit...

View | Proc | Object | Print | Name | Freeze | Estimate | Forecast | Stats | Resids

Dependent Variable: RH
Method: ML - ARCH (Marquardt) - Normal distribution
Date: 02/24/15 Time: 23:11
Sample (adjusted): 17 1443
Included observations: 1427 after adjustments
Convergence achieved after 17 iterations
Presample variance: backcast (parameter = 0.7)
GARCH = C(3) + C(4)*RESID(-1)^2 + C(5)*RESID(-1)^2*(RESID(-1)<0) + C(6)*GARCH(-1)

Variable	Coefficient	Std. Error	z-Statistic	Prob.
C	-0.000255	0.000319	-0.798658	0.4245
RH(-15)	0.065431	0.021635	3.024390	0.0025
Variance Equation				
C	7.24E-06	1.17E-06	6.214853	0.0000
RESID(-1)^2	0.110386	0.013645	8.090044	0.0000
RESID(-1)^2*(RESID(-1)<0)	0.085070	0.018400	4.623231	0.0000
GARCH(-1)	0.832203	0.011047	75.33515	0.0000

R-squared	0.007258	Mean dependent var	0.000253
Adjusted R-squared	0.006561	S.D. dependent var	0.016348
S.E. of regression	0.016294	Akaike info criterion	-5.649883
Sum squared resid	0.378324	Schwarz criterion	-5.627753
Log likelihood	4037.191	Hannan-Quinn criter.	-5.641618
Durbin-Watson stat	2.022234		

图 7-17 沪市收益率 TARCHT(1,1)模型估计结果

Equation: UNTITLED Workfile: UNTITLED::Untit...

View | Proc | Object | Print | Name | Freeze | Estimate | Forecast | Stats | Resids

Dependent Variable: RZ
Method: ML - ARCH (Marquardt) - Normal distribution
Date: 02/24/15 Time: 23:13
Sample (adjusted): 17 1443
Included observations: 1427 after adjustments
Convergence achieved after 25 iterations
Presample variance: backcast (parameter = 0.7)
GARCH = C(3) + C(4)*RESID(-1)^2 + C(5)*RESID(-1)^2*(RESID(-1)<0) + C(6)*GARCH(-1)

Variable	Coefficient	Std. Error	z-Statistic	Prob.
C	-0.000785	0.000355	-2.209213	0.0272
RZ(-15)	0.056475	0.022264	2.536640	0.0112
Variance Equation				
C	5.73E-06	1.23E-06	4.678372	0.0000
RESID(-1)^2	0.096538	0.009723	9.929007	0.0000
RESID(-1)^2*(RESID(-1)<0)	0.047731	0.014347	3.327039	0.0009
GARCH(-1)	0.868181	0.008742	99.31512	0.0000

R-squared	0.005212	Mean dependent var	-0.000173
Adjusted R-squared	0.004514	S.D. dependent var	0.017933
S.E. of regression	0.017893	Akaike info criterion	-5.478775
Sum squared resid	0.456216	Schwarz criterion	-5.456645
Log likelihood	3915.106	Hannan-Quinn criter.	-5.470510
Durbin-Watson stat	1.913130		

图 7-18 深市收益率 TARCH(1,1)模型估计结果

在 TARCH 中，$\varepsilon_{t-1}^2 d_{t-1}$ 项的系数估计值都大于 0，而且都是显著的。这说明沪深股市中坏消息引起的波动比同等大小的好消息引起的波动要大，沪深股市都存在杠杆效应。

2. EGARCH 模型估计结果

在图 7－12 的“ARCH Specification”下拉列表中选择“EGARCH”，则可得到 rh、rz 的 EGARCH 模型估计结果，分别如图 7－19 和图 7－20 所示。

Equation: UNTITLED　Workfile: UNTITLED::Untit...

View | Proc | Object | Print | Name | Freeze | Estimate | Forecast | Stats | Resids

Dependent Variable: RH
Method: ML - ARCH (Marquardt) - Normal distribution
Date: 02/24/15 Time: 23:06
Sample (adjusted): 17 1443
Included observations: 1427 after adjustments
Convergence achieved after 18 iterations
Presample variance: backcast (parameter = 0.7)
LOG(GARCH) = C(3) + C(4)*ABS(RESID(-1)/@SQRT(GARCH(-1))) + C(5)
*RESID(-1)/@SQRT(GARCH(-1)) + C(6)*LOG(GARCH(-1))

Variable	Coefficient	Std. Error	z-Statistic	Prob.
C	-0.000277	0.000304	-0.911354	0.3621
RH(-15)	0.054489	0.020987	2.596320	0.0094
		Variance Equation		
C(3)	-0.510279	0.057507	-8.873385	0.0000
C(4)	0.279250	0.022156	12.60396	0.0000
C(5)	-0.051769	0.011142	-4.646175	0.0000
C(6)	0.964145	0.005937	162.3956	0.0000

R-squared	0.006399	Mean dependent var	0.000253
Adjusted R-squared	0.005702	S.D. dependent var	0.016348
S.E. of regression	0.016301	Akaike info criterion	-5.667942
Sum squared resid	0.378651	Schwarz criterion	-5.645811
Log likelihood	4050.076	Hannan-Quinn criter.	-5.659677
Durbin-Watson stat	2.021974		

图 7－19　沪市收益率 EGARCH(1,1)模型估计结果

在 EGARCH 中，$\dfrac{\varepsilon_{t-1}}{\sqrt{h_{t-1}}}$ 项的系数估计值都小于零。在估计结果中，沪市为－0.051846，深市为－0.032059，而且都是显著的，这也说明了沪深股市中都存在杠杆效应。

Equation: UNTITLED Workfile: UNTITLED::Untit...

View | Proc | Object | Print | Name | Freeze | Estimate | Forecast | Stats | Resids

Dependent Variable: RZ
Method: ML - ARCH (Marquardt) - Normal distribution
Date: 02/24/15 Time: 23:04
Sample (adjusted): 17 1443
Included observations: 1427 after adjustments
Convergence achieved after 25 iterations
Presample variance: backcast (parameter = 0.7)
LOG(GARCH) = C(3) + C(4)*ABS(RESID(-1)/@SQRT(GARCH(-1))) + C(5)
*RESID(-1)/@SQRT(GARCH(-1)) + C(6)*LOG(GARCH(-1))

Variable	Coefficient	Std. Error	z-Statistic	Prob.
C	-0.000775	0.000340	-2.277718	0.0227
RZ(-15)	0.049784	0.022380	2.224550	0.0261
Variance Equation				
C(3)	-0.370392	0.045651	-8.113551	0.0000
C(4)	0.236776	0.015847	14.94152	0.0000
C(5)	-0.032125	0.008887	-3.614971	0.0003
C(6)	0.976575	0.005094	191.7096	0.0000

R-squared	0.004831	Mean dependent var	-0.000173
Adjusted R-squared	0.004132	S.D. dependent var	0.017933
S.E. of regression	0.017896	Akaike info criterion	-5.487200
Sum squared resid	0.456391	Schwarz criterion	-5.465069
Log likelihood	3921.117	Hannan-Quinn criter.	-5.478935
Durbin-Watson stat	1.913409		

图 7-20 深市收益率 EGARCH(1,1)模型估计结果

(三) 沪深股市波动溢出效应的研究

当某个资本市场出现大幅波动的时候,就会引起投资者在另外的资本市场的投资行为的改变,将这种波动传递到其他的资本市场。这就是所谓的"溢出效应"。例如"9·11"恐怖袭击后,美国股市的大震荡引起欧洲及亚洲股市中投资者的恐慌,从而引发了当地资本市场的大动荡。接下来我们将检验深沪两市之间的波动是否存在"溢出效应"。

1. 检验两市波动的因果性

(1) 提取条件方差。重复前面 GARCH-M 模型建模的步骤,选择主菜单栏"Procs"下的"Make GARCH Variance Series",得到 *rh* 回归方程残差项的条件方差数据序列 GARCH01,同样的步骤 *rz* 得到回归方程残差项的条件方差数据序列 GARCH02。

(2) 检验两市波动的因果性。在"Workfile"中同时选中"GARCH01"和

“GARCH02”，点击鼠标右键，选择“Open”—“As Group”，在弹出的窗口中点击“View”—“Granger Causality”，并选择滞后阶数 5，得到如图 7－21 所示的结果。

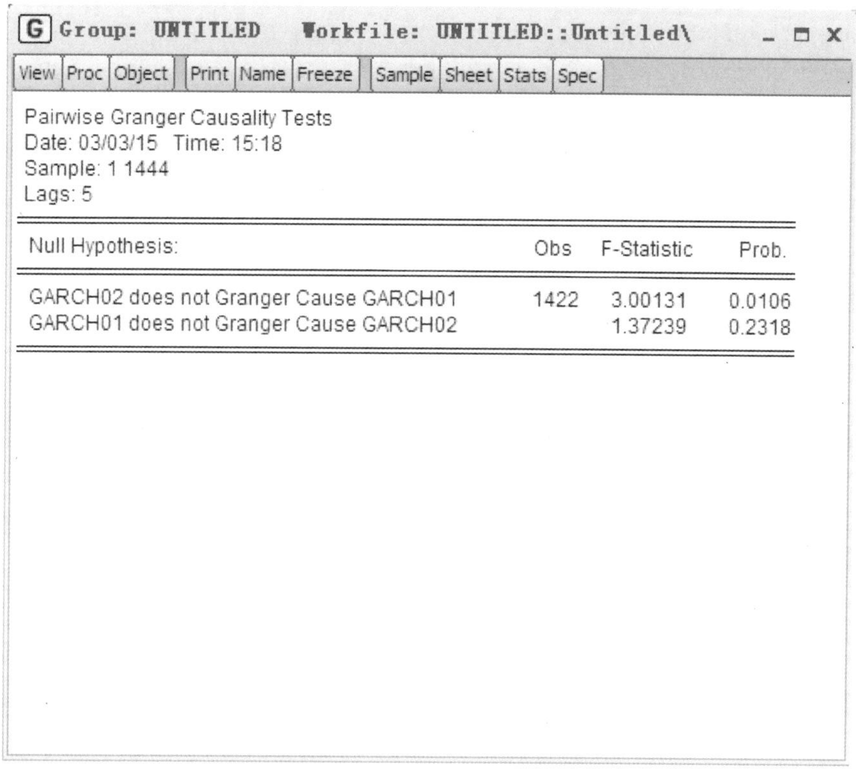

Pairwise Granger Causality Tests
Date: 03/03/15 Time: 15:18
Sample: 1 1444
Lags: 5

Null Hypothesis:	Obs	F-Statistic	Prob.
GARCH02 does not Granger Cause GARCH01	1422	3.00131	0.0106
GARCH01 does not Granger Cause GARCH02		1.37239	0.2318

图 7－21 Granger 因果检验

可见，我们不能拒绝原假设：上海的波动不能因果深圳的波动。但是可以拒绝原假设：深圳的波动不能因果上海的波动。这初步证明沪深股市的波动之间存在溢出效应，且是不对称，单向的，表明是由于深圳市场的波动导致了上海市场的波动，而不是相反。

2. 修正 GARCH－M 模型

在沪市 GARCH－M 模型的条件方差方程中加入深市波动的滞后项，应该会改善估计结果。在“Equation Specification”窗口中，按图 7－22 所示输入如下变量，即在模型的条件方差方程中加入了深市波动的滞后项。

点击“OK”，则得到加入滞后项 GARCH02 后沪市 GARCH－M 模型重新估计的结果，如图 7－23 所示。

与前面图 7－15 结果比较可见，加入滞后项后，沪市 GARCH－M 模型中均值方程的 GARCH 项估计值变大，而且更加显著，并且估计的标准误差缩小了。这说明在条件方差方程中加入深市波动的滞后项是恰当的。此时沪市收益率的 GARCH - M 效应更加明显了,风险(波动性)与收益之间的正相关关系更加显著。

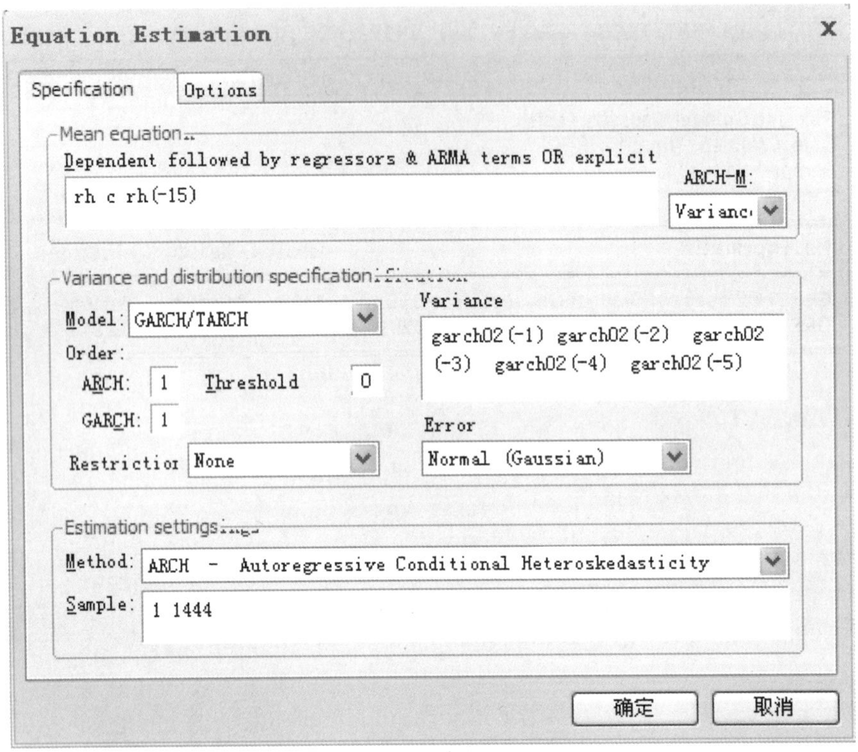

图 7 - 22　修正 GARCH - M 模型

我们运用 GARCH 类模型,对沪深股市收益率的波动性、波动的非对称性,以及波动之间的溢出效应做了全面的分析。通过分析,基本可以得出以下结论:

第一,沪深股市收益率都存在明显的 GARCH 效应。

第二,沪深股市都存在明显的 GARCH - M 效应,而且沪市的正向风险溢价要高于深市,反映了上海股市的投资者比深圳的投资者更加厌恶风险。

第三,沪深股市都存在明显的杠杆效应,反映了在我国股票市场上坏消息引起的波动要大于好消息引起的波动。

第四,沪深股市之间波动存在溢出效应,而且是单向的,深市的波动将引起沪市的波动,加入深市波动的模型将有助于提高沪市风险溢价的水平。

Equation: UNTITLED Workfile: UNTITLED::Untitled\

View | Proc | Object | Print | Name | Freeze | Estimate | Forecast | Stats | Resids

Dependent Variable: RH
Method: ML - ARCH (Marquardt) - Normal distribution
Date: 03/03/15 Time: 15:23
Sample (adjusted): 22 1443
Included observations: 1422 after adjustments
Convergence achieved after 13 iterations
Presample variance: backcast (parameter = 0.7)
GARCH = C(4) + C(5)*RESID(-1)^2 + C(6)*GARCH(-1) + C(7)*GARCH02(-1) + C(8)*GARCH02(-2) + C(9)*GARCH02(-3) + C(10)*GARCH02(-4) + C(11)*GARCH02(-5)

Variable	Coefficient	Std. Error	z-Statistic	Prob.
GARCH	6.545762	1.890266	3.462879	0.0005
C	-0.000836	0.000374	-2.234814	0.0254
RH(-15)	0.051521	0.020765	2.481217	0.0131
Variance Equation				
C	1.12E-05	2.01E-06	5.590507	0.0000
RESID(-1)^2	0.260882	0.025649	10.17125	0.0000
GARCH(-1)	0.717634	0.032231	22.26506	0.0000
GARCH02(-1)	-0.445244	0.140664	-3.165312	0.0015
GARCH02(-2)	0.809545	0.304196	2.661263	0.0078
GARCH02(-3)	-0.568817	0.302198	-1.882264	0.0598
GARCH02(-4)	-0.234161	0.257296	-0.910082	0.3628
GARCH02(-5)	0.435975	0.112437	3.877497	0.0001

R-squared	0.017513	Mean dependent var	0.000244
Adjusted R-squared	0.016128	S.D. dependent var	0.016373
S.E. of regression	0.016241	Akaike info criterion	-5.680029
Sum squared resid	0.374275	Schwarz criterion	-5.639342
Log likelihood	4049.501	Hannan-Quinn criter.	-5.664831
Durbin-Watson stat	2.000181		

图 7-23 沪市 GARCH-M(加入滞后项 GARCH02)的估计结果

实验八　联立方程模型在金融数据中的应用

一、实验目的

了解内生变量、外生变量的定义及区别，了解联立性偏误的定义，从而理解普通最小二乘法不能用于估计联立方程模型的原因。

掌握联立方程模型的常用估计方法，尤其是两阶段最小二乘法（“TSLS”）的估计方法，以及如何运用 EViews 软件在实证研究中实现。

二、基本概念

由模型系统决定其取值的变量称为内生变量。内生变量受模型中其他变量的影响，也可能影响其他内生变量，即内生变量既可以是被解释变量，也可以是解释变量。由模型系统以外的因素决定其取值的变量称为外生变量。外生变量只影响系统内的其他变量，而不受其他变量的影响，因此在方程中只能做解释变量，不能做被解释变量。

用普通最小二乘法(OLS)对经典线形回归模型进行回归将得到最优线性无偏估计量。但在结构式模型中，由于内生变量既可作为解释变量又可作为被解释变量，经典线性回归模型的一个基本假设——解释变量与随机误差项不相关——将得不到满足，因此若仍对结构式模型中的每个结构方程分别运用 OLS 进行估计，所得到的参数估计值将是有偏和不一致的，即存在联立性偏误或联立方程偏误。

三、实验内容及要求

（一）实验内容

根据 1997 年 1 月—2004 年 3 月的货币供应量（M0、M1、M2）与股票价格的有关数据，利用两阶段最小二乘法估计由股票价格与货币供应量形成的联立方程模型（这里以上证综合指数代表股票价格），从而检验流通中现金 M0、狭义货币 M1、广义货币 M2 作为货币供应量与上证指数的关系。

（二）实验要求

（1）理解本章有关概念；

（2）思考：在何时应建立联立方程模型，并运用有关的估计方法；若此时运用了普通最小二乘法，结果如何；

（3）熟练掌握两阶段最小二乘法在 EViews 中的操作。

四、实验指导

（一）根据有关定义及经济原理建立联立方程模型

$$SCI_t = \alpha 0 + \alpha_1 M_t + \alpha_2 M_{t-6} + u_{1t} \tag{8.1}$$

$$M_t = \beta_0 + \beta_1 SCI_t + \beta_2 IIV_t + \beta_3 IR_t + \beta_4 R_t + u_{2t} \tag{8.2}$$

其中，M_t 代表第 t 月的货币需求量，IIV_t 代表第 t 月的工业增加值，IR_t 代表第 t 月的通货膨胀率，R_t 代表第 t 月的一年期存款利率（模型具体构建过程见教材）。

我们将在 EViews 中利用两阶段最小二乘法估计上述联立方程模型，这个过程主要分两个步骤：首先利用普通最小二乘法求得内生变量的拟合值，然后用拟合值代替内生变量再利用两阶段最小二乘法求得结构参数估计值。我们将以 $M0$ 代表货币量说明模型在 EViews 中的估计过程，然后对于 $M1$、$M2$ 仅列出结果。

（二）导入数据

打开 EViews 软件，选择“File”菜单中的“New Workfile”选项，在“Workfile frequency”框中选择“Monthly”，在“Start date”和“End date”框中分别输入“1997：01”和“2004：03”，单击“OK”。选择“File”菜单中的“Import - Read Text - Lotus - Excel”选项，找到要导入的名为 EX7.1.xls 的 Excel 文档完成数据导入，建立相应的工作组，如图 8-1 所示。

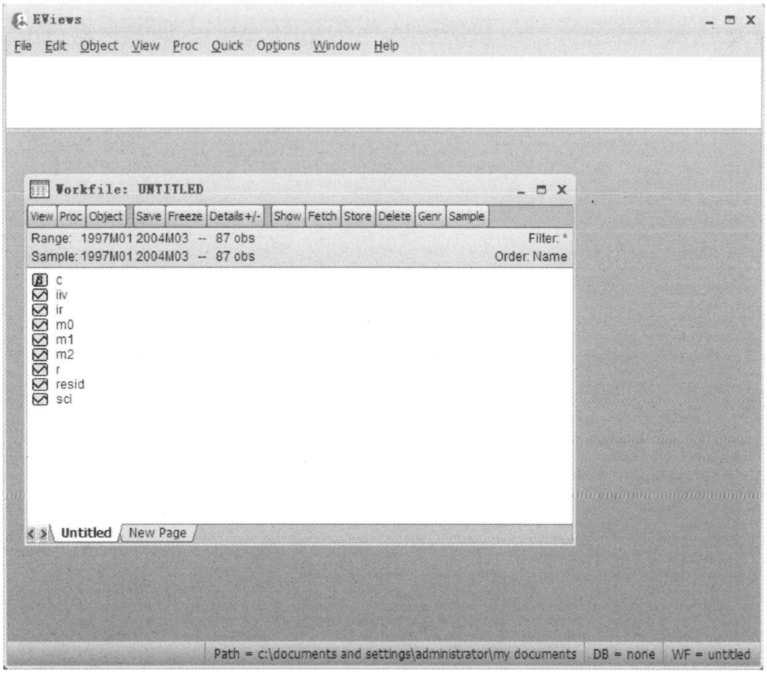

图 8-1　数据导入

(三) 估计结构式方程(8.1)参数

在菜单中选择“Quick”—“Estimation equation”,出现如图 8-2 所示的窗口。

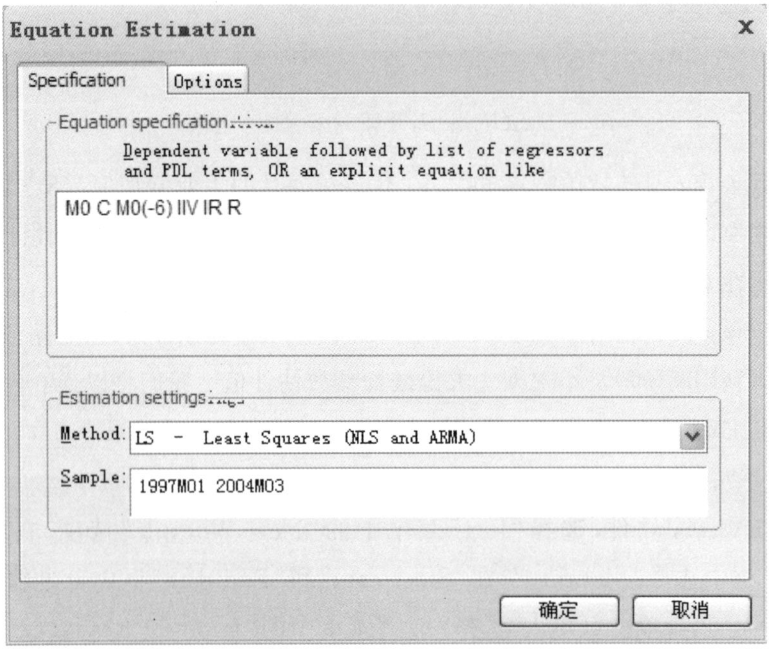

图 8-2　回归方程设定

在“Method”中选择 LS(即普通最小二乘法),然后在“Estimation Settings”上方空白处首先输入被解释变量 M0,接着输入作为解释变量的外生变量(各变量的下标已除去),注意不要忘记常数项。单击“OK”,则出现如图 8-3 所示的结果。

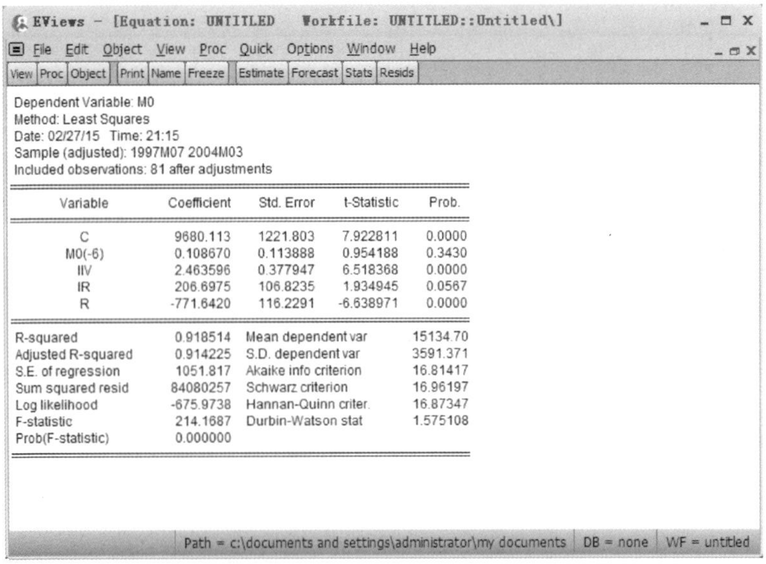
Dependent Variable: M0
Method: Least Squares
Date: 02/27/15 Time: 21:15
Sample (adjusted): 1997M07 2004M03
Included observations: 81 after adjustments

Variable	Coefficient	Std. Error	t-Statistic	Prob.
C	9680.113	1221.803	7.922811	0.0000
M0(-6)	0.108670	0.113888	0.954188	0.3430
IIV	2.463596	0.377947	6.518368	0.0000
IR	206.6975	106.8235	1.934945	0.0567
R	-771.6420	116.2291	-6.638971	0.0000

R-squared	0.918514	Mean dependent var	15134.70
Adjusted R-squared	0.914225	S.D. dependent var	3591.371
S.E. of regression	1051.817	Akaike info criterion	16.81417
Sum squared resid	84080257	Schwarz criterion	16.96197
Log likelihood	-675.9738	Hannan-Quinn criter.	16.87347
F-statistic	214.1687	Durbin-Watson stat	1.575108
Prob(F-statistic)	0.000000		

图 8-3　回归方程估计结果

我们得到如下的估计结果（括号内为 t 统计量，下同）：

$$\hat{M}_{0t}=9\,680.11+2.46\,\text{II}V_t+206.70IR_t-771.64R_t+0.11M_{0t-6}$$

$$(7.92)\qquad(6.52)\qquad(1.93)\qquad(-6.54)\qquad(0.95)$$

点击“Quick”菜单下的“Generate Series”，得到如图 8－4 所示的窗口。

在“Enter Equation”下面的空白栏中键入如图 8－4 中的方程，就可以得到 $M0$ 的拟合值“m0fitted”。

点击“Quick”—“Estimate Equation”，在“Method”中选择“TSLS”（两阶段最小二乘法），将出现如图 8－5 所示的窗口。

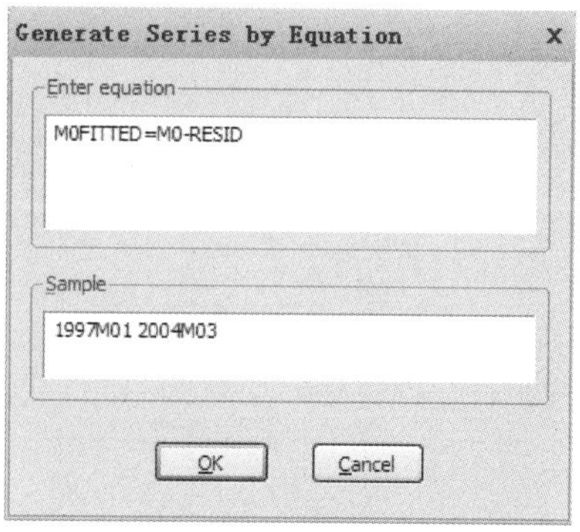

图 8－4　快速生成序列“mofitted”

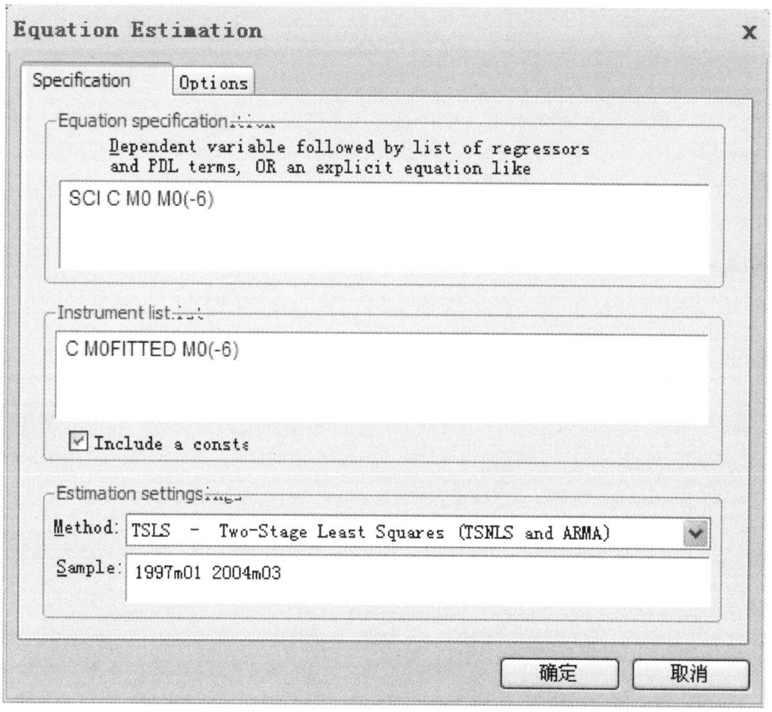

图 8－5　选择两阶段最小二乘法估计方程

在“Instrument List”上方的空白栏中按结构式方程（8.1）输入相应的变量，在其下方的空白栏中输入图示的工具变量，然后点击“OK”，就可以得到结构式方程（8.1）参数的两阶段最小二乘估计值：

$$\hat{SCI}_t=1022.49-0.001M_{0t}+0.04M_{0t-6}$$

$$(7.39)\qquad(-0.04)\qquad(1.32)$$

（四）估计结构式方程(8.2)参数

在菜单中选择“Quick”—“Estimate Equation”，出现如图 8-6 所示窗口。

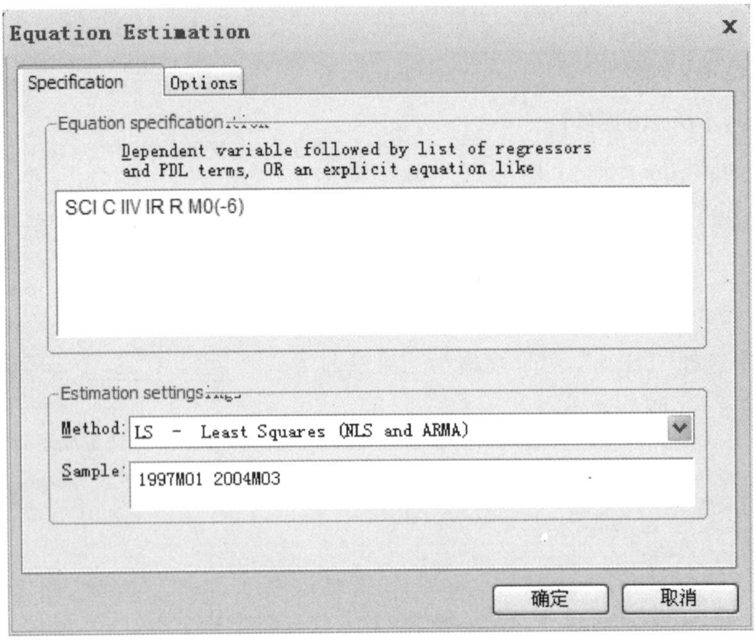

图 8-6 回归方程设定

在“Method”中选择“LS”(即普通最小二乘法)，然后在“Estimation Settings”上方空白处首先输入被解释变量 SCI，接着输入作为解释变量的图示外生变量，单击“OK”，得到如图 8-7 所示的结果。

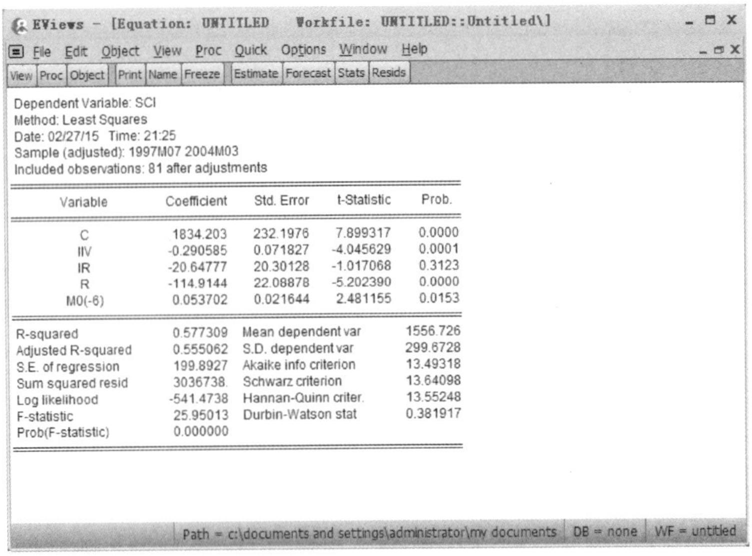
EViews - [Equation: UNTITLED Workfile: UNTITLED::Untitled\]

File Edit Object View Proc Quick Options Window Help

View Proc Object Print Name Freeze Estimate Forecast Stats Resids

Dependent Variable: SCI
Method: Least Squares
Date: 02/27/15 Time: 21:25
Sample (adjusted): 1997M07 2004M03
Included observations: 81 after adjustments

Variable	Coefficient	Std. Error	t-Statistic	Prob.
C	1834.203	232.1976	7.899317	0.0000
IIV	-0.290585	0.071827	-4.045629	0.0001
IR	-20.64777	20.30128	-1.017068	0.3123
R	-114.9144	22.08878	-5.202390	0.0000
M0(-6)	0.053702	0.021644	2.481155	0.0153

R-squared	0.577309	Mean dependent var	1556.726
Adjusted R-squared	0.555062	S.D. dependent var	299.6728
S.E. of regression	199.8927	Akaike info criterion	13.49318
Sum squared resid	3036738.	Schwarz criterion	13.64098
Log likelihood	-541.4738	Hannan-Quinn criter.	13.55248
F-statistic	25.95013	Durbin-Watson stat	0.381917
Prob(F-statistic)	0.000000		

Path = c:\documents and settings\administrator\my documents DB = none WF = untitled

图 8-7 回归方程结果

选择“Quick”菜单下的“Generate series”菜单，将出现如图 8－8 所示的窗口。

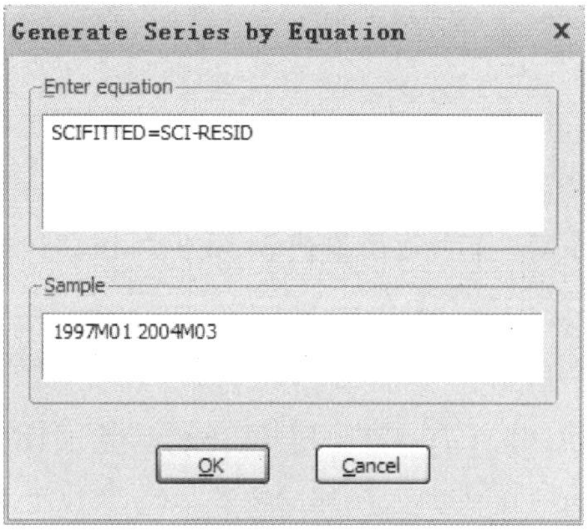

图 8－8　快速生成序列“ scifitted”

在“Enter Equation”下面的空白栏中键入如图 8－8 的方程，就可以得到 *sci* 的拟合值“scifitted”。

点击“Quick”—“Estimate equation”，在“Method”中选择“TSLS”(两阶段最小二乘法)，将出现如图 8－9 所示的窗口。

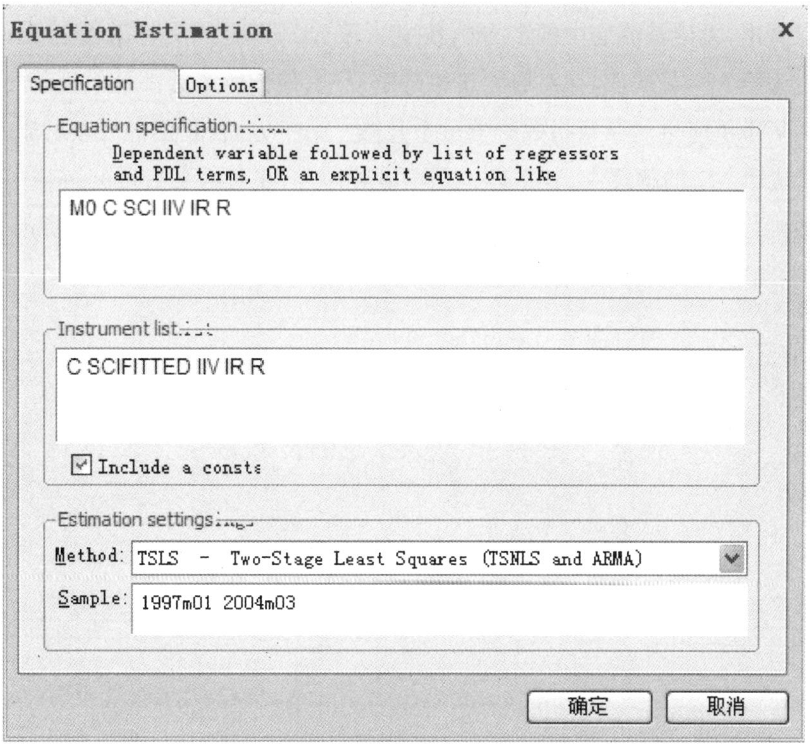

图 8－9　选择两阶段最小二乘法估计方程

在"Instrument list"上方的空白栏中按结构式方程(8.2)输入相应的变量，在其下方的空白栏中输入图示的工具变量。点击"OK"，就可以得到结构式方程(8.2)参数两阶段最小二乘估计值：

$$\hat{M}_{0t}=5\,968.43+2.02SCI_t+3.05IIV_t+248.48IR_t-539.10R_t$$

$$(1.07)\qquad(0.85)\qquad(7.98)\qquad(1.77)\qquad(-1.44)$$

同样，对于狭义货币 M1 作为货币量代表，我们可以估计模型得到：

$$S\hat{C}I_t=1\,239.33+0.01M_{1t}-0.01M_{1t-6}$$

$$(11.14)\qquad(0.38)\qquad(-0.22)$$

$$\hat{M}_{1t}=24\,823.27-1.68SCI_t+17.42IIV_t-3\,009.34R_t-163.79IR_t$$

$$(5.44)\qquad(-0.93)\qquad(0.43)\qquad(-8.30)\qquad(-0.56)$$

对于广义货币 M2 作为货币量代表，同样可以得到估计模型：

$$S\hat{C}I_t=1\,210.96+0.04M_{2t}-0.03M_{2t-6}$$

$$(8.49)\qquad(1.24)\qquad(-1.17)$$

$$\hat{M}_{2t}=320\,877.8-115.12SCI_t+32.31IIV_t-24\,362.84R_t-4\,935.05IR_t$$

$$(2.70)\qquad(-2.26)\qquad(4.06)\qquad(-3.06)\qquad(-1.76)$$

（五）分析

可以看出，无论是流通中现金 M0、狭义货币 M1，还是广义货币 M2，无论是当月值还是过去第 6 个月的值，在对股票价格的解释中，他们的系数都是不显著的。因此，可以认为货币供应量对股票指数影响微乎其微。另一方面，股票指数在对流通中现金 M0、狭义货币 M1 的解释中，其系数也是不显著的，但在对广义货币的解释中，股票指数的系数则是显著的，因此，可以认为，股票指数对流通中现金 M0、狭义货币 M1 是没有影响的，而对广义货币量则是有影响的。

实验九　基于 EViews 的 ARDL 模型和 ECM 模型应用

一、实验目的

理解 ARDL 模型与 ECM 模型的原理与应用条件，掌握如何在 EViews 软件中实现。运用 ARDL 模型估计变量之间长期关系的系数，运用 ECM 模型估计变量之间短期误差修正关系的系数。需要注意的是，只有当变量之间确定存在长期协整关系时，才能使用 ARDL 模型与 ECM 模型进行后续估计。

二、基本概念

ARDL(Autoregressive Distributed Lag)模型称为自回归分布滞后模型，其优点在于：一方面，对数据的样本容量要求较低；另一方面，无论各研究变量同为 I(0)、同为 I(1)，或是 I(0)与 I(1)过程的混合，都可以使用 ARDL 模型来测算变量之间的长期关系，得出一致而有效的回归结果。对 ARDL 模型进行简单的线性变换，可以得到 ECM 模型。ECM(Error Correction Model)全称为误差修正模型，主要描述变量由短期波动向长期均衡调整的过程，能够有效解释短期波动行为。

三、实验内容及要求

运用 ARDL 模型与 ECM 模型研究天然气期货价格 NG、美元兑人民币汇率 UC、上证综合指数 SH 与上海空气质量指数 AQI 对上海碳配额现货价格 SHEA 的具体影响过程。数据为 2013 年 11 月 26 日至 2018 年 1 月 31 日之间的有效日数据。

要求在认真理解书中相关章节内容的基础上，通过实验掌握 ARDL 模型与 ECM 模型的实际应用方法，并熟悉 EViews 的基本使用方法。

四、实验指导

(一)准备步骤

(1)工作表建立，数据导入。

打开 EViews 并选择建立新的 Workfile，由于样本数据并非完全连续，因而我们在“Structure type”一项下选择“Unstructured/Undated”，输入观测值个数 590。完成文件建立后，可以使用 Proc 功能下的“Import”导入初始数据文件 EX9. xlsx 中的五个样本序列：SHEA、NG、UC、SH 和 AQI。

(2)数据对数处理。

Genr 功能可以对序列作不同处理。我们对序列作对数处理，在编辑框中输入："LNSHEA=log(SHEA)"。其中，LNSHEA 为对数化后序列名称，log()为过程函数，SHEA 为原始序列。对其他变量作相同处理后，得到序列：LNSHEA、LNNG、LNUC、LNSH 和 LNAQI。

(二)描述性统计

选中所有对数化后序列，右键"Open-as group"，在 View 功能下选择"Descriptive Stats"，可以得到各序列的描述性统计结果。描述性统计的结果使我们对数据质量、序列整体趋势有大致的了解。

(三)平稳性检验

在将数据导入模型进行实证分析之前，首先要判断样本是否符合模型使用要求，即对各个序列的平稳性进行检验。我们点开 LNSHEA 序列，在 View 功能中选择"Unit root test"，本实验选用 ADF 检验法及 SIC 信息准则，首先考察 LNSHEA 在"Level"，即 I(0)过程下的平稳性情况，观察数据趋势后选择包含截距项而不包含时间趋势项，设定见图 9-1，结果见图 9-2。

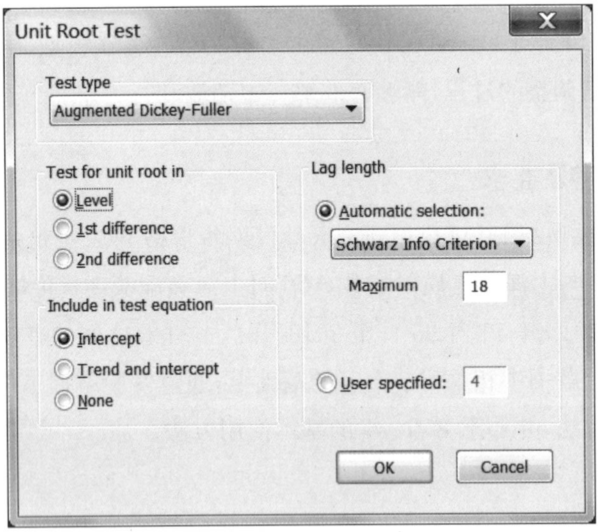

图 9-1　LNSHEA 平稳性检验设定

对于 LNSHEA 序列，ADF 方法给出统计量值-1.33，高于各显著性水平下的临界值，说明 LNSHEA 在 I(0)下并不平稳。我们可以按如上步骤重新对 LNSHEA 进行单位根检验，但选择"1st difference"而不是"Level"，考察 LNSHEA 的一阶差分项，即 LNSHEA 在 I(1)过程下是否平稳。完成所有平稳性检验工作后，我们发现，LNSHEA、LNNG、LNUC 和 LNSH 在 I(1)过程下达到平稳，LNAQI 在 I(0)过程下

Null Hypothesis: LNSHEA has a unit root
Exogenous: Constant
Lag Length: 0 (Automatic - based on SIC, maxlag=18)

		t-Statistic	Prob.*
Augmented Dickey-Fuller test statistic		-1.332223	0.6160
Test critical values:	1% level	-3.441223	
	5% level	-2.866228	
	10% level	-2.569326	

*MacKinnon (1996) one-sided p-values.

图 9-2　LNSHEA 平稳性检验结果

平稳，符合 ARDL 模型的要求。

（四）ARDL 边限协整检验

在这一步骤中，我们通过构建完整的 ARDL 模型来考察各变量间是否存在长期协整关系。打开 EViews 上方的 Quick 功能，点击“Estimate Equation”，在 Method 中选择 ARDL 方法。

首先，我们在 Specification 下的主编辑框内依次写出因变量 4 四个回归的自变量：“LNSHEA LNNG LNUC LNSH LNAQI”。勾选 Automatic Select，利用软件自动确定各变量的滞后期，由于本实验所用样本为日数据，故为因变量与自变量设置最大滞后项均为 5。关于是否包含截距项及时间趋势项，则需要经过试验，本实验在比较后选择仅包含截距项，设定如图 9-3 所示。上文中用于选择最优滞后期的信息准则可在 Options 下进行选择，首先选择 AIC，见图 9-4。

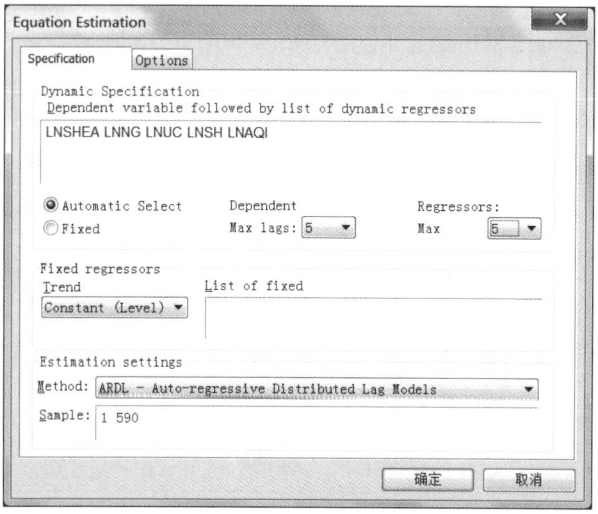

图 9-3　ARDL 模型设定

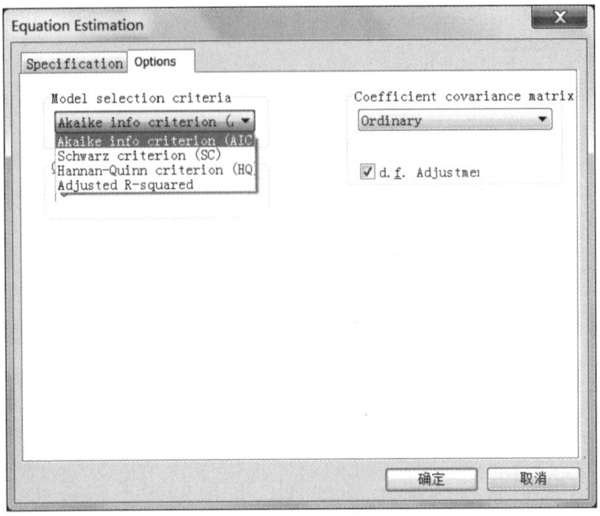

图 9-4 信息准则设定

根据 AIC 准则构建的模型为 ARDL(5,1,3,5,2),回归的标准误差"S. E. of regression"为 0.061062。界面上方的 Estimate 功能可以使我们在保留模型基本设定的情况下对个别选项进行调整。更换为 SIC 准则后,模型变为 ARDL(1,0,0,0,0),回归的标准误差为 0.062518,高于 AIC 准则下自动选取的模型,因此,本实验将根据 ARDL(5,1,3,5,2)进行协整检验与后续的系数估计。

完成了 ARDL 模型的选取与构建后,我们在模型界面打开 View 功能,在"Coefficient diagnostics"下选择"Bounds test",对模型 F(LNSHEA|LNNG, LNUC, LNSH, LNAQI)进行边限协整检验,得到结果如图 9-5 所示。

ARDL Bounds Test
Sample: 6 590
Included observations: 585
Null Hypothesis: No long-run relationships exist

Test Statistic	Value	k
F-statistic	5.639288	4

Critical Value Bounds

Significance	I0 Bound	I1 Bound
10%	2.45	3.52
5%	2.86	4.01
2.5%	3.25	4.49
1%	3.74	5.06

图 9-5 边限协整检验结果

结果得到的F统计量值大于各显著水平下的上界值，可以认为本实验的因变量与自变量之间存在长期协整关系。

（五）长期与短期系数估计

为考察变量之间具体的系数关系并进行分析，使用 View 功能下的“Coefficient diagnostics”，选择“Cointegration and long run form”。结果如图 9－6、图 9－7 所示。

Long Run Coefficients

Variable	Coefficient	Std. Error	t-Statistic	Prob.
LNNG	3.322083	0.578025	5.747299	0.0000
LNUC	8.487621	2.789462	3.042745	0.0025
LNSH	0.913023	0.541679	1.685543	0.0924
LNAQI	-0.288065	0.328773	-0.876180	0.3813
C	-22.441794	7.149424	-3.138965	0.0018

图 9－6 长期系数估计

Cointegrating Form

Variable	Coefficient	Std. Error	t-Statistic	Prob.
D(LNSHEA(-1))	0.005125	0.040880	0.125363	0.9003
D(LNSHEA(-2))	-0.084624	0.041052	-2.061366	0.0397
D(LNSHEA(-3))	-0.069162	0.040791	-1.695514	0.0905
D(LNSHEA(-4))	-0.069454	0.040527	-1.713744	0.0871
D(LNNG)	0.284762	0.071713	3.970858	0.0001
D(LNUC)	2.758916	0.953897	2.892258	0.0040
D(LNUC(-1))	-2.625756	1.424160	-1.843722	0.0657
D(LNUC(-2))	3.012435	0.959887	3.138322	0.0018
D(LNSH)	0.027579	0.137896	0.199996	0.8416
D(LNSH(-1))	0.128293	0.197587	0.649296	0.5164
D(LNSH(-2))	-0.291042	0.196722	-1.479458	0.1396
D(LNSH(-3))	0.004430	0.195106	0.022707	0.9819
D(LNSH(-4))	0.321628	0.137614	2.337173	0.0198
D(LNAQI)	-0.007834	0.006809	-1.150510	0.2504
D(LNAQI(-1))	0.015034	0.006738	2.231343	0.0261
CointEq(-1)	-0.028125	0.007312	-3.846564	0.0001

Cointeq = LNSHEA - (3.3221*LNNG + 8.4876*LNUC + 0.9130*LNSH
-0.2881*LNAQI -22.4418)

图 9－7 短期系数估计

（六）模型稳定性检验

在 EViews 的 9.0 及以上版本中，仅能检验 OLS 模型的稳定性，因此，我们需要进行一定的转换。

回到模型 ARDL（5，1，3，5，2）的操作界面，在 View 功能下选择“Representations”，选择“Estimation Equation”下方的公式内容，复制到剪切板备用。重新打开 Quick 下的“Estimate Equation”，选用 LS 方法，将上述复制内容粘贴到编辑框中，如图 9－8 所示。

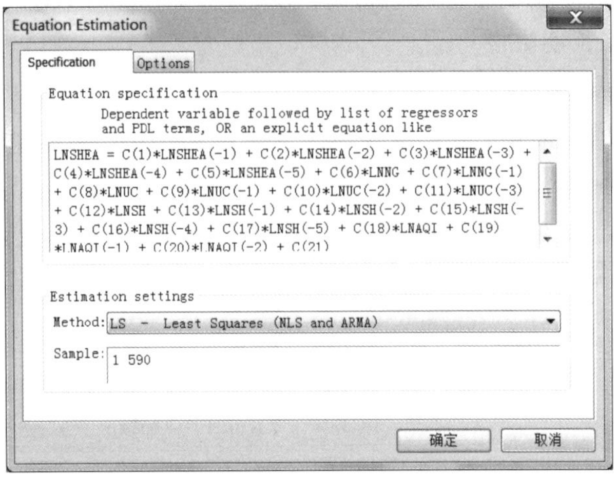

图 9-8　OLS 设定

根据此方式得到的模型，在本质上与 ARDL 完全一致。使用 View 功能下的“Stability diagnostics”，选择“Recursive estimates”，即可使用 CUSUM 或 CUSUMSQ 等方法对模型稳定性进行检验，如图 9-9 所示。

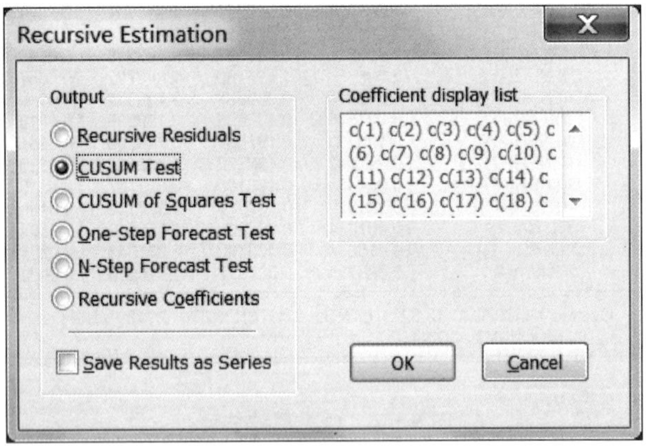

图 9-9　稳定性检验设定

（七）自相关检验

同样在 View 功能下，利用“Residual diagnostics”中的“Serial correlation LM test”，根据标准误差选择出最优滞后期，得到结果见图 9-10。

Breusch-Godfrey Serial Correlation LM Test:

F-statistic	0.232864	Prob. F(2,562)	0.7923
Obs*R-squared	0.484387	Prob. Chi-Square(2)	0.7849

图 9-10 自相关检验结果

F 统计量的 p 值为 0.7923，接受原假设，说明本实验的模型不存在自相关问题。

实验十　面板数据分析及回归模型应用

一、实验目的

理解面板数据的特点及运用，通过具体实验案例掌握在 EViews10 软件中面板数据的处理方式、模型的回归操作及结果解读等。

二、基本概念

在经济研究中，除了单独的横截面和时间序列分析之外，我们也常常需要将两者结合同时分析，在时间序列上选取多个截面进行观测，这时候需要用到面板数据。面板数据是一种二维数据，即 n 个个体在两个或多个观测时期 T 上观测到的数据，如果 n 远大于 T，即观测个体大于时间，我们称之为短面板，反之为长面板。在本实验当中，我们选用的是短面板数据。

三、实验内容及要求

运用面板数据模型及多元回归模型，在现金-现金流敏感性模型下判断中小板企业是否存在融资约束。现金-现金流敏感性模型主要研究企业持有现金变动与现金流之间的关系，该模型认为，企业存在外部融资约束时会从现金流中提取现金，因而两者正向变动。同时，模型中还存在未来投资机会(Growth)、公司规模(Size)、资本支出(Expen)、非现金营运资本变动(ΔNWC)、短期借款变动(ΔSD)等其他影响现金变动的控制变量。本实验中样本数据为 2008—2015 年中小板上市企业的微观非平衡面板数据，数据来源于 CSMAR 数据库。

在充分理解面板数据的含义和特点的基础上，通过本实验操作掌握面板数据模型的应用与结果解读，并了解 EViews 软件的使用方法。

四、实验指导

(一)准备步骤

(1)数据导入。

打开 EViews10 软件，在“File”栏目下选择“Open”的“Foreign Data as Workfile”，如图 10 - 1 所示。

注意：在其他面板数据模型实验中，选择本方式导入需要保证已经将原始样本数据整理为标准的面板数据格式。

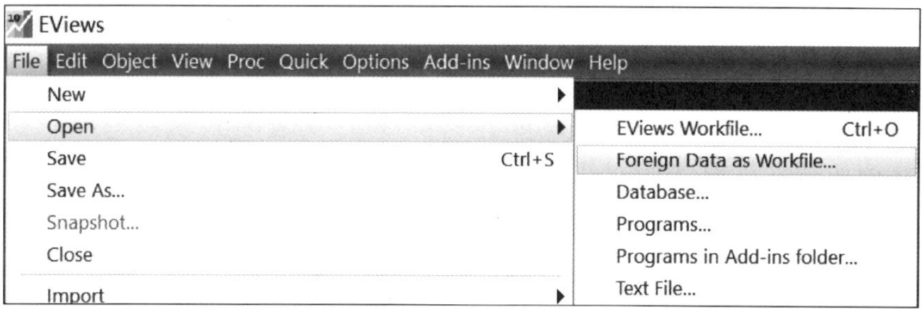

图 10－1　外部数据导入

选择本实验数据文件 EX10. xlsx，在第一、二、三步保持软件原设定不做修改，点击“OK”进入导入第四步（Step 4 of 5）。注意在 Column info 按以下要求修改相应列的数据类型。鼠标点击到窗口下方表格的第一列，修改“stkcd”（股票代码）为 character（字符型）（如图 10－2 所示）；点击第二列，修改“accper”（会计期间）为 Date（日期型）；本实验中其他变量设置为 Number（数字型）。

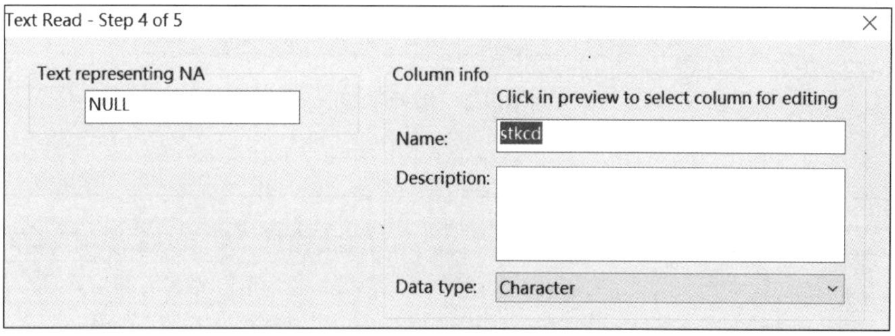

图 10－2　数据类型选择步骤

在数据导入第五步，按照图 10－2 进行设置。注意设置为 Dated Panel，并且横截面序列的 ID 为 stkcd（股票代码），时间序列的 ID 为 accper（会计期间），如图 10－3 所示。点击 Finish 完成面板数据的导入工作。弹出的窗口选择“NO”。

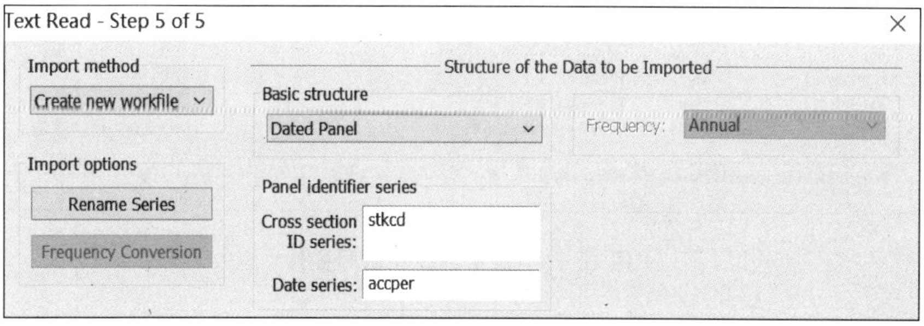

图 10－3　横截面与时间序列选择

(2)数据预处理——缩尾(可选)。

在实证部分下载的数据样本往往比较大,难免会出现极端值的情况。为避免异常值对实证结果的影响,在研究当中通常对连续变量进行缩尾处理,将变量超出特定百分位范围的那部分数值替换为其特定百分位的数值,可以进行双侧或者单侧缩尾处理。

本实验采用双侧缩尾,如果软件没有 winsorising 功能,在缩尾之前需要在 EViews 官网或者软件内下载插件“Trim”。(Add-ins)

插件下载:菜单栏“Add-ins”“Download Add-ins”(见图 10-4)。在插件选项中找到“Trim”插件下载安装(install)(见图 10-5)。

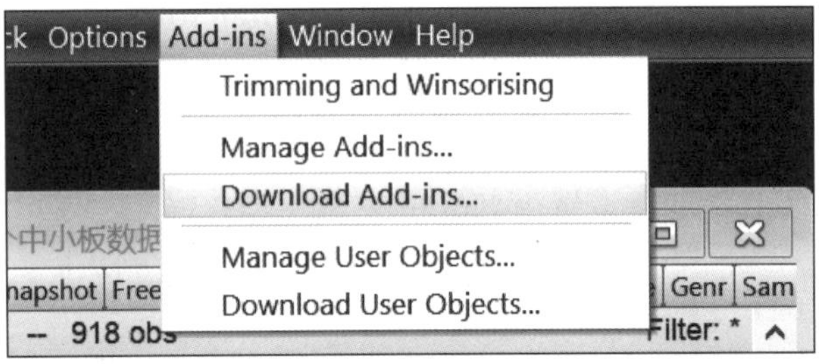

图 10-4 插件下载

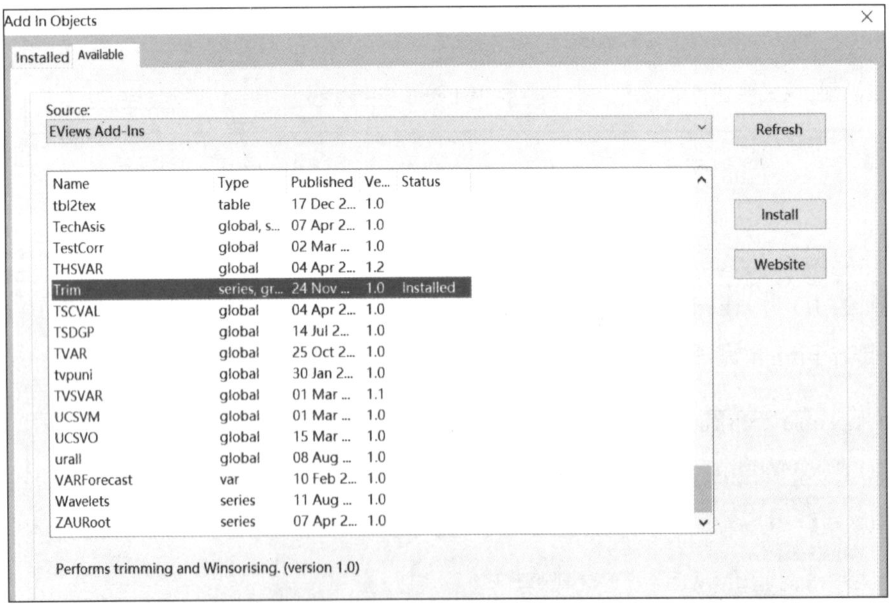

图 10-5 选择缩尾和截尾插件

软件介绍："Trim"插件主要用来进行 Trimming（截尾）和 Winsorising（缩尾）操作。

对变量进行缩尾处理：

双击变量名称，打开需要缩尾的变量序列（本图打开的是 CASH），然后点击"Add-ins"下"Triming and Winsorising"栏目，出现如图 10－6 所示的窗口。更改"Techniques"处为"Winsorising"，选择合适的百分比进行缩尾，并自行修改定义新序列名称，随即得到缩尾后的 CASH 序列。按照上述步骤，依次对实验中其他变量进行缩尾处理，生成缩尾后的新序列，用于后续回归。

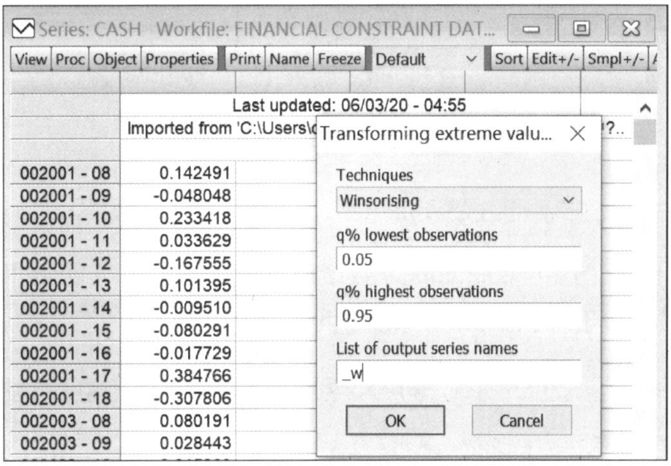

图 10－6　对序列缩尾处理

（3）描述性统计分析。

"Quick"—"Group Statistics"— "Descriptive Statistics"—"Common sample"，在窗口中键入本实验的主要变量名称，以空格隔开，可以得到变量的描述性统计分析（见图 10－7）。通过描述性统计分析，我们可以对样本数据的特征和数据的波动有大致的了解。

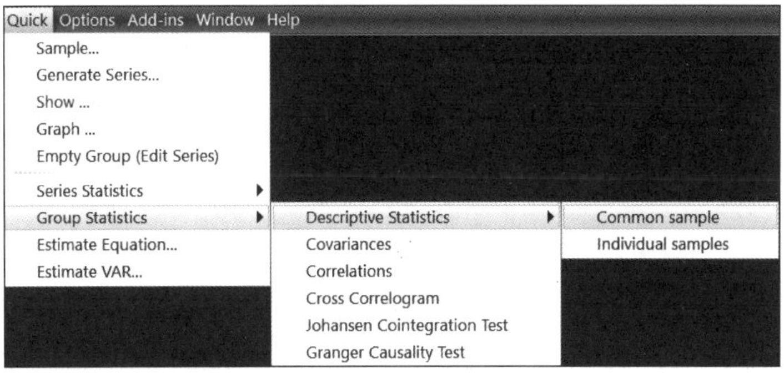

图 10－7　数据描述性统计分析

(4)主要变量相关系数。

在 EViews10 上方菜单栏中选择"Quick"菜单，找到 Group Statistics 栏目下 Correlations 选项，来查看多变量间的相关系数，见图 10-8。

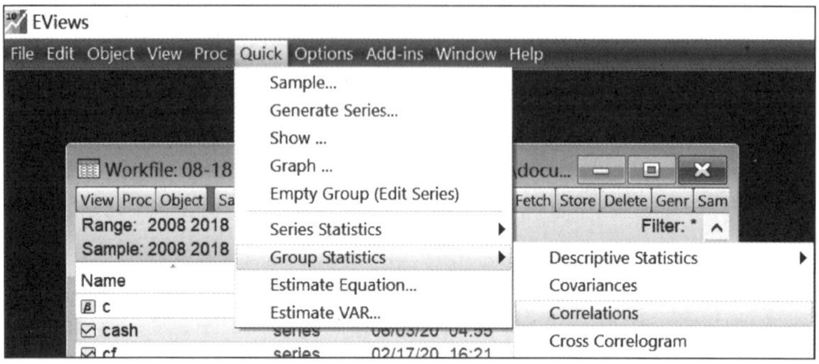

图 10-8　相关系数分析

在对话框中键入主要变量的名称，以空格隔开，点击"OK"，即得到主要变量之间的相关系数结果(见图 10-9)。相关系数结果显示，本实验中 7 个变量之间相关系数都不高，均在 0.8 以下，因而可以排除多重共线性的情况。

View Proc Object Print Name Freeze Sample Sheet Stats Spec

Correlation

	CASH	CF	GROWTH	NWC	SD	EXPEN	SIZE
CASH	1.000000	0.150587	0.078414	-0.063972	-0.045910	0.148213	0.078877
CF	0.150587	1.000000	0.285228	-0.267495	0.226557	-0.207098	-0.002142
GROWTH	0.078414	0.285228	1.000000	-0.200155	0.481383	-0.418031	0.033667
NWC	-0.063972	-0.267495	-0.200155	1.000000	-0.689581	0.229124	-0.046626
SD	-0.045910	0.226557	0.481383	-0.689581	1.000000	-0.303081	0.114008
EXPEN	0.148213	-0.207098	-0.418031	0.229124	-0.303081	1.000000	0.133742
SIZE	0.078877	-0.002142	0.033667	-0.046626	0.114008	0.133742	1.000000

图 10-9　相关系数结果

(5)面板数据回归。

在菜单栏中选择"Quick"—"Estimate Equation"，在窗口中键入基准模型的变量(见图 10-10)，其他界面设定保持不变，点击"OK"得到回归结果。

实证结果如图 10-11 所示，现金流的系数在 1%显著性水平上为正(0.17)，表明样本企业存在明显的融资约束。

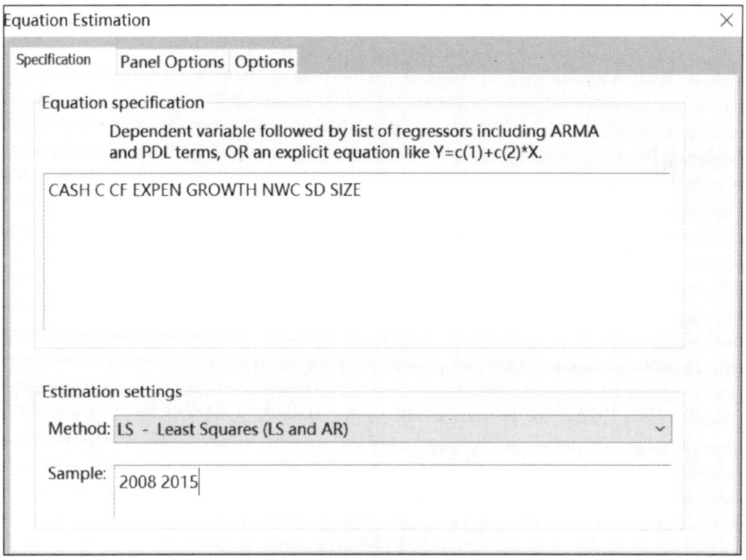

图 10－10　回归模型设定

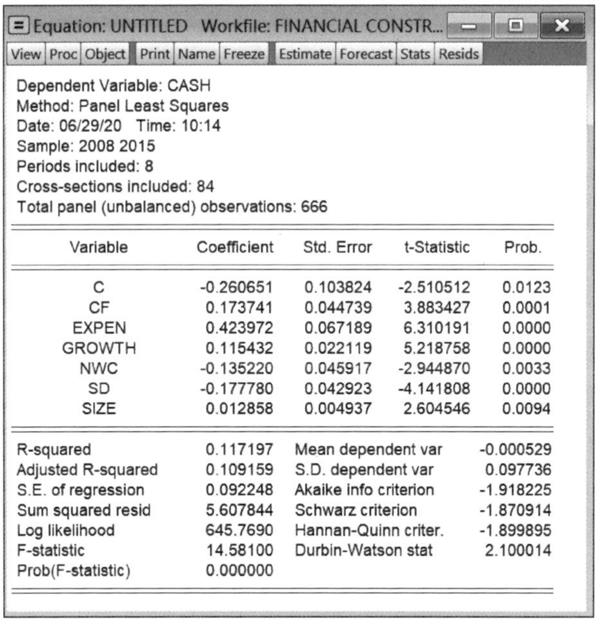

Dependent Variable: CASH
Method: Panel Least Squares
Date: 06/29/20 Time: 10:14
Sample: 2008 2015
Periods included: 8
Cross-sections included: 84
Total panel (unbalanced) observations: 666

Variable	Coefficient	Std. Error	t-Statistic	Prob.
C	-0.260651	0.103824	-2.510512	0.0123
CF	0.173741	0.044739	3.883427	0.0001
EXPEN	0.423972	0.067189	6.310191	0.0000
GROWTH	0.115432	0.022119	5.218758	0.0000
NWC	-0.135220	0.045917	-2.944870	0.0033
SD	-0.177780	0.042923	-4.141808	0.0000
SIZE	0.012858	0.004937	2.604546	0.0094

R-squared	0.117197	Mean dependent var	-0.000529
Adjusted R-squared	0.109159	S.D. dependent var	0.097736
S.E. of regression	0.092248	Akaike info criterion	-1.918225
Sum squared resid	5.607844	Schwarz criterion	-1.870914
Log likelihood	645.7690	Hannan-Quinn criter.	-1.899895
F-statistic	14.58100	Durbin-Watson stat	2.100014
Prob(F-statistic)	0.000000		

图 10－11　面板数据回归结果

参考文献

[1] 古扎拉蒂.经济计量学精要[M].张涛等,译.北京:机械工业出版社,2010.

[2] 古扎拉蒂.计量经济学基础[M].北京:中国人民大学出版社,2018.

[3] 汉密尔顿.时间序列分析[M].刘明志,译.北京:中国社会科学出版社,1999.

[4] 李子奈.计量经济学[M].北京:高等教育出版社,2015.

[5] 李子奈,叶阿忠.高级应用计量经济学[M].北京:清华大学出版社,2012.

[6] 刘晓平.计量经济学[M].北京:中国经济出版社,2018.

[7] 陆懋祖.高级时间序列经济计量学[M].北京:北京大学出版社,2015.

[8] 庞皓.计量经济学[M].北京:科学出版社,2014.

[9] 潘省初.计量经济学[J].北京:中国人民大学出版社,2018.

[10] 平狄克,鲁宾费尔德.计量经济模型与经济预测[M].钱小军等,译.北京:机械工业出版社,1993.

[11] 王德发.计量经济学[M].上海:上海财经大学出版社,2016.

[12] 王耀东,张德远,张海雄.经济时间序列分析[M].上海:上海财经大学出版社,1996.

[13] 沃尔特,恩德斯.应用计量学——时间序列分析[M].杜江,译.北京:机械工业出版社,2017.

[14] 王少平.宏观计量的若干前沿理论与应用[M].李子奈,审.天津:南开大学出版社,2003.

[15] 王少平.计量经济学[M].北京:高等教育出版社,2011.

[16] 曾康华.计量经济学[M].北京:清华大学出版社,2016.

[17] 张晓峒.计量经济学[M].北京:清华大学出版社,2017.

[18] Baillie R T, Bollerslev T. Cointegration, fractional cointegration, and exchange rate dynamics [J]. *The Journal of Finance*, 1994, 49(2).

[19] Banerjee A, Dolado J J, Galbraith J W, et al. *Co-integration, Error Correction, and the Econometric Analysis of Non-stationary Data*[M]. Oxford University Press, 1993.

[20] Bollerslev T. Generalized autoregressive conditional heteroskedasticity [J]. *Journal of Econometrics*, 1986, 31(3).

[21] Box G P E, Pierce D A. Distributions of residual autocorrelations in autoregressive integrated moving average models[J], Journal of the American Statistical Association, 1970(65): 1509-1526.

[22] Box G E P, Jenkins G M. *Time Series Analysis: Forecasting and Control*[M]. revised ed.

Holden-Day, 1976.

[23] Brauer G A. "Open-ending" closed-end funds[J]. *Journal of Financial Economics*, 1984, 13(4).

[24] Brooks C. *Introductory Econometrics for Finance*[M]. Cambridge University Press, 2014.

[25] Breusch T S, Pagan A R. A simple test for heteroscedasticity and random coefficient variation[J]. *Econometrica: Journal of the Econometric Society*, 1979.

[26] Campbell J Y, Lo A W, MacKinlay A C. *The Econometrics of Financial Markets*[M]. Princeton University Press, 1997.

[27] Christ C F. *Econometric Models and Methods*[M]. John Wiley & Sons, 1996.

[28] Cochrane D, Orcutt G. Application of least squares regression to relationships containing auto-correlated error terms[J]. *Journal of the American Statistical Association*, 1949(42).

[29] Davidson J, Hendry D, Sba F, Yeo S. Econometric modelling of the aggregate time-series relationship between consumers' expenditure and income in United Kingdom[J]. *Econometric Journal*, 1978(89).

[30] Day T E, Lewis C M. Stock market volatility and the information content of stock index options[J]. *Journal of Econometrics*, 1992, 52(1-2).

[31] De Long J B, Shleifer A, Summers L H, et al. Noise trader risk in financial markets[J]. *Journal of Political Economy*, 1990, 98(4).

[32] Dickey D A, Fuller W A. Distribution of the estimators for autoregressive time series with a unit root[J]. *Journal of the American Statistical Association*, 1979, 74(366a).

[33] Draper N R, Smith H. *Applied Regression Analysis*[M]. John Wiley & Sons, 2014.

[34] Durbin J, Watson G S. Testing for serial correlation in least squares regression [J]. *Biometrika*, 1950, 37(3/4).

[35] Durbin J. Testing for serial correlation in least-squares regression when some of the regressors are lagged dependent variables[J]. *Econometrica*, 1970, 38.

[35] Engle R F. Autoregressive conditional heteroscedasticity with estimates of the variance of United Kingdom inflation[J]. *Econometrica*, 1982(50).

[37] Engle R F, Granger C W J. Co-integration and error correction: representation, estimation, and testing[J]. *Econometrica*, 1987, 55.

[38] Engle R F, Lilien D M, Robins R P. Estimating time varying risk premia in the term structure: the ARCH-M model[J]. *Econometrica*, 1987, 55(2).

[39] Engle R F, Ng V K. Measuring and testing the impact of news on volatility[J]. *The Journal of Finance*, 1993, 48(5).

[40] Frisch R. *Statistical Confluence Analysis by Means of Complete Regression Systems*[M]. Universitetets Økonomiske Instituut, 1934.

[41] Ghosh S K. Econometrics: *Theory and Applications* [M]. Englewood Cliffs, Prentice

Hall, 1991.

[42] Glejser H. A new test for heteroskedasticity[J]. *Journal of the American Statistical Association*, 1969, 64(325).

[43] Glosten L R, Jagannathan R, Runkle D E. On the relation between the expected value and the volatility of the nominal excess return on stocks[J]. *The Journal of Finance*, 1993, 48(5).

[44] Goldfeld S M, Quandt R E. Some tests for heteroskedasticity[J]. *Journal of the American Statistical Society*, 1965(60).

[45] Greene W H. *Econometric Analysis*[M]. Pearson Education, 2012.

[46] Griffiths W E, Hill R C, Judge G G. *Learning and Practicing Econometrics*[M]. John Willey and Sons, 1993.

[47] Granger C W J, Newbold P. Spurious regressions in econometrics[J]. *Journal of Econometrics*, 1974, 2(2).

[48] Granger C W J, Weiss A A. Time series analysis of error-correction models[M]//Karlin S, Amemiya T, Goodman L A. *Studies in Econometrics, Time Series, and Multivariate Statistics*. Academic Press, 1983.

[49] Granger C W J. Macroeconometrics-past and future[J]. *Journal of Econometrics*, 2001, 100(1).

[50] Greene W H. *Econometric Analysis*[M]. Pearson Education, 2003.

[51] Gujarati D N. Basic econometrics[M]. McGraw-Hill, 2009.

[52] Gujarati D N, Porter D C. *Essentials of Econometrics*[M]. McGraw-Hill, 1999.

[53] Hamilton J D. *Time Series Analysis*[M]. Princeton University Press, 1994.

[54] Hendry D F. *Dynamic Econometrics*[M]. Oxford University Press, 1995.

[55] Harvey A C. The econometric analysis of time series[M]. MIT Press, 1990.

[56] Hawley W. *Foundations of Statistics*[M]. Saunders College Publishing, 1966.

[57] Hill R C, Griffiths W E, Judge G G, et al. *Undergraduate Econometrics*[M]. John Wiley & Sons, 2001.

[58] Johansen S. Estimation and hypothesis testing of cointegration vectors in Gaussian vector autoregressive models[J]. *Econometrica*, 1991, 59.

[59] Johansen S. The role of the constants and linear terms in cointegration analysis of nonstationary variables[J]. *Econometric Reviews*, 1994(13).

[60] Johansen S. *Likelihood-based Inference in Cointegrated Vector Autoregressive Models*[M]. Oxford University Press, 1995.

[61] Judge G G, Griffiths W E, Hill R C, et al. The Theory and practice of econometrics[J]. International Journal of Forecasting, 2012.

[62] Ljung G M, Box G E P. On a measure of lack of fit in time series models[J]. *Biometrika*, 1978, 65(2).

[63] Maddala G S, Lahiri K. Introduction to econometrics[M]. Macmillan, 1992.

[64] Maddala G S, Kim I M. *Unit Roots, Cointegration, and Structural Change*[M]. Cambridge University Press, 1999.

[65] Mills T C, Mills T C. Time series techniques for economists[M]. Cambridge University Press, 1991.

[66] Nelson D B. Conditional heteroskedasticity in asset returns: a new approach[J]. *Econometrica*, 1991, 59(2).

[67] Pagan A. The econometrics of financial markets[J]. *Journal of Empirical Finance*, 1996, 3(1).

[68] Park R E. Estimation with heteroscedastic error terms[J]. *Econometrica*, 1966, 34(4).

[69] Pesaran M H, Pesaran B. *Working with Microfit 4.0: Interactive Econometric Analysis (Windows version)* [M]. Oxford University Press, 1997.

[70] Pesaran H. Bounds testing approaches in the analysis of level relationships[J]. *Journal of Applied Econometrics*, 2001(16).

[71] Pesaran M H, Pesaran B. Time series econometrics using Microfit 5.0[M]. Oxford University Press, 2009.

[72] Pindyck Robert S, Rubinfeld D L. Econometric Models and Econometric Forecasts[J]. McGraw-Hill, 1998.

[73] Pratt E J. Myths associated with closed-end investment company discounts[J]. *Financial Analysts Journal*, 1966, 22(4).

[74] Ramanathan R. Introductory econometrics with applications[M]. Harcourt Brace College Publishers, 1998.

[75] Redman P. *Good Essay Writing: a Social Sciences Guide*[M]. Sage Publications Ltd., 2006.

[76] Sims C A. Macroeconomics and reality[J]. *Econometrica*, 1980, 48.

[77] Stock J, Watson M. Variables trends in econometric time series[J], *Journal of Econometric Perspectives*, 1988(2).

[78] Theil H. *Linear Aggregation of Econometric Relations*[M]. North Holland Publishing Company, 1954.

[79] Theil H, Zellner A. Three-stage least squares: simultaneous estimation of simultaneous equations[J]. *Econometrica*, 1962(30).

[80] Thomas R L. Modern econometrics: an introduction[M]. Addison-Wesley Longman, 1997.

[81] White H. A heteroskedasticity-consistent covariance matrix estimator and a direct test for heteroskedasticity[J]. *Econometrica*, 1980, 48.

[82] Wooldridge J M. *Econometric Analysis of Cross Section and Panel Data*[M]. MIT press, 2010.